Monsieur Laby de St-Aumont,
Mazous-Laguian

OEUVRES COMPLÈTES

DE

LORD BYRON.

IMPRIMERIE DE DONDEY-DUPRÉ,
Rue St.-Louis, n° 46, au Marais.

ŒUVRES COMPLÈTES

DE

LORD BYRON,

AVEC NOTES ET COMMENTAIRES,

COMPRENANT

SES MÉMOIRES PUBLIÉS PAR THOMAS MOORE,

ET ORNÉES D'UN BEAU PORTRAIT DE L'AUTEUR.

Traduction Nouvelle

PAR M. PAULIN PARIS,

DE LA BIBLIOTHÈQUE DU ROI.

TOME NEUVIÈME.

Paris.

DONDEY-DUPRÉ PÈRE ET FILS, IMPR.-LIBR., ÉDITEURS,

RUE SAINT-LOUIS, N° 46,

ET RUE RICHELIEU, N° 47 *bis*.

1830.

LETTRES
DE LORD BYRON,
ET
MÉMOIRES SUR SA VIE,

Par Thomas MOORE.

Préface du Traducteur.

Depuis la publication des deux premiers volumes de ces *Mémoires*, les journaux de la Grande-Bretagne ont ouvert leurs colonnes aux interminables réclamations des amis de lady Noël Byron, à les en croire, injustement traitée dans le cours de cet ouvrage. La veuve de l'illustre poète a fait elle-même retentir ces organes insoucians du mensonge et de la vérité, des plaintes que *semblaient* lui arracher l'indiscrétion de l'éditeur, la perfidie de ses demi-confidences, et surtout le rôle affreux qu'il prêtait aux personnes dont elle était entourée à l'époque de la déplorable affaire de son divorce. Certes le public a dû voir avec étonnement les récriminations de lady Byron. Jusqu'alors, il accusait M. Moore d'une partialité peu généreuse en faveur des adversaires de l'illustre poète qui lui avait remis l'honorable soin de le défendre; et le dépositaire, peut-être infidèle, semblait avoir assez fait, sinon pour sa considération personnelle, du moins pour celle d'une famille à laquelle Lord Byron avait toujours attribué ses chagrins les plus cuisans. Voici la première lettre de lady Byron, publiée dans la *Litterary Gazette*, et reproduite quelques jours après dans le *Times* :

« Déjà une multitude d'écrits remplis de faits notoirement faux ont été livrés au public ; j'ai dédaigné d'y répondre. Mais aujourd'hui il s'agit d'un ouvrage publié par un homme regardé comme l'ami, le confident de Lord Byron, et par conséquent comme un personnage dont les révélations sont fondées sur la meilleure autorité. Cependant les faits contenus dans cet ouvrage n'en sont pas moins erronés. On ne devrait jamais attirer l'attention du public sur les détails de la vie privée ; mais quand cela arrive, les personnes victimes d'une telle indiscrétion ont le droit de repousser d'injurieuses attaques. M. Moore a donné au public ses propres impressions sur des événemens particuliers qui me touchent de fort près ; et il en a parlé comme s'il eût eu la connaissance la plus parfaite de ce dont il parlait. La mort de Lord Byron me rend plus pénible encore l'obligation de revenir sur des circonstances qui me reportent à l'époque de mon mariage. Mon intention est donc de ne les faire connaître qu'autant qu'il le faudra pour parvenir au but que je me propose dans cette déclaration. Nul motif de justification personnelle ne m'anime, et je n'accuserai personne : mais la conduite de mes parens étant représentée sous un jour odieux dans certains passages extraits des lettres de Lord Byron et dans les remarques de son biographe, je me crois obligée de les défendre d'imputations que je *sais* être fausses.

Voici les divers passages des lettres de Lord Byron dont je veux parler :

Dans le second volume on a outragé la réputation de ma mère en disant :

« Mon enfant est dans un état de santé florissant et prospère à ce qu'on me dit ; mais je veux y voir par moi-même ; je ne me sens nullement disposé à l'abandonner à la contagion de la société de sa grand'mère. »

C'est à tort qu'on l'a accusée de s'être abaissée à employer des espions : « Une dame C. (espèce de factotum et *espion de lady Noël*) est regardée par des gens bien instruits comme la cause occulte de toutes nos dissensions domestiques. »

Je cite aussi le passage où, après avoir voulu m'excuser moi-même, on ajoute immédiatement après : « Ses plus proches parens sont....... » Ici le mot laissé en blanc indique que l'expression était trop offensante pour être publiée.

Ces passages tendent évidemment à jeter quelque défaveur sur mes parens, et peuvent faire croire que ce sont eux qui ont personnellement causé notre séparation, ou qu'ils l'ont provoquée par les espions officieux qu'ils ont employés.

On peut induire aussi des passages suivans de la biographie, que mes parens ont du moins exercé une influence qui ne leur appartènait pas, afin de parvenir à leur but. « Ce fut peu de semaines après notre dernière entrevue (Lord Byron et M. Moore) que lady Byron prit la résolution de se séparer de son époux. Elle avait quitté Londres dans les derniers jours de janvier pour aller voir son père dans le comté de Leicester, et Lord Byron devait l'y rejoindre peu de tems après. Ils s'étaient quittés dans une union parfaite : en route, elle lui écrivit encore une lettre pleine de tendresse et de gaîté; mais à peine arrivée à Kirkby-Mallory, le père écrivit à Lord Byron pour lui apprendre que jamais il ne la reverrait. »

En répondant à ce passage, j'éviterai autant qu'il me sera possible de parler de choses personnelles soit à Lord Byron, soit à moi-même. Je me borne à rétablir les faits. Je quittai Londres le 15 janvier 1816 pour me rendre à Kirkby-Mallory, résidence de mon père et de ma mère. Lord Byron m'avait signifié formellement dans sa lettre du 6 du même mois, qu'il désirait que je quittasse Londres aussitôt qu'il me paraîtrait convenable de le faire. Mais je ne pouvais me risquer à entreprendre ce voyage fatigant plus tôt que le 15. Avant mon départ, j'avais été vivement frappée de cette idée que Lord Byron était atteint de folie. Ce qui surtout m'avait donné cette opinion, c'étaient les confidences de ses plus proches amis, et de ses domestiques qui avaient eu plus que moi le loisir de l'observer pendant la dernière partie de notre séjour en ville. On avait même été jusqu'à me dire qu'il était à redouter qu'il ne se détruisît lui-même. D'accord avec sa famille, j'avais consulté le 8 janvier le docteur Baillie, notre ami, sur cette maladie qu'on soupçonnait. Je lui racontai toutes les particularités venues à ma connaissance, et j'ajoutai que Lord Byron m'avait témoigné le désir de me voir quitter Londres. Le docteur saisit aussitôt cette idée, et pensa qu'en cas de quelque dérangement d'esprit, mon éloignement pouvait être fort utilement mis à profit. Le docteur Baillie ne pouvait avoir, à cet égard, d'opinion arrêtée, puisqu'il n'avait point approché personnellement Lord Byron. Il me recommanda d'éviter avec soin dans ma correspondance tout sujet de déplaisir ou de tristesse.

Telles étaient donc mes pensées quand je quittai Londres, bien résolue de suivre les avis du médecin. Quelle qu'eût été la conduite de Lord Byron à mon égard depuis mon mariage, c'eût été une véritable inhumanité de montrer dans cette circonstance le moindre ressentiment. Le jour de mon départ, et encore à mon arrivée à Kirkby, le 16 janvier, j'écrivis à Lord Byron une lettre fort affectueuse, ainsi que j'en étais convenue avec M. Baillie. On a plus tard répandu ma dernière lettre, et on a voulu trouver là des preuves que j'avais cédé à des influences étrangères, quand ensuite j'abandonnai mon mari. On en a tiré la conséquence que j'avais quitté Lord Byron dans le plus parfait accord ; que des sentimens incompatibles avec la moindre idée d'outrage m'avaient dicté ma dernière lettre, et que ma résolution n'avait subitement changé que quand je m'étais trouvée sous l'influence de mes parens. Ces assertions sont absolument dénuées de fondement : il n'y a point eu la moindre intervention étrangère.

A mon arrivée à Kirkby-Mallory, mes parens ne se doutaient en rien des circonstances qui détruisaient toutes mes espérances de félicité ; et quand je leur fis part de l'état d'esprit dans lequel se trouvait Lord Byron, ils firent tous leurs efforts pour me dissuader et le défendre. Ils assurèrent en outre à ceux de nos parens qui étaient avec lui à Londres qu'ils feraient tout ce qui dépendrait d'eux pour guérir sa maladie par les soins les plus attentifs, et qu'ils espéraient, si on pouvait le décider à venir les voir, obtenir les meilleurs résultats de leurs efforts. C'est dans ces intentions que ma mère écrivit le 17 à Lord Byron, en l'engageant à se rendre à Kirkby-Mallory. Elle l'avait toujours traité avec la plus affectueuse considération : son indulgence pour lui s'étendait jusqu'à ses moindres sentimens. Jamais, tant qu'elle vécut avec lui, il ne lui échappa une parole qui pût le blesser [1].

Après notre séparation, les détails que me donnèrent des personnes qui vivaient dans son intimité ne firent que fortifier les doutes qui déjà s'étaient élevés dans mon esprit sur la réalité de son mal ; les rapports des médecins étaient d'ailleurs loin d'établir le fait de l'aliénation mentale. Dans ces circonstances, je crus devoir déclarer à mes parens que, si je devais considérer la conduite

---

[1] On peut, afin d'apprécier la véracité de lady Byron, consulter, sur la *bienveillance* de sa mère pour notre poète, le premier chant de *Don Juan* et les *Mémoires du capitaine Medwin*.

passée de Lord Byron comme celle d'un homme dans son bon sens, rien ne pourrait m'engager à retourner auprès de lui. Mes parens et moi jugeâmes convenable de consulter les gens les plus capables de nous éclairer à cet égard. Ma mère se détermina donc à se rendre à Londres, pour cet objet, et afin d'y recueillir de plus amples informations sur ce qui avait pu faire supposer un dérangement d'esprit. Je lui avais donné procuration pour recueillir les opinions d'hommes de lois sur un mémoire que j'avais fait moi-même, bien que j'eusse alors des motifs de cacher une partie de l'affaire, même à mon père et à ma mère.

Convaincue par ces recherches et par toute la conduite de Lord Byron, que les soupçons de folie conçus contre lui étaient tout-à-fait faux, je n'hésitai point à autoriser les mesures qui devaient lui ôter tout pouvoir sur moi. C'est d'après ma résolution, que mon père lui écrivit le 2 février pour lui proposer de nous séparer à l'amiable. Lord Byron repoussa d'abord cette proposition; mais quand on lui eut assuré que, s'il persistait dans son refus, il faudrait en venir aux lois, il consentit à signer l'acte de séparation. Je m'adressai au docteur Lushington, qui avait parfaitement connu tous les détails de cette affaire, pour qu'il voulût bien écrire tous ses souvenirs, et voici la lettre qu'il me répondit à ce sujet. Elle prouvera que ma mère ne put jamais avoir contre Lord Byron le moindre sentiment d'inimitié :

MA CHÈRE LADY BYRON,

« Voici tout ce que ma mémoire peut me fournir sur le sujet dont vous m'entretenez dans votre lettre.

» Lady Noël me consulta d'abord pour votre affaire pendant que vous étiez encore à la campagne. Ce qu'elle me dit alors suffisait pour justifier une séparation; mais cependant les choses ne me parurent pas tellement graves, qu'il fût indispensable d'en venir à ce point. Je crus même qu'une réconciliation avec Lord Byron n'était pas impossible, et je m'y serais très-volontiers employé. Je ne vis dans le récit de lady Noël, ni la moindre exagération, ni le plus léger désir d'empêcher un rapprochement : elle ne fit aucune objection quand j'en parlai. Lorsque vous revîntes en ville, quinze jours ou peut-être plus après ma première entrevue avec lady Noël, vous fûtes la première à m'informer de faits qui, je n'en doute pas, n'étaient à la connaissance ni de sir Ralph ni de lady Noël. Ces nouveaux renseignemens changèrent tout-à-fait mon opinion ; la réconciliation me parut dès-lors impossible ; je déclarai ce que je pensais, et j'ajoutai que, si jamais on revenait à cette idée de rapprochement, je ne m'en mêlerais absolument en rien, soit en restant dans les devoirs de ma profession, soit autrement.

» Croyez-moi toujours votre très-affectionné, »

Étienne LUSHINGTON.

Je dois seulement ajouter ici que, si les informations sur lesquelles mes conseils légaux (feu sir Samuel Romilly et le docteur Lushington) ont formé leur opinion étaient fausses, c'est sur *moi seule* que devraient retomber tout l'odieux et toute la responsabilité.

J'espère que les faits que je viens d'exposer ici suffiront pour disculper mon père et ma mère de toute participation à mon divorce. Ils ne l'ont ni causé, ni provoqué, ni conseillé ; l'on ne peut les condamner pour avoir donné à leur fille l'abri et l'assistance qu'elle réclamait d'eux. Comme il n'y a point d'autres personnes de ma famille qui puissent défendre leur mémoire de l'insulte, je me vois forcée de rompre un silence que j'espérais garder toujours, et je demande à ceux qui liront la vie de Byron qu'ils pèsent avec impartialité le témoignage qu'on vient de m'arracher.

Hanger-Hill, 19 février. A. J. Noel BYRON.

 Le lecteur, avide de détails sur les circonstances et les causes de cette fameuse séparation, n'en trouve que de bien insignifians dans la lettre que nous venons de citer. Que lady Byron ait demandé de sa propre inspiration, ou d'après les conseils de sa mère, l'acte du fatal divorce, c'est une circonstance assez peu intéressante en elle-même. La seule chose que l'on doit ici remarquer, c'est que lady Byron avait le malheur de méconnaître non-seulement le génie sublime, mais le bon sens et la raison de son mari. Elle l'avoue naïvement : il lui fallut le témoignage de tous ceux qui approchaient Lord Byron; il fallut la sentence formelle des médecins pour lui persuader que l'auteur de *Childe Harold* n'était pas un fou. Avouons-le : ce premier motif de divorce ne doit pas nous prévenir en faveur du second.

 La longue lettre de M. Campbell, insérée dans le *New Monthly Magazine* (avril 1830), offre moins d'intérêt encore que la précédente. Son étendue ne nous permet pas de la traduire en entier ; ce ne serait pas, d'ailleurs, chose facile : jamais on n'a tant abusé de la facilité malheureuse qu'offre la langue anglaise de multiplier les mots et les phrases sonores sans exprimer d'idées et sans en suggérer au lecteur.

 L'illustre auteur des *Plaisirs de la Mémoire*[1], au mérite duquel Byron a rendu si amplement justice, M. Campbell, commence par nous apprendre qu'il avait consenti, le mois précédent, à l'insertion, dans la *Revue*

---

[1] Voyez dans les *Poètes anglais et les Journalistes écosssais*, page 373 du deuxième vol. des œuvres complètes.

qu'il dirige, d'un article louangeur, sur les *mémoires*; que même, il en avait fait disparaître certains passages, où le critique reprochait à M. Moore une partialité coupable envers lady Byron. « Mais, ajoute-t-il, j'avais agi ainsi par suite de ma répugnance à blâmer *mon ami* M. Moore, et parce que je n'avais pas assez approfondi les passages du livre incriminés. En outre, je ne croyais pas *alors*, comme je le sais aujourd'hui, que lady Byron fût entièrement irréprochable dans l'affaire de la séparation. »

Comment! cette fameuse séparation date de quatorze ans, et voilà enfin la conviction de M. Campbell tout-à-coup formée, arrêtée, ou plutôt changée du tout au tout! que s'est-il donc passé pendant ce mois de mars? Le voici : M. Campbell a écrit à lady Byron, lui demandant pour *son instruction particulière* une appréciation de l'exactitude ou de l'inexactitude des faits avancés par M. Moore, et il en reçut la réponse qu'il publie *à ses périls,* parce qu'elle lui a paru importante, *et sans avoir eu le tems d'en demander la permission* à cette dame :

Mon cher M. Campbell,

« En prenant la plume dans l'intention de vous indiquer, pour votre *instruction particulière*, les passages du livre de M. Moore qui me concernent et que je crois susceptibles de contradiction, je les trouve encore bien plus nombreux que je n'avais d'abord supposé. Nier une assertion *çà et là*, ce serait implicitement reconnaître la vérité du reste. Si, au contraire, j'entreprenais de prouver toute la fausseté du point de vue sous lequel M. Moore présente les choses, je me verrais obligée à de certains détails, que dans les circonstances actuelles je ne puis dévoiler, d'après mes principes et mes sentimens. Peut-être, par un exemple, vous convaincrai-je mieux de la difficulté du cas : il n'est pas vrai que des embarras pécuniaires furent les causes qui troublèrent l'esprit[1] de Lord Byron, et la principale raison des arrangemens qu'il prit à cette époque. Mais puis-je raisonnablement m'attendre que vous ou d'autres le croirez, à moins que je ne vous montre quelles ont été les causes en question?..... et c'est ce que je ne puis faire.

» Je suis, etc. »

E. Noel BYRON.

Là-dessus M. Campbell de s'écrier : « Excellente femme! honorée de tous ceux qui la connaissent, attaquée seulement par ceux qui ne la connaissent pas, je l'en croirai certainement sur son seul témoignage! »

Certes, si une pareille lettre a suffi pour déterminer la conviction de M. Campbell, il est au moins douteux qu'elle produise le même effet sur l'esprit des lecteurs. Il ajoute, il est vrai, qu'il a recueilli un petit nombre de faits à d'autres sources authentiques, qui lui prouvent jusqu'à l'évidence l'innocence de cette dame, mais qu'il ne nous répétera pas pour ne pas offenser notre délicatesse. Or, n'est-ce pas se jouer un peu trop du public que de lui dire chaque jour : voilà la vérité, je la tiens enfin, la voilà... mais vous ne la saurez pas!

M. Campbell nous représente ensuite lady Byron comme la femme forte, qui trouve dans sa propre conscience la sanction de sa conduite, et s'occupe peu de l'opinion du monde; à la bonne heure, mais alors pourquoi donc importuner de nouveau le public? pourquoi lui écrire par la voie des journaux, uniquement pour lui dire qu'on ne lui dira rien?

L'esprit de Byron était essentiellement versatile; il

---

[1] Encore *l'esprit de Lord Byron troublé!* mais vous avez avoué que c'était une de vos chimères :

n'est donc pas étonnant qu'il ait quelquefois cherché à excuser sa femme et à s'attribuer tous les torts d'une rupture qui fit le malheur de sa vie. M. Campbell reproche à M. Moore d'avoir affaibli l'effet de ces prétendus aveux, en y ajoutant ses propres réflexions, et en y opposant les passages de sa correspondance où son noble ami parle dans un sens tout-à-fait contraire. Il cite à cet égard la lettre CCXXXV du recueil : elle passera sous les yeux de nos lecteurs, et, nous sommes fâchés de le dire, ils pourront voir que M. Campbell en a singulièrement altéré et amplifié les termes.

C'est un singulier argument en faveur de lady Byron que de dire : si elle n'avait pas eu de justes sujets de désirer une séparation, le docteur Lushington ne se serait pas chargé de sa cause. Dans une affaire, il y a toujours au moins un avocat de chaque côté : souvent tous les deux sont des hommes de talent ; et nous devons en outre les supposer tous deux des hommes d'honneur et de bonne foi. Alors, que devient l'argument? Un peu plus loin se trouve un passage que je traduirai textuellement, parce qu'il est d'une naïveté qui ne serait pas déplacée dans une comédie : « C'est encore une
» erreur de M. Moore. et je pourrais le prouver au
» besoin, que de représenter miss Millbank comme
» engagée avec son futur époux dans un commerce
» épistolaire, au moment où il venait de solliciter inuti-
» lement sa main. Jamais elle ne proposa de correspon-
» dance ; au contraire, ce fut lui qui, après avoir
» éprouvé un premier échec, lui écrivit qu'il allait quit-
» ter l'Angleterre et voyager pendant quelques années
» en Orient; qu'il partait le cœur plein de douleur, mais
» sans entretenir aucun ressentiment, et qu'il s'estime-
» rait heureux qu'elle daignât lui faire dire verbalement
» qu'elle s'intéressait encore à son bonheur. Une per-

» sonne aussi bien élevée que miss Millbank pouvait-
» elle faire autrement que de répondre poliment à un
» pareil message? Elle lui envoya donc une réponse pleine
» de confiance et d'affection, ce qui ne signifiait nulle-
» ment qu'elle voulût l'encourager à renouveler ses offres
» de mariage. Il lui écrivit, depuis, une lettre extrême-
» ment intéressante sur lui-même, sur ses vues person-
» nelles, morales et religieuses, à laquelle c'eût été man-
» quer de charité que de ne point répondre. Il s'en
» suivit une correspondance insensiblement plus fré-
» quente, et bientôt elle s'attacha passionnément à lui.
» . . . . »

Puisqu'après quatorze ans, passés dans l'attente, il parait que nous sommes condamnés à ne rien savoir de certain sur cette fameuse affaire de la séparation, il faut bien en prendre notre parti et nous contenter de simples conjectures. Les adversaires les plus acharnés du noble poète sont obligés de convenir qu'il se montra toujours généreux, aimant et aimable ; les partisans les plus ar-dens de sa veuve ne contestent ni sa fierté, ni sa froideur glaciale, ni ses prétentions ridicules à l'esprit et aux connaissances scientifiques. Lord Byron, qu'elle accuse, après sa mort, de torts qu'elle refuse de spécifier, et dont personne ne peut, en conséquence, justifier sa glorieuse mémoire, Lord Byron n'a jamais perdu un ami pendant la durée trop courte de son existence ; il est au contraire parvenu à s'attacher sincèrement des hommes qui d'abord s'étaient déclarés ses ennemis ; il fut un fils, sinon tendre, du moins attentif et respectueux envers une assez mauvaise mère ; nous pouvons donc en conclure qu'il se fût montré bon mari, si l'épouse n'eût été encore plus insupportable que la mère.

Les *Mémoires* que nous donnons aujourd'hui au public ne sont pas, au moins quant à cette première partie, ce que le monde littéraire avait droit d'attendre, et attendait en effet de M. Moore, écrivant la vie et publiant la correspondance de Lord Byron. Cependant ils ne laissent pas d'offrir le plus vif intérêt. Il en est du chantre de Childe Harold, comme de tous les hommes véritablement grands : sa mort nous a fait mieux apprécier son mérite, et le temps, loin de diminuer sa gloire, n'a fait qu'ajouter à la popularité de ses ouvrages immortels. On voudra connaître la vie d'un homme si étonnant, on voudra assister au développement graduel de ce puissant génie ; et des détails qui, partout ailleurs, pourraient sembler puérils, prendront de l'intérêt à cause de celui auquel ils se rapportent. Il eût été à désirer sans doute que la position sociale de M. Moore, en lui imposant moins de ménagemens envers les vivans, lui eût permis de rendre plus de justice à l'illustre mort. Lié avec tous ceux qui tiennent le premier rang dans l'aristocratie et dans la littérature de la Grande-Bretagne, non seulement M. Moore n'a pas osé tout dire, mais encore il a souvent gauchi devant la vérité. Sa prose, toujours maniérée, devient presque inintelligible précisément dans les passages où nous aurions le plus désiré qu'il nous donnât une idée précise des hommes et des choses. Ceux qui ont lu, je ne dis pas ses œuvres poétiques, mais ses ouvrages en prose, seront fort étonnés du mince talent qu'il a déployé dans celui-ci ; et personne ne reconnaîtra dans le pâle compilateur des *Mémoires de Lord Byron*, l'auteur si ingénieux, si léger et si profond à la fois des *Mémoires du célèbre chef irlandais, le capitaine Rock*.

Au moment où nous songions à donner cette traduction, d'autres libraires en faisaient paraître une autre que recommandait le nom de son auteur. Madame Belloc l'avait, en effet, commencée avec le talent que tout le monde lui reconnaît ; mais bientôt, pressée sans doute par son éditeur, elle a plutôt résumé que traduit le texte anglais; et son style s'est beaucoup ressenti de la précipitation de son travail. Ajoutons qu'elle n'a pas eu plus d'égards pour les lettres de Lord Byron que pour les commentaires un peu longs de son biographe; en sorte que l'on peut dire avec vérité qu'elle n'a réellement donné au public, ni la vie, ni la correspondance de Lord Byron.

Pour nous, nous avons religieusement tout traduit, et nous nous sommes appliqué à rendre notre auteur dans les termes dont il se serait servi, s'il eût écrit en français. A peine nous sommes-nous permis de retrancher dans ce premier volume une ou deux notes absolument étrangères au sujet. Dans le second, nous serons forcé de supprimer près d'une demi-feuille d'impression, c'est-à-dire quelques lettres où le noble poète consulte un de ses amis sur la coupe de certains vers, sur le choix de certaines expressions anglaises; le lecteur sentira facilement que ces lettres eussent été presque impossibles à traduire, et que la lecture ne lui eût offert aucune espèce d'intérêt.

PRÉFACE

DE L'ÉDITEUR ANGLAIS.

En publiant cet ouvrage, je n'aurais pu, je l'avoue, me défendre d'une grande défiance, en songeant à tout ce qui me manquait pour accomplir une pareille tâche, si je n'étais persuadé que le sujet lui-même et la variété des matériaux qu'il comporte doivent conserver une grande partie de leur intérêt, même dans les mains les plus inhabiles. Les motifs qui portèrent Lord Byron à fuir son pays sont bien déplorables sans doute, mais c'est à son éloignement de l'Angleterre, alors que son génie brillait du plus vif éclat, que nous devons toutes les lettres qui formeront la plus grande partie du troisième et du quatrième volume de cet ouvrage, et qui, nous n'en doutons pas, seront jugées pour l'intérêt, l'énergie et la variété, comparables à ce qui honore le plus notre littérature dans le même genre.

On a dit de Pétrarque que sa correspondance et ses vers offraient « l'intérêt progressif d'un récit dans lequel » le poète s'identifie toujours avec l'homme. » On peut appliquer, et plus justement encore, les mêmes expressions à Lord Byron, tant sa physionomie littéraire et son caractère personnel sont intimement liés. C'est même au point que priver ses ouvrages du commentaire instructif qu'en offrent sa correspondance et l'histoire de sa vie, ce serait commettre une égale injustice envers lui-même et envers le monde.

MÉMOIRES
SUR LA VIE
DE LORD BYRON.

On a dit de Lord Byron qu'il était plus fier de descendre de ces Byron qui accompagnèrent Guillaume-le-Conquérant en Angleterre, que d'avoir composé *Childe-Harold* et *Manfred*. Cette remarque n'est pas dénuée de tout fondement, l'orgueil de la naissance était certainement l'un des traits caractéristiques du noble poète; et d'ailleurs toute l'illustration que les années donnent à une famille, il pouvait justement la réclamer pour la sienne. Le nom de Ralph de Burun occupe, dès le tems de Guillaume-le-Conquérant, un rang distingué dans le *Doomsday-Book*, parmi les tenanciers du Nottinghamshire; et pendant les règnes suivans, nous voyons les descendans de ce Ralph, sous le titre de lords de Horestan-Castle [1], posséder, dans le Derbyshire, des propriétés considérables, auxquelles la terre de Rochdale, dans

---

[1] Il y avait, dit Thoroton, dans le parc de Horseley, un château dont on peut voir encore quelques ruines; il s'appelait Horestan-Castle, et était le principal manoir des successeurs de Ralphe de Burun.
(*Note de Moore.*)

le duché de Lancastre, fut ajoutée au tems d'Édouard Ier. Telle était, dans ces premiers tems, la richesse territoriale de la famille, que le partage de ses biens, dans le seul Nottinghamshire, avait suffi pour fonder quelques-unes des premières maisons de la province.

Mais son antiquité n'était pas la seule distinction qui recommandât à ses héritiers le nom de Byron; le mérite personnel et les hauts faits qui doivent former le premier ornement d'une généalogie, semblent avoir été le partage fréquent de ses ancêtres. Dans l'un de ses premiers poèmes, il fait allusion à la gloire de ses aïeux, et rappelle avec une vive satisfaction « ces fiers barons bardés de fer, qui bril-
» laient parmi ceux qui conduisirent leurs vassaux
» européens dans les plaines de Palestine; » puis il ajoute : « Sous les remparts d'Ascalon périt John de
» Horiston; la mort a glacé la main de son ménes-
» trel. » Cependant comme, autant que je l'ai pu découvrir, il n'est fait mention nulle part de quelqu'un de ses ancêtres qui se fût croisé, il est possible que sa seule autorité, en composant ces vers, fut la tradition qui se rapportait à certains groupes des vieilles boiseries de Newsteadt. Dans l'un de ces groupes profondément sculptés et se détachant du panneau, on peut reconnaître facilement un Sarrasin, ou un Maure avec une femme européenne, d'un côté, et de l'autre un soldat chrétien. Un deuxième groupe, placé dans l'une des chambres à coucher,

représente une femme au centre, et de chaque côté la tête d'un Sarrasin, dont les yeux sont fixés avec intérêt sur elle. On ne sait rien de bien exact sur ces sculptures; mais la tradition est, m'a-t-on dit, qu'elles se rapportent à quelque aventure d'amour dans laquelle se trouvait engagé l'un des chevaliers croisés dont parle le jeune poète. Quant aux exploits les mieux prouvés, ou du moins les plus connus des Byron, il suffira de dire que sous Édouard III, au siége de Calais et dans les plaines mémorables, à diverses époques, de Créci, de Bosworth et de Marston Moor, leur nom se montre revêtu de la double illustration de rang et de mérite, dont se glorifiait leur plus jeune descendant, dans les vers que nous venons de citer.

Ce fut sous le règne de Henri VIII, à l'époque de la suppression des monastères, que l'église et le prieuré de Newsteadt furent, avec les terres contiguës, ajoutés, par un don royal, aux autres domaines de la famille Byron [1]. Le favori à qui furent

---

[1] Le prieuré de Newsteadt avait été fondé et dédié à Dieu et à la Vierge, par Henri II ; ses moines, chanoines réguliers de l'ordre de St.-Augustin, étaient, à ce qu'il paraît, les objets particuliers de la faveur royale, dans leurs doubles intérêts spirituels et temporels. Pendant la vie du cinquième Lord Byron, on trouva dans le lac de Newsteadt, où l'on supposait que les moines avaient tenté de le cacher, un grand aigle de cuivre ; on le fit ouvrir, et l'on découvrit dans l'intérieur une case secrète qui recelait plusieurs vieilles chartes relatives aux droits et aux priviléges de la fondation. A la vente des effets du vieux Lord Byron, en 1776-1777, cet aigle avec trois candélabres, trouvés à la même époque, furent achetés par un horloger de Nottingham (celui-même qui avait trouvé les pièces dont

données les dépouilles du monastère, était le petit neveu du vaillant guerrier qui combattit à Bosworth, aux côtés de Richemond, et que l'on distingue des chevaliers du même nom par le titre de sir John Byron *le Court*, *à la grande barbe* : son portrait était du petit nombre de ceux qui décoraient les murs de l'abbaye, quand elle appartenait au noble poète.

Au couronnement de Jacques I*er*, nous trouvons un autre représentant de cette famille, le petit-fils de sir John Byron *le Court*, devenu l'objet de nouvelles faveurs royales et créé chevalier du Bain (*Knight of the Bath*). Une lettre de ce personnage, conservée dans *les Illustrations de Lodge*, nous apprend que, malgré l'ostentation d'une apparente prospérité, cette ancienne famille avait déjà l'expérience des embarras pécuniaires. Dans cette pièce, après avoir parlé à son héritier du meilleur moyen de payer ses dettes, « je vous conseille donc, continue-
» t-il [1], aussitôt que vous aurez terminé, comme
» vous le devez, les funérailles de votre père, de

---

nous venons de parler), et ayant de ses mains passé dans celles de sir Richard Kaye, prébendier de Southwell, ils forment à présent un des ornemens les plus remarquables de la cathédrale de cette ville. Un document curieux, trouvé, dit-on, dans l'aigle, appartient aujourd'hui au colonel Wildman ; c'est un plein pardon, accordé par Henri II, de tous les crimes possibles (et l'on en trouve désigné un assez long catalogue) que les moines peuvent avoir commis avant le huit décembre précédent. « *Murdris* per
» ipsos *post decimum nonum diem* novembris ultimo præteritum perpe-
» tratis, si quæ fuerint, *exceptis*. »

[1] Le comte de Shrewsbury.   (*Notes de Moore.*)

» régler et de réduire ce grand train de maison, et
» de ne garder de tous vos domestiques que quarante
» ou cinquante au plus. Dans mon opinion, vous fe-
» riez beaucoup mieux de vivre quelque tems dans le
» comté de Lancastre que dans celui de Nottingham;
» et cela, pour plusieurs raisons excellentes, qu'au
» lieu de vous écrire, je vous dirai à notre première
» entrevue. »

C'est du règne suivant, celui de Charles Ier, que date l'origine de la noblesse de la famille. En 1643, sir John Byron, arrière-petit-fils de celui qui avait obtenu le riche domaine de Newsteadt, fut créé baron Byron de Rochdale, dans le comté de Lancastre ; et rarement de pareils titres furent concédés pour des services aussi réels et aussi honorables que ceux auxquels ce gentilhomme dut le sien. Presque à chaque page de l'histoire de nos guerres civiles, son nom se trouve lié aux diverses fortunes de son roi ; toujours fidèle, persévérant et désintéressé dans sa conduite. « Sir John Byron, dit l'auteur des *Mémoires* » *du colonel Hutchinson*, plus tard Lord Byron, et » tous ses frères, hommes d'armes, actifs et vaillans » de leurs personnes, étaient tous acquis passionné- » ment au roi. » Dans une réponse que le colonel Hutchinson eut l'occasion de faire, étant gouverneur de Nottingham, à son cousin germain, sir Richard Byron, il accorde un glorieux tribut à la valeur et à la fidélité de la famille. Sir Richard ayant envoyé quelqu'un vers son parent pour l'engager à rendre

le château, reçut pour réponse « que, sauf le cas
» où il trouverait dans son cœur quelque disposition
» à une trahison semblable, il devait se rappeler qu'il
» coulait dans ses veines assez du sang des Byron,
» pour qu'il eût horreur de trahir ou d'abandonner
» ce qu'il avait entrepris de défendre. »

Tels sont quelques-uns des personnages distingués qui ont transmis à Byron leur nom illustré.

Du côté maternel notre poète pouvait vanter ses ancêtres, à la noblesse desquels l'Écosse ne pouvait rien préférer, sa mère étant de la famille des Gordon de Gight, descendans de sir William Gordon, troisième fils du comte de Huntley, par la fille de Jacques Ier.

Après les tems agités des guerres civiles, où se distinguèrent aussi plusieurs Byron, puisqu'à la fameuse bataille d'Edgehill on vit jusqu'à sept frères de ce nom, leur renommée semble assoupie pendant près d'un siècle. Mais vers l'année 1750, le naufrage et les souffrances du grand-père de notre poète, M. Byron, plus tard amiral, réveillèrent à un haut degré l'attention et l'intérêt du public. Quelque tems après, une autre sorte de célébrité, moins glorieuse il est vrai, devint le partage de deux autres membres de la famille : l'un grand-oncle, l'autre père de Lord Byron. Le premier, en 1765, subit un jugement devant la Chambre des Pairs, pour avoir tué en duel, ou plutôt au milieu d'une querelle, son parent et son voisin, M. Chaworth ; le second ayant enlevé et conduit sur le continent la femme de lord Carmarthen, l'épousa dès que le marquis eut réussi à obtenir un divorce. Une fille fut le seul fruit de cette courte union : ce fut l'honorable Augusta Byron, aujourd'hui femme du colonel Leigh.

En parcourant ainsi rapidement les premiers et les derniers ancêtres de Lord Byron, on ne peut s'empêcher de remarquer à quel point ce dernier réunissait en lui une partie des grandes et peut-être des mauvaises qualités remarquables dans plusieurs de ses aïeux ! La générosité, la hardiesse, la grandeur d'ame des plus illustres ; mais aussi les passions déréglées, la bizarrerie, le mépris de l'opinion publique, qui caractérisaient les autres.

M. Byron, le père du poète, ayant perdu sa première femme en 1784, se remaria l'année suivante à miss Catherine Gordon, fille et unique héritière de George Gordon de Gight. Outre le domaine de Gight, qui pourtant était dans l'origine bien plus important qu'aujourd'hui, cette dame possédait en valeur pécuniaire, actions, etc., une fortune considérable ; et l'opinion commune était que M. Byron ne lui avait fait la cour que pour s'affranchir de ses dettes.

Un trait bien singulier que l'on raconte de miss Gordon, surtout si jusqu'alors elle n'avait jamais vu le capitaine Byron, prouve en même tems l'extrême vivacité et la véhémence des sentimens qu'elle avait déjà pour lui. Elle était au théâtre d'Édimbourg, un soir que le rôle d'*Isabella* était rempli par Mrs. Siddons; l'illusion que faisait cette grand actrice l'affecta au point de la faire tomber, avant la fin de la pièce, dans de violentes attaques de nerf. On l'emporta hors du théâtre, tandis qu'elle s'écriait à haute voix : « Oh ! mon Byron, mon Byron ! »

A l'occasion de son mariage, un rimeur écossais fit paraître une ballade que l'on a dernièrement réimprimée dans une collection d'*anciennes chansons et ballades du nord de l'Écosse*.

Comme elle porte la preuve de la réputation de fortune qu'avait la nouvelle épouse et de l'inconduite extravagante de son époux, on en pourra lire volontiers l'extrait suivant :

MISS GORDON DE GIGHT.

Oh ! où êtes-vous allée, jolie miss Gordon ? où êtes-vous allée si gentille et si parée ? Vous avez épousé, vous avez épousé John Byron, pour dissiper les terres de Gight.

Ce jouvenceau est un mauvais sujet venu d'Angleterre ; les Écossais ne connaissent pas sa famille ; il entretient des maîtresses ; son hôte l'importune et ne peut s'en faire payer. Oh ! ce sera bientôt fait des terres de Gight.

Oh ! où êtes-vous allée, etc.

Entendez-vous les coups de fusil, le bruit du tambourin, celui du cor dans les bois, de la cornemuse sous le vestibule, les aboiemens des chiens courans et des chiens d'arrêt. Avec tout ce bruit-là, ce sera bientôt fait des terres de Gight.

Oh ! où êtes-vous allée, etc.

Bientôt après le mariage, qui eut lieu, je crois,

à Bath, M. Byron et sa femme se retirèrent dans leur terre d'Écosse, et il se passa peu de tems avant que les pronostics du faiseur de ballades ne se réalisassent. La malheureuse héritière mesura alors des yeux l'abîme de dettes qui devait engloutir sa fortune. Les créanciers de M. Byron se présentèrent sans perdre de tems. Argent comptant, actions de la Banque, droits de pêche, tout fut sacrifié pour les satisfaire; tout cela ne suffisant pas, il fallut grever la propriété d'une hypothèque assez considérable.

Dans l'été de 1786, elle et son mari quittèrent l'Écosse pour la France; et l'année suivante il fallut vendre le domaine de Gight, toujours pour payer des dettes. La totalité du prix de la vente y passa, à l'exception d'une petite somme remise en main tierce, pour l'usage particulier de mistress Byron, qui se vit ainsi, dans le court espace de deux ans, réduite d'un état d'opulence à un revenu modique de 150 livres sterling [1].

Mistress Byron revint en Angleterre à la fin de

---

[1] Les détails que je joins ici sur la fortune de mistress Byron (la mère), avant son mariage, et la rapidité avec laquelle cette même fortune fut dissipée bientôt après, sont de la plus grande exactitude; j'ai tout lieu de le croire, d'après l'authenticité de la source où je les ai puisés.

« A l'époque de son mariage, miss Gordon possédait à peu près 3,000
» liv. st. en espèces, deux actions de la banque d'Aberdeen, les domaines
» de Gight et de Monkshill, et le privilége de deux pêcheries de saumons
» sur la Dee. Peu après l'arrivée de M. et de mistress Byron en Écosse,
» il fut évident que le premier avait contracté des dettes considérables,
» et ses créanciers commencèrent des poursuites légales pour arriver au
» recouvrement de leurs créances. L'argent comptant fut immédiatement

1787, et le 22 janvier suivant elle mit au monde à Londres, dans *Holle-street*, son premier et unique enfant, George Gordon Byron. Le nom de Gordon lui fut donné par suite d'une condition testamentaire imposée à quiconque épouserait l'héritière de Gight; l'enfant, à son baptême, eut pour parrains le duc de Gordon et le colonel Duff de Fetteresso.

A propos de sa qualité de fils unique, Lord Byron,

» sacrifié pour les satisfaire, les actions de la banque furent vendues à
» raison de 600 liv. st. (elles en valent actuellement 5,000); on abattit sur
» la terre de Gight et l'on vendit du bois, au montant de 1,500 liv. st.
» On disposa de la ferme de Monksbill et des pêcheries, formant un franc-
» fief, pour 480 liv. st. Ce n'est pas tout, dans l'année même du ma-
» riage, on emprunta une somme de 8,000 liv. st., pour laquelle mis-
» tress Byron donna hypothèque sur son domaine de Gight.

» En mars 1786, un contrat de mariage fut dressé selon la *coutume*
» *d'Écosse* et signé par les parties. Dans le cours de l'été de la même an-
» née, M. et mistress Byron quittèrent Gight pour n'y plus revenir; le
» domaine fut vendu l'année suivante à Lord Haddo moyennant 17,850
» liv. st. La totalité de cette somme fut employée à payer les dettes de
» M. Byron, excepté une rente de 55 liv. sterl. 17 schellings 1 penny,
» douaire de la grand'mère de mistress Byron, représentant un capital
» de 1,122 liv. st., qui devait revenir à cette dernière à la mort de son
» aïeule, et 3,000 qui devaient être déposées en mains tierces pour l'u-
» sage particulier de mistress Byron, et qui furent depuis placées chez
» M. Carsewell de Ratharllet, dans le comté de Fife. »

Une autre personne, bien informée, m'a raconté une particularité singulière qui eut lieu avant la vente de la terre, c'est que tous les ramiers de la maison de Gight s'envolèrent de concert et se rendirent au colombier de Lord Haddo; leur exemple fut suivi par une troupe de hérons qui avaient fait leur nid depuis maintes années dans un bois voisin d'un grand lac, appelé le *Hagberry-Pot*. On vint en avertir Lord Haddo. « Laissez venir les oiseaux, répondit-il, ne les effarouchez pas, la terre ne manquera pas de les suivre. » Ce qui arriva effectivement.

(*Note de Moore.*)

dans une des feuilles de son journal, rapporte quelques coïncidences curieuses du même fait dans sa famille, qui, pour un esprit disposé comme le sien à trouver partout du merveilleux dans tout ce qui avait rapport à lui-même, devaient paraître plus singulières et plus frappantes qu'elles ne le sont en effet : « J'ai pensé, dit-il, à une chose bizarre ; ma
» fille, ma femme, ma sœur de père, ma mère, ma
» tante maternelle, la mère de ma sœur, ma fille
» naturelle et moi-même sommes ou étions tous fils
» ou filles uniques ; la mère de ma sœur, lady
» Conyers, n'eut que ma sœur de son second ma-
» riage; elle-même était fille unique; mon père n'eut
» que moi de son second mariage avec ma mère,
» également fille unique. Une telle complication
» dans une seule famille est bien singulière, elle
» semble vraiment l'effet de la fatalité. » Ensuite il ajoute ces paroles caractéristiques : « Mais les plus
» fiers animaux ont le moins de petits, tels que les
» lions, les tigres et jusqu'aux éléphans, qui sont
» doux en comparaison des premiers. »

De Londres mistress Byron se rendit avec son enfant en Écosse; et, en 1790, elle fixa son séjour à Aberdeen, où le capitaine Byron vint bientôt la rejoindre. C'est là qu'ils vécurent ensemble quelque tems, logés en garni chez un nommé Anderson, dans *Queen-street ;* mais leur union étant loin d'être parfaite, une séparation fut bientôt jugée nécessaire, et mistress Byron prit le parti d'aller loger, toujours en garni, à l'extrémité de la même rue [1]. Malgré cette désunion, ils n'en continuèrent pas moins à se visiter de tems en tems, et même à prendre le thé l'un chez l'autre; mais les élémens de discorde se multiplièrent et finirent par amener leur séparation complète et définitive. Il arrivait toutefois fréquemment au mari, d'accoster la bonne et son fils dans leur promenade et d'exprimer un vif désir d'avoir l'enfant chez lui pour un ou deux jours. Mistress Byron était d'abord peu disposée à céder à ce vœu; mais la bonne lui représenta que *si le père avait l'enfant une seule nuit, il n'en voudrait pas davantage,* et cette réflexion la décida enfin à y consentir. L'événement justifia la prédiction de la bonne; quand elle vint le lendemain s'informer de son enfant, le capitaine Byron lui déclara qu'il avait assez de son jeune hôte, et qu'elle pouvait le reprendre tout de suite.

Il faut observer qu'à cette époque la fortune de mistress Byron ne lui permettait pas d'avoir plus d'une domestique; il n'est donc pas étonnant que l'enfant envoyé affronter l'épreuve d'une visite, sans la surveillance ordinaire de sa bonne, se soit montré un hôte difficile à gouverner.

Du reste, que dès l'enfance son caractère fût violent, sournois et colère, il est impossible d'en douter;

---

[1] Il semble que plusieurs fois elle changea de domicile à Aberdeen; on désigne encore deux maisons où elle aurait quelque tems logé, l'une dans *Virginia-street*, et l'autre chez un M. Leslie, je crois, dans *Broad-street*.
(*Note de Moore.*)

jusque dans ses petites jupes, il manifestait avec sa bonne ce même esprit d'impatience dont il donna dans la suite tant de preuves à ses critiques. Un jour elle le réprimanda vivement d'avoir sali ou déchiré un fourreau qu'on venait de lui mettre : ces reproches le firent entrer dans une de ces *rages silencieuses*, comme il les nomme lui-même ; il prit le fourreau de ses deux mains, le mit en pièces, puis revint à une soudaine immobilité, défiant et son censeur et son ressentiment.

Mais malgré cette petite scène et d'autres emportemens semblables, auxquels ne l'encourageait que trop l'exemple de sa mère (qui en agissait, dit-on, fréquemment de même avec ses bonnets et ses robes), il y avait dans ses inclinations, et le témoignage de ses bonnes, de ses maîtres et de tous ceux qui eurent alors des rapports avec lui est ici conforme, un mélange de douceur affectueuse et d'enjouement qui lui gagnait nécessairement les cœurs, et qui plus tard, comme dans ses plus tendres années, rendait son commerce facile pour ceux qui l'aimaient et le connaissaient assez pour user toujours à son égard de douceur et de fermeté. La gouvernante, dont nous avons déjà parlé, et la sœur de cette femme, May-Gray, qui la remplaça, prirent sur son esprit une influence à laquelle il ne résistait que bien rarement ; tandis que sa mère, dont les caprices et les accès de tendresse et d'emportement diminuaient également le respect et l'affection de son enfant, ne dut jamais qu'à l'autorité de son titre de mère le faible pouvoir qu'elle eut sur lui.

Par l'effet d'un accident qui, dit-on, arriva au moment de sa naissance, l'un de ses pieds fut détourné de sa position naturelle. Ce défaut, grâce surtout aux efforts que l'on fit pour y remédier, fut pour lui, pendant sa jeunesse, la source d'une foule de douleurs et d'ennuis. On voulut redresser ce membre d'après les expédiens alors en vogue, et sous la direction du célèbre John Hunter, qui même entretint à ce sujet une correspondance avec le docteur Livingstone d'Aberdeen. C'était à sa gouvernante qu'était confié le soin de lui mettre le soir ses machines-bandages; souvent alors, comme elle l'a raconté depuis, elle lui chantait ou lui racontait, pour mieux l'endormir, des histoires et des légendes auxquelles, comme la plupart des enfans, il prenait un grand plaisir. Elle lui apprit encore, dans cet âge si tendre, à répéter un grand nombre de psaumes, et le premier et le vingt-troisième furent ceux qu'il confia d'abord à sa mémoire. C'est un fait vraiment remarquable que, par les soins de cette respectable et pieuse personne, il acquit une connaissance plus parfaite des saintes Écritures, que ne l'ont en général les jeunes gens. Dans une lettre qu'il écrivit d'Italie à M. Murray, en 1821, après lui avoir demandé, par la première occasion, l'envoi d'une bible, il ajoute : « N'oubliez pas cela, car je suis un » grand lecteur et admirateur de ces livres ; je les

» avais parcourus tous avant l'âge de huit ans, —
» c'est-à-dire les livres de l'Ancien-Testament; quant
» au Nouveau, sa lecture me semblait une tâche, et
» celle de l'autre un plaisir. J'en parle d'après mes
» idées d'enfant, telles que je me les rappelle, et
» comme se présente encore à ma mémoire ce tems
» que je passai à Aberdeen en 1796. »

La difformité de son pied était dès-lors un sujet qui l'affligeait beaucoup et sur lequel il se montrait très-irascible. Une personne de Glascow m'a rapporté que la gouvernante de sa femme et celle de Byron se voyaient souvent quand elles sortaient pour promener les enfans qui leur étaient confiés, et qu'un jour elle lui avait dit : « Quel bel enfant que ce Byron ! » et quel malheur qu'il ait un pareil pied ! » L'enfant l'entendit, et soudain, outré de colère, il la frappa d'un petit fouet qu'il avait à la main, en s'écriant avec impatience : *Ne parlez pas de cela.* Quelquefois cependant, comme plus tard, il parlait avec indifférence et même plaisantait de son infirmité. Dans le voisinage se trouvait un autre enfant qui avait dans l'un de ses pieds un défaut semblable ; Byron disait alors à cette occasion en riant : *Venez voir les deux petits garçons qui s'en vont dans Brood-street avec leurs deux pieds bots.*

Parmi une foule d'exemples de vivacité et d'énergie, sa gouvernante citait le suivant. Un soir, elle l'avait conduit au théâtre, à la représentation de *la Femme colère corrigée* (*the taming of the Shrew*); il avait suivi la pièce pendant quelque tems avec un intérêt silencieux, mais à la scène entre Catherine et Pétruchio, quand les acteurs en furent à ces deux vers :

CATHERINE. Je sais que c'est la lune.
PETRUCHIO. Non, vous mentez, c'est le soleil bienfaisant.

Le petit Geordie (ainsi l'appelait-on), se levant de son siége, se mit à crier vivement : *Mais je vous dis, moi, que c'est la lune, monsieur.*

Nous avons déjà parlé du séjour du capitaine Byron à Aberdeen ; il revint encore y passer deux ou trois mois avant son départ définitif pour la France. Chaque fois, le principal objet de sa visite était de tirer encore, s'il le pouvait, quelque argent de la malheureuse femme qu'il avait réduite à la misère ; et il y réussit si bien, que la dernière fois cette dame, gênée comme elle l'était, parvint à lui procurer les moyens de se rendre à Valenciennes [1], où il mourut l'année suivante (1791). Bien que sur la fin Mrs. Byron refusât de le voir, elle lui conserva toujours, dit-on, une vive affection ; et à cette époque, quand la gouvernante venait à le rencontrer, elle ne

---

[1] Mrs. Byron, dit quelqu'un que j'ai déjà cité, s'était endettée de trois cents liv. st., par suite des avances d'argent faites à M. Byron lors de ses deux visites à Aberdeen, et par les frais d'ameublement de la chambre qu'elle occupa après la mort de son mari, dans Brood-street. Les intérêts de cette somme réduisirent son revenu à 139 liv. ; toutefois elle sut vivre sans augmenter ses dettes, et à la mort de sa grand'mère, ayant hérité des 1,122 liv. réservées pour le douaire de cette dame, elle les acquitta entièrement.

manquait pas de s'informer auprès d'elle, avec la plus tendre sollicitude, de sa santé et de l'air de son visage. Quand elle apprit sa mort, sa douleur, suivant le récit de la même personne, tenait du désespoir, et ses cris perçans furent entendus jusque dans la rue. C'était vraiment une femme extrême dans toutes ses passions ; sa douleur et sa tendresse partaient de son tempérament autant que d'une sensibilité réelle. Quoi qu'il en soit, déplorer la mort d'un pareil mari était, il faut l'avouer, faire preuve d'une générosité bien gratuite; d'autant plus que ne l'ayant épousée, comme il le disait tout haut, que pour sa fortune, et ayant bientôt dissipé le seul charme qu'elle eût à ses yeux, il avait la cruauté de lui reprocher fréquemment les inconvéniens de la pénurie, fruit de son extravagante prodigalité.

Le jeune Byron n'avait pas cinq ans accomplis quand on l'envoya à une école primaire, tenue à Aberdeen par M. Bowers [1]. Il y resta, sauf quelques interruptions, durant l'espace de douze mois, comme l'atteste l'extrait suivant du registre journalier de l'école :

GEORGES GORDON BYRON,

19 novembre 1792.

19 novembre 1793, reçu une guinée.

Le prix de cette école, pour la lecture seulement,

---

[1] Dans *Long-acre*, l'instituteur actuel de cette école est M. Davie Gronta, l'ingénieux éditeur d'une *collection de batailles et monumens*

n'était que de 5 *shillings* par quartier; et ce fut certainement moins dans le but de hâter ses progrès que pour mieux échapper à sa turbulence que sa mère l'y envoya. Quant au résultat de ces premières études à Aberdeen, tant sous M. Bowers que sous différens autres instituteurs, il nous en offre lui-même le curieux document dans une sorte de journal commencé sous le titre de *mon Dictionnaire*, et qu'on retrouve dans l'un de ses manuscrits :

« J'ai vécu dans cette ville plusieurs années de ma
» première jeunesse; mais depuis l'âge de dix ans
» je n'y suis pas retourné. A cinq ans, ou plus tôt
» même, on m'envoyait à l'école tenue par un M. Bowers, que l'on surnommait *Bodsy*, à cause de son
» air vif et éveillé. C'était une école à l'usage des
» deux sexes; j'y appris peu de chose, si ce n'est à
» répéter par cœur, à force de l'entendre, mais sans
» en retenir une lettre, la première leçon monosyllabique : *Dieu fit l'homme, il faut l'aimer.* La seule
» preuve que je donnais de mes progrès à la maison,
» c'était de répéter ces mots avec la plus grande volubilité; mais un jour, ayant tourné le feuillet,
» j'eus le malheur de redire encore la même chose,
» et cela fit découvrir les bornes étroites de mes jeunes
» talens : on me tira les oreilles (criante injustice,
» attendu que c'était par elles que j'avais appris ce

---

militaires, et d'un ouvrage fort utile intitulé : *Livre classique des poèmes modernes.*

» que je savais), et l'on confia mes dispositions aux
» soins d'un nouveau précepteur; c'était un pieux
» et habile petit prêtre, nommé Ross, devenu plus
» tard ministre de l'une des églises d'Écosse (celle
» d'*East*, je pense). Je fis sous lui d'étonnans pro-
» grès, et je me rappelle encore aujourd'hui ses
» manières douces et sa généreuse sollicitude. Dès
» que je pus lire, ma grande passion fut l'histoire,
» et surtout je me passionnai, pourquoi? je l'ignore,
» pour la bataille donnée près du lac Régille, dans
» l'histoire romaine, que l'on m'avait d'abord mise
» entre les mains. Il y a quatre ans, me trouvant
» sur les hauteurs de Tusculum, mes regards s'arrê-
» tèrent sur le petit lac circulaire, jadis de Régille,
» et qui n'est plus qu'un point dans la perspective ;
» alors je me souvins de mon jeune enthousiasme et
» de mon vieux instituteur. Plus tard j'eus pour
» maître un nommé Paterson, honnête jeune homme,
» mais très-sérieux et taciturne : c'était le fils de
» mon cordonnier ; du reste fort instruit, comme le
» sont généralement les Écossais ; c'était de plus un
» presbytérien rigide. Je commençai avec lui le la-
» tin, dans la grammaire de Ruddeman, et je con-
» tinuai jusqu'au moment où l'on me mit à l'*école de*
» *grammaire*. Là je fis toutes mes classes jusqu'à la
» quatrième *forme* [1], époque de mon rappel en An-
» gleterre, ma patrie, par la mort de mon oncle.

[1] Un collége régulier anglais se divise généralement en six *formes*, quoiqu'un même professeur puisse être chargé de deux à la fois. L'ordre

» C'est à Aberdeen, et sur les belles exemples de
» M. Duncan, que j'acquis le beau point d'écriture
» que je ne lis pas moi-même sans difficulté. Je ne
» pense pas qu'il se mît beaucoup en peine de mes
» progrès. J'écrivais mieux alors que je n'ai jamais
» fait depuis ; la hâte et l'agitation d'une et d'autre
» espèce ont fait de moi le plus parfait griffonneur
» qui jamais ait tenu une plume. Il pouvait y avoir
» à cette école de grammaire cent cinquante enfans
» de tout âge ; elle était divisée en cinq classes, te-
» nues par quatre maîtres, le principal se chargeant
» de la quatrième et de la cinquième forme, comme
» en Angleterre la cinquième et la sixième forme et
» les moniteurs ont toujours pour professeur le chef
» de l'école. »

Parmi ses compagnons de classe, il en est de vivans qui se souviendront encore de lui [1], et l'impression qu'ils en ont conservée est que c'était un enfant vif et passionné, emporté, rancunier, mais affectueux et sociable à l'égard de ses camarades ; hardi, singulièrement aventureux et toujours, comme l'un d'eux le répétait heureusement, toujours *plus*

---

des *formes* est inverse du nôtre ; ainsi (la rhétorique et la philosophie faisant partie de l'enseignement spécial des universités), la sixième *forme* correspondra à notre classe de seconde, et la première forme à notre septième ou aux classes plus élémentaires encore.

(*Note du Traducteur.*)

[1] Le vieux portier du collége aussi se rappelle bien le petit garçon à la jaquette rouge et au pantalon de nankin, qu'il a si souvent chassé de la cour du collége.

prêt à donner qu'à recevoir des coups. Entr'autres anecdotes à l'appui de ce caractère, on cite qu'une fois, revenant de l'école, il se trouva de compagnie avec un enfant qui l'avait auparavant insulté, sans en avoir été puni. Le petit Byron avait juré qu'il le lui paierait à la première occasion; en conséquence cette fois-ci, bien que plusieurs autres enfans prissent le parti de son adversaire, il parvint à lui donner une *volée complète*; et quand il arriva chez sa mère, tout essoufflé, la servante lui demanda ce qu'il avait fait. Il répondit, avec un mélange de rage et d'enjouement, qu'il venait d'acquitter une dette en rossant un enfant auquel il l'avait promis; qu'il était un Byron, et que jamais il ne fausserait sa devise : *Croys Byron*.

Il est certain qu'il cherchait bien plus à se distinguer parmi ses camarades par sa supériorité dans tous les jeux et exercices violens, que par ses progrès à l'étude [1]. Cependant il était plein d'ardeur dès qu'on parvenait à fixer son attention, ou qu'un genre d'étude venait à lui plaire. Il était en général parmi les derniers de sa classe, et ne semblait guère ambitieux de places plus honorables. Il est d'usage, je crois, dans cette pension, d'intervertir de tems en tems l'ordre des places et de mettre les plus faibles écoliers sur les bancs ordinairement réservés aux

---

[1] C'était, dit l'un de ceux que j'ai consultés, un bon joueur de billes, il les lançait plus loin que la plupart des enfans; il excellait aussi aux *barres*, jeu qui exige une grande agilité de jambes.

plus forts, sans doute dans la vue de mieux stimuler l'ardeur des uns et des autres. Dans ces occasions, et seulement alors, Byron était parfois à la tête de ses condisciples, et son professeur disait en le raillant : *Allons, George, vous ne tarderez pas à retourner à la queue* [1].

Durant cette période, sa mère et lui eurent l'occasion de faire visite à plusieurs de leurs amis : ils passèrent quelque tems à Fetteresso, demeure de son parrain le colonel Duff (on s'y rappelle encore le plaisir que prenait l'enfant à jouer avec un vieux sommelier, bon vivant, nommé Ernest Fiddler). Ils s'arrêtèrent aussi à Banff, où résidaient quelques proches parens de mistress Byron.

Il eut en 1796 une attaque de fièvre scarlatine, après laquelle sa mère l'envoya, pour changer d'air, dans les montagnes de l'Écosse (*highlands*) ; et ce fut alors, ou l'année suivante, qu'ils choisirent pour résidence une ferme dans le voisinage de Ballater. C'est un séjour recherché pendant l'été par ceux qui veulent reprendre leur santé ou leur enjouement ; il est situé sur la rivière, à quarante milles environ

---

[1] Il paraît, d'après la liste trimestrielle tenue à l'école de grammaire d'Aberdeen, dans laquelle le nom des enfans se trouve placé suivant le rang qu'ils tenaient dans leur classe ; il paraît, dis-je, qu'en avril 1794 le nom de Byron se trouvait le vingt-troisième sur une liste de trente-huit enfans, dans la seconde forme. En avril 1798, il lui arriva d'être le cinquième dans la quatrième classe, composée de vingt-sept enfans, et de dépasser plusieurs de ses condisciples qui l'avaient toujours devancé jusque-là.

d'Aberdeen. Bien que cette maison, où l'on montre encore avec orgueil le lit du jeune Byron, soit naturellement devenue un but de pélerinage pour les admirateurs du génie, elle est, ainsi que la vallée étroite et aride dans laquelle elle est bâtie, bien indigne de s'associer au souvenir d'un poète. A peu de distance de là, on peut vanter avec raison un paysage où se retrouvent tous les genres de beautés sauvages qui suivent le cours de la Dée à travers les montagnes. C'est là que les noirs sommets de *Lachin-y-Gair* s'élançaient en forme de tourelles aux yeux du poète futur; les vers qu'il consacra, plusieurs années après, au tableau de ces objets sublimes, montrent que déjà, malgré sa tendre jeunesse, il connaissait tous les genres de *gloire sourcilleuse* qui s'y rattachaient [1].

Ah! c'est là que mes pas s'égarèrent souvent dans mon enfance; mon chapeau était le bonnet à carreaux, mon manteau le *plaid* des montagnards; les souvenirs des chefs de *clans*, morts depuis long-tems, venaient s'offrir à mon esprit, quand, chaque jour, j'errais dans les clairières couvertes de pins. Je ne songeais pas à retourner au château, avant que la gloire du jour mourant n'eût fait place aux rayons brillans de l'étoile polaire, car mon imagination charmée aimait à se nourrir des traditions glorieuses que je recueillais de la bouche des habitans de la sombre Loch-na-Gar.

On a plusieurs fois attribué la première étincelle

---

[1] Les souvenirs exprimés dans cette pièce sont charmans, mais il n'en est pas moins certain, d'après le témoignage de sa gouvernante, qu'il alla tout au plus deux fois sur cette montagne, située à quelques milles de leur résidence ordinaire.

de son génie poétique à la sévérité grandiose des scènes au milieu desquelles s'écoula son enfance ; mais on pourrait se demander si jamais pareilles facultés furent l'effet d'un pareil accident. Que les charmes d'une nature pittoresque, nés principalement de notre imagination et de nos souvenirs, soient profondément sentis à un âge où l'imagination est à peine née, où les souvenirs sont rares, c'est ce qu'on concevra difficilement, tout en faisant la part d'un génie prématuré. L'éclat que le poète voit dans les aspects de la nature n'est pas autant dans les objets eux-mêmes que dans l'œil qui les contemple; et l'imagination doit entourer ses tableaux d'une sorte d'auréole avant de pouvoir leur emprunter quelque inspiration.

A la vérité, comme matériaux susceptibles d'être mis en œuvre par la faculté poétique quand elle sera développée, ces merveilleuses impressions, recueillies dès l'enfance avec toute la vivacité, conservées avec toute la puissance de souvenir qui appartient au génie, peuvent bien former l'un des plus purs et des plus précieux alimens dont il se nourrira par la suite ; mais cependant la source de ce charme est dans le sentiment poétique qui existait en lui et qui s'éveille alors. C'est l'imagination seule qui, agissant sur ses souvenirs, imprégnera pour lui, dans la suite, tout le passé de poésie.

Il faut donc classer les impressions que Lord Byron reçut dans son enfance des scènes de la nature, avec les divers autres souvenirs qu'il conserva de la même période, comme de son innocence, de ses jeux, de ses espérances et de ses affections premières, tous souvenirs que le poète sait convertir à son usage, mais dont aucun ne fait le poète; pas plus que le miel (pour employer une comparaison de Byron lui-même) ne fait l'abeille qui le butine.

Quand il arrive, comme ce fut le cas en Grèce pour Lord Byron, que les mêmes accidens de nature, sur lesquels la mémoire a réfléchi son charme, se reproduisent devant les yeux, entourés de circonstances nouvelles et inspiratrices, et de tous les accessoires qu'une imagination riche et vigoureuse peut leur prêter; alors, et le passé, et le présent, tout contribue à rendre l'enchantement complet. Or, jamais cœur ne fut mieux né pour réunir ces divers sentimens que celui de Lord Byron. Dans un poème écrit un ou deux ans avant sa mort [1], il fait honneur de sa passion pour les montagnes aux impressions de son séjour dans les *highlands*; et il attribue même le plaisir que lui fit éprouver l'aspect de l'Ida et du Parnasse, bien moins aux traditions classiques qu'aux souvenirs profonds que lui fournissaient son enfance et *Lachin-y-gair*.

Celui dont les premiers regards se sont arrêtés sur les montagnes de l'Écosse, couronnées d'un bleu céleste, aimera à contempler toutes les cimes qui lui offriront une couleur ana-

[1] L'Ile.

logue; il saluera, dans chaque mamelon, le visage connu d'un ami; à la vue d'une montagne, son ame s'épanouira, comme pour l'embrasser. Long-tems j'ai parcouru des pays qui n'étaient pas mon pays; j'ai adoré les Alpes, aimé les Apennins, révéré le Parnasse, admiré l'Ida cher à Jupiter, et l'Olympe qui s'élève majestueusement au-dessus de la mer. Mais ce n'était point le souvenir de leur gloire antique, ce n'était point la vue de leur beauté présente qui m'imposaient ces impressions profondes de respect et d'amour. Les ravissemens que l'enfant avait éprouvés survivaient à l'âge de l'enfance. Loch-na-Gar dominait avec l'Ida sur les champs de la Troade. Les souvenirs celtiques entouraient le mont Phrygien, et les eaux des cascades des *highlands* se mêlaient à la claire fontaine de Castalie.

Dans une note jointe à ce morceau, nous le voyons faire le même anachronisme dans l'histoire de ses propres sentimens, et rapporter à son enfance elle-même cet amour des montagnes, qui n'était autre chose que le résultat du travail de son imagination se reportant au passé. « C'est, dit-il, de cette époque (celle de son séjour dans les *highlands*) que date mon amour des pays montagneux. Je n'oublierai jamais l'effet que produisit sur moi, quelques années plus tard, en Angleterre, la seule chose que j'eusse vue depuis long-tems qui ressemblât à des montagnes, quoiqu'en miniature; je veux parler des *Malvern-hills*. Lorsque je retournai à Cheltenham, je les regardais chaque soir, au coucher du soleil, avec une émotion que je ne pourrais décrire. » Son amour pour les courses solitaires et pour les excursions de toutes espèces [1], le conduisait souvent assez loin pour donner sur lui des inquiétudes sérieuses. Il lui arrivait à Aberdeen, toutes les fois qu'il en trouvait l'occasion, de s'esquiver, inaperçu, de la maison. Quelquefois il se dirigeait du côté de la mer; et un jour, après de longues et pénibles recherches, on trouva le petit aventurier se débattant au milieu d'une fondrière ou mare, d'où il n'aurait pu se tirer de lui-même.

Dans le cours de l'une de ces excursions d'été le long de la Dée, il eut l'occasion de voir les sauvages beautés des *highlands,* mieux encore que dans les environs de leur résidence à Ballatrech. Sa mère l'avait conduit sur la route romantique d'*Invercauld,* jusqu'à la petite chute d'eau appelée *la vigne de la Dée;* sa passion pour les aventures fut alors sur le point de lui coûter la vie : comme il grimpait le long d'une pente inclinée sur cette cascade, une bruyère arrêta son pied bot et il tomba. Déjà même il roulait vers le précipice, quand la gouvernante eut la force et la présence d'esprit de le retenir, et de le ravir ainsi à une mort certaine.

Il n'avait encore que huit ans : ce fut alors qu'un sentiment plus près de l'amour qu'on ne le suppose-

---

[1] Cette phrase rend fort douteuse l'assurance donnée par sa gouvernante (au rapport de Thomas Moore), que Byron n'avait jamais vu que deux fois la montagne de *Lachin-y-gair,* si voisine de l'habitation de sa mère.

(*N. du Tr.*)

rait possible dans un âge si tendre, prit, de son propre aveu, sur ses pensées, une puissance absolue, et prouva ainsi, de bonne heure, combien il était facile d'éveiller sa sensibilité sur ce point comme sur tous les autres [1]. L'objet de son attachement était Marie Duff; et les passages d'un journal, tenu par lui en 1813, montrent avec quelle fraîcheur, après un intervalle de dix-sept ans, il se rappelait toutes les circonstances de cette première passion :

« J'ai dernièrement, dit-il, beaucoup pensé à
» Marie Duff; il est bien étrange que j'aie pu me
» passionner aussi profondément pour cette jeune
» fille, à un âge où je ne pouvais connaître l'amour,
» ni ce que ce mot signifiait : et pourtant c'était bien
» de l'amour. Ma mère me raillait d'habitude sur
» cet attachement puéril; et plusieurs années après
» (j'avais alors seize ans), elle me dit un jour : *By-*
» *ron, je reçois une lettre d'Édimbourg; miss Aber-*
» *cromby me mande que votre ancienne passion, Marie*
» *Duff, est mariée à un M. Co.....* Et quelle fut ma
» réponse? En vérité, je ne sais comment expliquer

---

[1] On sait que Dante n'avait que neuf ans quand, à la *fête du Mai*, il vit pour la première fois Béatrix et en devint amoureux. Alfieri lui-même, amant précoce, considère une telle sensibilité prématurée comme le signe incontestable d'une ame née pour les beaux-arts. « *Effetti*, dit-il en décrivant ce qu'il éprouva lui-même lors de son premier amour, *che poche persone intendono, e pochissime provano : ma a quei soli pochissimi è concesso l' uscir della folla volgare in tutte le umane arti.* » Canova disait ordinairement qu'il se rappelait fort bien avoir été amoureux dès l'âge de cinq ans.

» ce que je ressentis en ce moment; mais je faillis
» entrer en convulsion. Ma mère en fut tellement
» alarmée, que plus tard elle évita toujours de re-
» venir sur ce sujet *avec moi*, — se contentant de le
» redire volontiers à chacune de ses connaissances.
» Maintenant que signifiait tout cela ? Je ne l'avais
» pas vue depuis que, par suite d'un *faux pas* de sa
» mère, à Aberdeen, elle fut ramenée à Banff, au-
» près de son aïeule : nous étions tous deux de vé-
» ritables enfans; j'avais dès-lors, et j'ai depuis
» éprouvé cinquante fois, d'autres sentimens ten-
» dres; cependant je me rappelle encore tout ce que
» nous nous disions l'un à l'autre, toutes nos cares-
» ses; ses traits, mon inquiétude, mes insomnies,
» mes instances auprès de la servante de ma mère
» pour qu'elle lui écrivît de ma part; ce qu'elle fit à
» la fin pour me tranquilliser. La pauvre Nancy
» pensait que j'étais fou; et comme je ne pouvais
» écrire une lettre moi-même, elle devint mon se-
» crétaire. Je me rappelle aussi nos promenades,
» mon bonheur quand j'étais assis près de Marie
» dans l'appartement des enfans, à leur maison pro-
» che des *Plainstones* à Aberdeen. Alors, tandis que
» sa petite sœur jouait à la poupée, nous faisions
» l'amour à notre manière.

» Comment diable tout cela arriva-t-il à un pareil
» âge ? d'où cela provenait-il ? Certainement, plu-
» sieurs années après, je n'avais pas encore l'idée
» de la distinction des sexes; et cependant mes tour-

» mens et mon amour furent si violens, que je doute
» quelquefois si j'ai jamais été depuis réellement
» amoureux.

» Qu'il en soit ce qu'on voudra, l'annonce de son
» mariage, plusieurs années après, fut pour moi un
» coup de foudre et fut sur le point de m'étouffer,
» au grand effroi de ma mère et à l'étonnement de
» tous les spectateurs qui refusaient d'y croire. C'est
» dans ma vie un phénomène (puisque je n'avais
» alors que huit ans), qui m'a souvent tourmenté et
» qui me tourmentera jusqu'à ma dernière heure; et
» récemment encore, je ne sais pas pourquoi, son sou-
» venir (non pas l'amour lui-même) s'est représenté
» avec plus de force que jamais. Je serais bien étonné
» qu'elle eût gardé de moi la moindre souvenance,
» et qu'elle se rappelât comme elle plaignait sa pe-
» tite sœur Hélène de ne pas avoir aussi un amou-
» reux! Il est incroyable comme j'ai gardé d'elle une
» parfaite et charmante idée; de son front, de ses
» cheveux noirs, de ses yeux d'un brun clair, de ses
» vêtemens même : je serais vraiment fâché de la
» voir aujourd'hui ; la réalité, toute belle qu'elle se-
» rait, détruirait ou du moins obscurcirait les traits
» de la charmante Péri que je contemplais alors en
» elle, et qui vit encore dans mon imagination après
» plus de seize années. J'ai maintenant vingt-cinq
» ans et quelques mois.....

» Ma mère, je le suppose, raconta cette circon-
» stance (l'effet qu'avait produit son mariage sur

» moi) aux Parkynses et certainement à la famille
» Pigot; elle le mentionna sans doute également à
» miss Abercromby, qui connaissait mon ancien pen-
» chant, et qui sans doute n'avait donné cette nou-
» velle qu'à mon intention..... Je l'en remercie!
» Comme ses commencemens, le terme de cette pas-
» sion m'a souvent fait réfléchir; quant à l'exacti-
» tude des faits, d'autres les connaissent aussi bien
» que moi, et le souvenir que j'en conserve est en-
» core plein de vie. Mais plus j'y songe, et plus je
» suis embarrassé d'assigner quelques causes à cette
» précocité d'affection. »

Les chances qu'il avait de succéder au titre de ses ancêtres furent quelque tems tout-à-fait incertaines; car, en 1794, le cinquième lord Byron vivant avait encore un petit-fils. Sa mère cependant, dès sa naissance, avait caressé l'espoir qu'il serait non-seulement un lord, mais encore un grand homme. Une circonstance bizarre sur laquelle elle fondait cette espérance, c'est qu'il était boiteux; pourquoi? il serait difficile de le dire, si ce n'est peut-être qu'ayant un esprit des plus superstitieux, elle avait consulté quelque diseur de bonne aventure, qui, pour anoblir aux yeux d'une mère cette infirmité, l'avait rattachée à la destinée future de l'enfant.

La mort du petit-fils du vieux lord, arrivée en Corse en 1794, brisa le seul obstacle qui se trouvait jusqu'alors placé entre le petit George et l'héritage immédiat de la pairie : l'importance sensible que cet événement leur donna fut sentie non-seulement par Mrs. Byron, mais aussi par le jeune baron futur de Newsteadt. Pendant l'hiver de 1797, sa mère lisait un jour par hasard un discours prononcé à la Chambre des Communes ; un ami se trouvait présent, qui dit à l'enfant : « Nous aurons un jour ou l'autre le » plaisir de lire aussi vos discours à la Chambre des » Communes. » *J'espère que non,* répondit-il ; *si vous en lisez quelqu'un de moi, ce sera à la Chambre des Lords.*

Le titre dont il se félicitait ainsi ne lui fut que trop tôt dévolu. S'il avait pu demeurer encore pendant dix ans tout simplement George Byron, on ne peut douter que son caractère n'y eût gagné sous beaucoup de rapports. L'année suivante, son grand oncle, le cinquième lord Byron, mourut à l'abbaye de Newsteadt, ayant consommé les dernières années de sa vie dans un état d'isolement austère et presque sauvage.

Le lendemain de l'accession du petit Byron à la pairie, on dit qu'il courut à sa mère et lui demanda *si elle apercevait quelque changement en lui depuis qu'il était lord, car il n'en trouvait lui-même aucun.* Réflexion ingénieuse et naturelle ; l'enfant ne songeait pas encore que la simple addition d'une syllabe au-devant de son nom avait suffi pour opérer un changement complet et magique dans toutes ses relations futures avec la société.

On peut se faire une idée de l'effet que produisit

dès-lors sur lui cet événement, d'après l'agitation que, dit-on, il manifesta en s'entendant, pour la première fois, appeler dans l'école avec l'addition du titre de *dominus*. Incapable de faire la réponse habituelle, *adsum,* il resta silencieux au milieu de la surprise générale de ses camarades, et finit enfin par fondre en larmes.

Le nuage qu'avait jeté, et sans cause, à plusieurs égards, sur le caractère du dernier lord Byron, sa malheureuse affaire avec M. Chaworth, avait encore été, dans la suite, obscurci par les effets naturels d'une vie insociable et bizarre. On fait encore dans le voisinage les récits les plus exagérés de sa cruauté envers lady Byron, avant leur séparation mutuelle, et l'on croit même que, dans l'un de ses accès de fureur, il avait été jusqu'à la précipiter dans l'étang de Newsteadt. Une autre fois, dit-on, ayant tué son cocher pour quelque désobéissance, il avait jeté le cadavre dans la voiture où se trouvait lady Byron, et montant aussitôt sur le siége, il avait lui-même conduit les chevaux. Ces histoires sont, à n'en pas douter, des fables grossières, comme la plupart de celles dont son illustre héritier fut plus tard la victime. Une femme au service du vieux lord, encore vivante, contredit ces deux récits comme autant d'inventions de la calomnie; elle suppose pourtant que la première est fondée sur les circonstances suivantes. Une jeune dame du nom de Booth se trouvait à Newsteadt en visite; un soir, on fit une partie de plaisir devant la façade de l'abbaye, et lord Byron, par accident, l'avait poussée dans le bassin qui reçoit la cascade : de là, sans doute, le conte dont nous avons parlé.

Une fois séparé de lady Byron, l'isolement complet dans lequel il vécut réveilla toute la puissance d'imagination des habitans de l'endroit; nul fait atroce ou désespéré que les commères du village ne fussent disposées à lui imputer. Il y avait dans son triste jardin deux images grimaçantes de satyres, que bientôt l'effroi de ceux qui les entrevirent décora du nom de *diables du vieux lord*. On sait qu'il marchait toujours armé, et l'on rapporte que le dernier sir John Warren, son voisin, ayant été admis à dîner un jour avec lui, trouva sur la table une boîte à pistolets placée là comme partie ordinaire du service.

Dans ses dernières années, les seuls compagnons de sa solitude, outre cette colonie de grillons qu'il s'amusait, dit-on, lui-même, à nourrir et à dresser[1], étaient le vieux Murray, plus tard valet favori de son successeur, et la domestique dont je viens de citer l'autorité. Cette dernière, d'après les fonctions auxquelles on suppose qu'elle avait été promue auprès de son noble maître, avait reçu généralement dans le pays le nom de *Lady Betty*.

[1] Lord Byron avait l'habitude d'ajouter à ceci, sur l'autorité de vieux domestiques, que le jour de la mort de leur patron, ces grillons laissèrent tous de concert la maison, et en si grand nombre, qu'il était impossible de faire un pas dans le vestibule sans en écraser quelques-uns.

Quoiqu'il vécût dans sa solitude d'une manière sordide, il paraît qu'il éprouvait souvent le besoin d'argent ; et l'un des torts les plus sérieux qu'il fit à sa propriété, fut la vente du domaine de Rochdale, dans le duché de Lancastre, dont le produit minéralogique passait pour très-important. Il savait bien, dit-on, à l'époque de la vente, qu'il n'avait pas le droit de donner un titre légal de possession, et il n'est pas croyable que ceux qui l'achetèrent ignorassent l'irrégularité de la transaction ; mais ils prévirent sans doute, comme en effet cela arriva, qu'avant d'être dépossédés de la propriété ils seraient à peu près indemnisés par le produit qu'ils en tireraient.

On tenta, pendant la minorité du jeune lord, de rentrer dans le domaine de Rochdale, et, comme on le lira bientôt, ce fut avec un plein succès. Pour Newsteadt, les bâtimens et les dépendances menaçaient une ruine prochaine, et parmi les rares témoignages de la sollicitude ou de la dépense de son propriétaire, se trouvaient quelques masses de pierres réunies à grands frais, et quelques bâtimens, crénelés, élevés sur le bord du lac et dans l'épaisseur du bois. Les forts bâtis sur le lac étaient destinés à donner un aspect naval à ses ondes : souvent, quand il était en bonne humeur, il se plaisait à des combats simulés ; ses bâtimens attaquaient la forteresse, qui à son tour les canonnait. Le plus grand de ses vaisseaux avait été construit pour lui dans l'un des ports de mer de l'est : on l'avait dirigé sur des roues vers la forêt de Newsteadt, comme pour accomplir l'une des prophéties de la mère Shipton, *que quand un vaisseau chargé de* ling *traverserait la forêt de Shervood, le domaine de Newsteadt sortirait de la famille Byron.* Dans le duché de Nottingham, *ling* répond au mot bruyère; et afin de justifier la mère Shipton et de dépiter le vieux lord, on dit que les paysans escortaient le vaisseau en y jetant sans cesse des touffes de bruyère.

Cet homme singulier prenait évidemment fort peu de soin du sort de ses descendans; il n'avait entretenu aucun rapport avec son jeune héritier d'Écosse, et s'il lui arrivait d'en parler, ce qui était fort rare, ce n'était jamais que sous le nom *du petit enfant qui est à Aberdeen.*

La mort de son grand oncle faisait de Lord Byron *le pupille de la chancellerie*, et le comte de Carlisle fut désigné pour être son tuteur. Il avait avec la famille quelques rapports de parenté, comme fils de la sœur du défunt lord. En 1798, pendant l'automne, Mrs. Byron et son fils, escortés de leur fidèle May Gray, quittèrent Aberdeen pour Newsteadt. Avant leur départ, ils avaient vendu le mobilier de l'humble appartement qu'ils occupaient, et le produit, à l'exception du linge et de la vaisselle que Mrs. Byron emporta, fut de 74 livres sterling 17 shillings 7 pence.

Le tems que Byron passa en Écosse, où sa mère avait d'ailleurs pris naissance, lui permettait de se considérer lui-même, comme il s'en est glorifié dans Don Juan, *à moitié Écossais par sa naissance, et entièrement par son éducation.*

Nous avons déjà vu avec quelle vivacité il gardait le souvenir des montagnes qui, dans l'origine, avaient frappé ses yeux ; les allusions qu'il y fait, dans le passage de Don Juan que je viens de citer, au pont romantique du Don et aux autres localités d'Aberdeen, montrent la même fidélité et le même entraînement de souvenir.

De dire comment *Auld-Lang-Syne* évoque devant moi l'Écosse en masse et dans tous ses détails, les Plaids écossais, les *Snoods* écossais, les montagnes bleues, les ondes claires, la Dee, le Don, le mur noir du pont de Balgounie, mes souvenirs d'enfant, en un mot le plus doux songe de ce qui me faisait alors rêver, enveloppé, comme les fils de Banco, de leurs manteaux funéraires ; — d'expliquer ces allusions enfantines qui ramènent sous mes yeux ma douce enfance, — je ne m'en soucie pas, c'est un effet de *Auld-Lang-Syne.*

Puis il ajoute en note :

Le pont du Don, près de *la vieille ville* d'Aberdeen, avec son arche unique et ses eaux noirâtres et poissonneuses, me sont encore présens, comme si je les avais vus hier. Je me rappelle également, bien que je le cite mal peut-être, le terrible proverbe qui, dans ma jeunesse, me faisait craindre et pourtant désirer de le passer, parce que j'étais fils unique, au moins du côté de ma mère. Le voici tel que je m'en souviens, quoique je ne l'aie entendu ni lu depuis l'âge de neuf ans :

> *Brig of Balgounie, black's your wa'*
> *Wi a wife's ae son, and a mear's ae foal*
> *Down ye shall fa'.....*

Pont de Balgounie, ton mur est noir, tu tomberas avec le fils unique d'une femme et le poulain unique d'une cavale.

Il eut toujours un véritable plaisir à rencontrer une personne d'Aberdeen : quand feu M. Scott, qui était né dans cette ville, lui rendit une visite à Venise, en 1819, il lui désigna surtout, en rappelant leurs habitudes d'enfance, une place nommée la niche de Wallace, où se trouve encore aujourd'hui une grossière statue de ce guerrier écossais. Cette sorte de souvenir ne le trouvait jamais insensible. A son premier voyage en Grèce, non-seulement l'aspect des montagnes, mais le jupon court des Albanais, tout, dit-il, le *reportait à Morven*. Dans sa dernière et fatale expédition, l'habit qu'il portait de préférence, à Céphalonie, était une veste de *tartane*.

Mais quelque sincères et profondément senties que fussent les impressions qu'il gardait de l'Écosse, il lui arrivait quelquefois, comme pour toutes ses affections les plus aimables, de donner un démenti à son bon naturel; et lorsque la colère ou l'ironie l'excitait, de persuader et les autres et lui-même que toutes ses affections se portaient vers des objets directement opposés.

Le fiel qu'il répandit à l'occasion de sa querelle

avec la *Revue d'Édimbourg*, sur tout ce qu'il y avait d'Écossais, offre l'exemple de ce triomphe temporaire de ses passions. Dans tous les tems, le moindre soupçon de ridicule jeté sur l'Écosse ou ses habitans suffisait pour faire taire ses affectueux sentimens. Un de ses amis me raconta l'amusante colère dans laquelle le mit un jour une innocente jeune fille, pour avoir remarqué qu'il avait quelque chose de l'accent écossais : « Bon dieu ! s'écria-t-il, j'espère
» bien que non ; j'aimerais mieux voir tomber la
» maudite Écosse dans la mer que d'avoir l'accent
» écossais. »

Mais on ajoutera peu de foi aux saillies de ce genre répandues dans ses écrits ou sa conversation, quand on les comparera aux preuves décisives qu'il a laissées de son attachement pour le pays où il passa son enfance. Et si, pour lui, ces impressions étaient ineffaçables, de l'autre il y a chez les citoyens d'Aberdeen, qui le regardent comme leur compatriote, une correspondance chaleureuse d'affection pour sa mémoire et pour son nom. Ils montrent encore aux voyageurs les diverses maisons où il résidait dans sa jeunesse ; l'avoir vu seulement une fois, réveille en eux un souvenir d'orgueil, et le pont du Don, déjà beau en lui-même, est désormais revêtu, grâce à la mention qu'il en a faite dans son *Don Juan*, d'un nouveau charme. Il y a deux ou trois ans qu'on offrit une somme de cinq liv. st. à une personne d'Aberdeen en échange d'une lettre écrite par le capitaine Byron quelques jours avant sa mort ; et au nombre des souvenirs du jeune poète, devenus autant de trésors pour ceux qui les possèdent, il en est un dont il n'aurait pu sans rire entendre parler, c'est tout simplement une vieille soucoupe de porcelaine dont il avait une fois mordu un large morceau dans un accès de colère.

Ce fut dans l'été de 1798 que Lord Byron, alors dans sa onzième année, quitta l'Écosse avec sa mère et sa *bonne*, pour prendre possession de l'ancien domaine de ses ancêtres. Voici comme il parle de ce voyage dans une de ses dernières lettres :

« Je me souviens de Loch-Leven comme si c'était
» d'hier ; ce fut pourtant à l'époque de mon voyage
» d'Angleterre, en 1798, que je le vis. »

Déjà ils touchaient à la barrière de Newsteadt, ils voyaient les bois de l'abbaye s'élancer comme pour les recevoir, quand Mrs. Byron, affectant de méconnaître l'endroit, demanda à la femme de la barrière à qui appartenait cette propriété. On lui répondit que le possesseur, Lord Byron, était mort depuis quelques mois. « Et quel est l'héritier ? demanda la mère avec un orgueil satisfait. — On dit, répondit la femme, que c'est un petit enfant qui vit à Aberdeen. — Et le voici, dieu le bénisse ! » s'écria la gouvernante, incapable de se contenir, et couvrant de baisers le jeune lord assis sur ses genoux.

Une élévation si soudaine aurait eu sans doute, même dans des circonstances plus favorables pour lui, une influence dangereuse sur son caractère ; le guide qui désormais allait conduire les pas du jeune Byron dans le monde ne pouvait être plus inhabile à lui en montrer les écueils. Sa mère, dépourvue de jugement et d'empire sur elle-même, employait à son égard, avec la même maladresse, et l'indulgence, et ce qui était pire encore, une violence dont l'enfant s'amusait. Ce sentiment exquis du ridicule qui, plus tard, le rendit si remarquable, et que dès-lors il possédait, l'emportait toujours sur la crainte que pouvait lui inspirer sa mère. Quand Mrs. Byron, femme petite et dont l'embonpoint embarrassait la marche, essayait, dans ses accès de colère, de l'atteindre afin de le punir, le petit diable, glorieux de sa légèreté, se plaisait à lui échapper sans cesse, courant autour de la chambre en dépit de sa jambe boiteuse, et riant à gorge déployée d'avoir pu rendre inutiles toutes ses menaces. Dans ses *Memoranda,* il a consigné quelques anecdotes de ces premiers tems, et bien qu'il n'y nomme jamais sa mère qu'avec respect, il est facile de voir que l'idée qu'il en avait conservée, du moins la plus caractéristique, était d'une nature pénible. L'un des passages les plus frappans de ces *Mémoires* se rapporte au chagrin profond qu'il ressentait de son infirmité ; il décrit l'impression d'horreur et d'humiliation qui s'empara de lui quand sa mère, dans un accès de colère, l'appela *vilain boiteux*. Comme il reproduit dans sa poésie, sous une forme ou l'autre, tous les sentimens profonds de sa vie, il ne faut pas être surpris d'y retrouver une expression de ce genre ; nous voyons donc à l'ouverture de son drame, *le Difforme transformé :*

> BERTA. Va-t'en, vilain bossu.
> ARNOLD. Ma mère, je suis né ainsi.

On peut se demander si l'origine du drame entier ne serait pas due à cet unique souvenir.

Avec un pareil caractère dans la personne qui devait seule diriger ses premières années, on conçoit qu'il dut perdre tout le fruit des soins et de la sollicitude qu'un tuteur éclairé eût pu avoir pour lui. D'ailleurs Lord Carlisle, peu lié avec la famille, et n'ayant jamais eu l'occasion de connaître l'enfant, n'avait accepté qu'avec répugnance cette charge pénible ; et comme ce titre le mettait surtout en rapport avec Mrs. Byron, il ne faut pas s'étonner qu'il ne désirât jamais pénétrer dans les détails de l'éducation de son pupille, plus qu'il n'y était rigoureusement obligé : ce qui l'en éloignait était la crainte de se trouver en opposition avec les habitudes violentes et capricieuses de la mère.

D'un autre côté, si la réputation du dernier Lord eût été assez populaire pour piquer d'émulation son jeune successeur, peut-être l'envie salutaire de rivaliser avec les morts eût suppléé aux bons exemples des survivans, et nul esprit ne se serait plus facilement ouvert à cette louable émulation que celui de Byron. Mais malheureusement, comme nous venons de le dire, les circonstances étaient autres, et à la place d'un aussi désirable stimulant fut substituée une rivalité d'une espèce contraire. Les étranges anecdotes qui circulaient sur le feu Lord dans le pays où ses rudes et solitaires habitudes avaient laissé une trace d'effroi ; ces anecdotes, dis-je, avaient frappé son imagination poétique, et réveillé dans son jeune esprit une espèce d'admiration pour des bizarreries qui lui semblaient un motif d'étonnement et de souvenir. On a même quelquefois supposé que ce fut le récit des bizarreries de son oncle, qui nourrit son imagination de ces sombres peintures et de ces figures idéales, qu'il sut par la suite revêtir de formes diverses et anoblies par son génie[1]. Mais, quoi qu'il en soit, on peut conjecturer que, dans sa pénurie de meilleurs modèles, les singularités de son prédécesseur immédiat eurent une grande influence sur ses goûts et son imagination. Une habitude, entre autres, qu'il semblait devoir à cet esprit d'imitation, et qu'il conserva toute sa vie, fut celle d'avoir ordinairement auprès de lui une arme d'une espèce quelconque ; même encore enfant, il portait toujours de petits pistolets chargés dans la poche de sa veste.

La querelle du dernier Lord avec M. Chaworth avait pu d'ailleurs, dès l'origine, lier d'une sorte

---

[1] Pourquoi donc accuser ces impressions, si les effets en furent si admirables ?
(*N. du Tr.*)

de connexité, dans son esprit, le nom de sa famille et l'habitude des duels ; peut-être aussi les mortifications que lui faisait dévorer, ou du moins craindre, à l'école, son infirmité physique, trouvèrent une sorte de consolation dans l'espoir qu'un jour les lois du combat singulier lui permettraient de lutter avec le plus fort, à armes égales.

Aussitôt après leur départ d'Écosse, Mrs. Byron, dans l'espoir d'obtenir sa guérison, avait confié son fils aux soins d'un individu de Nottingham qui se chargeait de ces sortes de cures : cet homme, charlatan de son métier, se nommait Lavender ; son procédé était de frotter d'abord d'huile pendant longtems le pied malade, puis de le tordre violemment et de le tenir comprimé dans une machine de bois. Pour que l'enfant ne fût pas, durant cet intervalle, retardé dans ses études, un respectable professeur venait lui donner des leçons de latin. M. Rogers, c'était son nom, lisait avec lui des morceaux de Virgile et de Cicéron, et ses progrès lui parurent alors, malgré sa jeunesse, extrêmement sensibles : toutefois, dans le cours de ses leçons, il éprouvait fréquemment, de violentes douleurs, à cause de la position de son pied ; un jour, M. Rogers lui dit : « Milord, je ne puis vous voir en proie à une douleur comme celle que vous souffrez. — N'y songez pas, M. Rogers, répondit l'enfant, vous ne vous en apercevrez plus. »

Cet homme distingué, qui ne parle jamais de son

élève que dans les termes les plus affectueux, se souvient de plusieurs exemples de la plaisante malice avec laquelle il aimait à se venger de son bourreau, en mettant à découvert sa fastueuse ignorance. Un jour il avait placé au hasard, sur une feuille de papier, toutes les lettres de l'alphabet, mais toutefois en les disposant de manière à simuler des mots et des phrases ; il mit le papier sous les yeux du docte personnage en lui demandant quelle langue c'était : « De l'italien, » répondit notre homme, incapable d'avouer de bonne foi son ignorance. On conçoit que cette réponse fut accueillie par la joie immodérée et les insultans éclats de rire de notre jeune satirique, charmé du succès de ce premier piége tendu au charlatanisme.

C'est par une suite de la profonde impression qu'il conservait de tout ce qui l'entourait dans sa jeunesse, et qui semblait un des traits distinctifs de son caractère, que plusieurs années après, se trouvant dans les environs de Nottingham, il envoya une lettre à son vieux précepteur, remplie de sentimens affectueux. Il avait même chargé celui qui la portait de dire à M. Rogers, qu'à compter d'un certain endroit de Virgile, qu'il désignait, il pouvait encore réciter une vingtaine de vers qu'il se souvenait fort bien d'avoir expliqués avec lui tandis qu'il souffrait le plus.

C'est dans ce tems, au rapport de sa gouvernante May Gray, que se manifestèrent en lui les premiers indices de dispositions poétiques. Voici à quel propos : une dame âgée, qui faisait de fréquentes visites à sa mère, s'était servie à son égard d'expressions fort insultantes ; et ces affronts, il en conservait ordinairement un ressentiment implacable. Cette dame s'était formé des idées singulières relativement à notre ame : elle s'imaginait qu'elle s'arrêtait dans la lune comme pour y subir une épreuve préliminaire avant d'aller plus loin. Un jour, Byron ayant reçu, comme il paraît, une seconde injure du même genre, se présente en fureur devant sa gouvernante : « Eh bien, mon petit héros, lui dit-elle, qu'avez-vous donc ? » L'enfant répondit que cette vieille l'avait mis dans une affreuse colère, qu'il ne pouvait plus la supporter, etc., etc. ; puis soudain il répéta plusieurs fois les mauvais vers suivans, charmé d'avoir trouvé un moyen d'exhaler sa bile :

Dans le comté de Nott, demeure à Swan-Green une vieille maudite, si jamais il en fut, et quand elle mourra (promptement je l'espère) elle croit sur-le-champ qu'elle ira dans la lune.

Ces vers ont peut-être été rajustés après coup ; et lui-même, comme on va le voir, date d'une année plus tard son premier essai poétique, mais l'anecdote n'en fait pas moins connaître son caractère ; c'est ce qui m'a décidé à la conserver.

Dans le même tems les faibles revenus de Mrs. Byron reçurent une augmentation fort opportune sans doute, mais dont j'ignore le motif. Ce fut une pension sur la liste civile de 300 liv. st. de rente; la lettre suivante est une copie de l'ordonnance royale rendue à ce sujet :

GEORGES ROI.

Il nous a plu accorder à Catherine Gordon, veuve Byron, une rente annuelle de 300 livres, à commencer au 5 juillet 1799, pour continuer durant notre plaisir. Nous voulons et il nous plaît, qu'en vertu de notre lettre générale du sceau privé, sous la date du 5 novembre 1760, des fonds de notre trésor ou de l'échiquier applicables au service de notre liste civile, vous payiez à ladite Catherine Gordon, veuve Byron, ou à son ordre, ladite rente, à commencer du 5 juillet 1799, pour lui être servie par quartier ou autrement, dès que l'échéance sera arrivée; la présente sera votre garantie.

Le 2 octobre 1799; de notre règne la 39me.

Par ordre de sa majesté,

Signé W. PITT,

S. DOUGLAS.

Peu satisfaite de l'opérateur de Nottingham, Mrs. Byron, pendant l'été de 1799, jugea convenable de conduire son enfant à Londres, où, d'après l'avis de Lord Carlisle, on le confia aux soins du docteur Baillie. Il était important de le placer dans une école paisible où l'on pût facilement lui faire suivre le régime que l'on adopterait pour sa guérison : on choisit à cet effet la maison de feu le docteur Glennie à Dulwich; et comme en outre on jugea à propos de lui donner une chambre à coucher séparée, le docteur Glennie avait fait placer un lit dans son propre cabinet pour son nouvel élève. Mrs. Byron, à son arrivée dans la ville après être restée peu de tems après lui à Newsteadt, prit un appartement à Sloane-terrace, et, sous la direction du docteur Baillie, on chargea l'un de messieurs Sheldrake de la construction d'une machine propre à redresser peu à peu la jambe de l'enfant [1]. On lui prescrivit de la modération dans tous les exercices du corps, mais le docteur Glennie trouvait le précepte plus facile à donner qu'à faire exécuter, et bien que l'enfant fût assez tranquille dans les heures d'étude, dès que celle des jeux sonnait, il ne montrait pas moins d'*émulation* dans tous les exercices athlétiques que les enfans les plus robustes de l'école : « émulation, » ajoute le docteur Glennie, avec lequel j'ai eu quelques entretiens peu de tems avant sa mort, « que » j'ai en général remarquée dans les jeunes enfans » affectés de semblables défauts naturels [2]. »

---

[1] Dans une lettre adressée dernièrement par M. Sheldrake à l'éditeur d'un journal médical, on établit que la personne du même nom qui fut appelée à Dulwich auprès de Lord Byron doit à une méprise cet honneur, et ne fit rien pour sa guérison. L'auteur de la lettre ajoute qu'il fut lui-même consulté par Lord Byron, quatre ou cinq années plus tard, et bien qu'il n'ait pu alors entreprendre la guérison du pied à cause du peu de docilité de son noble patient, il parvint cependant à lui construire une sorte de soulier qui allégea l'inconvénient de son infirmité.

[2] « Quoique, dit Alfieri en parlant de son tems d'étude, je fusse le plus petit de tous les *grands* qui se trouvaient au second appartement où j'étais descendu, c'était précisément mon infériorité de taille, d'âge et de force, qui m'engageait à me distinguer.

Comme le jeune écolier avait reçu les élémens de la langue latine suivant le système d'enseignement adopté à Aberdeen, il eut de la peine à revenir sur ses pas, et se trouva, comme cela arrive souvent, retardé dans ses études et embarrassé dans ses souvenirs, par la nécessité de se soumettre au mode d'enseignement suivi dans les écoles anglaises. « Je » m'aperçus, dit le docteur Glennie, qu'il montra » d'abord de l'ardeur et obtint des succès : il était » gai, toujours de bonne humeur et chéri de ses » camarades ; il connaissait nos poètes et nos histo- » riens bien mieux que les enfans de son âge, et » dans mon cabinet il trouvait à sa disposition une » foule de livres capables de flatter son goût et de » satisfaire sa curiosité, entre autres une collec- » tion de poètes, depuis Chaucer jusqu'à Churchill, » que je serais tenté de croire qu'il parcourut depuis » le commencement jusqu'à la fin. Il avait encore à » cet âge une connaissance étendue de la partie his- » torique des saintes écritures ; il aimait à m'en en- » tretenir, surtout après nos exercices pieux du di- » manche soir, et quand il lui arrivait de raisonner » sur les faits racontés dans nos livres sacrés, il le » faisait avec l'air d'être persuadé des vérités divines » qu'ils renferment. Que les impressions de son en- » fance, dit encore la même personne, se soient con- » servées plus tard dans sa mémoire, malgré ses ha- » bitudes d'une vie irrégulière, c'est ce qu'on ne peut » guère révoquer en doute après avoir lu ses ouvrages

» sans prévention, et je n'ai jamais pu m'ôter de la
» tête que, dans les étranges désordres qui malheu-
» reusement marquèrent sa carrière, il n'ait dû sou-
» vent trouver bien difficile de violer les excellens
» principes qu'il avait d'abord adoptés. »

J'aurais dû mentionner, parmi les traits caractéristiques de sa jeunesse, et d'après le récit du mari
de sa première gouvernante, qu'il montrait dès-lors,
et dans toutes les occasions, un esprit investigateur
en matières religieuses.

Le docteur Glennie ne fut pas long-tems sans s'a-
percevoir que la mère était beaucoup plus difficile à
conduire que l'enfant. Tout en professant la plus entière déférence pour les représentations de l'habile
instituteur, quant à la nécessité de ne pas interrompre les études de son fils, Mrs. Byron n'avait ni assez
de raison, ni assez d'empire sur elle-même, pour
confirmer ses paroles par ses actions; en dépit des
remontrances du docteur et des injonctions de Lord
Carlisle, elle ne laissa pas d'intervenir dans les détails de l'instruction de son fils, et comme on pouvait l'attendre d'une mère tendre, impérieuse et passionnée. En vain lui représentait-on que dans toutes
les connaissances élémentaires exigées d'un jeune
homme que l'on destinait à l'une des grandes écoles
publiques, Lord Byron était fort en arrière, et que
pour suppléer à ce défaut il n'avait pas trop de tous
ses instans; Mrs. Byron paraissait bien comprendre
la justice de ces observations, mais elle s'embarras-

sait peu d'en profiter, et n'en continuait pas moins à déranger sans cesse le professeur et l'enfant. Peu satisfaite d'emmener son fils du samedi au lundi à *Sloane-terrace,* contre la volonté du docteur Glennie, elle le retenait fréquemment chez elle une semaine de plus ; et pour ajouter encore à la distraction née de ces interruptions, elle réunissait autour de lui un cercle nombreux de jeunes amis, sans mettre dans ses choix beaucoup de sagacité. En pouvait-il être autrement ? se demande le docteur Glennie. « Mrs. Byron était totalement étrangère à la
» société et aux manières anglaises ; avec un exté-
» rieur peu prévenant, une intelligence assez bor-
» née et un esprit singulièrement peu cultivé, elle
» avait conservé tous les préjugés nés des opinions
» et des habitudes du nord. Je ne pense donc pas
» faire la moindre injure à sa mémoire en déclarant que Mrs. Byron n'était pas précisément une
» Mrs. Lambert, ornée des facultés capables de re-
» dresser les torts de la fortune, et de former l'es-
» prit et le caractère d'un jeune homme de bonne
» famille. »

Plus d'une fois l'intervention de Lord Carlisle, dont il fallut alors invoquer l'autorité, avait mis quelque obstacle à cette indulgence inopportune. Grâce à un tel soutien, le docteur Glennie osa bien s'opposer à la sortie du samedi, dont on avait tant abusé; mais les scènes violentes auxquelles il était en butte à chaque nouveau refus auraient pu lasser la patience de tout autre professeur moins consciencieux et moins zélé. Mrs. Byron, dont les accès d'emportement n'étaient pas comme ceux de son fils, *des silencieuses rages*, se laissait souvent entraîner à des cris dont les écoliers et les valets recevaient la confidence. C'est au point que le docteur Glennie eut un jour le chagrin d'entendre un camarade de son noble élève lui dire : « Byron, ta mère est une » sotte ; » à quoi l'autre répondit gravement : « Je » le sais bien. » Par suite de toutes ces violences et de ces incompatibilités de mœurs, Lord Carlisle finit par ne plus se mêler de son pupille, et l'instituteur ayant sollicité une autre fois le bénéfice de son intervention, il répondit : « Je ne veux plus rien » avoir à démêler avec Mrs. Byron, tirez-vous-en » comme vous pourrez avec elle. »

Parmi les livres que l'enfant pouvait consulter dans le cabinet du docteur Glennie, était une brochure écrite par le frère d'un de ses meilleurs amis, et intitulée : *Relation du naufrage de la Junon sur la côte d'Arracan, en l'année* 1795 ; l'auteur avait été officier en second du vaisseau, et le récit qu'il avait envoyé à ses amis des souffrances de leur équipage leur avait paru assez touchant et assez extraordinaire pour être publié. La brochure ne flatta que faiblement, à ce qu'il paraît, l'opinion publique ; mais elle était à Dulwich la lecture favorite des jeunes élèves, et l'impression qu'elle laissa sur l'esprit observateur de Byron contribua peut-être à lui suggérer le désir d'étudier toutes les relations de naufrages, afin de mieux retracer la grande et magnifique scène du même genre que l'on trouve dans *Don Juan*. Les passages suivans de la brochure ont été adoptés, comme on va le voir, avec de faibles changemens, par notre poète, sauf quelques incidens :

« De ceux qui n'étaient pas immédiatement auprès
» de moi, je ne sais rien, si ce n'est par leurs cris.
» Quelques-uns résistaient long-tems et mouraient
» dans une agonie complète, mais ce n'était pas tou-
» jours ceux dont la faiblesse était plus sensible qui
» succombaient avec moins de peine, quoiqu'il en ar-
» rivât quelquefois ainsi. Je me rappelle particuliè-
» rement les exemples suivans : le valet de M. Wade,
» garçon fort et robuste, mourut instantanément et
» presque sans murmurer, tandis qu'un autre jeune
» homme du même âge, mais d'un extérieur moins
» robuste, résista beaucoup plus long-tems. La des-
» tinée de ces malheureux jeunes gens fut encore
» différente sous un autre rapport mémorable. Leurs
» pères à tous deux étaient dans les hunes à l'instant
» où leurs enfans commencèrent à être malades ; le
» père du valet de M. Wade apprit avec indifférence
» l'état de son fils, *il ne pouvait rien faire pour lui,*
» *il l'abandonnait à son sort.* L'autre, quand il re-
» çut la même nouvelle, descendit à la hâte, et,
» saisissant le moment favorable, se traîna le long
» du plat-bord jusqu'à son fils qui était dans les agrès
» de mizaine ; cependant il ne restait plus que trois

» ou quatre planches du gaillard d'arrière, juste-
» ment sur la galerie contiguë à l'autre; c'est là que
» le père infortuné transporta son fils et l'attacha à
» la rampe pour l'empêcher d'être emporté par les
» flots : quand le jeune homme était saisi d'un accès
» de vomissement, le père le soulevait et essuyait
» l'écume qui couvrait ses lèvres; s'il survenait une
» pluie d'orage, il lui ouvrait la bouche pour qu'il pût
» en recevoir les gouttes, ou bien les exprimait d'un
» linge où il les avait recueillies. C'est dans cette si-
» tuation douloureuse qu'ils restèrent tous deux qua-
» tre ou cinq jours, après lesquels l'enfant expira.
» Le malheureux père, comme s'il n'eût pu croire
» à ce qu'il voyait, se mit à soulever le corps, à le
» regarder attentivement; et quand enfin il ne con-
» serva plus aucun doute, il le regarda en silence
» jusqu'au moment où la mer l'emporta; alors,
» s'enveloppant dans une pièce de toile, il tomba
» à terre et ne se releva plus. Il doit cependant
» avoir vécu deux ou trois jours au-delà, comme
» nous le jugeâmes d'après les tremblemens convul-
» sifs de ses jambes, quand une vague venait à le
» couvrir [1]. »

Ce fut sans doute pendant les vacances de cette

---

[1] Le passage suivant est la traduction qu'a tentée Lord Byron de ce touchant récit, et tous les lecteurs jugeront que c'est un des exemples dans lesquels la poésie est forcée de céder la palme à la prose. Il y a dans la dernière phrase de la relation originale un sublime que les artifices de la mesure et de la rime affaiblissent nécessairement, et que nuls vers,

année que sa jeune cousine, miss Parker, en faisant naître en lui une passion enfantine, eut la gloire de lui inspirer ses premiers essais poétiques; c'est à elle du moins qu'il attribue cet heureux effet. « Mes pre-

quelles que soient leurs beautés, ne sauraient exprimer avec moitié autant de force et de naturel.

87. Dans cette déplorable troupe, il y avait deux pères et avec eux les deux fils. L'un de ceux-ci paraissait le plus robuste et le mieux portant; il mourut des premiers. A l'instant de sa mort, son plus proche voisin en avertit le père, qui dit, en jetant les yeux sur lui : « Je n'y puis rien, la volonté de Dieu soit faite ! » Et sans une larme ou soupir, il vit jeter son corps à la mer.

88. Le second père avait un fils plus faible, aux joues décolorées, au maintien délicat. Ce jeune homme résista long-tems, et se roidit contre sa destinée avec une patiente tranquillité d'esprit. Il parlait peu, et de tems en tems il souriait pour alléger le poids des mortelles pensées qui oppressaient d'autant plus le cœur de son père, qu'il voyait son fils les supporter comme lui.

89. Penché sur son corps, le père ne levait pas les yeux de dessus son visage; il essuyait l'écume qui couvrait ses lèvres, et n'avait d'attention que pour lui. Quand la pluie tant désirée vint enfin à tomber, et que les yeux de l'enfant, déjà demi-voilés d'une membrane épaisse, vinrent à briller et à remuer pour un instant, il exprima quelques gouttes de pluie dans sa bouche expirante : — ce fut en vain.

90. L'enfant mourut. — Le père demeura long-tems attaché sur son corps; mais enfin, quand la mort se montra à découvert, et que le poids insensible pressé contre son cœur ne lui donna plus de mouvement ni d'espérance, il ne le perdit pas des yeux, jusqu'au moment où une vague impitoyable éloigna le corps du lieu d'où il avait été jeté. Alors il tomba lui-même roide et glacé, ne donnant d'autre signe de vie que l'agitation convulsive de ses jambes.

Le lecteur trouvera le récit de la perte de *la Junon* dans la *Collection des naufrages et désastres maritimes*, à laquelle Lord Byron eut habilement recours, pour y puiser les connaissances techniques et les circonstances de sa belle description.

» miers essais poétiques, dit-il, remontent à 1800,
» c'était l'ébullition d'une belle passion pour ma
» cousine germaine, Marguerite Parker, fille et pe-
» tite-fille des deux amiraux Parker, l'une des plus
» belles de ces jeunes filles qui, comme des fleurs,
» périssent dans leur printems. J'ai oublié depuis
» long-tems les vers ; mais elle, il me serait difficile
» de l'oublier ; ses yeux noirs, ses longs cils, son
» profil d'un style tout-à-fait grec ! J'avais alors
» douze ans, elle était un peu plus âgée, peut-être
» d'un an. Elle mourut, un ou deux ans après, des
» suites d'une chute ; elle s'était brisé l'épine du
» dos, et cet accident amena la consomption. Sa
» sœur *Augusta*, que quelques-uns regardaient
» comme plus belle encore, périt de la même ma-
» ladie, et c'est même en lui prodiguant ses soins
» que Marguerite éprouva l'accident qui occasionna
» sa propre mort. Ma sœur m'a dit que quand elle
» alla la voir peu de tems avant sa fin, mon nom
» ayant été cité par hasard, le rouge monta à la fi-
» gure de Marguerite, quoique la mort fût déjà dans
» ses yeux, au grand étonnement de ma sœur, qui,
» vivant avec sa grand'mère lady Holderness, et ne
» me voyant que rarement, pour raisons de famille,
» ne savait rien de notre attachement, et ne pouvait
» concevoir comment mon nom faisait un tel effet
» sur elle dans un tel moment. Je ne sus rien de sa
» maladie qu'après sa mort ; j'étais à cette épo-
» que à Harrow ou dans la campagne. Quelques

» années après, j'essayai une élégie ; elle était bien
» plate [1].

» Je ne me rappelle rien d'égal à la beauté trans-
» parente de ma cousine, ou à la douceur de son
» caractère, pendant la courte période de notre in-
» timité. *On l'eût dite faite d'un arc-en-ciel :* tout en
» elle était paix et beauté.

» Ma passion eut sur moi ses effets habituels : je
» ne pouvais ni dormir, ni manger, ni reposer, bien
» que j'eusse toutes les raisons de croire qu'elle
» m'aimât. Mon tourment de chaque jour était de
» penser au tems qui devait s'écouler avant que je
» la revisse : c'était ordinairement douze heures.
» J'étais alors bien fou, et maintenant je ne suis
» guère plus sage. »

Il y avait deux ans qu'il était sous la garde du docteur Glennie, quand sa mère, mécontente de la lenteur de ses progrès, lenteur dont elle pouvait, comme nous l'avons vu, s'accuser avant tous les autres, pressa tellement lord Carlisle de le faire passer dans une école publique, que celui-ci finit par accéder à ses vœux. « En conséquence, dit le docteur Glennie,
» il entra à Harrow aussi mal préparé qu'il est na-
» turel de le supposer, après deux années d'instruc-
» tion élémentaire, et continuellement dérangé par
» tout ce qui pouvait distraire son jeune esprit de
» l'école et de toute étude sérieuse. »

---

[1] Cette élégie est la première de son volume non publié.

Ce sage instituteur ne vit plus que rarement Lord Byron à compter de ce moment ; mais à en juger par ce qu'en disent Mrs. Glennie et lui, il est clair qu'ils le suivirent toujours avec intérêt dans le reste de sa carrière ; ils virent ses déviations, mais à travers le prisme flatteur d'une affection réelle; et dans ses aberrations les plus étranges, ils conservèrent la trace des belles qualités qu'ils avaient chéries et admirées dans son enfance. Au reste les affectueux sentimens du docteur Glennie furent mis à une rude épreuve, quand en 1817 il visita Genève, peu de tems après le départ de Lord Byron de cette ville, et au moment où sa réputation personnelle était frappée de la plus grande impopularité ; ceux qui voyaient dans le docteur Glennie son ancien maître, ne manquaient pas d'accuser ce dernier de l'avoir mal élevé, ou, pour employer leurs propres expressions, de n'en avoir pas fait un meilleur sujet.

Tandis que Lord Byron venait continuer à Londres son éducation, sa gouvernante May Gray quittait le service de sa mère et retournait dans son pays natal, où elle mourut il y a trois ans environ. Elle s'était mariée convenablement ; et dans l'une de ses dernières maladies elle recevait les soins du docteur Ewing d'Aberdeen, qui, ayant toujours été admirateur enthousiaste de Lord Byron, éprouva autant de joie que de surprise de trouver une ancienne servante de son poète favori, dans une femme qu'il avait soignée plusieurs années. Comme on peut le supposer, il recueillait avec avidité de la bouche de sa malade toutes les particularités qu'elle pouvait se rappeler des premiers jours de sa seigneurie. Toutes ces communications, M. Ewing nous en a fait la confidence; c'est à lui que nous devons une partie des anecdotes que nous avons citées.

Byron, au départ de May Gray, voulut lui donner un témoignage de sa reconnaissance pour les soins qu'elle avait eus de lui; il lui donna sa montre, la première qu'il eût eue en sa possession. La fidèle gouvernante conserva ce précieux souvenir jusqu'à sa mort, comme une sorte de trésor; et aussitôt après, son mari la donna au docteur Ewing, qui l'apprécia également comme une relique du génie. L'affectueux enfant lui avait aussi donné son portrait, grande miniature en pied peinte par Kay d'Édimbourg, en 1795. Il s'y trouve représenté tenant à la main un arc et des flèches, avec les plus beaux cheveux du monde tombant sur ses épaules. Ce morceau curieux est également passé dans la possession du docteur Ewing.

Byron étendit les effets de sa reconnaissance à la sœur de cette femme, qui avait été sa première gouvernante. Il lui écrivit quelques années après son départ d'Écosse, et dans les termes les plus aimables; il s'informait de sa santé, et lui apprenait avec joie que son pied s'était assez bien redressé pour lui permettre de se servir de bottes ordinaires; « évé- » nement qu'il avait si long-tems désiré, et qui lui

» ferait sans doute à elle-même le plus vif plaisir. » Il accompagna sa mère à Cheltenham durant l'été de 1801, et le récit qu'il fait de ses propres sensations à cette époque nous montre à quel âge prématuré il était familier avec les impressions poétiques. Un enfant qui contemple avec émotion le soleil couchant sur les hauteurs, parce qu'il lui rappelle les montagnes où il a passé sa jeunesse, a déjà sans doute le cœur et l'imagination d'un poète. Ce fut pendant ce voyage à Cheltenham qu'une diseuse de bonne aventure, consultée par sa mère, fit sur lui une prédiction à laquelle il pensa quelque tems avec inquiétude. Mrs. Byron, dans sa première visite à cette femme (c'était, si je ne me trompe, la fameuse Mrs. Williams), s'était donnée pour une demoiselle; la sibylle toutefois ne s'y trompa point : elle déclara que celle qui la consultait était non-seulement mariée, mais la mère d'un fils boiteux; que ce fils était prédestiné, entre autres événemens qu'elle lisait dans les astres, à courir les dangers d'un empoisonnement avant sa majorité; qu'il serait deux fois marié, et la seconde fois à une étrangère.

Après deux ans, le jeune Byron raconta ces particularités à la personne dont je tiens cette histoire, et il disait que l'idée de la première partie de la prédiction s'était souvent présentée à lui. Cependant la dernière partie semble avoir été plus près de se réaliser.

Si on fait attention au caractère réservé de Byron

dans sa jeunesse, et même jusqu'à un certain point dans toute sa vie, la transition d'un établissement paisible comme celui de Dulwich au fracas d'une grande école publique était assez difficile. Aussi trouvons-nous, d'après son propre témoignage, que, pendant les premiers dix-huit mois, *il haïssait Harrow*. Cependant son esprit actif et social finit par vaincre sa répugnance, et après avoir été, comme il le dit lui-même, *enfant fort impopulaire*, il parvint à se montrer le boute-en-train de tous les plaisirs et de toutes les espiégleries de l'école. Pour bien connaître ses dispositions et ses habitudes de ce tems-là, nous ne pouvons mieux faire que de nous en rapporter à la digne et respectable autorité du docteur Drury, qui était alors à la tête de l'école, et auquel Lord Byron a payé un tribut d'affection qui, semblable aux respectueux sentimens de Dryden pour le docteur Belly, uniront à jamais les deux noms du poète et de l'instituteur. Ce savant vénérable m'a fait passer le morceau suivant qui, malgré sa briéveté, présente d'importans détails sur l'impression que le jeune Lord fit alors sur lui.

« Lord Byron avait treize ans et demi quand
» M. Hanson, son guide, vint le confier à mes soins.
» Il me fit remarquer que son éducation avait été
» négligée, et ajouta qu'il était mal préparé pour les
» études d'une école publique ; mais qu'après tout
» il croyait à l'enfant de véritables dispositions. Aus-
» sitôt son départ, je pris dans mon cabinet le nou-

» vel élève, et j'essayai de le faire parler, en m'in-
» formant de ses plaisirs, de ses habitudes, de ses
» amis dans son autre pension; mais je perdis pres-
» que entièrement mon tems, et je compris bientôt
» qu'on m'avait confié un jeune faon sauvage. Ce-
» pendant il y avait de l'esprit dans ses yeux, et il
» fallait d'abord le lier d'amitié avec un enfant plus
» âgé, qui pût le familiariser avec les nouveaux ob-
» jets qui l'entouraient et avec le système de la mai-
» son dont il allait faire partie. Mais ce qu'il apprit
» dans la conversation de son conducteur lui causa
» de la peine quand il sut que des élèves beaucoup
» plus jeunes que lui étaient bien plus avancés, et il
» se crut humilié de ne pouvoir rivaliser avec eux.
» Je m'en aperçus et m'empressai de le confier aux
» soins spéciaux de l'un des maîtres, comme répéti-
» teur, en assurant l'enfant qu'il ne prendrait rang
» dans la classe qu'au moment où son travail lui per-
» mettrait de marcher avec ceux de son âge. Cette
» promesse lui plut, et dès-lors il fut plus à son aise
» avec ses camarades, car pendant un certain tems
» il gardait une sorte de timidité. Ses manières et
» son caractère me firent bientôt juger qu'il était plus
» facile de le conduire avec un fil de soie qu'avec un
» câble; et je me réglai sur ce principe. Après quel-
» que séjour à Harrow, et comme son esprit com-
» mençait à se développer, lord Carlisle, son parent,
» exprima le désir de me voir; j'allai trouver sa sei-
» gneurie. Son but était de m'apprendre quels étaient

» les biens à venir de Byron; il me représenta ses
» espérances de fortune comme bornées, et voulut
» savoir quelle était sa capacité. Je ne fis pas d'obser-
» vation sur ses premières confidences, et je répondis
» à sa question : *Il a des talens, milord, qui ajoute-*
» *ront de l'éclat à son rang.* En vérité!!! répondit sa
» seigneurie, avec un air de surprise qui n'indiquait
» pas, à mon avis, toute la satisfaction que j'en at-
» tendais. Quant à son talent pour l'art oratoire,
» voici la circonstance à laquelle vous faisiez allu-
» sion. Les hautes classes de l'école avaient com-
» posé de ces sortes de déclamations qui, après
» avoir été corrigées par les répétiteurs, étaient
» portées au professeur; alors ceux qui les avaient
» faites les répétaient, afin qu'on pût réformer leurs
» gestes et leur accent, avant qu'ils les prononças-
» sent en public. Je fus, en cette occasion, enchanté
» de l'attitude, de la prononciation et des gestes de
» Lord Byron, non moins que de son travail en lui-
» même. Tous les jeunes orateurs ne manquaient pas
» de suivre à la lettre leur composition écrite : Lord
» Byron fit de même dans la première partie de son
» travail; mais à ma surprise, il s'écarta tout d'un
» coup de son manuscrit, et avec assez de hardiesse
» et de rapidité pour me faire craindre de le voir
» manquer de mémoire pour la conclusion. Mes
» alarmes n'étaient pas fondées, il fournit sa carrière
» sans hésitation et sans le moindre embarras. Je lui
» demandai pourquoi il avait ainsi altéré sa compo-

» sition ; il me répondit qu'il n'y avait rien changé,
» et qu'il ne s'était pas aperçu qu'il s'en fût écarté le
» moins du monde. Je le crus, et d'après l'expérience
» que j'avais de sa manière d'être, je compris qu'é-
» tant plein de son sujet, il avait involontairement
» substitué des expressions et des couleurs plus vives
» à celles que sa plume avait tracées. »

Le docteur Drury, en me communiquant ces détails, ajoute un fait qui atteste tout le cas que Lord Byron fit toujours des opinions de son vieux maître, même quand il fut au faîte de sa gloire.

« Après ma retraite d'Harrow, je reçus de lui deux
» lettres pleines d'affection, et dans mes visites à
» Londres, à l'époque où ses ouvrages fascinaient
» les yeux du public, je lui demandai pourquoi il
» n'avait pas pensé à m'en faire tenir un seul, comme
» c'était son devoir. *C'est*, me dit-il, *parce que vous*
» *êtes le seul homme auquel je crains de les voir lire.*
» Puis, après un court intervalle, il ajouta : *Que*
» *pensez-vous du Corsaire ?* »

Maintenant je vais mettre sous les yeux du lecteur les diverses notes sur sa vie au collége, qu'il a consignées lui-même dans plusieurs livres de souvenirs. Il n'est pas besoin de dire qu'étant son ouvrage, elles présenteront sur ce tems les particularités les plus fidèles et les plus curieuses.

« J'avais dix-huit ans, tout singulier que cela
» puisse paraître, avant d'avoir jamais lu une *revue*;
» mais étant à Harrow, mes connaissances, sur toute

» sorte de sujets nouveaux, étaient assez grandes pour
» faire supposer que je devais aux revues toute ma
» science, attendu qu'on ne me voyait jamais li-
» sant, mais toujours badinant, jouant, ou occupé à
» quelque méchanceté. La vérité est que je lisais
» en mangeant, au lit et partout où nul ne lisait; et
» avant d'avoir cinq ans j'avais lu toutes sortes de
» livres, à l'exception d'une revue : cette exception
» est ce qui me l'a fait remarquer. Je me souviens
» qu'en 1804, Hunter et Curzon m'ayant confié l'idée
» qu'on avait de moi au collége à ce sujet, je les fis
» bien rire en leur demandant d'un air surpris : et
» qu'est-ce donc qu'une revue? Au reste, elles étaient
» alors moins répandues. Trois années plus tard je
» les connus beaucoup mieux : mais enfin j'en lus une
» pour la première fois en 1806.

» J'ai déjà dit qu'on remarquait à l'école l'étendue
» et la variété de mes connaissances générales; mais
» n'ayant aucune activité sous les autres rapports, je
» pouvais bien faire d'une haleine trente ou qua-
» rante hexamètres grecs fidèles à la prosodie, Dieu
» sait comme! mais d'un travail soutenu j'en étais
» incapable. Mes dispositions étaient plutôt celles de
» l'orateur ou du guerrier que celles du poète; et
» c'était l'opinion du docteur Drury, mon grand pa-
» tron et le principal du collége, d'après ma faconde,
» ma turbulence, mon organe, mon talent de gestes
» et de déclamation, que je deviendrais un jour

» grand orateur [1]. Je me souviens que ma première
» déclamation le surprit, et qu'il m'en fit devant mes
» rivaux les plus vifs complimens à la première ré-
» pétition, ce qui était étonnant, car il en était fort
» économe. Mes premiers vers de Harrow (j'entends
» vers anglais) furent la traduction d'un chœur du
» Prométhée d'Eschyles. M. Drury les reçut froide-
» ment; et personne ne prévoyait en moi, d'après
» eux, la moindre disposition poétique.

» Peel, cet orateur et cet homme d'état (car il l'é-
» tait, l'est et le sera), était de la même *forme* que
» moi; nous en tenions *la tête* tous deux, suivant
» l'expression reçue. Nous étions bien ensemble;
» mais son frère était mon ami intime. Maîtres et
» écoliers nous avions conçu de Peel les plus grandes
» espérances, et il ne les trompa pas.

» Pour les connaissances classiques, il était de
» beaucoup au-dessus de moi; comme orateur et ac-
» teur, on m'estimait au moins son égal. Hors de
» l'école j'étais toujours en partie et lui jamais, tan-
» dis qu'en classe il savait toujours ses leçons et moi

---

[1] Pour mieux développer son talent dans ce genre, Byron ne manquait pas de choisir pour les jours de discours les passages les plus véhémens, comme le discours de Zanga sur le corps d'Alonzo et le monologue de Léar. Dans l'une de ces occasions publiques, il était convenu qu'il prendrait le rôle de Drancès, et le jeune Peel celui de Turnus; mais Lord Byron changea tout d'un coup d'idée et préféra le rôle de Latinus, craignant, comme on le supposa, d'inspirer quelque allusion ridicule avec cette raillerie de Turnus : *Ventosa in lingua, pedibusque fugacibus istis.*

» rarement; mais quand une fois je les savais, je les
» savais presque aussi bien. Du reste, en instruction
» générale, en histoire, etc., etc., je pense que je
» lui étais supérieur, aussi bien qu'à la plupart des
» enfans de mon âge.

» La merveille du collége, de notre tems, était
» George Sinclair, fils de sir John; il faisait, à la
» lettre, les exercices de la moitié des écoliers, des
» vers à volonté et des amplifications presque mal-
» gré lui..... Il était de mes amis; comme nous nous
» trouvions dans la même division, il me demandait
» souvent de le laisser faire mes devoirs, faveur
» que je lui accordais toujours avec empressement
» quand ils étaient difficiles, ou quand j'avais à faire
» quelqu'autre chose, ce qui m'arrivait au moins une
» fois par heure. Du reste, son humeur était douce
» et la mienne querelleuse. Il m'arrivait souvent de
» me battre pour lui, ou de battre les autres à son
» intention, ou bien encore de le battre lui-même
» pour le forcer à battre les autres quand je jugeais
» qu'il le devait pour l'honneur de sa taille. D'au-
» tres fois nous parlions politique, sujet sur lequel
» il était très-fort. Nous nous aimions beaucoup, et
» je conserve encore des lettres qu'il m'a écrites de
» l'école [1].

» Un autre prodige effrayant de savoir, de talent

---

[1] Malheureusement ses réponses à M. Sinclair sont perdues. Je tiens de ce dernier qu'il y en avait une, entre autres, où Lord Byron développait toute l'ombrageuse sensibilité de son caractère. Elle exprimait le ressen-

» et d'espérance était Clayton ; j'ignore ce qu'il est
» devenu, mais c'était réellement un génie. Les ami-
» tiés de collége étaient pour moi de véritables *pas-*
» *sions* [1] (car je n'ai jamais senti à demi), et je ne
» pense pas que j'en aie conservé une seule ; mais il
» faut dire que plusieurs de ceux qui me les inspirè-
» rent n'existent plus. Ma liaison avec lord Clare fut
» l'une des premières et des plus durables dont je
» me souvienne, l'éloignement ayant pu seul la re-
» froidir. Jamais je n'entendis prononcer le nom de
» *Clare* sans un vif battement de cœur, et remarquez-
» le, j'écris encore aujourd'hui sous le charme de
» mes impressions de 1803, 1804 et 1805, etc., etc. »

J'emprunte l'extrait suivant à un autre de ses *Souvenirs*.

« A Harrow, je tenais bien ma place au coup de
» poing [2]. Je crois me rappeler que je ne fus battu

---

timent d'une insulte imaginaire, et commençait par l'apostrophe bou-
deuse de *monsieur !*

[1] Dans l'un de ses journaux, et sous la date de 1808, je trouve le
passage suivant de Marmontel, qui sans doute l'avait frappé comme
s'appliquant à l'enthousiasme de ses premières liaisons. « L'amitié, qui
» dans le monde est à peine un sentiment, est une passion dans les
» cloîtres. »
(*Contes moraux.*)

[2] M. d'Israeli, dans son livre ingénieux *sur le caractère des gens de
lettres*, a émis l'opinion que l'un des indices du génie dans les jeunes
gens est le dégoût des jeux et des exercices du corps. Il cite en preuve
Beattie, qui peint ainsi son ménestrel idéal :

« Il avait toujours fui le bruit, les réunions, les fatigues, et ne se sou-

» qu'une fois sur sept, et c'était avec H..... encore
» le drôle ne me battit que par l'intervention dé-
» loyale des gens de la maison où il mangeait, et où
» la scène se passait; je n'avais pas même de second.
» Je ne lui pardonnerai jamais, et je serais fâché de
» le rencontrer aujourd'hui, car certainement nous
» nous querellerions. Mes combats les plus mémo-
» rables furent avec Morgan, Rice, Raiesford et lord
» Jocelyn, mais nous restâmes toujours bons amis
» par la suite. J'étais un des enfans les moins aimés,
» cependant je finis par me faire respecter. J'ai gar-
» dé toutes mes amitiés de collége et toutes mes
» haines, si ce n'est relativement au docteur Butler,
» contre lequel je me révoltais, ce dont plus tard
» j'ai été fâché. Le docteur Drury, que je tourmen-

» çait pas de paraître dans la tumultueuse mêlée des écoliers; mais les
» forêts avaient pour lui le plus grand charme. »

Son autorité la plus imposante est Milton, qui dit aussi de lui-même :

« Étant enfant, nul jeu d'enfant ne m'était agréable. »

On ne peut appliquer ces règles générales, ni aux dispositions ni au mérite des hommes de génie, si dans les personnages cités par M. d'Israeli on reconnaît quelque infirmité corporelle, et si dans plusieurs autres on peut remarquer des goûts directement opposés. Une foule d'autres poètes, comme Eschyles, Dante, Camoëns, se sont distingués à la guerre, le plus turbulent des exercices; et si l'on est obligé d'avouer qu'Horace fut mauvais cavalier, et que Virgile ne savait pas jouer à la paume, on trouve d'un autre côté que Dante fut aussi habile à la chasse qu'à l'escrime, que Tasse sut également bien danser et manier le fleuret, qu'Alfieri était bon cavalier, Klopstock bon patineur, Cowper renommé dans sa jeunesse à la crosse et au balon, et qu'enfin Lord Byron excellait dans tous les exercices du corps.

» tais aussi passablement, fut de tous mes amis le
» meilleur, le plus tendre, et j'ajouterai le plus sé-
» vère ; je le regarde encore aujourd'hui comme un
» père.

» P. Hunter, Curzon, Long et Tatersant furent
» les principaux objets de mon affection ; je m'atta-
» chai encore à Clare, Dorset, C. Gordon, Debath,
» Claridge et J. Wingfield ; ils étaient plus jeunes
» que moi, et je les gâtais par mon indulgence.
» Peut-être n'ai-je jamais aimé quelqu'un autant que
» le pauvre Wingfield, qui mourut à Coimbre en
» 1811, avant mon retour en Angleterre. »

Un des plus frappans résultats de l'éducation en Angleterre c'est qu'on ne retrouve dans aucun pays autant d'exemples d'amitié vigoureuse formée dès l'enfance et conservée dans l'âge mûr, et que dans nulle autre contrée peut-être les sentimens d'affection pour la maison paternelle ne sont aussi rares ou du moins aussi faibles. Éloignés, comme ils le sont, des cercles de famille, dans un tems où leur cœur est le plus accessible aux sentimens affectueux, les enfans substituent naturellement aux liens de parenté ces amitiés de collége, qui, s'unissant ensuite aux scènes et aux évènemens qui charmèrent leur jeunesse, conservent toujours sur eux la plus grande force. On peut observer des résultats tout-à-fait différens en Irlande, et je crois aussi en France, où le système d'éducation se lie mieux aux souvenirs domestiques. Là, la maison paternelle obtient une sorte de partage, naturel et légitime dans le cœur des enfans ; mais aussi les amitiés hors de ce cercle domestique sont en proportion moins vives et moins durables [1].

Pour un jeune homme comme Byron, rempli des sentimens les plus passionnés, et ne trouvant dans la maison maternelle de sympathie qu'avec la portion la moins noble de sa nature, le petit univers de l'école devait nécessairement mettre en jeu ses affections, et leur donner une extension extrême. Voilà pourquoi les amitiés qu'il contracta au collége se ressentirent beaucoup de ce qu'il désigne lui-même comme des *passions*. C'est le vide de pareilles affections dans ses foyers, et leur vivacité parmi *la sociale réunion d'Ida*, qu'il décrit ainsi dans l'un de ses premiers poèmes [2].

N'y a-t-il point quelqu'autre cause qui rende ce mot d'enfance si cher à tout le monde? Ah! sûrement il y a une voix secrète qui nous dit tout bas que l'amitié sera doublement douce à celui qui est obligé de chercher des cœurs aimans, de les chercher hors du sein de sa famille, quand il ne peut

---

[1] A huit ou neuf ans, on met l'enfant à l'école, et dès-lors il devient étranger dans la maison où il est né; l'affection de son père est interrompue pour lui, et les sourires de sa mère, ses tendres avis, la sollicitude de ses parens, ne sont plus devant ses yeux. D'année en année, il se sent vers eux moins d'entraînement, et il finit par perdre ses premiers sentimens au point de se trouver plus heureux partout ailleurs que dans sa famille.

(*Lettres de Cowper.*)

[2] Même avant ses liaisons de collége, il avait montré la même sorte d'attachement romanesque pour un enfant de son âge, fils d'un de ses

les y trouver. Ces cœurs, chère *Ida* [1], je les ai trouvés dans ton sein, tu as été pour moi une famille, un monde, un paradis.

Cette première publication est remplie des témoignages les plus touchans de ses amitiés de collége ; il n'est pas jusqu'aux reproches qu'il adresse à l'un d'eux, à propos de quelques griefs, qui ne portent un caractère de tendresse.

Vous saviez que mon ame, que mon cœur, que ma vie étaient à vous en cas de danger ; vous saviez que les années et la distance ne m'avaient pas changé, que je n'existais que pour l'amour et l'amitié.

Vous saviez... mais pourquoi revenir en vain sur le passé ? les liens qui nous unissaient sont rompus. Peut-être ce souvenir vous arrachera-t-il un jour des larmes tardives ; vous soupirerez alors en songeant à celui qui fut votre ami !

La description suivante de ce qu'il éprouvait après avoir quitté Harrow, quand il retrouvait dans le

fermiers de Newsteadt. Dans deux ou trois de ses premiers poèmes il ne s'arrête pas moins sur l'inégalité que sur la chaleur de cette amitié.

« Que la folie sourie, en voyant ton nom et le mien unis par l'amitié ; la vertu roturière a plus de droit à ce sentiment que le vice anobli.

» Bien que ton sort ne soit pas égal au mien, puisque ma naissance m'appelle aux honneurs de la pairie, ne m'envie pas cet éclat pompeux, un mérite modeste fait ton orgueil.

» Nos ames du moins se rencontrent égales, ton humble condition n'est point une disgrace pour ma position élevée ; notre commerce n'en sera pas moins doux, puisque le mérite remplace en toi la naissance. »

[1] *Ida*, nom poétique de l'école d'Harrow. (*N. du Tr.*)

monde quelqu'un de ses anciens camarades, se rapproche beaucoup de la scène qui eut lieu en Italie, quelques années seulement avant sa mort, quand à la vue de son cher lord Clare, après une longue séparation, il se sentit touché jusqu'aux larmes par les souvenirs qu'il réveillait en lui.

..... Si par hasard quelque figure que je me rappelle bien, quelque ancien camarade de mon enfance vient, une honnête joie peinte sur la figure, réclamer en moi son ami ; mes yeux, mon cœur, tout montre que je suis encore un enfant : la scène éblouissante, les groupes bruyans qui m'entourent disparaissent devant l'ami que je viens de retrouver.

On a vu par les extraits de son *journal* que M. Peel était l'un de ses condisciples d'Harrow. La curieuse anecdote suivante, qui les concerne tous deux, m'a été rapportée par un ami de ce dernier, et je tâcherai de me rapprocher autant que possible des propres expressions du narrateur.

Tandis que Lord Byron et M. Peel étaient à Harrow, un tyran [1], plus vieux de quelques années, réclama le droit de *basculer* le petit Peel, droit que Peel, à tort ou à raison, ne voulut pas reconnaître. Mais sa résistance fut vaine : le tyran non-seulement le fit fléchir, mais il résolut d'infliger une punition

---

[1] On appelle ainsi, dans les grands colléges d'Angleterre, les élèves les plus anciens ; ceux des dernières classes sont désignés sous le nom d'esclaves. Il en était de même à l'école polytechnique, il y a quelques années, et la *bascule* était également une servitude qu'imposaient les élèves de deuxième année à ceux de la première.

(*N. du Tr.*)

à l'esclave réfractaire. Il se mit donc en devoir de lui administrer une espèce de bastonnade sur la partie interne du bras, que durant l'opération il avait comprimé de deux cordes, avec un talent cruel, pour rendre la douleur plus vive. Tandis que les coups se succédaient rapidement et que le pauvre Peel n'en pouvait déjà plus, Byron aperçut et comprit de suite les tourmens de son ami ; il savait bien qu'il n'était pas assez fort pour chercher querelle au tyran et que d'ailleurs il était dangereux de l'approcher ; toutefois il s'avance vers la scène de l'action, et le visage rouge de colère, les yeux pleins de larmes et une voix que l'indignation et la terreur rendaient incertaine, il lui demanda humblement qu'il voulût bien lui dire combien de coups il entendait infliger. « Et » que t'importe ? petit drôle ! répondit l'exécuteur. » — C'est que si vous y consentiez, repartit Byron, » en présentant son bras, j'en prendrais la moitié. » Il y a dans ce petit trait un mélange de simplicité et de grandeur vraiment héroïque ; nous pouvons sourire à notre aise des amitiés d'enfance, mais il est rare que celles de l'âge mûr soient capables d'une générosité comparable à celle-ci.

Parmi ses favoris d'école, on peut remarquer qu'un grand nombre étaient nobles, ou de familles nobles, tels que les lords Clare et Delaware, le duc de Dorset, et le jeune Wingfield. Une circonstance peut laisser croire que leur rang avait eu quelque part dans les motifs qui attirèrent Byron vers eux : un jour, celui de ses condisciples qui me raconta le fait, avait, en sa qualité de moniteur, mis lord Delaware sur sa liste de punition ; Byron s'en étant aperçu, s'approcha de lui, en disant : « Wildman, je vois que vous » avez mis Delaware sur votre liste ; ne le faites pas » frapper, je vous prie. — Pourquoi donc ? — Je ne » sais pas, mais enfin c'est mon collègue à la pai- » rie. » Il est inutile d'ajouter que son intervention en pareil cas n'était rien moins qu'heureuse ; car l'un des rares bienfaits de l'éducation publique est de faire tomber en quelque sorte ces distinctions artificielles, et de placer les jeunes plébéiens dans une égalité parfaite avec les pairs, bien que ces derniers puissent avoir leur revanche dans le monde.

Il est vrai que, dans Lord Byron, le sentiment de sa supériorité nobiliaire était alors assez peu déguisé pour lui attirer fréquemment les moqueries de ses camarades ; c'est, je crois, à Dulwich que son habitude de tirer orgueil de la prééminence qu'il trouvait dans un vieux baron anglais, sur tous les nouveaux pairs, lui fit donner le surnom de *vieux baron anglais*. Mais ce serait une erreur de croire que, soit à l'école, soit plus tard, il ait jamais été guidé par d'aristocratiques sympathies dans le choix de ses amis. Tout au contraire, suivant l'usage des hommes d'une extrême fierté, il préférait généralement pour *ses intimes*, ceux d'un rang inférieur au sien, et tels étaient presque tous ceux qu'il comptait à l'école parmi ses amis. D'un autre côté, ce qui le charmait le plus dans ses autres plus jeunes amis, c'était leur infériorité sous le rapport de l'âge et de la force. Elle lui permettait de se complaire encore dans son généreux orgueil, en prenant quand il le fallait, à leur égard, le rôle de protecteur.

William Harness, qui était entré à Harrow à dix ans, tandis que Byron en avait quatorze, fut l'un de ceux qu'il aima le plus, par ce dernier motif, bien qu'il ait oublié d'en parler. Le jeune Harness, encore boiteux des suites d'un accident d'enfance, et à peine remis d'une maladie grave, était peu capable de surmonter les difficultés d'une école publique; Byron le vit un jour maltraité par un enfant beaucoup plus âgé et plus fort; il se hâta de prendre sa défense. Le lendemain, le petit enfant demeurait seul à l'écart; Byron vint encore à lui, et lui dit : « Harness, si quelqu'un te bat, dis-le-moi, et, si je puis, je le rosserai. » Il tint sa parole, et, dès ce moment, le protecteur et le protégé devinrent, malgré leur différence d'âge, des amis inséparables. Cependant leur amitié subit un refroidissement auquel Lord Byron, dans une lettre écrite après six ans, fait allusion avec tant de sensibilité, de franchise et de délicatesse, que je ne puis m'empêcher d'anticiper la date, et d'en donner ici un extrait.

« Nous paraissons tous deux nous rappeler parfai-
» tement, avec un mélange de plaisir et de regret,
» les jours que nous passions ensemble; et je vous
» jure bien sincèrement que je les compte au nombre

» des plus heureux de mes courts instans de bonheur.
» Maintenant je touche à ma majorité, c'est-à-dire
» que j'ai vingt ans et un mois ; encore un an, et je
» parcourrai dans le monde ma carrière de folie.
» Alors j'avais quatorze ans : vous étiez presque le
» premier de mes amis d'Harrow, le premier certai-
» nement en estime, sinon en date ; mais une assez
» longue absence d'Harrow, et de votre part de nou-
» velles liaisons, le contraste de votre conduite (dé-
» cidément tout à votre avantage) et de ces habitu-
» des turbulentes et querelleuses qui m'entraînèrent
» dans tous les genres de désordres, toutes ces cir-
» constances se réunirent pour détruire une intimité
» que l'affection me pressait de continuer, et que la
» mémoire m'obligeait de regretter amèrement. Mais
» il n'est pas une particularité de cette époque, pas
» même une seule de nos conversations, qui ne reste
» encore aujourd'hui gravée dans mon esprit. Je
» n'en dirai pas davantage : cette assurance seule
» vous prouvera que si je n'y avais pas attaché de
» prix, je ne me souviendrais pas aussi bien de tout
» cela. Comme je me rappelle la lecture de vos *pre-*
» *miers essais!* Une autre circonstance que vous
» ignorez, c'est que les *premiers vers* que j'essayai
» de faire à Harrow vous étaient adressés, vous de-
» viez les voir ; mais Sinclair en avait gardé la co-
» pie quand nous allâmes en vacance, et à notre
» retour nous avions cessé d'être liés ; ils furent
» détruits, et certes ce ne fut pas une grande perte.

» Par ce fait, vous pouvez juger de mes sentimens à
» un âge où l'on ne saurait être hypocrite.

» Je me suis arrêté plus que je ne pensais sur ce
» sujet, et je finirai par où j'aurais dû commencer.
» Nous étions autrefois amis, nous l'avons même
» toujours été, car notre séparation fut l'effet du ha-
» sard et non du refroidissement. J'ignore où notre
» destinée doit nous conduire l'un et l'autre ; mais
» si l'occasion et quelque penchant vous décident à
» jeter une pensée sur un écervelé de mon espèce,
» vous me trouverez toujours sincère, et jamais assez
» aveugle sur mes défauts pour envelopper les autres
» dans leurs conséquences. Voulez-vous m'écrire
» quelquefois ? Je ne dis pas souvent ; mais enfin, si
» nous nous retrouvons, j'espère que nous serons
» l'un pour l'autre ce que nous *devions* être et ce que
» nous *étions*. »

Une autre preuve aussi forte de la vivacité de ses impressions de jeunesse, c'est, quand ses amis ont gardé un si petit nombre de ses anciennes lettres, le soin avec lequel il conserva toutes celles que lui adressèrent les principaux d'entr'eux, même les plus jeunes. Et si quelquefois ses correspondans oubliaient de dater leurs missives, sa fidèle mémoire, après plusieurs années d'intervalle, suppléait à leur oubli. Parmi ces souvenirs qu'il conservait si précieusement, il en est un qu'il serait injuste de ne pas citer, soit comme monument de l'énergie qui brillait au milieu de son langage enfantin, soit en mémoire des tendres et affectueux sentimens que leur lecture réveillait, comme on le verra plus tard, dans l'ame de Byron.

A LORD BYRON, etc., etc.

Harrow-la-Montagne, 28 juillet 1805.

« Puisque vous avez paru assez peu mon ami pour me *dire des noms* toutes les fois que vous me rencontriez ces jours derniers, je vous demande une explication, et je désire savoir si vous voulez que nous soyons aussi bons amis qu'auparavant. J'ai bien vu que ce mois-ci vous m'aviez absolument laissé là, sans doute pour vos nouvelles connaissances; mais il ne faut pas croire, parce que vous aurez dans la tête un caprice quelconque, que je reviendrai toujours à vous, comme certains autres le font, pour regagner votre amitié. Ne pensez pas que je sois votre ami par intérêt, et parce que vous êtes plus grand ou plus âgé que moi : non, cela n'est pas, et ne sera jamais. J'étais votre ami, et je ne le suis encore qu'à une condition : c'est qu'en me voyant vous ne me *direz plus des noms*. Vous avez bien vu, j'en suis sûr, que je n'aimais pas cela; pourquoi donc le faisiez-vous, si ce n'est parce que vous ne voulez plus être mon ami ? et pourquoi le resterais-je, si vous me traitez mal ? Je ne tiens à rien de pareil ; vous pouvez bien laisser les autres m'attaquer, mais si vous vous moquez de moi, je serai bien plus malheureux.

» Je ne suis pas un hypocrite, Byron, et je ne le

serai jamais assez pour rester votre ami quand vous me *direz des noms*. Personne ne dira, j'en suis sûr, que je me sois abaissé pour regagner une amitié dont vous ne voulez plus. Pourquoi le ferais-je? ne suis-je pas votre égal? Quel intérêt y aurais-je? Quand vous me retrouverez dans le monde (c'est-à-dire si vous le voulez), vous ne pourrez m'avancer ou me protéger, ni moi vous. Je vous engage donc et vous demande, si vous tenez à mon amitié (ce qui n'est pas, à en juger par votre conduite), à ne pas me donner les noms que vous faites, ni à vous moquer de moi. Jusqu'alors il me sera impossible de vous nommer mon ami. Je vous serai obligé de me répondre de suite.

» En attendant, je demeure votre...

» Je ne puis dire votre ami. »

Sur le dos de cette lettre était la note suivante, de la main de Byron :

« Cette lettre et une seconde furent écrites à Har-
» row par mon *alors* et toujours cher ami Lord
» de ***, quand nous étions camarades d'études. Il
» me les adressa à la suite de je ne sais plus quel
» malentendu, le seul qui s'éleva jamais entre nous;
» il fut d'ailleurs de courte durée, et je ne conserve
» cette lettre que pour la lui rappeler quand je le
» verrai, afin que nous puissions rire au souvenir
» de l'insignifiance de notre première et dernière
» querelle. »

BYRON.

On retrouve dans une lettre du même enfant, écrite deux années plus tard [1], ces passages remarquables :

« Votre dernière lettre m'a fait penser que vous
» étiez extrêmement piqué contre la plupart de vos
» amis, et même un peu contre moi, si je ne me
» trompe. Vous dites d'un côté : *Il n'est presque pas*
» *douteux que peu d'années ou de mois nous rendront*
» *aussi indifférens l'un à l'autre, que si nous n'avions*
» *pas passé ensemble une partie de notre vie.* En vé-
» rité, Byron, vous me faites injure, et je n'ai pas
» de doute, au moins je l'espère, que vous ne vous
» calomniiez vous-même. »

---

[1] D'autres lettres encore offrent de curieuses preuves de la sensibilité jalouse et passionnée de Byron. Dans l'une d'elles, par exemple, nous voyons qu'il s'était offensé que son jeune ami lui eût écrit *mon cher Byron* au lieu de *mon très-cher* ; et dans une autre, qu'il avait eu de la jalousie de quelques expressions échappées à son ami, à l'occasion du départ de Lord John Russell pour l'Espagne. « Vous me dites, lui répond-
» on, que jamais vous ne me vîtes agité comme quand j'écrivis ma der-
» nière lettre ; pensez-vous que j'eusse tort ? J'avais reçu une lettre de
» vous le samedi, où vous me disiez que vous quittiez l'Angleterre au
» mois de mars pour six ans ; et le lundi John Russell partait pour l'Es-
» pagne. Mais pouvez-vous imaginer que je fusse plus triste au sujet de
» Lord Russell, qui s'en va pour quelques mois, et de qui j'aurai
» constamment des nouvelles, que relativement à vos six années de
» voyage au bout du monde, pendant lesquelles j'entendrai à peine parler
» de vous, et qui peut-être m'empêcheront de vous revoir jamais ? J'é-
» prouve une véritable peine de ce que vous me dites, que je dois vous
» excuser si vous êtes jaloux de me voir plus affecté du départ d'un ami
» qui était près de vous que de celui qui était éloigné. Il est impossible
» que vous ayez pu croire un moment que l'absence de John m'affectât
» plus que la vôtre. Je finis donc sur ce sujet. »

Malgré ces habitudes de jeux et de paresse qui semblaient l'indice d'une certaine absence d'idées et de réflexions, il y avait des momens où le jeune poète rentrait profondément en lui-même et se livrait à des méditations incompatibles avec l'enjouement et l'insouciance de son âge. On montre encore dans le cimetière d'Harrow une tombe élévée, d'où la vue plane sur Windsor; c'était l'endroit favori où l'on savait si bien qu'il aimait à s'arrêter, que les enfans l'appelaient *la tombe de Byron* [1], et c'est là, dit-on, qu'il demeurait des heures entières abîmé dans ses pensées, ruminant dans la solitude ses premières inspirations sublimes et passionnées, et parfois, peut-être, entrevoyant déjà cet avenir de gloire qui lui inspirait, à peine âgé de quinze ans, ces vers remarquables :

Mon nom seul sera mon épitaphe. S'il ne suffit pour honorer ma cendre, qu'aucune autre gloire ne me soit accordée en récompense. On ne doit voir que ce nom, ce nom seul sur mon tombeau; illustré par lui, ou comme lui à jamais oublié.

Il passa quelque tems à Bath avec sa mère, pendant l'automne de 1802, et, quoique bien jeune, il prit assez de part aux plaisirs de ces lieux. Il parut dans un bal masqué, donné par lady Riddel, sous

---

[1] C'est à cette tombe que se rapporte ce passage des *souvenirs d'enfance*, qui font partie de ses œuvres inédites :

« Souvent, quand, oppressé de tristes pressentimens, je m'asseyais incliné sur notre tombe favorite. »

le costume d'un jeune Turc ; modèle anticipé, quant à la beauté et au costume, de son jeune Sélim de la *Fiancée d'Abydos*. Au moment d'entrer dans la maison, quelqu'un de la foule essaya d'arracher le diamant qui attachait le croissant de son turban, mais l'un de ceux qui l'accompagnaient s'aperçut à tems de cette tentative de vol. La dame qui m'apprit cette anecdote, et qui voyait beaucoup alors Mrs. Byron, a bien voulu ajouter à son récit les remarques suivantes : « J'ai vu beaucoup Lord Byron à Bath ; sa
» mère m'a invité souvent à prendre le thé avec elle;
» il était toujours fort plaisant et original ; quand
» la conversation tombait sur ses amis absens., il
» montrait un léger penchant à la satire, auquel
» plus tard il s'abandonna, comme chacun sait, avec
» une liberté entière. »

Nous touchons maintenant à un événement qui, d'après sa profonde conviction, exerça sur sa vie et son caractère une influence vive et durable.

Ce fut en 1803, que son cœur, déjà deux fois éprouvé, comme nous l'avons vu, par d'enfantines impressions d'amour, conçut un attachement qui, jeune comme il était encore, domina ses facultés au point de colorer d'une teinte particulière le reste de ses jours. Que les passions malheureuses soient en général les plus durables, c'est une triste vérité qui, pour être confirmée, n'avait pas besoin de ce nouvel exemple ; mais peut-être faut-il attribuer à la même circonstance l'innocence parfaite de cet attachement pour miss Chaworth, qui le distingua, sans jamais l'effacer de son cœur, de tous ceux qui le suivirent. Comme c'est le seul sentiment du même genre dont les détails puissent être suivis sans dangers, ou dont les résultats, bien que douloureux, puissent être racontés, nous pensons qu'on s'y arrêtera avec plaisir.

Mrs. Byron, en partant de Bath, vint séjourner à Nottingham, Newsteadt étant en ce tems-là loué à lord Grey de Ruthen; et pendant les vacances de Harrow, son jeune fils vint l'y rejoindre. Tel était son attachement pour Newsteadt, que c'était même un plaisir pour lui d'être dans son voisinage; aussi, avant d'avoir fait la connaissance de lord Grey, il lui arrivait souvent de passer la nuit dans une petite maison contiguë à la grande porte et qu'on appelle encore à présent la *hutte* [1] ; mais bientôt des rapports d'amitié s'établirent entre son noble locataire et lui, et dès-lors il eut toujours à son service un appartement dans l'abbaye. Comme il avait, peu de tems auparavant, été présenté à Londres à la famille de miss Chaworth, qui, actuellement, résidait à Annesley, dans le voisinage immédiat de Newsteadt, il renouvela bientôt connaissance avec elle. La jeune héritière elle-même joignait à tous les avantages sociaux qui l'environnaient une grande beauté et les dispositions les plus aimables et les plus séduisantes.

[1] Je tiens ce fait de l'un des vieux domestiques de Newsteadt, mais je ne dissimulerai pas que d'autres n'aient révoqué en doute ces haltes nocturnes à *la hutte*.

Le jeune poète avait déjà remarqué ses charmes; mais ce fut seulement à l'époque où nous sommes arrivés, comme il était dans sa seizième année et miss Chaworth dans sa dix-huitième, qu'il semble en avoir été complètement ébloui. Six courtes semaines d'été, écoulées près d'elle, suffirent pour éveiller une passion qui dura toute sa vie.

D'abord, bien qu'on lui offrît un lit à Annesley, il avait l'habitude de revenir chaque nuit à Newsteadt, et le motif qu'il alléguait était sa frayeur des tableaux de famille des Chaworth, qui, s'imaginait-il, l'avaient pris en grippe en souvenir du duel de son oncle, et se seraient détachés la nuit de leurs cadres pour le tourmenter. A la fin il dit gravement un soir à miss Chaworth et à sa cousine : « La dernière nuit, » en m'en retournant, j'ai vû un *bogle*. » Comme ce dernier mot écossais était complètement inintelligible pour les jeunes dames, il leur fit entendre que c'était un revenant, et qu'il ne voulait pas ce soir-là retourner à Newsteadt. A compter de là, il coucha toujours à Annesley jusqu'à ce que ses visites furent interrompues par une courte excursion à Matlock et à Castleton, dans laquelle il eut le bonheur d'accompagner miss Chaworth et ses parens. Voici la curieuse notice que l'on trouve de ce voyage dans l'un de ses livres-journaux :

« J'avais quinze ans quand il m'arriva, dans une » caverne du duché de Derby, de traverser dans une » barque, où deux personnes seulement pouvaient

» rester couchées, un ruisseau qui coulait sous une
» roche; cette dernière était tellement proche de
» l'eau, que nous fûmes obligés de faire pousser la
» barque par un conducteur enfumé, espèce de Ca-
» ron, qui se tenait derrière, entièrement courbé
» dans l'eau. J'avais alors pour second M. A. C.,
» dont j'avais été passionnément amoureux sans le lui
» dire, mais non pas sans qu'elle le découvrît. Je me
» rappelle mes sensations, mais je ne puis les dé-
» crire. Notre société se composait de Mrs. W., des
» deux miss W...s, de M. et Mrs. Cl...ke, de miss R.
» et de ma M. A. C. Hélas! pourquoi dire *ma* ?
» Notre mariage aurait apaisé des haines qui avaient
» fait couler le sang de nos pères; il aurait réuni
» des propriétés vastes et riches; au moins aurait-
» il réuni un seul cœur et deux êtres assez bien
» assortis pour l'âge (elle avait deux ans de plus que
» moi), et... et... et... qu'en est-il résulté? »

Miss Chaworth prenait ordinairement part aux danses du soir, à Matlock, tandis que son amant restait à la contempler, solitaire et mécontent. Il est possible que le dégoût qu'il exprima toujours pour ce genre de plaisir soit venu de quelque sentiment amer éprouvé dans sa jeunesse en voyant la *dame de son cœur* conduite par d'autres à la danse joyeuse dont lui-même était exclu. Un jour que la jeune héritière d'Annesley avait eu pour cavalier une personne qu'elle n'avait jamais vue, Byron lui dit, d'un air de dépit, quand elle vint reprendre sa place :

« J'espère que vous aimez votre nouvel ami. » Ces paroles étaient à peine prononcées, qu'il se vit accosté par une dame écossaise, d'une tournure déplaisante, qui vint se recommander à lui comme cousine, et qui, mettant son orgueil à la torture à force de manières et d'expressions vulgaires, décida la belle miss Chaworth à lui dire à son tour à l'oreille : « J'espère que vous aimez votre nouvelle » amie. » A Annesley, il passait la plus grande partie de son tems à faire des courses à cheval avec miss Chaworth et sa cousine, ou plongé dans une morne rêverie, les mains occupées de son mouchoir; ou bien tirant contre une porte qui donne sur la terrasse, et qui conserve encore les vestiges de ses balles. Mais son plus grand plaisir était de s'asseoir auprès de miss Chaworth lorsqu'elle faisait de la musique; son air favori était la jolie chanson galloise *Maryanne*, sans doute principalement à cause de son nom. Pendant tout ce tems, il avait la douleur de voir celle qu'il aimait, entièrement occupée d'un autre amour; et comme il le dit lui-même :

« Ses soupirs n'étaient pas pour lui : pour elle il était un frère, mais rien de plus. »

Il n'est pas même probable, si le cœur de miss Chaworth eût été libre, que Lord Byron eût été choisi par elle comme un objet d'attachement. Deux ans de plus donnent à une jeune fille une avance dans la vie, contre laquelle un homme ne peut pas lutter. Miss Chaworth ne voyait dans Byron qu'un collégien : ses manières étaient d'ailleurs alors dures et peu sociables ; elles n'avaient, comme je l'ai entendu répéter vingt fois, rien de flatteur pour les jeunes filles de son âge. Si dans un moment d'illusion il s'était flatté d'inspirer quelque amour à la jeune miss, il dut être bientôt désabusé par une circonstance notée dans ses *Mémoires* comme l'une des plus douloureuses humiliations auxquelles son infirmité l'eût exposé. Il entendit un jour miss Chaworth dire à sa femme de chambre : « Pouvez-vous croire que je me soucie jamais de ce petit boiteux ? » Ces mots, comme il l'a rappelé lui-même, furent un coup de foudre pour lui. Il était nuit fermée quand il les entendit ; mais il sortit à l'instant de la maison, et, sans rien voir devant lui, il courut sans s'arrêter jusqu'à Newsteadt.

La peinture qu'il a faite de cet amour, dans l'un de ses plus touchans poèmes, *le Songe,* montre comment le génie et la sensibilité peuvent élever les réalités de cette vie, et donner un lustre immortel aux objets et aux événemens les plus communs. Sous le nom de l'*antique oratoire,* la vieille salle d'Annesley rappellera long-tems à l'imagination la vierge et l'adolescent qui s'y trouvèrent une fois réunis ; tandis que l'image du coursier de l'amant, bien que le type en ait été la race laborieuse et peu poétique des chevaux de Nottingham, ajoute encore aux charmes généraux de la scène, et jette sur le tableau une portion de la lumière que le génie seul peut à son gré répandre.

Au reste, dès cet âge encore tendre, il paraît avoir eu assez d'expérience de la vie galante pour savoir comment les premiers trophées peuvent conduire en amour à de nouvelles conquêtes ; il se glorifiait souvent, auprès de miss Chaworth, d'un nœud de cheveux que lui avait donné quelque beauté sensible (sans doute cette jolie cousine dont il parle avec tant de chaleur dans l'une des notes que nous avons citées). Déjà, et il ne l'ignorait pas, il avait la beauté qui, malgré quelque tendance à l'excessif embonpoint de sa mère, lui promettait cette expression particulière qui donnait à ses traits tant de finesse et tant de charme. Mais avec les fêtes de l'été finit le rêve de sa jeunesse : il ne vit plus qu'une fois miss Chaworth l'année suivante, et il lui dit un dernier adieu, comme il le racontait souvent, sur cette montagne près d'Annesley, qu'il a si bien décrite dans son poème du *Songe*, comme étant *couronnée d'un particulier diadême* [1]. Personne, à l'entendre, n'aurait pu deviner tout ce qu'il éprouvait, car sa contenance était calme et ses sentimens comprimés. « La pre-
» mière fois que je vous reverrai, lui dit-il en la quit-

---

[1] Parmi les vers inédits en ma possession, je trouve les fragmens suivans, écrits quelque tems après cette époque :

« Collines d'Annesley, arides et nues, dans lesquelles s'égara mon enfance imprudente, comme les tempêtes du nord grondent et mugissent au-dessus de vos ombrages touffus ! Aujourd'hui les heures ne s'écoulent plus délicieusement dans ces promenades chéries ; le sourire de Marie ne fait plus de vous un paradis pour moi. »

» tant, vous serez sans doute Mrs. Chaworth [1] ? —
» Je l'espère; » telle fut sa réponse. C'était avant
cette entrevue qu'il avait écrit au crayon, dans un
volume des lettres de Mme de Maintenon, qui appartenait à la jeune miss, les vers suivans :

Cesse, ô mémoire! de me tourmenter. Le présent est aujourd'hui décoloré pour moi : l'avenir ne m'offre plus d'espérances; et quant au passé, par pitié, cache-le-moi. Pourquoi ramener devant mes yeux ces images de ce que je ne reverrai pas? pourquoi me représenter ces délicieux instans à jamais évanouis? Le plaisir passé augmente la peine présente; le regret de ce qui n'est plus se joint à la douleur de ce qui est. Espérances, regrets, vous n'êtes plus que de vains mots : je ne demande plus qu'à vous oublier.

L'année suivante, miss Chaworth épousa l'heureux rival de Byron. M. John Muster, l'un de ceux qui se trouvaient présens quand il en reçut la première nouvelle, raconte ainsi ce qui se passa alors en lui : « J'étais présent quand il apprit ce mariage, sa
» mère lui dit : *Byron, j'ai à vous apprendre une*
» *nouvelle. — Eh bien, qu'est-ce ? — D'abord, tirez*
» *votre mouchoir, car vous en aurez besoin. — Quelle*
» *absurdité ! — Prenez, dis-je, votre mouchoir* (il le
» fit pour lui plaire), *miss Chaworth est mariée.* A
» ces mots une expression singulière et impossible à

---

[1] Son mari prit en effet, pendant quelque tems, le surnom de Chaworth.

» décrire se peignit sur sa pâle figure ; il remit vio-
» lemment son mouchoir dans sa poche, puis, avec
» une affectation de froideur et de nonchalance : *Est-*
» *ce là tout ?* dit-il. — *Comment, je m'attendais à*
» *vous voir accablé de douleur.* Il ne répondit rien,
» et bientôt après il ouvrit la conversation sur un
» autre sujet. »

Sa vie d'Harrow présente les mêmes particularités. Pendant toute sa durée, comme il le dit lui-même, il était toujours jouant, se révoltant[1], *ramant* et se livrant à toute sorte d'espiègleries. L'esprit de révolte dont il parle ici (bien qu'il n'ait jamais été jusqu'à lui inspirer des actes de violence) se manifesta à l'occasion de la retraite du docteur Drury, quand, à la place vacante, se présentèrent les trois candidats, Mark Drury, Evans et Butler. Dans le premier mouvement auquel cette rivalité donna lieu parmi les écoliers, le jeune Wildman se montra à la tête du parti de Mark Drury, tandis que Byron avait commencé par rester neutre. Mais dans l'espérance de l'avoir pour allié, l'un des membres de la faction Drury dit à Wildman : « Byron, je le sais, ne se join-
» dra pas à nous, parce qu'il ne veut jamais de la se-
» conde place ; mais vous pourriez, en lui donnant

---

[1] Gibbon, parlant des écoles publiques, dit : « La scène comique
» d'une révolte de collége fait connaître, sous leur véritable point de vue,
» les ministériels et les indépendans de la génération nouvelle. ». Mais de pareils pronostics ne sont pas toujours sûrs ; ainsi le doux et paisible Addisson fut, étant au collége, chef d'un soulèvement.

» la première, vous l'assurer. » Wildman suivit cet avis, et Byron prit en effet le commandement de la faction.

La violence qu'il mit dans son opposition au choix que l'on fit de Butler, et surtout la vive affection qui l'unissait au dernier maître, contribuèrent à aigrir les relations qu'il eut avec le nouveau directeur pendant le reste de son séjour à Harrow. Par malheur, Byron résidant dans les appartemens de Butler, les occasions de mésintelligence étaient on ne peut plus fréquentes. Un jour le jeune rebelle, dans un accès de défiance, arracha tous les grillages des fenêtres de la salle; et quand le docteur lui demanda le motif de cette violence, il répondit, avec un grand sang-froid : « Parce qu'ils obscurcissent la salle. » Une autre fois il lui avoua hardiment la haine qu'il avait contre lui. Ce fut long-tems la coutume que le maître, à la fin de chaque terme, invitât à dîner les élèves les plus âgés; et cette faveur, semblable aux invitations royales, était en général regardée comme un ordre. Lord Byron cependant y répondit par un refus; cela surprit beaucoup le docteur Butler, et, à la première occasion, il lui en demanda le motif devant les autres élèves : « Aviez-vous quelque autre engagement? — Non, » monsieur. — Mais vous aviez donc une raison, » Lord Byron? — J'en avais. — Et laquelle? — Parce » que (répliqua le jeune pair avec une fierté com-» posée) s'il vous arrivait de passer dans mon voisi-» nage tandis que je serais à Newsteadt, je ne son-

» gerais certainement pas à vous inviter à dîner; en
» conséquence, je ne dois pas accepter une pareille
» invitation de votre part. » En général l'idée qu'avaient de lui ses professeurs à Harrow était celle d'un
enfant paresseux, qui ne voulait jamais rien apprendre; et si l'on fait attention à ses habitudes ordinaires,
on avouera que cette réputation n'était pas dépourvue
de fondement. Il est impossible de jeter les yeux sur
les livres dont il se servait, et qui sont couverts de
translations interlignées, sans être frappé de l'absence de son attention. Les mots grecs les plus ordinaires ont leur traduction anglaise barbouillée à leur
côté, et cette circonstance prouve bien qu'il ne les
connaissait pas assez pour les traduire de mémoire.
Ainsi, dans son Xénophon, nous trouvons νεοι,
jeunes, σωμασιν, *corps*, ανθρωποις τοις αγαθοις, *bons
hommes*, etc., etc.; et même, dans les volumes de
pièces grecques qu'il vendit en partant à la bibliothèque du collége, nous remarquons, entre autres exemples, le mot usuel χρυσος flanqué de son synonyme
anglais (or).

Mais quelque faibles que fussent ses progrès dans
les matières purement scolastiques auxquelles nous
consacrons en pure perte une si précieuse portion
de la vie [1], il n'en montrait pas moins des dispositions
merveilleuses pour tous les genres variés d'instruction qui ne sont utiles que dans le monde. Né avec

---

[1] Il est déplorable de songer à la perte de tems que l'on fait subir
aux enfans dans la plupart des colléges, en les occupant pendant six ou

un esprit trop scrutateur et trop vagabond pour être facilement emprisonné dans des limites déterminées, il s'attachait à des sujets qui déjà intéressaient ses goûts virils, et que ne pouvait comprendre l'esprit purement pédantesque d'une école; mais ses accès irréguliers et violens de travail, dans cette direction, donnaient à son intelligence une impulsion bien plus haute que celle de ses condisciples les plus laborieux. La liste qu'il a faite de tous les ouvrages divers dont il avait à la hâte, et de son propre choix, dévoré les pages, avant d'atteindre sa quinzième année, est tellement considérable, qu'on a de la peine à y ajouter foi ; et elle présente une telle masse de recherches, qu'elle pourrait défier les plus vieux *helluones librorum*.

Il ne faut pourtant pas croire, d'après l'étendue et l'activité de son esprit, que Byron pût de lui-même choisir une direction privilégiée ; quel que soit, en effet, le plan d'instruction d'un jeune homme de talent dans les grandes écoles et dans les universités d'Angleterre, il ne suppléera pas complètement à ce qui lui manque sous le rapport intellectuel, et

---

sept ans à apprendre seulement des mots, et encore d'une manière fort imparfaite.

(COWLEY, *Essai*.)

Si un Chinois entendait parler de notre système d'éducation, ne supposerait-il pas que nous destinons tous nos jeunes gens à professer des langues mortes dans les pays étrangers, et non pas à faire jamais usage de la nôtre?

(LOCKE, *sur l'Éducation*.)

pourra même l'exposer à des écarts embarrassans et dangereux [1]. Dans la difficulté où même l'impossibilité absolue qu'il trouvera à combiner l'acquisition des connaissances pratiques avec les études de l'antiquité qui lui sont nécessaires pour obtenir les honneurs scolastiques, il devra choisir ou de porter toute son attention et ses vœux vers ce dernier objet, et alors il n'aura aucune idée de tout ce qui doit lui servir le plus dans le monde ; ou d'adopter comme Lord Byron et d'autres personnages distingués le système contraire, et consentir à passer à l'école pour un élève incapable et paresseux, afin de se préparer des moyens de supériorité dans le monde.

Les *souvenirs* inscrits par le jeune poète dans ses livres d'école peuvent nous permettre de croire que dans un âge si tendre il prévoyait déjà vaguement que tout ce qui se rapportait à lui deviendrait par la suite un objet d'intérêt et de curiosité. La date de son entrée à Harrow [2], le nom des enfans qui furent ses moniteurs, la liste des chefs de classe parmi ses condisciples sous le docteur Drury [3], tout y est noté

---

[1] Un excellent écolier peut quitter les bancs de Westminster ou d'Eton dans une ignorance complète du train de vie et de la conversation du monde anglais, vers la fin du dix-huitième siècle.

(GIBBON.)

[2] Byron, Harrow-la-Montagne, dans le Middlesex, *alumnus scholæ lyonensis privus, in anno domini* 1801, *Ellison duce.*

Moniteur en 1801 : *Ellison, Royston, Hunxman, Rashleigh, Rokeby, Leigh.*

[3] Chefs de classe de Drury, 1804 : Byron, Drury, Sinclair, Clare, Bolder, Annesley, Calvert, Strong, Acland, Gordon, Drummond.

avec la dernière minutie, et comme pour former des points de retour pour l'histoire de sa vie. Un exemple touchant suffira pour montrer qu'il lui arriva plus d'une fois de s'arrêter à ces idées. Nous trouvons sur la première page de ses *Scriptores græci* la suivante note écrite à la main : « George Gordon Byron, ven-
» dredi 26 juin, a. d. 1805, trois heures trois quarts
» de l'après-midi, classe de troisième, Calvert mo-
» niteur, Tem, Wildman à ma gauche et Long à ma
» droite. Harrow-la-Montagne. » Et sur la même feuille se trouve le commentaire suivant, écrit cinq ans plus tard :

Eheu fugaces, Posthume! Posthume!
Labuntur anni.

B., 9 janvier 1809.

« Des quatre personnes dont les noms sont ici
» mentionnés, l'une est morte, une autre est dans un
» climat lointain : tous sont séparés : il n'y a pas
» cinq ans qu'ils étaient ensemble réunis dans la
» même classe; et nul encore n'aurait atteint sa vingt
» et unième année. »

Il passa les vacances de 1804[1] avec sa mère à Southwell : Mrs. Byron était venue s'y fixer pendant

---

[1] Pendant l'une des vacances de Harrow, il demeura quelque tems dans la maison de l'abbé de Rouffigny, dans Took's court, avec l'intention d'y étudier la langue française ; mais, au dire de l'abbé, il avait peu de goût pour cette étude, et, au grand dépit du révérend maître, il passait presque tout son tems à faire des armes, à boxer, etc.

l'été de cette année, en quittant Nottingham, et elle avait choisi pour demeure la maison appelée Burgage-Manor. On conserve encore à Southwell, sous la date du 8 août 1804, une note dans laquelle on annonce que le jeu est retenu *par Mrs. et Lord Byron.* La personne à qui appartenait la maison qu'ils habitaient était un rentier possesseur d'une assez belle bibliothèque; et le premier soin du jeune poète, comme il nous l'apprend, fut de la retourner complètement aussitôt après son arrivée à Southwell. L'un des livres qui l'occupèrent et l'intéressèrent davantage fut, et on le croira sans peine, la *Vie de lord Herbert de Cherbury.*

Il entra au mois d'octobre 1805 au collége de la Trinité à Cambridge. Voici comme il décrit les sentimens qu'il éprouva en quittant sa chère Ida :

« Mon entrée au collége me fit un effet singulier
» et pénible. D'abord j'étais tellement affligé de quit-
» ter Harrow, bien que le tems en fût arrivé (ayant
» alors dix-sept ans), que pendant le dernier quar-
» tier que j'y passai, j'employais les heures consa-
» crées au sommeil à compter les jours que j'avais
» encore à y rester. J'avais toujours *détesté* Harrow
» jusqu'aux dix-huit derniers mois, mais dès ce mo-
» ment je l'aimai. En second lieu je souhaitais d'al-
» ler à Oxford et non à Cambridge; troisièmement
» je me trouvais tellement isolé dans ce nouveau
» monde que je faillis en perdre la tête. Mes cama-
» rades n'étaient pourtant pas insociables : au con-

» traire, ils avaient de la bonté, de la bienveillance,
» un rang, de la fortune, et une gaîté bien autre que
» la mienne. Je me joignais à eux, je dînais, je sou-
» pais, etc., dans leur compagnie; mais je ne sais
» comment j'éprouvais un sentiment le plus pénible,
» le plus mortel de ma vie, en pensant que je n'étais
» plus un enfant. »

Il fut sans doute quelque tems à Cambridge en proie à cette espèce d'isolement; mais il n'était pas dans sa nature de rester long-tems sans aimer quelque chose, et l'amitié qu'il forma bientôt avec le jeune Eddleston, qui avait deux ans de moins que lui, surpassa même en vivacité romanesque toutes ses autres liaisons de collége. Les dispositions musicales de cet enfant furent l'occasion de leur intimité. Il était alors un des choristes de Cambridge, bien que par la suite il ait suivi une profession mercantile. Cette disconvenance de leur position respective n'était pas sans charme pour Byron : elle flattait en même tems son orgueil et son bon naturel, et établissait entre eux des rapports mutuels de protection d'un côté, de reconnaissance et de dévouement de l'autre ; seuls rapports qui, suivant Bacon, soient la base du peu d'amitié qui reste encore sur la terre. Ce fut sur un don que lui avait fait Eddleston qu'il écrivit ces vers, intitulés *la Cornaline*, qui étaient imprimés dans son premier volume resté inédit ; en voici une stance :

Quelques-uns souriant des liens qui nous unissent, m'ont

souvent reproché ma faiblesse ; ce don léger a cependant le plus grand prix à mes yeux, car, j'en suis sûr, je le tiens de quelqu'un qui m'aime.

Une autre liaison moins vive, commencée à Harrow, et continuée pendant sa première année de Cambridge, est ainsi mentionnée dans l'un de ses *journaux* :

« Que mes pensées sont étranges ! La lecture du
» chant de Milton, *belle Salvina*, m'a ramené, je ne
» sais comment ou pourquoi, aux jours les plus heu-
» reux peut-être de ma vie (toujours exceptés, de
» tems en tems, certains dimanches des deux der-
» niers étés de Harrow). Je me retrouvais à Cam-
» bridge avec Edward Noël et Long, qui fut plus
» tard dans les gardes : Long, après avoir servi avec
» honneur dans l'expédition de Copenhague (qui
» laisse encore vivre deux ou trois mille goujats
» gras et bien payés), fut noyé en 1809, pendant
» son passage à Lisbonne avec son régiment dans le
» *Saint-George,* qui fut heurté la nuit par un autre
» vaisseau de transport. Nous étions des nageurs ri-
» vaux, également passionnés pour les chevaux, la
» lecture et les festins. Nous avions été ensemble à
» Harrow, mais *là* du moins il n'était pas un esprit
» aussi intraitable que le mien ; j'étais toujours alors
» le premier à la paume, dans les révoltes, les ba-
» tailles, les parties, et tous les genres de désordres ;
» il était, lui, beaucoup plus calme et mieux civilisé.

» Mais à Cambridge, soit que mon caractère s'adou-
» cît ou que le sien prît plus de roideur, il est cer-
» tain que nous devînmes grands amis. La descrip-
» tion du siége de Sabrina me rappelle nos mutuels
» exploits de plongeur. Bien que le Cam n'offre pas
» une onde vraiment *transparente*, et que l'endroit
» où nous nous jetions eût quatorze pieds de pro-
» fondeur, nous avions toujours soin, afin de mieux
» prouver nos avantages, de lancer avant nous des
» œufs, des pièces de vaisselle et même des shillings.
» Il y avait entre autres, et je m'en souviens bien,
» dans le lit de la rivière où nous nous baignions le
» plus ordinairement, une souche d'arbre autour de
» laquelle j'aimais à me glisser et à m'étonner com-
» ment diable je me trouvais là.

» Le soir nous faisions de la musique, car il était
» musicien et savait tirer un égal parti de la flûte et
» du violoncelle. Je faisais partie de l'assistance et,
» si je ne me trompe, notre boisson de prédilection
» était alors de l'eau de soude. Le jour nous cou-
» rions à cheval, nous nous baignions, nous cau-
» sions, ou parfois prenions un livre. Je me rappelle
» l'avidité avec laquelle nous parcourûmes le nouvel
» in-quarto de Moore (en 1806); le soir nous le li-
» sions ensemble. Nous ne fûmes réunis qu'un été.
» Long entra dans les gardes l'année que je passai
» à Nottingham, au sortir du collége. Son amitié,
» et de ma part un violent et cependant pur amour,
» étaient alors le roman de l'époque la plus roma-

» nesque de ma vie. . . . .

» . . . .

» Je me souviens qu'au printems de 1809 H***.[1]
» me plaisantait de la tristesse que m'avait causée la
» mort de Long, et s'amusait à faire des épigrammes
» sur son nom, qui prêtait aux jeux de mots, tels que
» *long*, *court*, etc. ; mais il eut bien le tems de
» s'en repentir à trois ans de là, quand notre ami
» mutuel, et surtout le sien, Charles Matthews, se
» noya également, et qu'il put lui-même sentir com-
» bien mon affliction avait été légitime. Pour moi,
» je ne rétorquai pas ces piquans jeux de mots ; je
» sentais trop tout ce que je perdais dans Matthews,
» et, ne l'eussé-je pas senti, j'aurais encore respecté
» sa douleur.

» Le père de Long m'écrivit pour m'engager à
» faire l'épitaphe de son fils : je le promis, mais je
» n'eus pas la force de la composer. Il était de ces
» êtres bons et aimables qui ne demeurent guère
» dans ce monde, doué de tous les talens et de tous les
» avantages qui pouvaient mieux le faire regretter.
» Cependant, quoique bon compagnon, il avait par-
» fois d'étranges accès de mélancolie ; je me sou-
» viens qu'un jour, allant chez son oncle, je l'ac-
» compagnai jusqu'à la porte, c'était dans le haut
» ou le bas Grosvenor ou Brook street, je ne sais plus
» lequel, mais c'était sûrement dans une rue qui fai-

---

[1] Sans doute Hobhouse.

» sait suite à quelque place : il me dit que la nuit
» d'auparavant il avait pris un pistolet sans savoir
» ou regarder s'il était ou non chargé, et qu'il l'avait
» dirigé contre sa tête, laissant au hasard le soin de
» décider s'il partirait ou non. La lettre qu'il m'é-
» crivit en passant du collége aux gardes, était en-
» core aussi mélancolique qu'on pouvait le supposer
» en pareil cas : mais son maintien naturel ne ré-
» vélait rien d'une pareille disposition ; il était doux
» et prévenant, il avait même un grand penchant
» pour la gaîté. Nous étions fort liés à Harrow, et
» mainte fois nous y sommes retournés de Londres
» pour nous mieux livrer à nos souvenirs de col-
» lége. »

Ces mémoires affectueux sont extraits d'un journal qu'il tenait à Ravenne pendant sa résidence dans cette ville, en 1821. Les circonstances pendant lesquelles ils étaient consignés, doivent nous les rendre encore plus touchans et plus remarquables. Il habitait une terre étrangère ; il était même en rapport avec des conspirateurs étrangers, dont il cachait dans sa maison les armes au moment où il écrivait. Cependant il lui était possible de s'éloigner ainsi des scènes qui l'entouraient, et de reporter ses pensées sur le tems ancien, sur les amitiés perdues de son enfance. Un anglais, M. Wathen, qui le vit dans l'une des villes d'Italie, ayant eu l'occasion de mentionner, en lui parlant, qu'il avait eu des rapports d'amitié avec Long, le noble poète, dès ce moment, lui prodigua les témoignages d'une affection marquée. Il lui parlait fréquemment de Long et de ses bonnes qualités, jusqu'à ce que des pleurs, qu'il ne pouvait arrêter, lui couvrissent le visage.

Il rejoignit sa mère à Southwell, suivant son habitude, durant l'été de 1806, et c'est alors qu'il forma dans une société rare, mais choisie, quelques liens d'intimité dont on chérit encore avec orgueil le souvenir. Si l'on excepte le court intervalle qu'il passa, comme nous l'avons vu, dans la société de miss Chaworth, ce ne fut qu'à Southwell qu'il eut jamais l'occasion de profiter de la douce influence de la conversation des femmes et de comprendre que la sphère véritable de leurs vertus c'est leur intérieur. Il fut admis dans le cercle de l'aimable et spirituelle famille Pigot comme s'il en eût fait partie, et le jeune poète ne trouva pas seulement dans le révérend John Becher [1] un critique fin et judicieux, mais un ami sincère. Il eut encore une ou deux autres familles, comme les Leacroft, les Houson, près desquelles ses talens et la vivacité de son esprit furent toujours bienvenus; et la timidité orgueilleuse qui, pendant sa minorité, l'avait éloigné de toute relation avec les gentilshommes du voisinage, semble avoir disparu dans la petite et agréable société de Southwell. L'une de ses amies les plus in-

---

[1] Citoyen qui depuis s'est distingué d'une manière honorable par ses plans philanthropiques sur l'important objet de l'amélioration du sort des pauvres.

times à cette époque m'a fourni les détails suivans, sur la manière dont elle fit sa connaissance :

« La première fois que je le vis, ce fut à une réunion
» chez sa mère ; et telle était sa timidité, qu'il fallut
» l'envoyer chercher trois fois avant de le décider à
» venir dans le salon, pour jouer avec les autres
» jeunes gens. C'était un enfant gras et embarrassé,
» portant les cheveux peignés sur le front, et res-
» semblant parfaitement à la miniature que sa mère
» avait fait peindre par M. de Chambruland. Le len-
» demain matin, Mrs. Byron l'ayant conduit chez
» nous, il conserva son extérieur timide et réservé.
» La conversation tomba sur Chettenham, les amu-
» semens et le théâtre de cette ville, etc. Je rappe-
» lai que j'avais vu le rôle de Gabriel Lackbrain par-
» faitement bien rempli. Quand sa mère partit, il la
» suivit en nous faisant une grande inclination ;
» pour moi, rappelant encore la pièce dont nous
» venions de parler, je lui dis : Bonjour, *Gaby*. Ces
» mots l'animèrent aussitôt, sa belle bouche s'ouvrit
» par un éclat de rire, toute sa retenue s'évanouit
» pour toujours ; et quand sa mère lui répéta : Eh
» bien, Byron, êtes-vous prêt ? il répondit que non,
» qu'elle pouvait s'en aller, et qu'il désirait rester
» un peu plus long-tems. A compter de là, il venait
» nous voir à toutes les heures du jour, et se consi-
» dérait chez nous parfaitement comme chez lui. »

C'est à cette dame que fut adressée la première lettre de lui qui soit tombée entre mes mains; il correspondait en même tems avec plusieurs de ses amis d'Harrow, avec lord Clare, lord Powerscourt, M. William Peel, M. William Bankes, et d'autres encore. Mais on prévoyait peu alors l'intérêt général qui se rattacherait un jour à ces lettres d'écoliers, et en conséquence, comme j'ai déjà eu l'occasion de m'en affliger, il n'en existe plus qu'un très-petit nombre. La lettre dont j'ai parlé, à son amie de Southwell, ne contient rien de remarquable ; mais, peut-être, par cette raison-là même, mérite-t-elle d'être insérée, comme servant à montrer, par sa comparaison avec les suivantes, combien son esprit acquit rapidement de la confiance en lui-même. Il y a véritablement dans ses premiers manuscrits un charme pour les yeux de la curiosité, qu'ils perdent nécessairement dans leur forme imprimée ; ils attestent évidemment une éducation peu suivie ; l'écriture en est informe et enfantine ; on trouve même, çà et là, de grosses fautes d'orthographe sous la plume de celui qui, quelques années plus tard, devait s'élancer comme l'un des géans de la littérature anglaise.

LETTRE PREMIÈRE.

A MISS ***.

Burgage-Manor, 29 août 1804.

« J'ai reçu les armes, ma chère miss, et je vous remercie beaucoup de la peine que vous avez prise. Il est impossible que je puisse y trouver le moindre défaut. La vue des peintures me charme pour deux raisons : la première, parce qu'elles serviront à orner mes livres, et la seconde parce qu'elles me prouvent que *vous* ne m'avez pas encore entièrement *oublié*. Cependant je suis fâché que vous ne reveniez pas plus tôt. Voilà déjà un siècle que vous êtes partie. Peut-être partirai-je pour Londres avant que vous en sortiez, mais je ne l'espère pas. Vous ne pensez plus à mon cordon de montre, à ma bourse; je désire pourtant bien les avoir. Votre petite lettre me fut remise par Harry, au spectacle, où j'accompagnais miss L*** et le docteur S***, et je reviens à l'instant pour vous répondre avant de me coucher. Si je suis à Southwell quand vous y viendrez, et je désire sincèrement que ce soit bientôt, car je regrette beaucoup votre absence, je me fais une fête de vous entendre chanter mon air favori *la vierge de Lodi*. Ma mère se joint à moi pour vous prier de nous rappeler à l'affection de Mrs. Pigot, et croyez-moi, ma chère miss, votre affectionné ami :

BYRON.

» *P. S.* Si vous jugiez à propos de me répondre, je m'estimerais extrêmement heureux. Adieu.

» 2ᵉ *P. S.* Comme vous êtes, dites-vous, novice dans l'art de tricoter, j'espère que vous ne vous en occupez guère; allez lentement, mais sûrement. Adieu encore une fois. »

Nous aurons souvent occasion de remarquer la

constance que Lord Byron, d'ailleurs si versatile, manifesta toujours dans les goûts et les habitudes de sa jeunesse. La lettre que nous venons de citer rappelle deux de ses habitudes, qu'il conserva toute sa vie; savoir, son exactitude à répondre sur-le-champ aux lettres qu'il recevait, et sa passion pour la musique des plus simples ballades. L'un des chants qu'il avait alors le bon goût d'aimer le mieux était celui de *la Duenna*; et quelques-uns de ses contemporains de Harrow se rappellent encore la gaîté avec laquelle, lorsqu'il dînait au milieu de ses amis chez la fameuse mère Barnard, il entonnait ordinairement: *Ce vin est le soleil de notre table.* Son séjour à Southwell, pendant cet été, fut interrompu, vers le commencement d'août, par l'un de ces emportemens auxquels, dès son berceau, Mrs. Byron ne l'avait que trop accoutumé, et que lui-même, par son esprit intraitable, contribuait souvent à faire éclater. Dans les portraits qu'il trace de lui-même, le pinceau qu'il emploie est si noir qu'il faut, dans la suivante description de son caractère, extraite de ses *Mémoires*, faire une large part à l'exagération, comme l'exige son usage de *surcharger les ombres elles-mêmes..*

« Du reste (il vient de mentionner son amour
» précoce pour Marie Duff), je ne différais en rien
» des autres enfans: je n'étais ni grand, ni petit; ni
» lourd, ni sémillant: j'étais de mon âge; ordinai-
» rement fort enjoué, excepté dans mes humeurs
» noires, car alors j'étais un vrai démon. Un jour,

» dans l'une de mes *rages silencieuses,* il fallut m'ôter
» un couteau que j'avais pris sur la table, pendant
» le dîner de Mrs. Byron (je dînais toujours avant
» elle), et dont j'allais me frapper la tête. Mais c'é-
» tait à trois ou quatre ans de là, et peu de jours
» avant la mort du dernier lord Byron.

» Mon naturel apparent a certainement gagné dans
» ces derniers tems ; mais je frémis, et je regrette-
» rai jusqu'à ma dernière heure les conséquences fu-
» nestes de ma violence et de mes passions. Un évé-
» nement... mais peu importe... il en est d'autres
» auxquels il ne vaut guère mieux s'arrêter, et que
» pourtant je ferai connaître de préférence. . . . . ,.

» Mais je n'aime pas les parenthèses : mon naturel
» est maintenant plus retenu, rarement brusque; et
» quand il l'est, les suites n'en sont pas mortelles.
» C'est quand je me tais, et que je sens *pâlir* mon
» front et mes joues, que je ne me connais plus; et
» alors...... mais, à moins qu'il n'y ait sur le tapis
» une femme (je ne dis pas quelque, ou toutes
» femmes), je ne sors pas d'une apathie très-suppor-
» table. »

On conçoit qu'avec un caractère de ce genre et
les accès violens de Mrs. Byron, le choc devait être
formidable. L'âge auquel était parvenu notre poète,
alors que l'impatience du frein s'empare de la jeunesse, devait rendre ces occasions plus fréquentes.
On rapporte comme une preuve de la conviction
qu'ils avaient de leur mutuelle violence, qu'un jour,

s'étant quittés à la suite d'une scène du même genre, on sut que tous deux s'étaient rendus en particulier, le soir même, chez l'apothicaire, demandant, avec une inquiétude alternative, si l'autre n'avait pas acheté du poison, et avertissant le droguiste de ne pas en donner dans le cas où il se présenterait.

Toutefois le jeune Lord prenait rarement une part active dans ces orages. Aux éclats de sa mère il opposait un silence poli, et, par cela même, provocateur; s'inclinant avec l'apparence du plus profond respect à mesure que la voix maternelle augmentait d'intensité. Mais en général, quand il prévoyait une tempête, il cherchait son salut dans la fuite; et c'est à ce dernier expédient qu'il avait eu recours à l'époque où nous sommes arrivés. Mais auparavant une scène avait eu lieu entre lui et Mrs. Byron, dans laquelle la violence de cette dernière l'avait portée à des extrémités qui, malgré leur outrageuse inconvenance, n'étaient pas rares avec elle. Le poète Young, décrivant un caractère de cette espèce, dit :

« Les tasses et les soucoupes tourbillonnent dans l'air, pour
» avertir que la dame est mécontente. »

En pareil cas, Mrs. Byron préférait les pelles et pincettes, et plus d'une fois elle les lança bruyamment sur son enfant fugitif. Cette dernière fois, il n'eut que le tems d'éviter l'atteinte de la première de ces armes, et de se réfugier à la hâte chez un de ses amis dans le voisinage; là, ayant concerté le plus sûr moyen de déjouer les poursuites, il ne tarda pas à s'enfuir à Londres. Les lettres que je vais transcrire furent adressées, immédiatement après son arrivée, à quelques amis de Southwell, dont la bienveillante intervention, dans cette circonstance, nous permet de croire qu'il n'avait pas à se reprocher les torts de cet esclandre. La première est adressée à M. Pigot, jeune homme de son âge, qui venait d'arriver, à l'occasion des vacances, d'Édimbourg, où il suivait alors ses études médicales.

LETTRE II.

A M. PIGOT.

Piccadilly, 9 août 1806.

« Mon cher Pigot,

» Mille remercîmens pour votre piquant récit des derniers procédés de mon *aimable Alecto*, qui maintenant enfin commence à voir les suites de sa folie. Je viens de recevoir une épître pénitentiaire, à laquelle j'ai répondu modérément, avec une sorte de promesse de revenir dans une quinzaine : ce que toutefois, entre nous, je ne compte pas faire. Son *charmant ramage* doit avoir ravi ses auditeurs; car ses hautes notes sont parfaitement musicales : elles doivent faire un très-bel effet pendant un beau clair de lune. Si j'avais été l'un des spectateurs, rien ne m'aurait fait plus de plaisir; mais figurer dans la pièce comme l'un des acteurs, saint Dominique m'en préserve! Sérieusement, j'ai de grandes obligations à votre mère; et vous, ainsi que toute votre famille, méritez tous mes remercîmens pour avoir si bien contribué à mon évasion des mains de Mrs. Byron *furiosa*.

» Oh! que n'ai-je la plume d'Arioste pour reproduire en style d'épopée les *cris* de cette *terrible soirée*, ou plutôt laissez-moi invoquer l'ombre du Dante, car il n'y a que l'auteur de l'enfer qui puisse convenablement répondre à un tel projet. Mais peut-être, à défaut de la plume, pouvons-nous recourir au pinceau. Quel groupe! Mrs. Byron, figure principale; vous, emplissant vos oreilles de coton comme le seul remède à une surdité totale; Mrs. *** s'efforçant vainement de calmer la rage de la lionne privée de son nourrisson, et enfin Élisabeth et Wousky, prodigieux à raconter! tous deux spoliés de leur partie de langue, et formant le dernier plan avec leur muette surprise. Comment S. B. a-t-il appris tout cela? Quelles *pointes* il a dû faire sur un aussi bouffon sujet! Apprenez-moi tout cela dans votre suivante, et comment vous vous êtes excusé auprès de A. Sans doute vous êtes maintenant las de déchiffrer mes caractères hiéroglyphiques, et comme Tony Lumpkil[1], vous me traitez de main maudite et sautillante. Je ne doute pas que tout Southwell ne soit scandalisé. A propos, comment va ma nonne aux yeux bleus, la belle ***? Est-elle *enveloppée dans la noire tunique de la douleur?* Je resterai ici au moins huit à dix jours, vous

---

[1] Dans la comédie de la Coquette (*She stoops to Conquer*).

recevrez mon adresse avant mon départ; mais je ne sais encore laquelle. Il faut que Mrs. Byron ignore ma retraite ; vous pouvez lui offrir mes complimens et lui protester que toutes poursuites seraient inutiles, attendu que je me suis mis en mesure de gagner Portsmouth à la première nouvelle de son départ de Southwell. Vous pouvez ajouter que je suis maintenant à la campagne, chez un ami, où je resterai une quinzaine.

» Je viens de barbouiller (je ne dis pas écrire) une feuille de papier double, et j'attends en réponse un *énorme budget*. Sans doute les dames de Southwell condamnent l'exemple dangereux que j'ai donné; elles tremblent que leurs bambins ne leur obéissent plus et ne quittent au moindre dépit leurs tendres mamans. Adieu. Quand vous commencerez vos lettres, rayez, s'il vous plaît, la *seigneurie*, et mettez à la place Byron. Croyez-moi votre, etc. »

BYRON.

On va voir par la lettre suivante que la *lionne* n'était pas en arrière de son fils pour l'énergie et la résolution, et qu'aussitôt après la fuite de ce dernier elle avait envoyé après lui.

LETTRE III.
A MISS PIGOT.

Londres, 10 août 1806.

MA CHÈRE BRIGITTE,

« J'ai déjà ennuyé votre frère de plus de griffonnage qu'il n'en pourra déchiffrer ; c'est à vous maintenant que je donne la pénible charge de parcourir cette deuxième épître. Vous avez vu par la première, que je n'avais pas, en l'écrivant, la moindre fâcheuse idée de l'arrivée de Mrs. Byron; il n'en est plus de même : la vue d'un billet de la *cause illustre* de mon *décampement soudain* vient d'enlever *le rubis naturel de mes joues*, et de blanchir subitement ma déplorable figure. Le foudroyant avis de son arrivée (maudite soit son activité!) est cependant moins terrible que vous ne l'imaginez, sans doute, du tempérament volcanique de sa *seigneurie*. Il se termine par l'assurance flatteuse de l'impossibilité dans laquelle elle se trouve de faire présentement un pas, grâce à la fatigue du voyage, aux mauvaises routes, mille fois bénies, et aux quadrupèdes rétifs de la poste royale. Comme je ne me sens aucun entraînement à recevoir la chasse en plaine, je ferai de nécessité vertu; et puisque, semblable à Macbeth, *ils m'ont lié au poteau, je ne puis fuir*, j'imiterai ce courageux tyran, et, comme l'ours, je combattrai de pied ferme. Je puis à présent engager la lutte avec moins de désavantage, ayant tiré l'ennemi de ses retranchemens, bien qu'au hasard de me faire casser la tête, comme le modèle auquel je viens de me comparer. Quoi qu'il en soit, *frappe, Macduff, et maudit qui le premier criera : Assez!*

» Je resterai dans la ville encore au moins une semaine, et j'espère avant ce tems recevoir de vos nouvelles. Je suppose que l'imprimeur vous a donné les résultats de ma *Métromanie*. Ayez soin de lire au premier vers : « Les vents soufflent *longuement,* » au lieu de *rondement,* comme l'a copié, par méprise, ce butor de Ridge, ce qui rend absurde toute la strophe. *Addio.* Maintenant je vais me préparer au choc de mon *Hydre.*

» Tout à vous. »

LETTRE IV.

A M. PIGOT.

Londres, dimanche à minuit, 10 août 1806.

Cher Pigot,

« Cet effrayant paquet va sans doute vous épouvanter ; mais ce soir ayant une heure de loisir, je l'ai employé à écrire les stances ci-incluses, que je vous prie d'envoyer à Ridge pour qu'il les imprime *à part* de mes autres poèmes ; car vous sentirez qu'il serait inconvenant de les offrir aux dames, et que par conséquent aucune femme ne doit les voir dans votre famille. Mille pardons de la peine que je vous donne cette fois-ci et tant d'autres.

» Votre dévoué. »

LETTRE V.

A M. PIGOT.

Piccadilly, 16 août 1806.

« Je ne puis pas dire précisément comme César, *veni, vidi, vici :* pourtant je pourrais m'appliquer la part la plus importante de sa lettre laconique ; car

bien que Mrs. Byron ait prit la peine de *venir* et de voir, votre humble serviteur a vaincu. Après un engagement sérieux de quelques heures, dans lequel la vivacité du feu de l'ennemi nous a fait éprouver une perte considérable, nous avons fini par l'obliger à se retirer en désordre, abandonnant son artillerie, son train et quelques prisonniers : cette victoire est décisive pour la campagne actuelle. Parlons maintenant plus clairement : Mrs. Byron va repartir, mais je me dirige moi-même, avec tous mes lauriers, vers Worthing, sur la côte de Sussex; et c'est là que vous m'adresserez (poste restante) votre première lettre. Le deuxième carillon de vers que j'enferme sous cette enveloppe vous donnera sans doute une haute idée des vertus prolifiques de ma muse ; mais il y a plusieurs années que je les ai composés, et c'est par hasard que je les ai retrouvés mardi, au milieu de vieux papiers. Je les ai aussitôt recopiés, avec la date qui leur appartient, et je désire qu'on les imprime avec le reste de la famille. Je m'attendais bien à vous voir, sur les derniers venus, les mêmes sentimens que moi ; mais comme les *faits* étaient réels, il était impossible de rien changer à leur allure. Je ne resterai pas à Worthing plus de trois semaines, et il serait possible que vous me vissiez à Southwell vers le milieu de septembre. . . . .
. . . .

» Voulez-vous prier Ridge de suspendre l'impression de mes poésies jusqu'à nouvel avis de ma part ?

j'ai résolu de leur donner une forme entièrement nouvelle : cette suspension ne regarde pas les deux dernières pièces que j'ai jointes à mes lettres pour vous. Excusez le vide de cette lettre, ma tête est dans ce moment-ci un chaos d'idées absurdes, d'affaires, de plans et de préparatifs.

» J'attends une réponse avec impatience ; rien, dans ce moment, veuillez le croire, ne me ferait plus de plaisir qu'une lettre de vous. »

LETTRE VI.

A M. PIGOT.

Londres, 18 août 1806.

« Je suis précisément sur le point de partir pour Worthing, et je vous écris uniquement pour vous prier de faire partir sur-le-champ ce paresseux drôle de Charles avec mes chevaux. Dites-lui que je suis fort mécontent de ne l'avoir pas encore vu, ni reçu avis de la cause de son retard, surtout lui ayant fourni l'argent nécessaire pour son voyage. Qu'il ait soin de ne pas remettre d'un jour son départ, sous aucun prétexte ; et, si pour obéir aux *caprices* de Mrs. Byron (qui, je le présume, continue toujours à tourmenter sa petite monarchie), il jugeait à propos de ne pas suivre mes ordres positifs, il ne doit plus à l'avenir se considérer comme à mon service. Il m'apportera la note du chirurgien, et je l'acquitterai dès que je l'aurai reçue. Je ne puis non plus concevoir qu'il n'ait pas averti Frank du triste état de mes chevaux. Cher Pigot, pardonnez-moi ces brusques confidences, vous devez les attribuer à la mauvaise conduite de ce *précieux maraud*, qui, au lieu de suivre mes ordres, promène sa paresse dans les rues de ce pandemonium politique, Nottingham. Rappelez-moi à votre famille et aux Leacroft, et croyez-moi, etc.

» *P. S.* Je vous charge du soin désagréable de presser son voyage, en dépit même des ordres de Mrs. Byron : il devra d'abord se rendre à Londres, et de là à Worthing, sans retard: C'est à Londres qu'il faut envoyer tout ce que j'ai laissé; vous y adresserez également mes poésies, sans même en réserver une copie pour vous et votre sœur, attendu que je veux leur donner une tout autre forme. Quand elles seront prêtes, vous en aurez les prémices. Il ne faut pas, sous aucun prétexte, que Mrs. Byron les *voie* ou les touche. Adieu. »

LETTRE VII.

A M. PIGOT.

Little-Hampton, 26 août 1806.

« J'ai reçu ce matin votre lettre, qu'il m'a fallu envoyer chercher à Worthing, que je viens de quitter pour cet endroit, situé à huit milles du premier, et sur la même côte. Vous serez sans doute content de recevoir cette lettre, quand vous y aurez vu que je suis plus riche de trente mille livres qu'à notre départ : je viens de recevoir de mon avocat l'avis du gain d'une cause aux assises de Lancastre[1], par lequel je me trouve gratifié de cette somme pour le tems de ma majorité. Mrs. Byron est, sans doute, instruite de ce surcroît de propriété, mais elle n'en connaît pas la *valeur* exacte, et il serait bon qu'elle continuât à l'ignorer, car sa conduite, dès qu'elle reçoit quelque nouvelle favorable, est, s'il est possible, plus ridicule que sa détestable habitude de s'affecter des plus légers contre-tems. Vous lui ferez mes complimens, et lui direz qu'une seule chose peut prolonger mon absence, c'est l'arrêt qu'elle a mis sur les effets de mon domestique : à moins qu'elle ne les fasse immédiatement partir pour Piccadilly, avec ceux qui m'appartiennent, et qu'elle a si long-tems retenus, elle ne verra pas de sitôt ma radieuse figure illuminer son obscure demeure ; mais si elle les envoie, je reviendrai probablement avant deux ans, à partir de la date de cette épître.

» Votre compliment poétique est une précieuse récompense de mes préludes ; vous êtes du petit nombre des favoris d'Apollon qui cultivent toutes les sciences auxquelles préside votre divinité. Je désire que vous adressiez de suite mes poésies à mon hôtel, à Londres ; j'y veux faire plusieurs changemens et quelques additions : il faut envoyer toutes les copies que vous en aurez ; décidé, comme je suis, à perfec-

---

[1] Dans un procès entrepris pour rentrer dans la propriété de Rochdale.

tionner le tout, et à vous les représenter dans toute leur gloire. Vous les avez, je l'espère, retirées des mains de ce *triple Upas*, de cet antipode des arts, Mrs. Byron. Entre nous, vous pouvez compter me voir bientôt. Adieu. Tout à vous. »

On peut voir par ces lettres que Lord Byron songeait déjà à préparer l'impression de ses poésies. L'idée de les publier s'offrit à lui, pour la première fois, dans une maisonnette qu'il avait adoptée pour demeure pendant ses visites à Southwell. Miss Pigot, qui auparavant ignorait son goût pour la versification, lisait un jour devant lui les poésies de Burns; tout-à-coup le jeune Byron lui dit que lui aussi était parfois poète, et qu'il allait lui écrire quelques vers de ceux qu'il pouvait se rappeler. Aussitôt il écrivit au crayon ceux qui commencent par *j'espérais vivement être uni à toi,* qui se trouvent imprimés, mais seulement dans le volume qui n'a pas été publié; il lui récita encore les vers dont j'ai déjà parlé, *dans la salle, quand la voix de mes pères*, etc., pièce si remarquable par la prédiction qu'elle contient de son illustration future.

Depuis ce moment, il fut tout au désir de se voir imprimé; cependant son ambition se bornait encore à faire circuler parmi ses amis un petit volume. Celui qui eut l'honneur de recevoir son premier manuscrit fut Ridge, libraire à Newark; et, durant l'impression, le jeune auteur continuait à lui envoyer de nouvelles pièces avec tout l'empressement et toute la rapidité qu'il mit toujours dans ses autres compositions.

Il ne fut pas long-tems sans revenir à Southwell, comme il l'avait annoncé dans la dernière lettre que nous avons donnée; il en repartit encore au bout d'une ou deux semaines, pour accompagner son jeune ami Pigot jusqu'à Harrowgate. Nous empruntons les extraits suivans à une lettre écrite dans le même tems, par ce dernier, à sa sœur. « Il y a encore beau-
» coup de monde à Harrowgate, aujourd'hui ven-
» dredi; nous avons un bal, je songe à y paraître
» pendant une heure, bien que je ne sois guère cu-
» rieux de figures inconnues. Lord Byron, vous le
» savez, est encore plus timide que moi; cependant
» je ferai ce soir un effort... Comment vont nos
» rôles de théâtre? Lord Byron sait tout le sien, et
» moi la plus grande partie du mien : il est certain
» qu'il le joue d'une manière inimitable; il *poétise*
» en ce moment, et depuis que nous sommes arri-
» vés il a fait quelques vers vraiment jolis [1]. Il a la
» bonté de tout faire pour m'amuser autant que
» possible, mais il n'est pas dans mon naturel d'être
» heureux hors de la société des femmes ou de l'é-
» tude... Il y a dans les environs plusieurs prome-
» nades agréables; je les ai parcourues avec Boats-
» wain, qui fait, ainsi que Brighton [2], l'admiration

---

[1] La pièce *à une belle Quaker*, de son premier volume, fut écrite à Harrowgate.

[2] Cheval de Lord Byron; il en avait encore un autre alors appelé Sultan.

» universelle. Vous lirez cela à Mrs. Byron, car
» c'est un peu dans le style de *Tony Lumpkin*. Lord
» Byron veut que je lui garde un peu de place; c'est
» pourquoi, croyez-moi avec le respect dû à tous
» les comédiens élus, etc., etc. »

A cette note étaient joints les mots suivans de Lord Byron.

« Ma chère Brigitte,

» Je descends un instant de mon Pégase, ce qui m'empêche d'avoir long-tems recours à la vile prose dans l'épître que j'adresse à votre *beauté*. Vous regrettez, dans une lettre précédente, que mes poésies ne soient pas plus étendues ; je vous apprends donc, pour votre satisfaction, qu'elles sont maintenant presque doublées, soit par la découverte de quelques pièces regardées comme perdues, soit par l'effet de nouvelles inspirations. Nous nous reverrons mercredi prochain; jusqu'alors, croyez-moi votre affectionné

BYRON.

» *P. S.* Votre frère Jean est possédé d'une manie poétique, il rime maintenant à raison de trois lignes par heure ; ce que c'est que l'inspiration ! Adieu. »

Grâce à la personne qui était alors le compagnon, l'ami intime de Lord Byron, et qui maintenant exerce sa profession avec tout le succès que méritent ses talens distingués, j'ai été initié dans quelques autres particularités de leur commune visite à Harrowgate:

on me permettra d'employer, pour en faire part, ses propres expressions :

« Vous me demandez de rappeler quelques anec-
» dotes du tems que nous passâmes ensemble à Har-
» rowgate, pendant l'été de 1806, et à notre retour
» du collége, lui de Cambridge, moi d'Édimbourg ;
» mais tant d'années se sont écoulées depuis, que je
» n'entrevois plus ce voyage que comme un songe
» lointain. Nous partîmes, je m'en souviens bien,
» dans la voiture de Lord Byron, traînée par des
» chevaux de poste : il avait fait partir son *groom*
» avec deux chevaux de selle et un superbe et féroce
» boul-dogue appelé Nelson. Quant à Boatswain [1],
» il nous suivait, à côté de Frank, sur le coffre de la
» voiture. Le boul-dogue Nelson portait une muse-
» lière ; mais cependant quelquefois il entrait dans
» notre appartement sans cette précaution, à mon
» grand ennui, bien que lui et son maître fussent en-
» chantés de mettre tout en désordre dans la salle. Il
» y avait toujours un fonds de jalousie haineuse entre
» ce Nelson et Boatswain ; et chaque fois que celui-
» ci rencontrait l'autre dans la chambre, ils en ve-
» naient aussitôt aux prises. Alors Byron, moi-même,
» Frank et tous ceux qui se trouvaient là, travaillions
» de toutes nos forces à les séparer : ce que nous
» n'obtenions guère qu'en leur jetant dans la gueule
» la pelle et les pincettes. Mais un jour Nelson s'é-

---

[1] Chien favori pour lequel Lord Byron fit dans la suite la fameuse épitaphe.

» chappa par malheur de la salle, démuselé; il s'é-
» lança dans l'écurie, se jeta au cou d'un cheval, et
» ce fut inutilement qu'on voulut lui faire lâcher
» prise. Les valets d'écurie, alarmés, coururent
» chercher Frank, qui prenant un pistolet de Wog-
» don, que son maître tenait toujours chargé dans
» sa chambre, le tira dans la tête du pauvre Nelson.
» Lord Byron en eut le plus grand regret.

» Nous habitions l'*hôtel de la Couronne*, au bas de
» Harrowgate. Nous dînions toujours dans la salle
» commune, mais aussitôt après nous nous reti-
» rions, car Byron n'aimait guère à boire plus que
» moi. Nous vivions retirés et faisions peu de con-
» naissances, car il était *vraiment* timide, ce qu'on
» prenait pour de l'orgueil quand on ne le connais-
» sait pas. Nous rencontrâmes par hasard le profes-
» seur Hailstone de Cambridge, ce qui parut lui faire
» grand plaisir. Le professeur habitait le haut Har-
» rowgate; nous allâmes le prendre un soir pour
» aller au spectacle; et une autre fois Lord Byron
» lui envoya son équipage pour le conduire à un
» certain bal de Granby. Cet empressement à faire
» un accueil à l'un de ses professeurs prouve, en
» dépit de son penchant à critiquer l'éducation uni-
» versitaire et à exagérer les défauts de la vieille
» discipline à laquelle on soumet les sous-gradués,
» qu'il avait cependant l'habitude de témoigner son
» respect aux personnes qui l'exerçaient. Je l'ai tou-
» jours entendu parler avec les plus grands éloges

» de Hailstone, aussi bien que de Bishop, Mansel
» du collége de la Trinité, et d'autres encore dont
» j'ai oublié le nom.

» Peu de gens appréciaient Lord Byron, mais
» je sais que son cœur était naturellement bienveil-
» lant et sensible, et qu'il n'avait pas le plus petit
» mélange de méchanceté dans le caractère [1]. »

On voit, par ses lettres de Harrowgate, qu'il songeait à organiser un théâtre ; il s'en occupa aussitôt
après son retour à Southwell, et ce fut pour lui une
source infinie de plaisirs. On peut juger, par le
fragment d'une lettre adressée à son compagnon,
avec quelle impatience toutes les personnes chargées
d'un rôle attendaient son retour :

« Dites à Lord Byron, si quelque accident retar-
» dait son retour, que sa mère souhaite qu'il lui
» écrive ; et combien elle serait malheureuse s'il ne
» se montrait pas au jour fixé. M. Wil. Banks a écrit
» à Mrs. H. pour lui offrir le rôle de *Henry Wood-*
» *ville.* M. et Mrs. *** n'approuvent pas que leur fils
» soit l'un des acteurs ; mais je crois qu'il ne per-
» sistera pas moins. M. G. W. dit que, pour ne pas
» faire manquer la partie, il prendrait plutôt, pour
» nous obliger, un emploi, comme de chanter, de
» danser, ou enfin quelque autre chose. Il n'y a rien
» à faire jusqu'au retour de Lord Byron, et réelle-

---

[1] Lord Byron et le docteur Pigot s'écrivirent encore pendant quelque
tems, mais ils ne se virent plus jamais à compter de leur départ de Harrowgate, l'automne suivant.

» ment il ne faut pas qu'il revienne plus tard que
» mercredi ou jeudi. »

Nous avons déjà vu qu'à Harrow, le seul point qui le distinguât de ses condisciples était son talent pour la déclamation. Il revient avec une évidente satisfaction sur ses succès de collége et sur la part qu'il prenait à ces représentations de Southwell :

« J'étais, dans ma jeunesse, considéré comme un
» bon acteur, outre les exercices de Harrow, dans
» lesquels je brillais. Je remplis, en 1806, pendant
» trois soirées consécutives, sur quelques théâtres
» particuliers de Southwell, le rôle de Penruddock,
» dans *la Roue de Fortune*, et celui de Tristram
» Fickle dans la farce de *la Girouette*, par Allin-
» gham. J'y recueillis les plus vifs applaudissemens.
» Le prologue, fait à l'occasion de notre réunion co-
» mique, était de ma composition. Quant aux autres
» acteurs, c'étaient de jeunes dames et des personnes
» du voisinage. Notre auditoire bienveillant parut
» complètement satisfait de nous. »

Peut-être ici ne sera-t-il pas inutile de remarquer qu'en remplissant deux rôles opposés avec un égal succès, le jeune poète développait dès-lors cet amour et cette puissance de contraste qui, plus tard, le signalèrent dans le monde et sur un plus grand théâtre sous des aspects si divers. La morosité de Penruddock et la causticité de Tristram sont en effet deux types auxquels semblent se rapporter toutes les singularités de son caractère postérieur.

Ces représentations forment une ère mémorable à Southwell; elles eurent lieu sur la fin de septembre, dans la maison de M. Leacroft, dont l'antichambre fut, pour cet effet, transformée en salle de spectacle, et dont la famille remplissait quelques-uns des plus beaux rôles. Le prologue, que l'on peut lire dans ses *Heures d'oisiveté*, fut composé par Lord Byron, en voiture et sur la route d'Harrowgate. En montant dans la chaise, à Chesterfield, il dit à son compagnon de voyage : « Pigot, je vais tramer un » prologue pour notre représentation, » et avant de gagner Mansfield il avait achevé son travail, n'ayant qu'une seule fois interrompu sa versifiante rêverie pour demander la prononciation précise du mot français *début*; quand on la lui dit, il s'écria avec l'enthousiasme de Byshe : « Bien! ce sera pour rimer avec *new*. »

L'épilogue fut dans cette occasion composé par M. Becher; c'était, pour donner à Lord Byron l'occasion de développer ses talens comiques, une réunion de gais portraits de toutes les personnes qui avaient pris part à cette représentation. Mais on avait eu, dans les coulisses, quelque indice de ce projet; soudain la crainte du ridicule répandit l'alarme chez tous les acteurs, et, pour les rassurer, l'auteur se vit obligé de promettre que, si après la répétition ils venaient à en condamner les traits, il le retirerait de bonne grâce. Cependant Lord Byron et lui convinrent de répéter les vers devant leurs camarades, dans un ton aussi innocent et aussi inoffensif que possible, réservant pour le soir de la représentation le jeu de pantomime qui faisait tout le sel de la plaisanterie. L'effet désiré fut produit ; tous les acteurs satisfaits témoignèrent leur étonnement de ce qu'on avait pu soupçonner l'inconvenance d'un ouvrage aussi estimable. Mais leur surprise fut d'une nature tout-à-fait différente, quand ils entendirent, le lendemain, les bruyans éclats de rire de l'auditoire ; et quand ils virent le tour que leur avait joué Lord Byron, ils n'eurent d'autre ressource que de joindre leurs rires à ceux que l'imitation de leurs traits excitait dans l'assemblée.

Ce fut au mois de novembre que le petit volume de poésies, dont il s'occupait depuis quelque tems, fut lancé dans le cercle étroit auquel il était destiné. M. Becher en reçut le premier exemplaire[1]. L'ascendant que son amour pour la poésie, son esprit juste et sociable, lui donnaient dans ce tems sur Lord Byron, lui permettait fréquemment de diriger le goût de son jeune ami, autant en matière de conduite que de littérature. Je citerai un exemple de la puissance de cet ascendant ; il prouvera que le caractère de Byron était loin d'être intraitable, et que s'il avait eu plus souvent le bonheur de tomber dans des mains *habiles à toucher cet instrument,* elles en eussent tiré une expression douce aussi bien qu'énergique.

[1] Il ne reste de cette édition in quarto, composée d'un petit nombre de feuilles, que deux ou trois copies.

A l'instant de marquer ainsi sa place dans la littérature légère du jour, il était naturel que Lord Byron revînt avec plaisir sur les ouvrages qui semblaient le plus en harmonie avec sa jeunesse et son caractère. On dit que ses livres favoris étaient alors le Camoëns de lord Strangford et les poëmes de Little [1]; souvent son respectable ami lui avait justement reproché ce goût particulier; il lui représentait avec raison (du moins quant au dernier de ces deux auteurs), combien il lui était facile de trouver dans les vieilles illustrations littéraires de l'Angleterre de plus sûrs modèles de pensées et de style. Au lieu de perdre son tems sur les productions éphémères de ses contemporains, que n'étudiait-il les pages de Milton et de Shakspeare, et surtout que ne songeait-il à élever son imagination et son jugement par la contemplation des plus sublimes beautés de la Bible? Mais quant à ce dernier point, M. Becher reconnut que Lord Byron avait prévenu depuis long-tems ses avis, et qu'il avait une profonde connaissance des beautés de l'Écriture sainte. Cette circonstance fortifie encore le compte rendu par son premier maître, le docteur Glennie, de ses grands progrès dans les livres sacrés lorsqu'il n'était encore qu'un enfant.

M. Becher, comme je l'ai dit, reçut le premier

---

[1] On sait que Thomas Moore s'etait caché sous ce nom dans ses premières poésies érotiques.
(*Note du Tr.*)

exemplaire de son livre ; en le parcourant, et parmi plusieurs pièces dignes d'admiration, d'éloge ou de critique, il trouva un poème dans lequel le jeune auteur avait répandu une indécence de coloris, que ne pouvait pas même rendre excusable sa grande jeunesse. Aussitôt, et pour lui exprimer son opinion d'une manière plus courtoise, il fit et adressa à Lord Byron sur ce sujet une supplique rimée à laquelle le noble poète fit sur-le-champ une réponse également en vers ; il y joignit une note en prose pour lui dire qu'il sentait parfaitement la justice de sa critique amicale, et qu'en conséquence plutôt que de laisser circuler le poème en question, il en retirerait toutes les copies qu'il avait pu déjà distribuer, et annullerait l'impression entière. Ce sacrifice fut fait le soir même ; M. Becher vit brûler toutes les copies de cette édition, à l'exception de celle qu'il avait reçue, et une autre qui, envoyée à Édimbourg, ne fut pas rendue.

Ce trait du jeune poète parle assez haut en sa faveur ; cette docilité ingénue, cette sensibilité, attestent un naturel capable de respecter et d'aimer tout ce qu'il y a de respectable au monde. Les sentimens qui lui dictèrent, vers ce tems, la lettre suivante, ne portent pas un caractère moins aimable ; il est impossible de la parcourir sans reconnaître dans l'écrivain une noble candeur et une véritable sincérité.

LETTRE VIII.
AU COMTE DE CLARE.

Southwell Nottes, 6 février 1807.

Mon très-cher Clare,

« Si je voulais justifier ou du moins pallier ma négligence, vous pourriez dire qu'au lieu d'une lettre vous avez reçu un placet surchargé de prières à fin de pardon ; j'aime mieux en un seul mot avouer mes crimes, et me confier à votre affection et à votre générosité plutôt qu'à mes protestations. Ma santé n'est pas entièrement rétablie : cependant je suis hors de tout danger, et j'ai repris toutes mes forces, si ce n'est celles de l'esprit fort susceptibles par elles-mêmes d'affaiblissement. Vous serez étonné d'apprendre que j'aie dernièrement écrit à Delaware pour lui expliquer (autant que possible sans compromettre quelques-uns de *mes vieux* amis) les motifs de ma conduite à son égard pendant ma dernière résidence à Harrow (il y a deux ans de cela), laquelle, si vous vous rappelez, était extrêmement *en cavalier* [1]. Depuis j'ai découvert qu'il avait été injustement traité et par ceux qui avaient accusé ses procédés et par moi-même qui avais cru leur suggestion. En conséquence, je lui ai fait toutes les réparations possibles en expliquant ma méprise, sans toutefois grande espérance de le persuader : véri-

---

[1] On voit que Lord Byron, peu familiarisé avec la langue française, prend ici l'expression *en cavalier*, pour synonyme de celle de *cavalière*.

tablement je n'attendais pas de réponse, tout en désirant qu'elle m'arrivât pour la forme ; elle ne l'est pas encore, et sans doute elle ne viendra pas. Mais j'éprouve du bien-aise intérieurement de mon procédé, assez humiliant d'ailleurs pour les gens de ma nature; et je n'aurais pu dormir tranquille avec l'idée d'avoir, *même involontairement*, fait injure à quelqu'un. J'ai, autant qu'il m'était possible, réparé cette injure, et là doit se terminer l'affaire. Que nous revenions ou non à notre ancienne intimité, c'est une chose d'ailleurs fort secondaire.

» Je viens de passer le tems au milieu de soins divers; j'ai fait condamner à *l'exportation* un domestique [1] qui me volait, chose en elle-même fort désagréable; j'ai joué sur un théâtre de société; j'ai publié un volume de poésies (à la demande et à l'unique usage de mes amis); j'ai fait l'amour; j'ai pris médecine. Ces deux derniers amusemens n'ont pas eu *dans le monde* un excellent effet; d'un côté mes attentions se partagèrent entre tant de belles *demoiselles*, et de l'autre les drogues qu'on me fit avaler étaient d'une vertu si compliquée, qu'entre Vénus et Esculape je me suis trouvé mortellement harassé. J'ai pourtant assez de loisir pour consacrer quelques heures aux souvenirs du passé, pour regretter l'amitié et en même tems profiter de l'occasion favorable pour vous assurer combien je suis et

---

[1] Son valet Frank.

serai toujours, mon très-cher Clare, votre sincère et parfaitement dévoué »

BYRON.

Comme il se croyait obligé de remplacer les exemplaires de son livre qu'il avait redemandés, et en même tems de lever l'espèce de stigmate dont on aurait pu flétrir son talent avorté, il s'occupa promptement de préparer une seconde édition, et ce travail ne fut terminé qu'au bout de six semaines. Mais au commencement de janvier nous le voyons en adresser un exemplaire à son ami d'Édimbourg, le docteur Pigot.

LETTRE IX.

A M. PIGOT.

Southwell, 13 janvier 1807.

« Je devrais commencer par un million d'excuses ; mais la variété de mes travaux en vers et en prose servira, je l'espère, à justifier ma négligence. Vous recevrez avec cette lettre un volume de tous mes *Juvenilia*, publiés depuis votre départ : leur nombre est beaucoup plus grand que dans l'exemplaire en votre possession, lequel je vous supplie d'anéantir, celui que je vous envoie étant beaucoup plus complet. Ces *maudits* vers à ma pauvre Marie [1]

---

[1] Il ne faut pas confondre cette Marie avec miss Chaworth ou Marie d'Aberdeen ; tout ce que j'en puis dire, c'est qu'elle avait dans le monde une position humble, sinon équivoque; qu'elle avait de longs, de brillans cheveux blonds, dont Byron aimait à montrer à ses amis une tresse aussi bien que le portrait de celle qui les lui avait donnés; et qu'enfin c'est à elle que furent adressés les vers des *Heures d'oisiveté*, intitulés : *A Marie, en recevant son portrait*.

ont été une source de mécontentemens auprès des dames d'un *certain âge*. Je ne les ai pas insérés dans cette édition, parce que je leur dois d'avoir été traité de *pécheur déhonté*, enfin d'un nouveau *Moore*, par votre cher ¹... Je pense qu'on a en général accueilli favorablement ce volume, et sans doute l'âge de son auteur préviendra la sévérité des juges.

» Les aventures de ma vie de seize à dix-neuf ans, et la dissipation au milieu de laquelle je me suis trouvé à Londres, ont donné à mes idées une teinte voluptueuse; mais d'ailleurs les inspirations que j'ai eues ne comportaient guère un autre coloris. Ce volume *est singulièrement* correct et miraculeusement chaste. A propos, en parlant d'amour....

» Si vous pouvez trouver le tems de répondre à ce pot-pourri indigeste de sottises, vous ne doutez pas du plaisir qu'en recevra votre, etc. »

L'un de ses amis de collége, M. William Bankes, ayant vu, par hasard, un exemplaire du livre, lui avait adressé une lettre où se trouvait exposée l'opinion qu'il s'en formait. Voici la réponse de lord Byron :

LETTRE X.

A M. WILLIAMS BANKES.

Southwell, 6 mars 1807.

Cher Bankes,

« Votre critique m'est précieuse à plusieurs ti-

---

[1] Le *respectable* M. Becher, sans doute. (*N. du Tr.*)

tres : d'abord c'est la seule où la flatterie ait fort peu de part, ensuite je suis *affadi* par les complimens insipides. J'ai meilleure opinion de votre jugement et de votre mérite que de votre sensibilité. Recevez mes vifs remercîmens pour la sincérité d'un jugement qui, pour être entièrement inattendu, n'en sera pas moins bienvenu. Pour ce qui est d'un examen plus exact, il est inutile de vous rappeler combien peu de nos *meilleurs* poèmes soutiendraient l'épreuve d'une minutieuse critique de mots. On ne peut donc guère attendre d'un enfant (et la plupart de ces vers furent composés il y a déjà long-tems) une grande perfection de sujet ou de style. Plusieurs pièces furent écrites sous l'influence d'un grand abattement d'esprit, d'une indisposition grave ; de là, le tour sombre des idées. Nous sommes d'accord dans l'opinion que les poésies érotiques sont les moins irréprochables ; elles n'en furent pas moins agréables aux divinités sur l'autel desquelles je les déposai ; c'est tout ce que je voulais.

» Le portrait de Pomposus fut dessiné à Harrow, après une *longue séance*; cela garantit la ressemblance ou plutôt la caricature. C'est *votre* ami, *il ne fut jamais le mien* ; il est donc à propos de m'en taire. Les rimes sur le collége ne contiennent pas de personnalités ; on peut en voir dans l'une des notes, mais je ne pouvais la supprimer. Je ne doute pas qu'elles ne servent de prétexte au blâme, juste punition de mon impiété filiale envers une *alma mater* aussi excellente. Je ne vous envoie pas mon livre dans la crainte de *nous* placer, vous dans la situation de Gilblas, moi dans celle de l'archevêque de Grenade : au risque des chances de l'épreuve, je désire laisser à votre arrêt toute son indépendance. Si je vous avais adressé mon *libellus* avant votre lettre, j'aurais semblé vouloir acheter un compliment, et je n'hésite pas à dire que j'avais plus d'impatience de voir votre critique malgré sa sévérité, que d'entendre un million de louangeurs. Le même jour je reçus les félicitations de Mackenzie, le célèbre auteur de l'*Homme sensible* ; laquelle, de *votre* approbation ou de la *sienne*, me flatta le plus ? c'est ce que je ne puis décider. Vous recevrez mes *Juvenilia*, tous ceux, du moins, qui ont été publiés. J'ai en manuscrit un gros volume que je pourrai, par la suite, donner à part ; à présent, je n'ai ni le tems ni la volonté de le livrer à l'impression. Le printems, je retournerai à la Trinité pour enlever mes effets, et vous dire un dernier adieu ; mes *pleurs*, dans cette circonstance, n'augmenteront guère le courant du *Cam*. Je mettrai à profit désormais vos remarques, malgré leur causticité ou leur amertume pour un palais gâté par les *adulations sucrées*. Johnson a démontré qu'il n'y avait point de poésies parfaites, mais il faudrait un Hercule pour travailler à corriger les miennes. Franchement, je ne les avais pas revues depuis l'époque où je les composai ; et si je les ai publiées, ce n'a été qu'à la prière de mes amis ; mais on m'a tant parlé du *genus irritabile vatum,* que nous n'aurons jamais, sur ce sujet, de querelle, la réputation de poète n'étant nullement le *but* de mes vœux.

» Adieu. Tout à vous, »

BYRON.

Cette lettre fut suivie d'une autre, au même M. Bankes, sur le même sujet; il n'en reste malheureusement que les fragmens suivans :

« Pour ma part, j'ai bien souffert de la mort de
» mes deux meilleurs amis, les seuls êtres que
» j'eusse jamais aimés (les femmes exceptées); me
» voici réduit à être un animal solitaire, passable-
» ment misérable, et je me sens assez cosmopolite
» pour ne plus me soucier le moins du monde du
» lieu que j'habiterai, l'Angleterre ou le Kamtschat-
» ka. Je ne puis montrer une déférence plus grande
» pour vos corrections qu'en les adoptant de suite ;
» je les suivrai dans l'édition suivante. Je suis fâché
» que vos remarques ne soient pas plus fréquentes,
» convaincu de tout l'avantage que j'en pourrais éga-
» lement retirer. J'ai, depuis ma dernière lettre,
» reçu d'Édimbourg deux jugemens trop flatteurs
» tous les deux pour que je puisse les répéter : l'un
» est de lord Woodhouselee, le premier et le plus
» *volumineux* des littérateurs écossais (son der-
» nier ouvrage est une *Vie de lord Kaymes*); le se-
» cond est de Mackenzie, qui m'envoyait pour la
» seconde fois son sentiment, mais plus développé.

» Je ne les connais personnellement l'un ni l'autre,
» et je n'ai jamais sollicité leur avis à ce sujet : leurs
» éloges sont volontaires ; c'est un ami chez qui ils
» avaient lu mes vers qui me les a transmis.

» Contre mes premières intentions, je m'occupe
» en ce moment de la publication d'une nouvelle
» édition ; les sujets d'amour seront retranchés et
» remplacés par d'autres ; le tout, considérablement
» augmenté, paraîtra vers la fin de mai. C'est une
» épreuve hasardeuse ; mais le défaut d'occupations
» plus graves, les encouragemens que j'ai reçus, ma
» vanité personnelle, tout me porte à la tenter, mais
» non sans de *vives palpitations*. Le livre sera lu
» dans ce pays, du moins par curiosité...... » Le reste manque.

Voici la lettre modeste qu'il joignit à l'exemplaire qu'il présenta à M. Falkner, propriétaire de la maison qu'occupait sa mère.

LETTRE XI.

A M. FALKNER.

Monsieur,

« Le volume qui accompagne cette lettre vous aurait déjà été présenté, si l'indisposition de miss Falkner ne m'eût pas fait craindre de rendre inconvenante l'offre de pareilles bagatelles. Vous y verrez quelques fautes d'impression que je n'ai pas eu le tems de corriger : vous avez donc une tâche pénible, celle d'apercevoir et les fautes de l'auteur et celles dont il n'est pas coupable. De pareils *juvenilia* ne peuvent espérer une approbation sérieuse, mais j'ose espérer, pour la même raison, qu'ils échapperont à la sévérité d'une critique intempestive, quoique peut-être non méritée.

» Ces poésies furent composées dans des tems et des circonstances diverses ; elles n'ont été publiées que pour un cercle d'amis bienveillans. Vous pouvez m'en croire, monsieur : si elles procurent le plus léger plaisir à vous et à mes autres *familiers* lecteurs, j'aurai recueilli tous les lauriers que je souhaite pour la tête de votre tout dévoué

BYRON.

» *P. S.* Miss Falkner est, je l'espère, en pleine convalescence. »

Malgré cette déclaration peu ambitieuse du jeune auteur, il avait en lui quelque chose qui l'empêchait de s'arrêter ; et la réputation qu'il s'était faite dans un cercle limité l'avait rendu plus avide de courir les chances d'une plus vaste lice. Les cent copies de cette première édition étaient à peine distribuées, qu'il revint avec une nouvelle activité chez son imprimeur, et c'est ainsi que parurent les *Heures de loisir* ; il y joignit plusieurs pièces nouvellement composées, il en retrancha une vingtaine de celles que renfermait son premier volume. Il est difficile d'expliquer cette sévérité, la plupart des vers éliminés étant aussi beaux, sinon meilleurs que les autres.

Il y a dans l'une des pièces réimprimées parmi les *Heures de loisir* quelques corrections et additions assez curieuses, en ce qu'on peut les attribuer aux sentimens connus du poète sur l'illustration de naissance. L'*Épitaphe d'un ami* semble, d'après les vers que je vais citer, avoir été d'abord composée pour déplorer la mort de ce même jeune fermier auquel il avait auparavant adressé quelques vers affectueux reproduits plus haut :

Quoique ton lot soit humble, puisque tu es né dans une chaumière; et que ton nom ne soit point orné de titres, ta simple amitié m'était bien plus chère que toutes les joies que peuvent donner la richesse, la réputation et les amis du grand monde.

Dans la nouvelle forme de cette épitaphe, nonseulement il supprima ce passage, mais tous ceux qui rappelaient encore l'humble rang de son jeune ami. Le premier des vers ajoutés :

Et quoique ton père déplore l'extinction de sa race,

semble destiné à rappeler l'idée d'une haute position sociale, toute différente de celle que présentait l'épitaphe primitive. L'autre pièce, évidemment adressée au même enfant, et rappelant en termes équivalens l'obscurité de sa condition, ne se retrouve pas davantage dans les *Heures de loisir*. Qu'en approchant de l'âge viril il sentît mieux l'élévation de son rang, on peut le supposer, et ne voir qu'une suite de ces sentimens dans le soin qu'il mit à cacher ses premières amitiés de village.

Ses visites à Southwell n'ayant plus été, après ce tems, que rares et passagères, je saisis l'occasion de rappeler quelques traits variés de ses habitudes et de son genre de vie à la même époque. Dans les premiers instans de son séjour, sa timidité était excessive, mais elle disparut à mesure qu'il se lia davantage avec les jeunes gens; il finit même par se trouver à la plupart des assemblées et des festins, et par être mortifié quand il n'était pas invité à quelque *rout*. Toutefois il conservait encore son horreur des nouvelles figures; et s'il voyait des étrangers approcher de la maison de Mrs. Pigot, quand il s'y trouvait, il eût volontiers, pour les éviter, sauté par la fenêtre. Cette réserve naturelle, jointe à une dose assez forte d'orgueil, l'éloignait des gentilshommes du voisinage, auxquels, plus d'une fois, il lui arriva de ne pas rendre leur visite : à l'égard de quelques-uns, sous prétexte que leurs femmes n'étaient pas allées voir sa mère; de quelques autres, parce qu'ils avaient trop tardé à le voir lui-même : mais la vraie raison de ce dédain, c'est qu'il ne voulait pas faire connaissance avec des voisins plus opulens que lui, et qu'il aimait à les mortifier par la supériorité de son rang, comme il l'était lui-même par celle de leur fortune. Son ami M. Becher lui faisait de fréquens reproches de cet esprit insociable; et un jour Lord Byron lui répondit par des vers qui expriment parfaitement la hauteur avec laquelle son génie volcanique considérait déjà le monde; et comme le volume où se trouvent ces vers est devenu fort rare, je ne puis résister au désir d'en donner les passages suivans :

Mon cher Becher, vous me dites de me mêler à la société des hommes : je ne saurais nier que votre avis ne soit bon ; mais la retraite convient mieux à mon caractère, je ne veux pas descendre jusqu'à un monde que je méprise.

Si le sénat ou les camps m'appelaient, l'ambition pourrait me faire sortir de mon heureux repos ; et quand la jeunesse, ce tems d'épreuve, sera passé, peut-être je m'efforcerai d'illustrer mon nom.

Le feu caché dans les flancs caverneux de l'Etna couve long-tems et fermente en secret, à la fin un volume effroyable de flammes et de fumée révèle son existence ; alors il n'y a point de torrens qui puissent l'éteindre, point de barrières qui puissent l'arrêter.

Oh! tel est le désir de gloire qui dévore mon cœur, qui m'ordonne de vivre pour être loué un jour de la postérité. Oh! si je pouvais comme le phénix prendre mon essor avec des ailes de feu, avec lui je serais content de mourir au milieu des flammes.

Pour une vie comme celle de Fox, pour une mort comme celle de Chatham, quelles censures, quels dangers, quelles haines ne braverais-je pas? Leur vie ne s'est point terminée avec leur dernier souffle, leur gloire anime et vivifie le silence de leur tombeau.

Comme sa mère, il était toujours en retard pour se lever et se mettre au lit; il conserva même toute sa vie cette habitude. La nuit fut toujours aussi son heure favorite de travail, et sa première visite, le jour suivant, était ordinairement pour la belle amie qui lui servait de copiste; et à laquelle il portait les fruits de sa précédente veille; puis il se rendait chez son ami, M. Becher; de là dans une ou deux autres maisons, puis le reste du jour était consacré à ses exercices favoris; le soir, il passait le tems dans la famille Pigot, soit en conversation, soit à entendre miss Pigot toucher le piano et chanter une série d'airs qu'il admirait [1]. *La Vierge de Lodi*, avec les paroles: *Mon cœur palpite d'amour*, et cet autre: *Quand le tems, qui ravit nos années*, étaient, à ce qu'il paraît, ses airs favoris. Il s'était fait dès-lors une douce habitude de cette existence régulière, qui le ramenait périodiquement aux mêmes occupations, et qu'il adopta pendant presque tout le tems de son séjour à l'étranger.

D'un autre côté, les exercices auxquels il demandait quelques distractions, dans de moins heureux jours, lui offraient alors des plaisirs sans mélange. La plus grande partie de son tems se passait à nager, jouer aux barres, tirer au blanc et courir à cheval [2].

---

[1] Il aima toujours la musique, mais il ne sut jamais bien exécuter. « Il » est bien singulier, disait-il un jour à la même dame, que je chante » beaucoup mieux avec votre accompagnement qu'avec tout autre. — » C'est, répondit-elle, que je joue selon votre manière de chanter. » C'est là en effet tout le secret d'un habile accompagnateur.

[2] Un autre de ses jeux favoris était *la balle à crosser*; et l'on ne pouvait s'empêcher d'admirer la célérité de sa course à ce dernier exercice,

Il n'était pas fort expert dans ce dernier art, et l'on cite comme un exemple de son peu d'habitude des chevaux, qu'en voyant un jour passer deux, sous ses fenêtres, il s'écria : « Les beaux chevaux ! je voudrais » les acheter. — Comment ! ce sont les vôtres, mi- » lord, » répondit son valet. Ceux qui l'avaient connu au tems où nous sommes, s'étonnaient beaucoup d'entendre plus tard parler de son adresse à monter à cheval; et la vérité, je suis du moins porté à le croire, est que jamais il ne fut un excellent écuyer.

Nous avons déjà vu, d'après ses propres paroles, qu'il excellait à nager et à plonger. Une dame de Southwell possède, entre autres précieux objets qui lui ont appartenu, un dé qu'il vint un matin lui emprunter au moment d'aller se baigner dans la Greet : en présence du frère de cette dame, il l'avait jeté et retiré trois fois du fond de la rivière. Son habitude de s'exercer au tir fut un jour un sujet d'alarme pour une jeune et fort jolie personne, miss H.; qui était du grand nombre des beautés qui enflammaient à Southwell son imagination. On trouve l'introduction suivante à la tête d'une pièce de vers imprimée dans le volume non publié : « L'auteur déchargeant » un jour ses pistolets dans un jardin, deux dames, » qui passaient près du but, furent alarmées par le

---

en dépit de son pied boiteux. « Lord Byron, dit miss..... dans une lettre » à son frère, datée de Southwell, vient de passer devant la fenêtre, la » batte sur l'épaule, pour aller *crosser* suivant sa chère habitude. »

» bruit d'une balle sifflant à leurs oreilles : c'est à
» l'une d'elles que furent adressées, le lendemain,
» les stances suivantes. »

Telle était sa passion pour les armes de toute espèce, qu'il gardait ordinairement près de son lit une petite épée avec laquelle il s'amusait le matin à s'escrimer dans ses rideaux. Ce lit fut, à la vente des meubles de Mrs. Byron, acquis par une personne qui, voulant donner de l'intérêt aux trous des draperies, les supposait percées par l'épée dont le dernier lord Byron avait tué M. Chaworth, et que son héritier gardait toujours près de son lit en souvenir. C'est ainsi que la fiction vient souvent grossir les faits; l'épée en question était une arme innocente et vierge que lord Byron empruntait à l'un de ses voisins durant son séjour à Southwell.

Les détails que nous avons déjà donnés sur son excursion à Harrowgate, peuvent faire juger de sa passion pour les chiens, autre goût qu'il conserva toute sa vie; il a immortalisé dans ses vers Boatswain, son dogue favori, auprès duquel il avait formé le projet solennel d'être enseveli. On raconte de cet animal quelques traits non-seulement d'intelligence, mais encore d'une générosité qui devait nécessairement exciter l'intérêt d'un maître comme Byron; j'en citerai un exemple en me rapprochant autant que possible du récit qui m'en fut fait. Mrs. Byron avait un chien terrier, appelé Gilpin, avec lequel Boatswain était toujours en querelle, saisissant toutes les occasions de l'attaquer et le mordant avec tant de rage qu'on craignait beaucoup qu'il ne finît par le tuer. Pour le soustraire à ce sort, Mrs. Byron envoya Gilpin à un fermier de Newstead, et Boatswain de son côté, quand lord Byron retourna à Cambridge, fut, jusqu'au retour de son maître, confié aux soins d'un valet, ainsi que deux autres dogues. Un matin le domestique conçut une vive alarme de la disparition de Boatswain; il n'en put avoir de nouvelles de la journée. Mais vers le soir, le chien revint accompagné de Gilpin qu'il s'empressa de conduire au feu de la cuisine en l'accablant de toutes les démonstrations de la joie la plus vive. Le fait est qu'il était allé à Newstead pour le découvrir, et qu'il l'avait ramené. Depuis ce tems ils vécurent en bonne intelligence; Boatswain protégeant toujours son nouvel ami contre les insultes des autres chiens (tâche que le naturel querelleur de Gilpin empêchait bien d'être une sinécure) et s'empressant d'accourir à la première voix de détresse du petit terrier.

La tendance à la superstition est assez naturelle aux hommes doués d'un caractère poétique. Lord Byron n'en était pas exempt, et dès son enfance l'exemple de sa mère avait contribué à donner à son esprit cette faiblesse. Mrs. Byron croyait aveuglément aux merveilles de la seconde vue; et les récits étranges qu'elle faisait de cette faculté mystérieuse, étonnèrent mainte fois ses amis anglais doués d'une foi moins robuste. On verra que même bien plus

tard, et à la mort de son ami Shelley, l'idée des apparitions dont sa mère l'avait nourri, n'avait pas perdu sur lui tout son empire. On peut citer comme un exemple d'une superstition moins lugubre, une petite anecdote qui me fut racontée par une de ses amies de Southwell. Cette dame avait un grain de collier en agate traversé d'un fil de laiton, et qu'elle gardait toujours dans sa boîte à ouvrage. Un jour, Lord Byron lui ayant dit ce que c'était, elle lui répondit qu'on le lui avait donné comme un talisman, et que le charme la préserverait de l'amour tant qu'il serait en sa possession. « Alors donnez-le-moi, s'é-
» cria-t-il vivement, c'est là précisément ce que je
» cherchais. » La jeune dame refusa; mais bientôt après son agate avait disparu. Elle le taxa d'avoir commis le vol; mais en l'avouant de bonne grâce, il protesta que jamais elle ne reverrait son amulette.

Il laissa derrière lui à Southwell, comme partout où il fit jamais quelque résidence, les preuves les plus affectueuses de bienfaisance et de bonté de cœur..... « Jamais, dit une personne qu'il voyait
» beaucoup à cette époque, ses yeux ne furent frappés
» d'un seul objet de détresse sans qu'il contribuât
» à l'adoucir. » Parmi de nombreux traits de cette nature, je choisis le suivant comme une preuve moins de sa générosité que de l'intérêt que présente l'incident en lui-même par sa liaison avec le nom de Byron. Étant encore écolier, il lui arriva de se trouver à Southwell dans une boutique de libraire, quand

une pauvre femme vint pour y acheter une Bible; le prix qu'on la lui fit fut de 8 shellings. « Ah! mon » cher Monsieur, s'écria-t-elle, je ne puis pas y » mettre un pareil prix; je ne croyais pas qu'elle pût » m'en coûter la moitié. » La femme alors s'éloigna avec un air désappointé, quand le jeune Byron, la rappelant, lui fit présent de la Bible.

Il eut toujours un grand soin de sa personne et de sa toilette, de l'arrangement de ses cheveux, enfin de tout ce qui pouvait relever la beauté dont la nature l'avait doué. Même dans un âge fort tendre, il témoignait le désir de plaire à ce sexe qui ne devait pas cesser d'être l'étoile polaire de sa destinée. La crainte d'un embonpoint excessif, auquel il avait des dispositions naturelles, l'avait engagé, dès son arrivée à Cambridge, à adopter un système d'abstinence et de violent exercice, et de faire un fréquent usage des bains chauds. Mais un point remplissait sa vie d'amertume, le frappait comme une malédiction au milieu des joies de la jeunesse et de ses espérances de gloire et de bonheur : le croira-t-on? c'était la légère difformité de son pied. Un jour M. Becher, le voyant plus abattu qu'à l'ordinaire, s'efforçait de l'égayer et de le ranimer en lui représentant sous les plus brillantes couleurs les nombreux avantages dont la Providence l'avait comblé, entre autres celui d'un esprit qui le plaçait au-dessus du reste des hommes. « Ah! mon cher ami, répondit Byron » avec une expression douloureuse, si cela (en se

» frappant le front de la main) m'élève au-dessus
» des autres hommes, ceci (en indiquant son pied,)
» me ravale bien au-dessous d'eux. »

Quelquefois il semblait que sa susceptibilité lui persuadât qu'il était dans le monde la seule personne affligée d'une pareille infirmité. Quand M. Bailey, qui se faisait alors remarquer comme écolier, aussi bien que plus tard comme voyageur, entra à Cambridge après avoir été le condisciple de Lord Byron à Aberdeen, le jeune Lord avait pris tant d'embonpoint, que M. Bailey eut long-tems de la peine à le reconnaître. « Il est assez singulier, lui dit alors Byron,
» que vous ne vous souveniez pas de moi ; je croyais
» que la nature m'avait gratifié d'un signe qui de-
» vait toujours me faire reconnaître. »

Mais ce défaut était aussi bien un motif d'émulation pour lui qu'une source de regret et de honte. Dans tout ce qui exigeait du courage personnel ou de la vivacité, il semblait animé, par le stigmate que la nature lui avait infligé, d'un désir plus vif de surpasser tous ceux auxquels elle avait accordé de plus *parfaites proportions*. C'est là, je n'en doute pas, ce qui lui donnait aussi tant d'ardeur dans la poursuite des intrigues amoureuses. Plus d'une fois l'espoir d'étonner quelque jour le monde par les exploits d'un capitaine et d'un héros venait se mêler dans ses rêves à la perspective du laurier poétique. « Tôt
» ou tard, disait-il souvent, quand il était enfant,
» je lèverai un corps de troupes ; les soldats seront

» habillés de noir, et monteront des chevaux noirs ;
» on les appellera les *Byrons noirs*, et vous enten-
» drez parler de leurs prodiges de valeur. »

J'ai déjà parlé de l'ardeur extrême avec laquelle, pendant son séjour à Harrow, il se livrait à tous les genres d'études, à la seule exception de ceux qu'exigeait la discipline de l'école. Les jours de fête ne faisaient pas trêve à la soif de connaissances qui le dévorait, et, pour être le moins possible distrait de ses heures de travail, il avait pris l'habitude chez sa mère de lire tout le tems du dîner [1]. Dans un esprit aussi mobile que le sien, tout ce qui était nouveau, grave ou frivole, lourd ou divertissant, ne manquait jamais de trouver un écho, et je n'ai pas de peine à concevoir la joie qu'il témoignait un jour en montrant à l'une de ses amies qui me l'a raconté, un exemplaire des Contes de ma Mère l'Oie, qu'il avait acheté le matin chez un bouquiniste, et qu'il venait de lire à son dîner.

Maintenant nous allons extraire d'un *Memorandum*, commencé par lui cette année et tracé sans ordre et à la hâte, la liste de tous les livres qu'il avait déjà parcourus dans tous les genres, à une époque où la plupart de ses condisciples n'avaient encore étudié que leurs thêmes et leurs versions. Ce document ne peut manquer d'intéresser ; et quand on

---

[1] Burns avait aussi l'habitude de lire à table, comme nous l'apprend M. Lockhart dans la vie de ce poète.

considère que le lecteur de tant de livres possédait en même tems la mémoire la plus heureuse, on peut douter que parmi les jeunes gens les mieux élevés, parmi les plus brillans émules des honneurs scolastiques, on en trouvât un seul qui eût acquis au même âge une aussi grande variété de connaissances utiles.

LISTE DES HISTORIENS.

DONT J'AI PARCOURU LES OUVRAGES EN DIFFÉRENTES LANGUES.

Histoire d'Angleterre. — Hume, Rapin, Henry, Smollet, Tindal, Belsham, Bisset, Adolphus, Holinshed, les Chroniques de Froissart (ces dernières appartiennent proprement à la France).

Écosse. — Buchanan, Hector, Boethius, tous deux en latin.

Irlande. — Gordon.

Rome. — Hooke, chute et décadence par Gibbon; Histoire ancienne de Rollin (renfermant celle des Carthaginois, etc.); de plus, Tite-Live, Tacite, Eutrope, Cornelius Nepos, Cesar, Arrien, Salluste.

Grèce. — La Grèce de Mitford, le Philippe de Leland, Plutarque, Antiquités de Potter, Xenophon, Thucydide, Hérodote.

France. — Mezerai, Voltaire.

Espagne. — Je dois ce que je sais de l'ancienne histoire d'Espagne principalement à un livre appelé l'Atlas, maintenant oublié. J'ai pris quelque teinture de son histoire moderne, depuis les intrigues d'Alberoni jusqu'au Prince de la paix, dans les ouvrages qui traitaient de la politique européenne.

PORTUGAL. — Ses révolutions par Vertot, comme aussi, du même historien, la relation du siége de Rhodes : elle est de son invention, les faits réels sont tout-à-fait différens. On en peut dire autant de ses chevaliers de Malte.

TURQUIE. — J'ai lu Knolles, sir Paul Ricaut et le prince Cantemir ; en outre une histoire anonyme plus moderne. Je sais tous les événemens de l'histoire des Ottomans, depuis Tangralopi et Othman Ier jusqu'à la paix de Passarowitz, en 1718; la bataille de Cutzka, en 1739, et le traité de 1790 entre la Russie et la Porte.

RUSSIE. — La vie de Catherine II de Tooke, le czar Pierre de Voltaire.

SUÈDE. — Le Charles XII de Voltaire et celui de Norberg, selon moi le meilleur des deux. Une traduction de la guerre de trente ans de Schiller, qui renferme les exploits de Gustave-Adolphe ; puis la vie du même prince par Harte. J'ai lu aussi quelque part un vie de Gustave Vasa, le libérateur de la Suède, mais j'ai oublié le nom de l'auteur.

PRUSSE. — J'ai vu au moins vingt vies de Frédéric II, le seul prince mémorable dans les annales de la Prusse ; ses propres ouvrages, ceux de Gillies et de Thibault sont loin d'être amusans ; le dernier est peu estimable, mais circonstancié.

DANEMARCK. — J'en sais peu de chose ; j'ai quelque teinture de l'histoire naturelle de la Norwége, aucune de sa chronologie.

ALLEMAGNE. — J'ai lu de longues histoires de la maison de Souabe, de Venceslas, de Rodolphe de Hapsbourg et de ses descendans autrichiens aux grosses lèvres.

SUISSE. — Ah ! Guillaume-Tell et la bataille de Morgarten, où le duc de Bourgogne fut tué !

Italie. — Davila, Guicciardini, les Guelfes et les Gibelins, la bataille de Pavie, Mazaniello, les révolutions de Naples, etc.

Indostan. — Orme et Cambridge.

Amérique. — Robertson, la guerre d'Amérique par Andrews.

Afrique. — Rien que des voyageurs, comme Mungo-Park, Bruce.

BIOGRAPHIE.

Charles-Quint de Robertson, César, Salluste (Catilina et Jugurtha), les vies de Marlborough, du prince Eugène, de Tékéli, de Bonnard, de Bonaparte, de tous les poètes anglais, par Johnson et Anderson; les Confessions de Rousseau, la vie de Cromwell, le Plutarque anglais, le Nepos anglais; les vies des amiraux par Campbell, de Charles XII, du czar Pierre, de Catherine II; de Henri lord Kaimes, de Marmontel, de sir William Jones, par Teignmouth; la vie de Newton, de Bélisaire, et de mille autres qui ne méritent pas qu'on en fasse mention.

LÉGISLATION.

Blackstone, Montesquieu.

PHILOSOPHIE.

Paley, Locke, Bacon, Hume, Berkeley, Drummond, Beattie et Bolingbroke. Je déteste Hobbes.

GÉOGRAPHIE.

Strabon, Cellarius, Adams, Pinkerton et Guthrie.

POÉSIE.

Tous les classiques anglais et la plupart des poètes vivans, Scott, Southey, etc.; quelques poètes français dans l'original:

le Cid est ma pièce favorite. Peu d'italiens ; des grecs et des latins sans nombre : à l'avenir je ne m'occuperai plus de ces derniers. J'ai fait de nombreuses traductions de ces deux langues, vers et prose.

ÉLOQUENCE.

Démosthène, Cicéron, Quintilien, Sheridan, la Chironomie d'Austin, et les débats du parlement, depuis la révolution, jusqu'en 1742.

THÉOLOGIE.

Blair, Porteus, Tillotson, Hooker, tous fort ennuyeux. J'abhorre les livres de dévotion, quoique je révère et que j'aime Dieu, sans admettre les idées blasphématrices des sectaires, ni croire à leurs absurdes et damnables hérésies, à leurs mystères et aux trente-neuf articles.

MÉLANGES.

Le spectateur, le rôdeur ; le monde, etc., etc., des romans par milliers.

C'est de mémoire que j'ai fait l'énumération de tous ces livres : je me souviens de les avoir lus, et j'en pourrais à l'occasion citer plus d'un passage. J'ai, sans doute, omis quelques noms dans mon catalogue. J'en avais lu la majeure partie avant quinze ans. Depuis que j'ai quitté Harrow, je suis devenu paresseux et fat, en griffonnant des rimes et faisant la cour aux femmes.

B., 30 novembre 1807.

J'ai aussi lu, et je regrette aujourd'hui plus de quatre mille romans, y compris les œuvres de Cervantes, Fielding, Smollet, Richardson, Mackenzie, Sterne, Rabelais, Rousseau, etc., etc. Le livre, à mon avis, le plus utile pour celui qui veut avoir l'air d'être fort instruit sans grande peine, c'est la physiologie de la tristesse par Burton : c'est le recueil de citations et d'anecdotes le plus curieux et le plus amusant que j'aie parcouru ; mais le lecteur superficiel doit le lire avec attention, ou bien la confusion des sujets le rebutera facilement. S'il a la patience d'aller jusqu'à la fin, il aura mieux profité pour ses conversations littéraires, que s'il avait parcouru vingt autres ouvrages que j'ai également lus, du moins en anglais.

C'est à cette étude précoce et variée des écrivains anglais que Lord Byron dut la facilité avec laquelle il savait employer toutes les ressources de sa langue maternelle : c'est elle qui, le lançant dans les champs de la littérature, armé de pied en cap, lui permit de revêtir ses poétiques inspirations d'un style parfaitement digne d'elles. En général, ce n'est pas l'absence d'idées ou de coloris qui arrête les premiers pas des écrivains, c'est l'embarras de trouver des expressions pour ce qu'ils conçoivent, c'est l'inexpérience de l'instrument dont se rend maître l'homme de génie ; en un mot, de leur langue maternelle. C'est un fait assez singulier, que les trois exemples les plus frappans de précocité littéraire, c'est-à-dire Pope, Congrève et Chatterton, devaient tous trois à eux-mêmes leur éducation [1] ; et que c'est par suite

---

[1] « Je lisais de moi-même, dit Pope, car la lecture était une véritable
» passion chez moi ; j'allais çà et là au gré de mon imagination, et,
» comme un enfant qui va prendre des fleurs dans les champs, dans les
» bois, partout où il en voit sur sa route. Je regarde encore aujourd'hui
» ces cinq ou six années comme les plus heureuses de ma vie. »

Il paraît aussi qu'il n'ignorait pas les avantages de cette manière d'étudier indépendante : « M. Pope, dit Spins, croyait avoir gagné sous

de leurs goûts naturels, affranchis des pédanstesques directions de l'école, qu'ils découvrirent dans le génie de la langue anglaise ces précieuses beautés dont ils surent faire un si parfait usage [1].

On peut, dans le fond, ajouter à ces trois exemples celui de Lord Byron, puisque, malgré son nom d'écolier, il n'étudia pas sur les bancs de l'école, dans le tems employé par ses camarades, à remuer curieusement la cendre de l'antiquité ; il se contentait de remonter à la source fraîche et vive de son propre idiome [2], et d'y puiser cette richesse et cette variété de style qui, dès l'âge de vingt-deux ans, placèrent ses ouvrages parmi les monumens les plus précieux de la force et de la douceur de la langue anglaise.

Dans le même livre où l'on retrouve les souvenirs de ses études, que nous venons de citer, Byron avait écrit également de mémoire une liste des divers poètes qui s'étaient distingués dans leur langue respective. Après avoir cité ceux de l'Europe an-

» quelques rapports à n'avoir pas eu d'éducation régulière. Il avait l'ha-
» bitude de chercher dans ce qu'il étudiait un sens, quand nous n'y
» voyons encore que des mots. »

[1] Chatterton écrivit, avant l'âge de douze ans, un catalogue, dans le genre de celui de Byron, de tous les livres qu'il avait déjà lus ; ils s'élevaient à soixante-dix, et la plupart roulaient sur des matières d'histoire ou de théologie.

[2] La pureté que les Grecs mettaient dans leur style a été attribuée peut-être avec justice à leur habitude de n'étudier que leur propre langue. « S'ils devinrent savans, dit Ferguson, ce ne fut qu'en étudiant ce qu'eux-
» mêmes avaient composé. »

cienne et moderne, voici comme il poursuit son catalogue pour les autres contrées :

Arabie. — Mahomet, dont le Coran contient des passages d'une poésie bien plus sublime que celle des auteurs européens.

Perse. — Ferdousi, auteur du Shah-Nameh, l'Iliade des Persans ; Sadi et Hafiz, l'immortel Hafiz, l'Anacréon de l'Orient. Ce dernier est respecté par les Persans, bien autrement que nous ne respectons aucun poète ancien ou moderne ; ils vont en pélerinage à Shiraz pour y honorer sa mémoire sur son tombeau : à ce monument est attaché un magnifique exemplaire de ses œuvres.

Amérique. — Cet hémisphère a déjà produit un poète épique, c'est Barlow, auteur de la Colombiade ; il ne faut pas le comparer aux ouvrages des nations plus polies.

Islande, Danemarck, Norwège. — Ces régions étaient fameuses pour leurs Scaldes. Parmi ces derniers on distinguait Lodburg ; son chant de mort respire des sentimens féroces, mais c'est un genre de poésie généreuse et passionnée.

L'Indostan n'a pas de grands poètes connus ; du moins le sanscrit l'est si mal en Europe, que nous ignorons ce que le tems peut avoir épargné dans leur littérature.

L'empire Birman. — Les habitans aiment passionnément la poésie ; mais on ne connaît pas leurs poètes.

Chine. — Je n'ai jamais entendu parler en fait de poète chinois que de l'empereur Kien-Long et de son Ode au thé. Quel malheur que le philosophe Confucius n'ait pas rédigé en vers ses admirables préceptes de morale !

Afrique. — Quelques chants de ce pays sont plaintifs, et leurs paroles simples et touchantes ; mais j'ignore s'il faut compter ces informes essais parmi les poèmes, comme les chants des bardes ou des scaldes.

J'ai écrit cette courte liste de poètes entièrement de mémoire, et sans le secours d'aucun livre; il a donc pu s'y glisser quelques erreurs, mais elles doivent être de peu d'importance. J'ai parcouru les ouvrages des Européens et quelques-uns de ceux de l'Asie, soit en original, soit à l'aide de traduction. Je n'ai cité que les meilleurs dans ma liste des poètes anglais; il eût été aussi inutile que fatigant d'énumérer ceux d'un moindre mérite. Peut-être cependant pourrait-on dans un catalogue cosmopolite ajouter encore Gray, Goldsmith et Collins; quant aux autres depuis Chaucer jusqu'à Churchill, ce sont *voces prætereaque nihil*, quelquefois nommés, rarement lus et jamais avec profit. Je regarde Chaucer, en dépit des éloges qu'on lui a prodigués, comme méprisable et licencieux; il ne doit son renom qu'à son antiquité, et sous ce rapport-là même, on devrait plutôt se rappeler Pierce Plowman ou Thomas d'Ercildoune. Je me suis gardé de citer des poètes vivans de l'Angleterre; il n'en est pas un qui ne survive à ses ouvrages. Le goût est perdu chez nous; encore un siècle, et nous aurons disparu, notre empire, notre littérature et notre nom, des annales du genre humain.

30 novembre 1807, BYRON.

Il se trouve, parmi les papiers que je possède de lui, plusieurs petits poèmes (en tout environ six cents vers) qu'il écrivit en ce tems-là, mais qu'il n'a jamais fait imprimer, parce qu'il les avait composés la plupart après la publication de ses *Heures de loisir*. Le plus grand nombre d'entre eux ne se recommande guère que par son nom; mais quelques-uns, grâce aux sentimens et aux circonstances qui les inspirent, seront lus ici avec plaisir. La première fois qu'il entra dans Newsteadt, il planta dans un coin de terre un jeune chêne dont il croyait l'existence attachée à la sienne. Après six ou sept ans, quand il revint au même endroit, il trouva le chêne étouffé sous les mauvaises herbes, et presque desséché. C'était au moment où Lord Grey de Ruthen quittait l'abbaye; il fit alors l'un de ces poèmes composés de cinq stances, et dont on pourra juger par les passages suivans :

Jeune chêne, quand je te plantai profondément en terre, j'espérais que tes jours seraient plus longs que les miens, que tes branches jetteraient une ombre noire autour de toi, et que le lierre entourerait ton tronc comme un manteau.

Telles étaient mes espérances dans les années de l'enfance, quand je te plantai avec orgueil sur la terre de mes aïeux. Ces jours sont passés et je t'arrose de mes larmes ; les mauvaises herbes qui t'entourent ne peuvent voiler aux yeux ton triste dépérissement.

Je t'ai quitté, mon pauvre chêne, et depuis cette heure fatale un étranger est le maître du château, etc., etc.

Le sujet des vers qui suivent est assez éclairci par la note qu'il a placée en tête. Quoiqu'ils aient un air pénible et affecté, ils me paraissent dignes d'être conservés comme un témoignage des sentimens tendres et romanesques qu'il avait contractés pour ses amis de collége.

« Il y a quelques années, étant à Harrow, un ami
» de l'auteur avait gravé leurs deux noms dans un
» endroit écarté ; il y avait même ajouté quelques
» mots de souvenirs. Plus tard, à l'occasion de quel-

« que injure réelle ou imaginaire, l'auteur, avant de
» laisser Harrow, avait effacé ce fragile souvenir.
» Voici les stances qu'il écrivit à leur place, quand
» il revit Harrow, en 1807 :

Ici naguère les souvenirs de l'amitié attiraient les yeux de l'étranger; ils étaient simples, ils étaient peu nombreux les mots qui les exprimaient, et cependant la colère les a effacés.

Elle trancha profondément dans l'arbre, mais elle n'effaça pas entièrement les caractères; ils étaient si simples, que l'amitié revenant regarda long-tems, jusqu'à ce qu'aidée de la mémoire, elle rétablit les mots.

Le repentir les traça de nouveau, le pardon y joignit son nom aimable; l'inscription reparut si belle que l'amitié la crut toujours la même.

Le souvenir serait beau encore; mais, hélas! en dépit de l'espérance et des larmes de l'amitié, l'orgueil s'est jeté à la traverse, et a pour toujours effacé et l'inscription et le sentiment qu'elle exprimait.

Les mêmes sentimens d'amitié idéale distinguent un autre de ses poèmes, dans lequel il a pris pour épigraphe cette ingénieuse devise française : *l'amitié est l'amour sans ailes.* Chacune des neuf stances est terminée par les mêmes mots ; nous citerons les trois suivantes :

Pourquoi gémirais-je tristement de ce que ma jeunesse est passée? Je puis encore compter des jours heureux; la faculté d'aimer n'est pas encore morte en moi. En revenant sur mes premières années, un souvenir durable, une vérité éternelle m'apporte une céleste consolation; souffles légers des vents, redites-la aux lieux où mon cœur s'émut pour la première fois!

L'amitié, c'est l'amour sans ailes!

Demeure de mes aïeux, ton clocher lointain me rappelle toutes ces scènes joyeuses; mon sein brûle comme autrefois; je redeviens enfant par la pensée. Ton bouquet d'ormeaux, ta colline verdoyante, chacun de tes sentiers, me ravissent encore. Chaque fleur exhale un double parfum. Il me semble encore, au milieu de nos doux entretiens, entendre chacun de mes compagnons s'écrier:

L'amitié, c'est l'amour sans ailes!

Mon cher Lycus, pourquoi pleures-tu? Retiens tes larmes prêtes à tomber; l'affection peut dormir quelque tems, mais, sois-en sûr, elle se réveillera! Quand nous nous retrouverons, pense, ami, pense combien elle sera douce cette réunion si long-tems désirée! Mon ame bondit de bonheur à cet espoir; quand deux jeunes cœurs sont si pleins d'affection, l'absence, ami, ne peut que redire:

L'amitié, c'est l'amour sans ailes!

Quant aux vers suivans, je ne puis dire positivement qu'ils se rattachent à quelque circonstance réelle. On peut même dire qu'habitué à revenir sur toutes les anecdotes de sa jeunesse, il n'eut pas manqué, dans la suite, de rappeler un fait aussi remarquable, s'il n'eût pas été imaginaire. Or, ni dans sa conversation, ni dans ses écrits, je ne trouve qu'il y ait fait une seule fois allusion [1]. D'un autre

---

[1] Voici la seule particularité qui puisse, et encore de fort loin, se lier au sujet de ce poëme. Un an ou deux avant la date qui s'y trouve placée, il écrivit de Harrow à sa mère (comme je le sais d'une personne qui tenait

côté, toutes ses poésies, sauf les embellissemens dont les entourait son imagination, étaient l'expression si fidèle de ses sentimens et de sa vie, qu'on ne peut guère s'empêcher de supposer une sorte de fondement réel à un poème plein d'une sensibilité aussi pénétrante :

A MON FILS.

Ces tresses blondes, ces yeux bleus, dont l'éclat rappelle ceux de ta mère; ces lèvres de roses, ces joues à fossettes, ce sourire, qui captivent le cœur, retracent d'anciennes scènes de bonheur, et touchent le cœur de ton père, ô mon enfant !

Et tu ne peux prononcer le nom de ton père ; ah, William ! si son nom était le tien, alors sa conscience ne lui adresserait plus de reproches : mais écartons ces tristes idées ; les soins que je prendrai de toi me rendront la paix intérieure ; l'ombre de ta mère sourira dans sa joie, et pardonnera le passé, ô mon enfant !

Le gazon a recouvert son humble tombe, et une étrangère t'a présenté son sein. Le préjugé peut rire dédaigneusement de ta naissance, et ne t'accorder qu'à peine un nom sur la

---

elle-même le fait de Mrs. Byron), pour lui dire qu'il avait éprouvé dernièrement beaucoup d'ennui à l'occasion d'une jeune femme, maîtresse de son ami Curzon, qui venait de mourir. Cette femme, se trouvant alors sur le point de devenir mère, avait déclaré que Lord Byron était le père de son enfant. Byron assurait positivement sa mère qu'il n'en était rien ; mais, persuadé comme il l'était, que l'enfant appartenait à Curzon, il souhaitait qu'on en prît tout le soin possible, et priait en conséquence sa mère d'avoir la bonté de se charger de lui. Une telle demande pouvait fort bien exciter l'humeur d'une femme plus douce que Mrs. Byron ; cependant elle répondit à son fils qu'elle accueillerait volontiers l'enfant dès qu'il serait né, et qu'elle ferait pour lui tout ce qu'il désirait. Par bonheur, l'enfant mourut en voyant le jour.

terre ; mais il ne saurait détruire une seule de tes espérances :
le cœur de ton père est à toi, ô mon enfant !

Eh bien ! laisse un monde sans entrailles se récrier; dois-je
pour lui plaire étouffer la voix puissante de la nature? Non,
que les moralistes me désapprouvent s'ils le veulent, tu seras
toujours pour moi le bien cher enfant de l'amour, beau ché-
rubin, gage de jeunesse et de joie ! un père veille sur ton berceau, ô mon enfant !

O quel charme, avant que l'âge n'ait ridé mon front, avant
que d'avoir épuisé à moitié la coupe de la vie, de contempler
à la fois en toi, un frère et un fils, et d'employer le reste de
mes jours à réparer mon injustice envers toi, ô mon enfant !

Quoique ton père imprudent soit bien jeune encore, sa jeunesse n'éteindra pas en lui le feu de l'amour paternel. Et
quand même tu me serais moins cher, tant que l'image d'Hélène revivra en toi, ce cœur, plein de son souvenir du bonheur
passé, n'en abandonnera jamais le gage, ô mon enfant !

B. — 1807 [1].

---

[1] Dans cet usage de dater ses premiers poèmes, il suivait l'exemple de
Milton, qui, dit Johnson, en datant ses premiers ouvrages, comme lui
en avait donné l'exemple le savant Politien, semblait recommander à la
postérité la précocité de ses inspirations. Le suivant badinage, également
écrit en 1807, n'a jamais été imprimé ; il est intraduisible ; nous le don-
nerons en anglais :

EPITAPH
ON JOHN ADAMS, OF SOUTHWELL, A CARRIER, WHO DIED OF DRUNKENNESS.

John Adams lies here, of the parish of Southwell,
A carrier, who carried his can to his mouth well;
He carried so much, and he carried so fast,
He could carry no more, so was carried at last;
For, the liquor he drank being too much for one,
He could not carry off, so he 's now carri-on.

B., sept. 1807.

Mais le plus remarquable de ses poèmes est d'une date antérieure à toutes celles que je viens de donner, ayant été écrit en décembre 1806, quand il n'avait pas encore dix-neuf ans. Il contient sa profession de foi religieuse à cette époque, et nous montre combien son esprit lutta de bonne heure entre le doute et la piété :

PRIÈRE DE LA NATURE.

Père de la lumière ! grand Dieu du ciel ! entends-tu les accens du désespoir ? Des fautes comme celles de l'homme peuvent-elles être jamais pardonnées ? Le vice peut-il expier des crimes par des prières ? Père de la lumière, j'élève vers toi mes accens ! Tu le vois, mon ame est noircie de souillures ; toi qui peux observer la chute du plus petit oiseau, détourne de moi la mort du péché.

Je ne cherche point de sectes inconnues ; oh ! montre-moi le sentier de la vérité ! Je reconnais ta toute-puissance redoutable, épargne les fautes de ma jeunesse en les corrigeant. Que les dévots élèvent, s'ils le veulent, des temples obscurs ; que la superstition en salue humblement les portiques ; que, pour étendre et affermir leur empire funeste, les prêtres inventent des rites mystiques et mensongers. L'homme bornera-t-il le domaine de son créateur à ces dômes gothiques qui surmontent des amas de pierres à moitié détruites ? Ton temple est la face du jour ; la terre, l'océan, le ciel te forment un trône sans limites.

L'homme condamnera-t-il sa propre race aux tourmens de l'enfer, à moins qu'ils ne fléchissent le genou devant de vaines pompes ? Nous dira-t-il que, pour un seul qui a failli, tous doivent périr confusément dans la tempête ? Chacun prétendra-t-il gagner les cieux, et cependant condamner son frère à la mort éternelle, parce que son ame s'est ouverte à des espérances différentes, ou qu'il a suivi des doctrines moins sévères? Iront-ils, aux moyens de croyances qu'ils ne sauraient expliquer, décider d'avance tes grâces et tes châtimens? Des reptiles rampans sur la terre connaîtront-ils les desseins de leur grand créateur?

Ces hommes qui n'ont vécu que pour eux-mêmes, qui ont passé leurs années dans des crimes renouvelés chaque jour, trouveront-ils dans leur foi une compensation à leurs forfaits, et vivront-ils au-delà des limites du tems?

O mon père! je ne cherche les lois d'aucun prophète; tes lois, à toi, apparaissent dans les ouvrages de la nature. Je suis, je l'avoue, faible et corrompu, et cependant je te prierai, car tu m'entendras! Toi qui guides l'étoile errante à travers les royaumes infinis de l'éther, qui calmes la guerre des élémens, et dont j'aperçois la main d'un pole à l'autre pole; toi qui, dans ta sagesse, m'as placé ici-bas, et qui peux m'en retirer quand telle sera ta volonté; tant que je serai sur cette terre périssable, étends sur moi ta main protectrice. C'est à toi, à toi, mon Dieu, que j'adresse mes prières; quelque bonheur ou quelque malheur qui m'arrive, qu'à ta volonté je m'élève ou m'abaisse, je me confie en ta protection : si, quand cette poussière sera rendue à la poussière, mon ame parcourt les airs sur des ailes rapides, comme j'adorerai ton nom glorieux! mais si cet esprit passager partage avec le corps le repos éternel de la tombe, tant qu'il me restera un souffle de vie, j'éléverai vers toi ma prière; quoique condamné à ne jamais quitter la demeure des morts. C'est à toi que j'adresse mes dernières inspirations, plein de reconnaissance pour tes bienfaits passés, et espérant, ô mon Dieu, que cette vie errante se réunira enfin à ton essence.

Dans un autre poème, et qu'il écrivit avec la

triste conviction qu'il allait bientôt mourir, nous retrouvons une prière exprimant à peu près les mêmes opinions. Après avoir dit adieu à toutes les scènes favorites de sa jeunesse [1], voici comme il continue :

Oublie ce monde, ô mon ame agitée, tourne tes pensées vers le ciel; tu y dirigeras bientôt ta course, si tes erreurs sont oubliées. Loin des bigots et des sectaires, incline-toi devant le trône du Tout-Puissant, adresse-lui ta tremblante prière. Il est clément et juste, il ne rejettera pas la prière de l'enfant de la poussière, quoiqu'il soit le moindre objet de ses soins. Père de la lumière, j'élève vers toi mes accens! Tu le vois, mon ame est pleine de souillures; toi qui peux observer la chute du plus petit oiseau, détourne de moi la mort du péché. Toi qui peux guider l'étoile errante, qui calmes la guerre des élémens, qui as pour manteau les cieux immenses, pardonne mes pensées, mes paroles, mes crimes; et puisque je dois bientôt cesser de vivre, apprends-moi comment je dois mourir.

Nous avons vu par une lettre précédente qu'il avait eu à se féliciter de l'issue d'un procès jugé au tribunal de Lancastre, et relatif à la terre de Rochdale. Dans une note que nous allons reproduire, et qu'il écrivit à l'un de ses amis de Southwell à l'occasion d'un second triomphe dans la même cause,

---

[1] Annesley n'est pas oublié en cette occasion :

« Oublierai-je la scène toujours présente à ma pensée? Les rochers s'élèvent et les rivières serpentent entre moi et les lieux que notre amour embellissait, et cependant, Marie, ta beauté m'apparaît fraîche encore, comme un délicieux songe d'amour, etc., etc. »

on verra qu'il s'en exagérait beaucoup les résultats probables.

9 février 1807.

Mon cher,

« J'ai le plaisir de vous annoncer que j'ai gagné une seconde fois la cause de Rochdale, qui me fait valoir soixante mille livres de plus.

» Tout à vous. »

BYRON.

Au mois d'avril suivant il était encore à Southwell, et c'est de là qu'il écrivit au docteur Pigot, alors à Édimbourg [1] :

Southwell, avril 1807.

Mon cher Pigot,

« Permettez-moi de vous féliciter du succès de votre premier examen ; *courage*, mon ami. Le titre de docteur fera merveille auprès des dames. Je serai probablement à Essex ou à Londres quand vous arriverez en ce lieu maudit, où je suis encore retenu par l'impression de mes vers.

---

[1] Il paraît, d'après un passage d'une lettre de miss Pigot à son frère, que Lord Byron chargea ce dernier de remettre une copie de ses poèmes à M. Mackenzie, l'auteur de l'*Homme sensible :* « Je suis ravie que » M. Mackenzie ait vu une copie des poèmes de Lord Byron, et qu'il en » ait jugé aussi favorablement. Lord Byron en est enchanté. »

Dans une autre lettre, l'aimable écrivain dit encore : « Lord Byron » me charge de vous dire qu'il ne vous écrit pas parce que son édition » n'est pas aussi avancée qu'il l'avait espéré. Je lui dis qu'il faut aussi » peu de chose pour l'affecter qu'à une femme. »

» Adieu, croyez-moi toujours bien sincèrement votre
                                              BYRON.

» *P. S.* Depuis notre séparation, grâce à de violens exercices, la *plupart* physiques, et aux bains chauds, j'ai réduit mon embonpoint de cent soixante-quatorze livres à cent quarante-un ; total vingt-sept livres de perte. *Bravo* ! qu'en dites-vous ? »

Je dois à la complaisance de la dame qui correspondait alors avec Byron l'avantage de pouvoir initier le lecteur dans les sentimens et les travaux de notre poète pendant le reste de cette année. Ces lettres ont, sans doute, un caractère enfantin [1], et la plupart des plaisanteries qu'on y trouve naissent plutôt de jeux de mots que de pensées saillantes ; mais je les estime cependant fort curieuses, et par la lumière qu'elles répandent sur cette époque de sa vie, et par le tableau animé des craintes et des espérances qu'il avait relativement à sa gloire future. La première de ces lettres ne porte pas de date, elle semble avoir été écrite avant son départ de Southwell ; les autres, comme on le verra, sont datées de Cambridge et de Londres.

[1] En effet, il n'était encore qu'un enfant sous tous les rapports dans ce tems-là. « Lundi prochain (dit miss Pigot) est notre grande foire. » Lord Byron l'attend avec le même plaisir que le petit Henri, et se promet de paraître à cheval dans la foule ; mais je pense qu'il changera de » résolution. »

LETTRE XII.

A MISS PIGOT.

11 juin 1807.

MA CHÈRE REINE BESS [1],

« *Sauvage* doit être immortel; ce n'est pas un généreux boul-dogue, mais c'est le plus joli roquet que j'aie encore vu, et il fera parfaitement l'affaire. Dans ses accès de tendresse, il a déjà mordu les doigts et dérangé la gravité du vieux Boatswain, qui en est encore fort ému. Je désire savoir ce qu'il coûte, les frais qu'il a occasionnés, etc., etc., afin de pouvoir indemniser M. G.... Je ne puis que le remercier de la peine qu'il a prise, lui adresser un long discours et conclure avec 1, 2, 3, 4, 5, 6, 7 [2]; mais je suis hors d'état de faire tout cela par moi-même, ainsi je vous *députe* en qualité de légat, car il ne faut pas parler d'*ambassadeur*, relativement au *pape*, comme c'est le cas ici sans doute, puisque tout ce que je vous ai dit est à propos de *bulle* [3].

» Tout à vous.

BYRON.

» *P. S.* Je vous écris de mon lit. »

---

[1] Diminutif d'Élisabeth. Byron, en l'appelant reine, fait allusion à la reine Élisabeth.

[2] Cette phrase s'explique par son habitude, quand il lui arrivait de ne pas trouver les expressions de la pensée qu'il voulait exprimer, de prononcer les chiffres 1, 2, 3, 4, 5, 6, 7.

[3] Bull-dog ou boul-dogue. On comprendra facilement le jeu de mots.

LETTRE XIII.

A LA MÊME.

Cambridge, 30 juin 1807.

« Mieux vaut tard que jamais, c'est un proverbe dont vous connaissez l'origine, et, comme son application est ici toute naturelle, vous me pardonnerez de lui avoir donné dans ma lettre une place aussi honorable. Je me trouve ici presque suranné ; mes anciens amis, excepté un fort petit nombre, sont tous partis, et je me dispose à les suivre, mais je reste jusqu'à lundi pour assister à trois oratorios, deux concerts, une foire et un bal. Je me trouve non-seulement *plus maigre*, mais d'un pouce plus *grand* qu'à mon dernier voyage. Je me suis vu obligé de redire à chacun mon *nom*, personne n'ayant le moindre souvenir de ma figure ni de ma personne. Il n'est pas jusqu'au héros de ma *Cornaline* (qui, dans ce moment, se trouve placé vis-à-vis, lisant un volume de mes poésies), qui n'ait passé devant moi dans les promenades du collége sans me reconnaître, et qui n'ait été frappé du changement total qui s'était opéré en moi, etc., etc. Les uns me trouvent mieux, les autres plus mal ; mais tous s'accordent à dire que je suis maigri, plus même que je ne le désire. J'ai perdu deux livres d'embonpoint depuis mon départ de votre maudit, détestable et détesté séjour de scandale [1], dont, à l'exception de vous-même et de John

---

[1] Malgré les injures, d'ailleurs plutôt badines que sérieuses, qu'il lance

Becher, je voudrais voir toute la race consignée dans les gouffres de l'Achéron, lequel fleuve j'aimerais mieux visiter en personne que de salir mes sandales dans la vile poussière de Southwell. A parler sérieusement, si la légèreté de ma bourse ne me force pas à rejoindre Mrs. Byron, vous ne me reverrez plus.

» Je pars lundi pour Londres ; je quitte Cambridge sans beaucoup de peine, notre société étant dispersée, et le musicien que je protégeais ayant quitté sa place dans le chœur pour entrer dans une grande maison de commerce de la capitale. Je vous ai dit, sans doute, qu'il était exactement, et à une heure près, plus jeune que moi de deux années. Je l'ai trouvé fort grandi, et surtout enchanté de revoir son premier *patron*. Il est presque de ma taille, très-maigre, d'une belle figure, des yeux noirs, des cheveux clairs : vous connaissez déjà l'idée que j'ai de son esprit ; j'espère bien n'avoir jamais sujet d'en changer. On me croit ici généralement indisposé : l'université est fort gaie dans ce moment ; elle donne

dans le cours de ses lettres contre Southwell, il apprit plus tard à se convaincre que les heures qu'il y avait passées étaient les plus heureuses de sa vie. Dans une lettre qu'écrivit, il n'y a pas long-tems, à son valet Fletcher, une dame qui l'avait intimement connu à Southwell, on trouve le passage suivant : « Votre bon, votre pauvre maître m'appelait toujours *l'antique
» piété*, quand je m'avisais de lui faire des remontrances. Lors de sa
» dernière visite, il me dit : *Eh bien ! ma bonne amie, je ne serai ja-
» mais aussi heureux qu'à Southwell.* » On verra plus loin, dans une lettre à M. Dallas, ce qu'il pensait réellement de cette ville et de ses agrémens comme lieu de résidence.

des fêtes de tous les genres. Hier j'ai soupé dehors, mais je n'ai rien mangé ; satisfait d'une bouteille de Bordeaux, je me suis couché à deux heures pour me lever à huit. J'ai pris le parti de me lever de bonne heure, cette habitude me convient parfaitement. Je reçois beaucoup de politesses des maîtres et des élèves ; mais ils me regardent avec un peu de défiance : ils se soucient peu des *lardons* ; le moyen de déplaire c'est de dire la vérité.

» Écrivez-moi, dites-moi comment se portent les habitans de votre *ménagerie* ; si mon édition se place, si mes chiens grognent. A propos, mon boul-dogue est décédé ; *la chair du chien comme celle de l'homme n'est que de l'herbe*. Répondez-moi à Cambridge ; si j'en suis parti, on m'enverra votre lettre. Voici de tristes nouvelles qui arrivent : les Russes sont vainqueurs ; triste troupe qui ne mange que de l'*huile*, et par conséquent devait fondre devant un *feu soutenu*. Je ne suis pas à mon aise dans mon costume universitaire, je n'en ai pas l'usage. Je suis monté sur une fenêtre à Sainte-Marie pour mieux entendre un *oratorio* ; mais au milieu du chant du *Messie*, je me suis laissé tomber, déchirant ma superbe robe de soie noire, et endommageant une fort belle paire de culottes. Mémoire, prendre garde de ne jamais tomber d'une fenêtre d'église pendant le service. Adieu, ma chère Élisabeth, ne me rappelez à personne, oubliez les gens de Southwell ; en être oublié, voilà tout ce que je désire. »

LETTRE XIV.

A MISS PIGOT.

Cambridge, collége de la Trinité, 5 juillet 1807.

« Depuis ma dernière lettre, je me suis décidé à rester encore une année à Granta (Cambridge); mes appartemens y sont meublés dans le dernier style. Plusieurs vieux amis me sont revenus, et leur nombre s'est augmenté de nouvelles connaissances; mon inclination est donc pour le collége, et j'y retournerai en octobre si je vis encore. Ma vie est ici une suite continuelle de plaisirs; je vais dans le même jour à vingt différens endroits; j'ai des invitations pour dîner plus que le tems de mon séjour ne me permet d'en accepter. Je viens de prendre la plume, une bouteille de Bordeaux dans la tête et des larmes dans les yeux, car je viens de quitter ma Cornaline[1] qui était venue passer la soirée avec moi; comme c'était notre dernière entrevue, j'avais manqué aux invitations que l'on m'avait faites pour consacrer à l'amitié les heures du *sabbat*. Maintenant nous voilà séparés, Edleston et moi : ma tête est un chaos d'ennuis et d'espérances. Demain je partirai pour Londres; vous m'écrirez à Albemarle-street, hôtel Gordon, où j'habiterai pendant mon séjour dans la capitale.

» Je suis ravi d'apprendre que vous vous intéres-

---

[1] C'est-à-dire celui auquel il avait donné la fameuse cornaline.

siez à mon *protégé*; il a été mon *très-constant associé* depuis le mois d'octobre 1805, époque de mon entrée au collége Trinité. Sa voix fut la première à me frapper, sa figure m'attacha à lui, ses manières me le firent aimer pour la vie. Il entre dans une maison de commerce en ville vers le mois d'octobre, et tout porte à croire que je ne le reverrai pas avant l'époque de ma majorité, quand je pourrai lui donner à choisir ou d'une place d'associé dans sa maison, ou de venir demeurer avec moi. Je pense que, dans ses idées actuelles, il préférerait le dernier parti; mais d'ici là il pourra bien changer d'avis : dans tous les cas ce sera comme il l'entendra. Il est certain que c'est l'être que j'aime le plus au monde, et que ni le tems ni l'absence ne pourront changer en rien mes sentimens d'ailleurs si mobiles. Bref, nous ferions honte à lady E... Butler et miss Ponsonby, nous étonnerions Oreste et Pilade; et vienne l'occasion d'une catastrophe comme celle de Nisus et Euryale, nous l'emporterons sur David et Jonathan. Peut-être a-t-il pour moi encore plus d'affection que je n'en ai pour lui. Pendant tout mon tems de Cambridge, nous nous sommes vus tous les jours, été et hiver, sans éprouver un moment d'ennui, et nous séparant toujours avec une peine incroyable. Vous nous verrez un jour ensemble, je l'espère; c'est le seul homme que j'estime, bien que ce ne soit pas le seul que j'aime [1].

---

[1] Il faut placer ici les autres détails de cette amitié exaltée. Le jeune Edleston mourut en 1811 de consomption. Voici la lettre que Byron

» Le marquis de Tavistock est arrivé hier; j'ai soupé avec lui chez son tuteur, qui est un whig délibéré. L'opposition est ici en nombre, et lord Huntingdon, le duc de Leinster, etc., etc., doivent encore nous joindre en octobre; ainsi tout sera admirable. Le tems de la musique est passé; mais voici un nouvel accident : j'ai renversé une *nacelle* à beurre sur la robe d'une dame; j'ai changé de couleur; les

adressa à la mère de miss Pigot; elle prouvera quelle fut alors sa douleur, et quelle fidélité il gardait à la mémoire de cet ami de collège :

Cambridge, 28 octobre 1811.

MA CHÈRE DAME,

« Je vous écris pour une demande pénible, et cependant il m'est impossible de faire autrement. Vous vous souvenez d'une cornaline que j'avais confiée à miss Élisabeth, il y a quelques années, que réellement je lui avais donnée; maintenant je viens lui faire la plus égoïste et la plus inconvenante prière. Celui qui me l'avait donnée, dans sa première jeunesse, *est mort* ; et bien que je ne l'eusse pas revu depuis longtems, c'est le seul souvenir qui me reste de cette personne à laquelle je m'intéressais très-vivement. Elle a donc acquis par cet événement une valeur que j'aurais bien souhaité ne jamais lui supposer. Si donc miss Betty l'a conservée jusqu'à présent, elle m'excusera, je l'espère, si je la supplie de me la renvoyer à Londres, à Saint-James-street, n° 8 ; je la remplacerai par quelque autre souvenir qui lui sera également précieux. Elle eut toujours la bonté de s'intéresser au sort de celui dont je viens de parler; dites-lui que le *donneur* de la cornaline mourut au mois de mai dernier, à l'âge de vingt-un ans, et que sa mort est la sixième d'amis ou de parens que j'aie eu à supporter dans l'espace de quatre mois.

» Croyez-moi bien sincèrement, ma chère dame,

BYRON.

» *P. S.* Je pars demain pour Londres. »

La cornaline fut aussitôt renvoyée à Lord Byron, qui rappelait encore quelque tems après qu'il l'avait laissée à miss Pigot comme un dépôt et non pas comme un don.

spectateurs de rire et moi de les maudire. A propos, aveu pénible! je me suis *grisé* tous les jours, et je n'ai pas encore fini; cependant je ne mange rien que du poisson, du potage et des végétaux; je ne me porte donc pas plus mal. Les sots malins que ces Cantabres [1]! Mémoire. Projet de réforme pour janvier. Cette ville offre une monotonie de distractions continuelles; je l'aime, et déteste Southwell. Ridge a-t-il bien vendu? Quelles dames ont acheté?..... J'ai vu à Sainte-Marie une jeune fille, vrai portrait d'Anne... J'ai cru que c'était elle..... et pour mon malheur; car la dame s'arrêta, ainsi le fis-je; je rougis, ainsi ne fit-elle pas, ce qui était fort mal; je voudrais dans les femmes plus de modestie. En parlant de femmes, Fanni, mon chien terrier, me revient à l'esprit; comment se porte-t-il? J'ai attrapé un mal de tête, je vais me mettre au lit et demain haut le pied de bonne heure pour me mettre en route. Mon protégé déjeunera avec moi, mais je n'ai pas d'appétit quand je pars, si ce n'est de Southwell. Mémoire. *Je hais Southwell.*

» Tout à vous. »

LETTRE XV.
A LA MÊME.

Hôtel Gordon, 13 juillet 1807.

« Vous m'écrivez des lettres parfaites. — Fi des autres correspondans, et de leurs fades excuses *de*

---

[1] Les habitans de Cambridge.

n'avoir rien à vous apprendre ! Vous m'avez envoyé une délicieuse *brochure ;* ici je me trouve dans un continuel tourbillon de distractions fort agréables après tout, et, chose singulière, je maigris à vue d'œil, pesant maintenant bien moins de cent trente livres. Je séjournerai ici un mois, peut-être six semaines ; je ferai une apparition dans le comté d'Essex, et comme une faveur je viendrai briller à Southwell dans toute ma gloire ; mais rien jamais ne pourra me forcer à y résider. Je suis décidé à retourner en octobre à Cambridge ; ou nous y serons d'une gaîté folle, ou je décampe de l'université. Il m'est arrivé à Cambridge quelque chose d'extraordinaire. J'ai trouvé une jeune fille qui ressemblait à ***, au point que la plus minutieuse inspection pouvait seule m'empêcher de la prendre pour cette dernière. Je me repens de ne pas lui avoir demandé si elle était jamais allée à Harrow.

» Que diable prétend donc Ridge? cinquante exemplaires en quinze jours, et avant les annonces, n'est-ce pas assez vendre? Je sais que plusieurs libraires de Londres en ont, et que Crosby en a envoyé aux *eaux* les plus fréquentées. En dit-on à Southwell du bien ou du mal?..... J'aurais voulu que Boatswain eût *avalé* Damon. Comment se porte Bran ? Par les dieux, il faut que Bran devienne un *comte du saint empire romain...*

» Les nouvelles de Londres ne peuvent guère vous intéresser ; vous dont toute la vie a été campagnarde vous vous souciez peu des routs, des parties, des bals, des luttes, des cartes, des crim. con.[1], discussions des chambres, politique, bals masqués, industrie, institution d'Argyle-Street, courses nautiques, amourettes et loteries, Brook et Bonaparte, chanteurs d'opéras et oratorios, vins, femmes, figures de cire, girouettes, tout cela ne s'accorde guère avec vos idées rétrécies de décorum et vos autres expressions sucrées qui ne se trouvent plus dans notre vocabulaire.

» Oh! Southwell! Southwell! combien je me félicite de t'avoir abandonné, et combien je maudis les lourdes heures écoulées plusieurs mois durant, au milieu des Mohawk qui habitent tes kraals! Toutefois une chose me console, c'est, grâce à toi, d'avoir dépouillé assez de mon ancienne graisse pour me permettre de glisser dans une *peau d'anguille*, et de lutter avec les plus sveltes beaux des tems modernes. Mais je suis fâché de le dire, la mode actuelle semble exiger de l'embonpoint, et l'on m'assure qu'il s'en faut de quatorze livres que je sois à la mode. Il n'en est pas moins vrai qu'au lieu d'engraisser je diminue, ce qui est extraordinaire, attendu qu'à Londres on ne peut songer à des exercices violens. J'attribue ce phénomène à la presse que nous éprouvons dans nos réunions du soir. Je

---

[1] Abréviation des mots *criminelles conversations*, qui servent à désigner les actions en adultère, viols, attentats à la pudeur, etc., etc.

reçois ce matin même 14, une lettre de Ridge ; la mienne était commencée d'avant-hier : il m'écrit que mon livre se débite aussi bien qu'on peut le désirer ; que les soixante-quinze exemplaires envoyés à Londres sont épuisés, et qu'on lui en demande, le jour même qu'il m'écrivait, cinquante de plus: on n'a pourtant pas encore fait la moitié des annonces. Adieu.

» *P. S.* Lord Carlisle, en recevant mes œuvres, m'a fait tenir une lettre assez satisfaisante avant d'avoir ouvert le livre : depuis je n'en ai pas entendu parler. Je ne connais pas l'opinion qu'il en a formée, et je m'en soucie fort peu. S'il fait la moindre insolence je l'encadrerai avec Butler [1] et les autres de sa force. Le pauvre homme ! il est dans le duché d'York et fort malade ; il me dit qu'il n'a pas eu le tems de me lire, mais qu'il a jugé convenable de m'annoncer de suite qu'il avait reçu mon envoi. Peut-être le comte ne veut-il *pas souffrir de frère auprès de son trône* [2]. — *S'il en est ainsi*, je saurai bien briser *le sceptre dans ses mains*. —

» Adieu. »

BYRON.

[1] Byron a inséré parmi ses poèmes imprimés, sans avoir été publiés, quelques vers sur le docteur Butler, qu'il n'a pas reproduits dans les *Heures d'oisiveté*; il y avait ajouté une note moins amère, dans laquelle il expliquait ses motifs de rancune.

[2] Citation qui présente une allusion à la coutume du Grand-Seigneur, de faire étrangler ses frères en montant sur le trône.

LETTRE XVI.

A LA MÊME.

2 août 1807.

« Londres commence à dégorger ce qu'elle contenait. — La ville est déserte, — et mes occupations devenant moins nombreuses, je puis griffonner à loisir. Dans quinze jours je partirai pour répondre à une invitation de campagne, mais j'espère bien recevoir d'ici-là deux lettres de vous. Ridge *n'écoule pas rapidement dans Nottes.*—Je le crois facilement ; mais dans la capitale la chose se passe d'une manière bien plus flatteuse, et sans doute on peut se passer de l'assentiment des littérateurs de province, quand on a d'ailleurs obtenu l'éloge des revues, l'admiration des duchesses et la reconnaissance intéressée des libraires de la capitale. J'ai actuellement sous les yeux une revue intitulée : *Récréations littéraires ;* mes poésies y sont vantées bien au-delà de leur mérite. Je ne connais pas mon juge, mais je lui trouve beaucoup de discernement, et à moi un talent *d'enfer.* Sa critique me plaît surtout en ce qu'elle est fort longue, et en ce qu'elle a justement la dose de sévérité nécessaire pour donner à ses éloges un agréable relief. Je hais, vous le savez, les complimens communs et insipides. Si vous voulez voir cet article, cherchez le troisième numéro des *Récréations littéraires* du mois dernier.

» Je n'ai pas, je vous le répète, la plus légère

idée de celui qui l'a fait : il est imprimé dans un recueil périodique ; et bien qu'on ait inséré dans le même ouvrage un morceau de ma composition (l'*Examen de Wordsworth* [1]), je ne connais aucun de ceux qui s'intéressent à cette publication, pas même l'éditeur, dont le nom n'est pas parvenu jusqu'à moi. Mon cousin, lord Alexandre Gordon, m'a dit que la *Grâce* de Gordon, sa mère, l'avait engagé à présenter ma *poétique* seigneurie à son *altesse*, attendu qu'elle avait acheté mon livre, qu'elle l'avait prodigieusement admiré, comme le reste de la haute société, et qu'elle voulait faire connaissance avec l'auteur. Malheureusement j'avais une invitation pour quelques jours dans les environs, et la duchesse était à la veille de partir pour l'Écosse ; j'ai donc remis à l'hiver prochain ma présentation, et alors je pour-

---

[1] On ne doit remarquer ce coup d'essai de Lord Byron dans les *revues* (plus tard, comme on le verra, il reparut une ou deux fois dans la même lice, d'ailleurs si peu poétique), qu'en rappelant l'aisance avec laquelle il sut se plier au ton et à la phraséologie de ces tribunaux infimes de la littérature ; par exemple : « Les volumes que nous avons » sous les yeux sont de l'auteur des *Ballades lyriques*, collection à la » quelle on a prodigué, et non pas sans raison, de grands éloges. Le ca- » ractère du talent de M. Wordsworth est la simplicité unie à l'abon- » dance : les vers pèchent quelquefois du côté de l'harmonie, mais ils » ont de la force ; ils s'adressent d'une manière irrésistible à l'imagina- » tion et à tous nos sentimens naturels. Peut-être ces derniers ouvrages » n'égalent-ils pas les premières publications du même auteur ; mais on » retrouve encore une véritable élégance dans une foule de pièces, etc. » Si dans ce tems-là M. Wordsworth jeta les yeux sur cet article, il ne prévit pas sans doute que l'auteur d'une pareille prose rivaliserait, à quelque tems de là, avec *lui-même* dans la lice poétique.

rai donner à la dame, dont il ne m'appartient pas de contester l'excellent goût, une idée de ma sublime et très-édifiante conversation. En ce moment elle est dans les *hautes terres*, et Alexandre lui-même est parti depuis quelques jours pour ce séjour béni des vents *noirs* et *tumultueux*.

» Crosby, mon éditeur de Londres, a placé sa seconde *commande*. Il en a redemandé, du moins si je l'en crois, une troisième à Ridge. Sur tous les étalages de librairie, je vois mon *propre nom* ; je ne dis rien, mais je jouis en secret de ma célébrité. Le dernier critique qui se soit occupé de moi, m'a engagé avec bienveillance à renoncer à mon projet de ne plus rien écrire ; et, en *sa qualité d'ami des lettres*, il m'a conjuré de *gratifier bientôt* le public de quelque nouvel ouvrage. Qui diable ne voudrait être poète, c'est-à-dire, si tous les critiques avaient la même politesse ? Au reste, je paierai peut-être cher ces aimables faveurs préliminaires ; mais, dans ce cas-là, j'aurai mon tour ; et, tant bien que mal, je n'en ai pas moins écrit, dans mes instans de loisir et après deux heures du matin, trois cent quatre-vingts vers blancs sur la bataille de Bosworth. J'avais heureusement pu consulter le livre de Hutton. Je ferai huit ou dix chants sur ce sujet, et je l'aurai terminé à la fin de l'année ; mais les circonstances décideront si je ferai imprimer ou non ce poème. Voilà bien assez d'*égoïsme* : mes lauriers m'ont tourné la cervelle ; mais sans doute la caustique assiduité des critiques à venir, me ramènera à des sentimens plus modestes.

» Southwell est une place maudite; j'en ai fini avec elle, du moins suivant toutes les probabilités : à l'exception de vous, je ne porte pas la moindre estime à une seule ame de son enceinte; vous étiez la seule compagnie raisonnable, et franchement j'ai toujours eu pour vous plus de considération que pour les grues dont je partageais souvent les ridicules, par bonté d'ame. Vous vous êtes donné pour moi et pour mes manuscrits plus de peine que ne l'eussent fait tous ces mannequins réunis. Croyez-moi, je n'ai pas, dans le cercle de péchés où je vis en ce moment, oublié votre excellent naturel, et un jour j'espère bien vous prouver toute la reconnaissance que j'en conserve. Adieu. Tout à vous, etc.

» *P. S.* Rappelez-moi au docteur P.... » .

LETTRE XVII.

A LA MÊME.

Londres, 11 août 1807.

« Je pars lundi *pour les hautes terres* [1]; un de mes amis m'accompagnera dans ma voiture jusqu'à Édimbourg; c'est là que nous quitterons notre équipage

---

[1] Ce plan, qu'il n'exécuta jamais, avait été résolu avant son départ de Southwell; voici comme il en est parlé dans une lettre de miss Pigot à son frère : « Comment pouvez-vous demander si Lord Byron ira cet
» été dans les *hautes terres* (ou *Highlands*) d'Écosse? Ignorez-vous
» donc qu'il n'a pas la même idée dix minutes de suite? Je lui dis qu'il
» est aussi inconstant que les vents et aussi mobile que les vagues. ».

pour prendre un *tamdem* (sorte de cabriolet), qui nous conduira au milieu des défilés de l'ouest jusqu'à Inverary. Nous achéterons alors des échasses afin de pénétrer dans les endroits défendus aux moyens de transport ordinaires. Quand nous serons sur les côtes, nous entrerons dans un vaisseau pour visiter les lieux les plus remarquables des îles Hebrides, et si le tems nous le permet, nous irons jusqu'en Islande à trois cents milles seulement de l'extrémité septentrionale de l'Écosse afin de saluer l'*Hécla*. Ne divulguez pas ce dernier projet; ma tendre *maman* imaginerait que nous voyageons pour découvrir de nouvelles terres, et ferait entendre comme d'habitude un maternel cri d'alarme.

» J'ai nagé dans la Tamise la semaine dernière entre les deux ponts de Westminster et de Blackfriars, ce qui fait, en y comprenant les différens détours obligés, une distance de trois milles. Vous voyez que je suis préparé complètement à un naufrage sur mer.

» J'ai l'intention de réunir toutes les traditions Erses, les poèmes, etc., etc., de les traduire ou du moins d'étendre assez le sujet pour faire un volume qui paraîtra au printems prochain sous le titre de *la Harpe montagnarde* ou quelque autre titre aussi pittoresque. J'ai terminé le premier livre de la bataille de Bosworth; un second est commencé, ce sera l'affaire de trois ou quatre ans, et sans doute il ne sera jamais fini. Que penseriez-vous de quelques stances sur le mont Hecla? Du moins elles seraient écrites sous le *feu*. Comment va l'immortel Bran? et ce phénix des bêtes canines, le superbe Boatswain? Je viens d'acheter un boul-dogue de race, digne d'être le coadjuteur des précédentes divinités; son nom est Smut. *Oh! zéphirs, portez-le sur vos ailes embaumées.* Écrivez-moi avant mon départ, je vous en conjure par la cinquième côte de votre grand-père. Ridge est content de la vente, et cela me console du peu de succès du livre en province. La vogue a été complète à Londres : il y a peu de jours que Carpantier, l'éditeur de Moore, m'a dit qu'on avait vendu tout ce qu'on avait envoyé, et qu'on ne pouvait satisfaire aux dernières demandes parce qu'on n'en avait plus. Le duc d'York, la marquise de Headfort, la duchesse de Gordon, etc., se sont trouvés au nombre des acheteurs, et l'opinion de Crosby est que la circulation sera plus rapide encore dans l'hiver. L'été est une saison nulle pour le commerce, tant il y a peu de monde à Londres, et cependant ils sont extrêmement contens. Je passerai tout près de vous dans le cours de mon voyage, mais je ne pourrai aller vous voir. Ne le dites pas à Mrs. Byron, elle croit que je prends une autre route. Si donc vous avez une lettre, mettez-la à la boutique de Ridge, où je m'arrêterai, ou bien adressez-la, poste restante, à Newark, vers six ou huit heures du soir. Si votre frère veut bien se trouver là, je serai diablement ravi de le voir; il pourra repartir le soir même, ou bien souper avec nous, et retourner le lendemain matin. Je loge aux Armes de Kingston.

» Adieu. Tout à vous. »

BYRON.

LETTRE XVIII.

A LA MÊME.

Collége de la Trinité, Cambridge, 25 octobre 1807.

Ma chère Élisabeth,

« Fatigué d'être resté au jeu ces deux derniers jours jusqu'à quatre heures du matin [1], je prends la plume pour m'informer de la santé de votre altesse et de toutes les autres connaissances féminines que j'ai laissées dans votre métropole archiépiscopale. Je mérite, je le sais, de grands reproches pour ma négligence ; mais ne faisant que courir à cheval de long en large dans la province depuis trois mois, comment aurais-je pu remplir les devoirs d'une exacte correspondance ? Enfin me voilà retenu pour six semaines, et je vous écris aussi *maigre* que jamais, n'ayant pas depuis ma diminution regagné une once, et n'en étant que de meilleure humeur ; mais, quoi

---

[1] On trouvera ici, comme dans plusieurs autres lettres de sa jeunesse, cette espèce d'ostentation d'inconduite, travers assez commun à cet âge, alors qu'aspirant à la virilité, nous nous imaginons qu'il peut y avoir de la force à se précipiter dans le désordre. Malheureusement cette ambition puérile de paraître plus mauvais qu'il n'était, demeura invétérée dans l'esprit de Lord Byron long-tems après qu'elle s'est évanouie chez les autres ; son esprit ne faisait même que s'en débarrasser lorsqu'il termina ses jours.

qu'il en soit, Southwell était un séjour détestable. J'en suis dehors, grâce à Saint-Dominique. Depuis ce tems, je m'en suis deux fois rapproché de huit milles, mais sans pouvoir me décider à venir étouffer dans sa lourde atmosphère. Cambridge est de son côté assez maudite ; c'est un vil chaos de bruit et d'ivrognerie ; le jeu, le bourgogne, la chasse, les mathématiques et Newmarket, les orgies et les courses de chevaux, voilà tout ce qu'on y fait et tout ce qu'on y trouve ; mais comparé à l'éternelle insipidité de Southwell, c'est un vrai paradis. Est-il rien de plus misérable que de ne faire qu'accroître tous les jours le nombre de ses amours, de ses ennemis et de ses vers ?

Au mois de janvier prochain (mais cela est seulement entre nous, n'en dites rien, je vous prie, car mon persécuteur maternel jetterait bien vite sur mes projets sa tomahawk); je me mettrai en mer pour quatre ou cinq mois avec mon cousin le capitaine Bettesworth, qui commande *la Tartare,* la plus belle frégate de la marine. J'ai déjà vu bien des scènes, je veux étudier celles de la mer. Tout porte à croire que nous irons dans la Méditerranée ou aux Indes occidentales, ou bien enfin.... au diable, et s'il y a quelque possibilité de me faire présenter à ce dernier, Bettesworth le fera ; c'est un brave compagnon qui n'a encore reçu que vingt-quatre blessures en différens lieux, et qui possède une lettre du dernier lord Nelson, avouant que Bettesworth est le seul officier de marine qui ait reçu plus de blessures que lui-même.

» J'ai maintenant un nouvel et le plus bel ami du monde, c'est un ours apprivoisé ; quand je le montrai pour la première fois, on me demanda ce que je prétendais en faire, et moi de répondre que c'était un nouveau candidat au grade. Sherard vous expliquera ce mot, si vous avez de la peine à le comprendre. Ma réponse ne fit pas fortune. Nous avons ici une foule de réunions ; ce soir, par exemple, je soupe avec un assortiment complet d'écuyers, joueurs, boxeurs, auteurs, ecclésiastiques et poètes. C'est, comme vous le voyez, un précieux mélange ; mais ils s'accordent bien ensemble, et pour moi je suis un composé de chacun d'eux, à l'exception des écuyers. Hier, j'ai encore été démonté de cheval.

» Remerciez, en mon nom, votre frère pour son traité. J'ai écrit deux cent quatorze pages d'un roman, un poème de trois cent quatre-vingts vers, que l'on publiera dans quelques semaines sans mon nom, et avec des notes ; cinq cent soixante vers de la bataille de Bosworth et deux cent cinquante d'un autre poème, sans compter une demi-douzaine de pièces fugitives. Le poème que l'on va publier est une satire [1]. A propos, j'ai été porté dans les cieux par la

---

[1] Ce poème, qu'il augmenta depuis, était *les Bardes anglais et les Reviseurs écossais*. Il semblerait d'après cela que l'idée de cette satire lui soit venue quelque tems avant la publication de l'article de la *Revue d'Edimbourg*.

Revue critique [1] et vivement insulté dans une autre publication [2]. Le tout, me dit-on, est pour le mieux pour la vente du livre ; cela occupe l'attention, et empêche mon livre d'être oublié ; d'ailleurs, dans tous les tems, n'a-t-on pas censuré les plus grands hommes? pourquoi les derniers seraient-ils plus heureux ? Je supporte donc mon sort en philosophe : il est bizarre que deux critiques opposées aient paru le même jour ; et que sur cinq pages d'injures, mon censeur, à l'appui de son opinion, ne cite que *deux vers* de différens poèmes. Maintenant la vraie manière de *tuer un homme*, est de citer de longs passages et de les faire paraître absurdes, car une simple allégation n'est pas une preuve. D'un autre côté, il y a sept pages d'éloges, et c'est plus que ma *modestie* ne peut en supporter à ce sujet.

P. S. Écrivez, écrivez, écrivez !!!

Ce fut au commencement de l'année suivante que Lord Byron forma une liaison avec M. Dallas, allié de sa famille par les femmes. Ce M. Dallas est l'au-

---

[1] En septembre 1807. Cette *Revue*, en prononçant sur la carrière future du jeune auteur, se montra meilleur prophète que le grand oracle du nord. L'écrivain, en citant l'élégie sur l'abbaye de Newsteadt, disait : « Nous ne pouvons que saluer avec une sorte d'enthousiasme prophéti- » que l'espérance renfermée dans la stance suivante :

» Heureusement ton soleil peut encore échauffer ton front de ses » rayons les plus brûlans, etc., etc. »

[2] Dans le premier numéro d'un ouvrage mensuel, appelé *le Satirique*, dans lequel furent insérées, par la suite, quelques invectives contre sa personne.

teur de quelques romans qui jouirent d'une certaine réputation lorsqu'ils parurent, et aussi d'une sorte de *Mémoires* du noble poète, publiés immédiatement après sa mort. Comme ils sont principalement fondés sur sa correspondance originale, ce sont aussi les plus authentiques et les plus dignes de foi qui aient encore été publiés. Dans les lettres que Lord Byron adresse à ce *gentleman*, parmi un grand nombre de détails curieux, sous le point de vue littéraire, nous en trouvons de bien plus importans sous celui qui nous occupe en ce moment; je veux dire quelques détails propres à faire connaître les opinions que Lord Byron professait alors sur la morale et la religion, opinions qui eurent une si grande influence sur sa réputation et sa conduite.

Ce n'est que bien rarement que l'irréligion et le scepticisme trouvent accès dans un jeune cœur. Cette disposition naturelle à se confier en l'avenir, qui fait le charme de cette période de la vie, la rend naturellement la saison de la foi et de l'espérance. Alors sont encore fraîches dans l'esprit ces impressions d'une première éducation religieuse, qui, dans les esprits même les plus prompts à mettre en question la foi de leurs pères, ne cèdent que lentement aux envahissemens du doute, et, en même tems, étendent le bienfait de leur répression morale sur cette partie de la vie où l'on reconnaît qu'elle est le plus nécessaire. Si, comme les incrédules le reconnaissent eux-mêmes, l'absence du frein religieux dégage l'homme d'une responsabilité qui lui serait utile dans tous les tems ; il en est surtout ainsi dans la jeunesse, l'âge des tentations, l'âge où les passions sont déjà assez portées par elles-mêmes à se donner toute latitude sans que l'irréligion vienne encore ajouter à leur licence. Il est donc heureux que, par suite des raisons que nous venons d'indiquer, le scepticisme et l'incrédulité ne pénètrent généralement dans les ames qu'à une époque de la vie où le caractère, dejà formé, est moins susceptible d'être détérioré par leur influence funeste. Quand l'incrédulité est le résultat erroné de la pensée et du raisonnement, elle aura quelque chose de la froideur des sources qui l'ont fait naître; elle ne sera qu'un sujet de spéculation ; elle n'aura que peu de pouvoir à porter l'homme vers le mal, comme, à la même époque de la vie, la foi la plus orthodoxe n'en a trop souvent que peu pour le conduire vers le bien.

Tandis que, de cette manière, les mœurs de l'incrédule lui-même sont préservées des conséquences funestes que de telles doctrines eussent pu entraîner à un âge plus tendre ; par une raison analogue, le danger de la communication de ces mêmes idées à d'autres, se trouve singulièrement diminué. Cette même vanité, cette même audace qui ont dicté les opinions du jeune sceptique, le conduiront aussi probablement à les révéler, à les proclamer tout haut, sans s'occuper de l'effet que son exemple peut avoir sur ceux qui l'entourent, ou de l'odieux qu'une telle confession ne saurait manquer de jeter irréparablement sur lui-même ; mais, dans un âge plus avancé, on examine ces conséquences avec plus de réflexion.

L'incrédule, s'il a quelque considération pour le bonheur des autres, y regardera à deux fois, avant de chasser de leur cœur une espérance dont lui-même sent si vivement l'absence et le prix. S'il n'a d'égards que pour lui-même, il hésitera naturellement encore à promulguer des doctrines que, dans aucun siècle, les hommes n'ont impunément professées. Dans l'un ou l'autre cas, il y a donc grande probabilité qu'il gardera le silence ; car, en supposant que la philanthropie ne l'éloignât pas du projet de convertir les autres, la prudence du moins pourra l'empêcher de faire de lui-même un martyr.

Malheureusement Lord Byron fut encore en ceci une exception à la règle générale. Chez lui le verrongeur se montra au matin de la jeunesse, au moment où ses ravages devaient être le plus funestes. Au malheur réel d'être incrédule à quelque âge que ce soit, il ajouta le malheur plus rare d'être incrédule avant d'avoir quitté les bancs de l'école. Et la précocité qui mit, de si bonne heure, en jeu ses passions et son génie, le fit aussi parvenir, avant l'âge, au plus affreux des résultats de la raison humaine. A cette époque de la vie, où un caractère comme le sien avait surtout besoin du frein des croyances religieuses, ce frein lui manquait déjà presque entièrement.

Nous avons vu dans les deux prières à la Divinité que j'ai extraites de ses poésies non publiées, et mieux encore dans le résumé de ses études, à quel âge son esprit ardent avait déjà secoué le joug de tous les systèmes et de toutes les sectes. Toutefois, dans ces prières elles-mêmes, il y a une ferveur d'adoration, au milieu de l'éloignement des croyances reçues, qui peut montrer tout ce qu'il y avait naturellement de piété dans son cœur (et il y en a beaucoup dans le cœur des vrais poètes). S'il avait eu alors pour guides et pour appuis des hommes capables de nourrir et d'entretenir ces heureuses dispositions, il eût évité cette licence, ce dévergondage d'opinions, auxquels il se livra dans la suite. Son scepticisme, s'il n'eût pas été entièrement détruit, eût pu se changer en un doute modeste, qui, loin d'être opposé à l'esprit religieux, le préserve de l'orgueil et lui inspire la charité pour les erreurs des autres. S'il n'avait pas lui-même pris sur les matières religieuses des idées claires et solides, il eût du moins appris à ne pas obscurcir et ébranler celles de ses semblables. Mais il eut le malheur de n'avoir point près de lui un sage mentor. Après avoir quitté Southwell, il ne restait près de lui ni parent ni ami, vers qui il pût lever les yeux avec respect. Il fut jeté seul dans le monde, avec ses passions et son orgueil, pour s'abandonner à l'affreuse découverte qu'il croyait avoir faite de la non-existence d'une vie à venir, et aux droits dès-lors absolus que le présent a sur nous. Par une autre fatalité, celui de ses camarades de collége pour lequel il professa de son vivant le plus d'admiration et d'attachement, et dont il déplora la perte avec la tendresse d'un frère, Matthews se trouva aussi sceptique que lui-même, si ce n'est davantage encore. Les parens de ce jeune homme, dont la carrière, si elle n'eût été sitôt arrêtée par la mort, paraissait, d'après les promesses de sa jeunesse, devoir être si brillante, conçurent l'idée de publier ses Mémoires, et s'adressèrent, en conséquence, à Byron et à ses autres amis, pour en obtenir des matériaux. La lettre suivante, à laquelle cette demande donna lieu, outre qu'elle renferme plusieurs anecdotes amusantes sur son ami, nous donne des détails si intéressans sur sa vie domestique à cette époque, que nous n'hésitons pas à interrompre l'ordre chronologique pour l'insérer ici.

LETTRE XIX.
A M. MURRAY.

Ravenne, 12 novembre 1820.

« Ce que vous me dites de feu Charles Skinner Matthews, a réveillé tous mes anciens souvenirs ; mais il m'a été impossible d'approuver l'intention qu'a son frère de donner une notice sur sa vie, quand bien même les événemens qui la remplirent auraient eu assez d'importance pour justifier la publication d'anecdotes d'un intérêt aussi restreint. Néanmoins, c'était un homme bien extraordinaire, et qui aurait acquis une grande illustration. Nul n'obtint jamais de plus brillans succès dans tout ce qu'il voulut essayer. Il était trop indolent sans doute; mais quand il lui arrivait de faire un effort, il dépassait aussitôt de bien loin tous ses rivaux. Ses victoires se trouveront enregistrées à Cambridge, particulièrement celle sur Downing, qui fut aisément remportée, quoique vivement et chaudement contestée. Hobhouse était son intime ami; il vous donnera plus de documens sur lui que personne. William Bankes aussi le connaissait intimement; mais pour moi je me rappelle moins ses grandes facultés académiques que ses bizarreries. Nous nous sommes trouvés réunis à l'une des époques les moins riantes de ma vie. Quand, en 1805, j'entrai au collége de la Trinité, âgé de dix-sept ans et demi, j'étais malheureux et jusqu'à un certain point insociable. Désolé de quitter Harrow, où j'avais fini par me plaire pendant les deux années précédentes; désolé d'aller à Cambridge et non pas à Oxford (parce qu'il ne se trouvait pas de place vacante à Christ-Church); désolé de quelques contrariétés domestiques de différens genres, j'étais en conséquence aussi indomptable qu'un loup dont on a rompu la voie. Aussi, bien que je connusse Matthews, et que je le rencontrasse souvent chez Bankes, mon aumônier, mon professeur et mon patron, chez Rhodes, chez Milness, chez Price, chez Dick, chez Macnamara, Farrell, Galley Knight, et autres connaissances du même tems, cependant je n'étais intime ni avec lui ni avec qui que ce fût, excepté mon ancien camarade d'école Edward Long, avec qui je passais les journées à monter à cheval et à nager, et Williams Bankes, qui avait assez de douceur dans le caractère pour tolérer mes férocités.

Ce fut en 1807 seulement, quand, pour prendre mes *degrés* je fus retourné à Cambridge, que j'avais auparavant quitté pendant plus d'un an, que je devins l'un des amis intimes de Matthews. Ce fut par l'entremise de M. ***, qui, après m'avoir détesté pendant deux ans, comme il le dit lui-même, parce que je portais un chapeau blanc, une redingote grise, et que je montais un cheval gris, m'avait pris en affection parce que je faisais des vers. J'avais déjà vécu assez long-tems avec eux, et je m'étais assez souvent enivré dans leur compagnie ; mais tout-à-coup nous devînmes réellement amis un beau matin ; Matthews cependant ne résidait pas à cette époque au collége ; je le rencontrais principalement, et de tems en tems, à des époques incertaines, à Cambridge. H..... pendant ce tems-là, faisait de grandes choses, et fondait le club des whigs de Cambridge, qu'il paraît avoir oublié, et la *société amicale*, qui fut dissoute en conséquence des querelles perpétuelles des membres qui la composaient. Il se rendait très-populaire parmi nous autres jeunes gens et très-formidable à tous les maîtres particuliers, à tous les professeurs et principaux de colléges. Williams B..... était parti; car tant qu'il avait été là, c'est lui qui dirigeait toute l'université et qui était le protecteur-né de tous les mauvais tours.

» A force de nous rencontrer à Londres et ailleurs, Matthews et moi devînmes grands amis; il n'était pas très-doux de caractère, ni moi non plus; mais avec un peu de tact, il était encore maniable. Je le regardais comme un homme si supérieur, que je ne demandais pas mieux que de sacrifier quelque chose à ses humeurs, qui souvent m'amusaient tout en me mettant en colère. On n'a jamais su ce que sont devenus ses papiers à l'époque de sa mort, et certainement il en avait beaucoup. Je le dis ici par forme de parenthèse, de peur de l'oublier; il écrivait remarquablement bien en latin et en anglais.

» Nous nous rendîmes ensemble à Newsteadt, où j'avais une fameuse cave, et où je m'étais procuré de chez un costumier des habillemens de *moines*. Nous étions sept ou huit de notre compagnie, sans compter un ou deux voisins qui nous faisaient visite dans l'occasion. Nous restions fort tard dans la nuit, habillés de nos robes de frères, buvant du bourgogne, du bordeaux, du champagne, et que sais-je encore, dans une coupe faite d'un crâne humain, et quelques autres verres de toute espèce; faisant mille bouffonneries dans toute la maison, sans quitter un instant notre attirail monacal. Matthews m'avait baptisé du nom d'Abbé, et quand il était de bonne humeur, il ne m'en donna pas d'autre jusqu'au moment de sa mort. L'harmonie de nos touchantes réunions fut au bout de quelques jours tant soit peu interrompue, par la menace que fit Matthews de jeter *l'intrépide* V..... (nous l'avions appelé ainsi parce qu'il avait gagné deux courses, l'une à pied, d'Ipswich à Londres, l'autre à cheval, de Brighthelmstone à Londres), de jeter, dis-je, l'intrépide V..... par la fenêtre, à la suite d'une soirée de plaisanterie, qui se termina par cette *épigramme*: V..... vint à moi, et me dit que le respect et la considération qu'il me devait, comme maître de la maison, ne lui permettaient pas d'appeler en duel aucun de mes hôtes, mais que le lendemain matin il se retirerait. Ce fut en vain que je lui représentai que la fenêtre n'était pas très-élevée et que le gazon au-dessous était d'une douceur toute particulière : il s'en alla.

» Matthews et moi, nous avions fait le voyage de Cambridge à Londres, parlant, pendant toute la route, sur le même sujet. Quand nous fûmes arrivés à Longhborough, je ne sais quel hasard nous en fit écarter un moment ; Matthews s'en indigna ; non, dit-il, ne quittons pas notre conversation, finissons comme nous avons commencé ; continuons jusqu'au bout du voyage, et il se mit en effet à continuer, trouvant le moyen d'être toujours amusant jusqu'au bout. Il avait auparavant, durant mon absence de Cambridge, occupé mes appartemens dans le collége de la Trinité. En l'y installant, mon répétiteur Jones lui avait dit, avec son ton ridicule ordinaire : « M. Matthews, je vous recommande sérieusement » de prendre garde d'endommager aucun des meu- » bles, car Lord Byron, monsieur, est un jeune » homme *de passions tumultueuses.* » Matthews fut ravi de cette allocution ; et, qui que ce fût qui vînt le visiter, il ne manquait pas de leur recommander de ne toucher la porte elle-même qu'avec une grande précaution, et alors il leur répétait l'exhortation de Jones dans les mêmes termes et absolument du même ton ; il y avait une grande glace dans une chambre, ce qui lui suggéra cette remarque, qu'il avait cru d'abord que ses amis devenaient singulièrement assidus à venir *le voir* ; mais qu'il avait bientôt découvert qu'ils ne venaient que pour se voir eux-mêmes. La phrase de Jones de *passions tumultueuses* et l'ensemble de la scène l'avaient mis de si bonne humeur, que je crois en vérité que c'est à cette circonstance que j'ai dû une partie de ses bonnes grâces.

» Quand nous étions à Newstead, il arriva qu'un jour, avant dîner, quelqu'un lui salit, par mégarde, un de ses bas de soie blancs, et naturellement voulut lui en faire des excuses. Monsieur, répondit Matthews, il peut vous paraître fort agréable, à vous qui avez une grande quantité de bas de soie, de salir ceux d'autrui ; mais pour moi qui n'ai que cette seule et unique paire, que j'ai mise pour faire honneur à l'Abbé ici présent, rien ne peut excuser le tort que me fait votre manque d'attention, sans parler des frais de blanchissage. Il avait presqu'en toute occasion le même ton de plaisanterie sardonique. Une espèce de sauvage Irlandais, nommé F**, commençant à dire quelque chose à un grand souper, à Cambridge, Matthews se mit à crier d'une voix de tonnerre : Silence ! et alors montrant F** du doigt, il ajouta ces paroles d'oracle : *L'ourson est doué de raison*. On peut aisément supposer qu'en entendant ce compliment, le pauvre *ourson* perdit le peu de raison qui pouvait lui être échu en partage. Quand H..... publia son premier volume de poésies, intitulé *Mélanges*, tout ce qu'il put en tirer, c'est que la préface était absolument dans la manière de Walsh. H..... crut d'abord que c'était un compliment, mais nous ne sûmes jamais à quoi nous en tenir là-dessus, car tout ce que l'on connaît de Walsh, c'est son ode au roi Williams, et l'épithète que lui donne Pope, le savant Walsh. Quand notre troupe quitta Newstead pour Londres, H.... et Matthews qui étaient à cette époque les meilleurs amis du monde, convinrent de faire ensemble la route à pied. Ils se querellèrent à moitié route, et achevèrent ainsi leur voyage, passant et repassant l'un devant l'autre sans se dire un seul mot. Quand Matthews arriva à Highgate, il avait dépensé tout son argent, excepté trois pences et demi (7 sous) qu'il résolut d'employer aussi à une pinte de bière ; il la buvait à la porte d'une taverne, quand H..... passa devant lui pour la dernière fois, toujours sans lui parler. Ils se réconcilièrent depuis à Londres.

» L'escrime était une des passions de Matthews, il était aussi très-fort au pugilat, mais il avait généralement le dessous dans les combats sérieux et au poing nu; quant à la natation, il nageait bien, mais avec efforts et travail, et se tenant le corps trop hors de l'eau; en sorte que Scrope, Davies et moi-même, qui étions en quelque sorte ses rivaux, nous lui disions souvent qu'il se noierait s'il rencontrait jamais quelque endroit difficile. Il se noya en effet; mais, à coup sûr, Scrope et moi eussions bien désiré que le doyen eût vécu, et que notre prédiction se fût trouvée mensongère.

» Sa tête était extraordinairement belle, et ressemblait beaucoup à celle de Pope dans sa jeunesse.

» Son frère Henry, si Henry est bien le nom de celui de *King's college*, rappelle fortement sa voix, ses traits et sa manière de rire. Sa passion pour boxer était si grande, qu'il voulait absolument que je le misse aux prises avec Dogherty, pour lequel j'avais parié contre Tom Belcher, et je les vis s'essayer ensemble dans ma chambre avec les gants. Comme il paraissait y tenir opiniâtrément, j'aurais parié, pour lui plaire, en faveur de Dogherty; mais le combat n'eut pas lieu. Bien entendu que c'eût été un combat particulier dans une chambre particulière.

» Un certain jour que le tems ne lui permettait pas de retourner s'habiller chez lui, un ami, M. Basley, je crois, l'équipa d'une chemise et d'une cravate extrêmement à la mode, mais tant soit peu exagérée. Il se rendit à l'opéra, et prit place dans *Top's Alley*. Pendant l'entr'acte, entre l'opéra et les ballets, une de ses connaissances vint s'asseoir près de lui, et le salua. « Faites le tour, dit Mat-
» thews, faites le tour. Pourquoi ferais-je? le tour dit
» l'autre, vous n'avez qu'à tourner la tête, je suis
» tout près de vous. C'est précisément ce que je ne
» peux pas faire, répondit Matthews; ne voyez-vous
» pas l'état dans lequel je suis? » montrant du doigt son col de chemise savamment empesé, et son inflexible cravate. Et il se tint là pendant tout le spectacle, sa tête conservant toujours la même position perpendiculaire.

» Un soir après avoir dîné ensemble, comme nous allions à l'opéra, je me trouvai avoir un billet disponible, comme souscripteur à une loge, et j'en fis présent à Matthews. « Voilà, dit-il quelque tems après
» à Hobhouse, un procédé *courtois* de la part de l'Ab-
» bé : un autre ne se serait jamais avisé de penser
» que je pouvais faire meilleur emploi d'une demi-
» guinée que de la jeter à un portier de spectacle;
» mais lui, non-seulement il m'invite à dîner, mais
» il me donne encore un billet d'opéra. » Ce n'était qu'une de ses singularités, car nul n'était plus libéral, plus grand que lui dans toutes ses manières. Il

nous donna, à Hobhouse et moi, avant notre départ pour Constantinople, un festin magnifique, auquel nous fîmes amplement honneur. Une de ses idées était d'aller dîner dans toutes sortes de lieux étranges. Quelqu'un le découvrit un jour dans je ne sais quelle obscure taverne du Strand ; et que croyez-vous qui l'y attirait ? c'est qu'il payait, je crois, un shilling pour dîner le *chapeau sur la tête*. Il appelait cela sa *maison à chapeau*, et de vanter les avantages qu'il avait à prendre ses repas la tête couverte.

» Quand sir Henri Smith fut chassé de Cambridge, à la suite d'une rixe avec un marchand nommé *Hiron*, Matthews s'en consola en allant chaque soir crier sous la fenêtre de celui-ci : « Hélas !
» à quel péril s'expose l'homme qui se joue avec
» *hat Hiron*[1] ! » Il était aussi de cette bande de libertins irréligieux qui se faisaient un plaisir d'aller troubler le sommeil de Lort Mansel (dernièrement évêque de Bristol), qui alors habitait le collége de la Trinité. Quand celui-ci paraissait à sa fenêtre, écumant de colère et s'écriant : « Je vous connais,
» messieurs, je vous connais, » ils avaient coutume de lui répondre : « Nous t'en conjurons, oh *Lort!*
» écoute-nous, bon *Lort*, délivre-nous[2] ! » (Lort était son nom de baptême.) Comme il était très-

[1] Il est impossible de traduire en français le jeu de mots qui se trouve ici dans le texte : *hat Hiron* signifiant le *bouillant Hiron*, et *hat iron* signifiant *un fer chaud*.

[2] Ces paroles sont extraites textuellement de la liturgie anglicane,

libre dans ses manières d'envisager toutes sortes de sujets, quoiqu'il ne fût ni dissolu ni déréglé dans sa conduite, et que je n'avais pas moins d'indépendance dans les idées, notre conversation et notre correspondance alarmaient quelquefois vivement Hobhouse....... »

Comme déjà avant sa liaison avec M. Matthews, Lord Byron avait commencé à s'enfoncer dans l'abîme du scepticisme, il serait injuste d'attribuer au premier dans les opinions de son ami plus de part qu'il n'a dû en résulter de l'influence naturelle de l'exemple et de la sympathie ; influence qui, éprouvée également des deux côtés, rendait en grande partie réciproque la contagion de leurs doctrines. Outre cette communauté de sentimens sur de tels sujets, ils étaient tous deux tourmentés par le goût dangereux de la satire. Les hommes les plus pieux même ne peuvent pas toujours résister à cette disposition d'esprit qui nous entraîne presque malgré nous à déverser du ridicule sur tout ce qu'il y a de plus saint et de plus grave. Il n'est donc pas étonnant que dans une telle société, les opinions du noble poète aient pris avec plus de rapidité une direction vers laquelle elles tendaient naturellement ; et quoique l'on ne puisse pas dire qu'il ait eu alors des doctrines bien arrêtées, puisque ni à cette époque ni

---

et présentent encore un jeu de mots : *Lord, délivrez-nous ; libera nos, Domine.*

à aucune autre de sa vie il ne se montra incrédule décidé, il apprit sans doute à sentir moins fortement l'horreur du scepticisme, et à y mêler de la légèreté et de l'amour-propre. Dès le commencement de sa correspondance avec M. Dallas, nous le voyons proclamer ses sentimens sur tous les sujets de cette nature, avec une légèreté et un aplomb bien différens du ton avec lequel il présentait autrefois ses doutes. Cela même forme un contraste frappant avec cette tristesse fiévreuse d'un cœur désolé de perdre ses illusions, qui respire dans chaque vers des prières qu'il avait tracées moins d'un an auparavant.

Il ne faut pas cependant oublier ici sa propension à exagérer tout ce qu'il pouvait y avoir de mauvais en lui. Dans sa première lettre à M. Dallas, nous voyons un exemple de cette étrange ambition, complètement opposée à l'hypocrisie, qui le porta à rechercher plutôt qu'à éviter la réputation de libertin, et à présenter sans cesse sous le jour le plus défavorable son caractère et sa conduite. Son nouveau correspondant lui faisant compliment sur les sentimens de morale et de charité qui respiraient dans l'un de ses poèmes, avait ajouté que cela lui avait rappelé les ouvrages d'un autre noble auteur, qui était non-seulement grand poète, grand orateur et grand historien, mais encore l'un des plus profonds raisonneurs qui aient établi la vérité de cette religion, dont le pardon des offenses est l'un des premiers principes ; (le grand et le bon lord Littleton, dont la réputation ne périra jamais.) Son fils, ajoutait M. Dallas, auquel il avait transmis son génie, mais non ses vertus, a brillé un moment pour disparaître bientôt comme un météore passager, et avec lui son titre s'est éteint. C'est à cette lettre que Lord Byron fit la réponse suivante :

LETTRE XX.

A M. DALLAS.

Hôtel Dorant, Albemarle-street, 20 janvier 1808.

Monsieur,

« Votre lettre ne m'est parvenue que ce matin, probablement parce qu'elle m'était adressée à Nottingham, où je n'ai pas résidé depuis le mois de juin dernier; comme elle est datée du 6 courant, je vous prie d'excuser le retard de ma réponse.

» Si, comme vous dites, le petit volume dont vous parlez a fait quelque plaisir à l'auteur de *Perceval* et d'*Aubrey*, je suis plus que récompensé par cet éloge. Quoique nos censeurs périodiques se soient montrés d'une indulgence peu commune, je confesse que l'approbation d'un homme d'un génie aussi reconnu est encore bien plus flatteuse pour moi; mais je perdrais, je le crains, tous droits au titre d'homme candide, si je ne refusais pas des éloges que je ne mérite point. Je suis fâché d'ajouter que ce serait ici le cas.

» Mes ouvrages doivent parler pour eux-mêmes ; ils doivent se soutenir ou tomber suivant leur mérite ou leur démérite ; et sous le rapport littéraire je suis fier de l'opinion favorable que vous voulez bien m'en exprimer. Mais j'ai malheureusement si peu de prétentions au titre d'homme vertueux, que je ne puis accepter les complimens que vous me faites à cet égard, bien que je m'estimasse heureux de les mériter. Un passage de votre lettre m'a singulièrement frappé : vous y parlez des deux lords Littleton comme chacun d'eux le mérite respectivement ; vous serez surpris d'apprendre que la personne qui vous écrit en ce moment, a été souvent comparée au second. Je n'ignore pas que par cet aveu, je me perds moi-même dans votre estime ; mais c'est une circonstance que votre observation rend si remarquable, que je ne puis m'empêcher de rapporter ce fait. Les événemens de ma courte vie ont été d'une nature si singulière, que bien que cet orgueil que l'on appelle ordinairement honneur, m'ait toujours empêché, et doive, je l'espère, m'empêcher toujours de disgracier mon nom par aucune action lâche ou vile, j'ai déjà été considéré comme un adepte du libertinage et un disciple de l'incrédulité. Jusqu'à quel point la justice peut-elle avoir dicté cette accusation ? je ne prétends pas l'examiner ici, mais je dirai que comme le *gentleman* [1] auquel mes religieux amis, dans la

---

[1] *Le Diable.*

ferveur de leur charité, m'ont déjà dévoué, on me fait plus mauvais que je ne suis en effet. Quoi qu'il en soit, pour me laisser là moi-même, le plus mauvais sujet que je puisse traiter, et pour en revenir à mes poésies, je ne puis assez vous exprimer mes remercîmens, et j'espère avoir quelque jour l'occasion de vous en présenter personnellement l'hommage. Une seconde édition est maintenant sous presse avec quelques additions et des retranchemens considérables ; vous me permettrez de vous en offrir un exemplaire. Le *Critical*, le *Monthly* et l'*Anti-Jacobin Review* ont été très-indulgens, mais l'*Eclectic* a prononcé une furieuse philippique, non contre le livre, mais contre l'auteur, où vous trouverez tout ce que je viens de vous dire avancé par un ecclésiastique qui a écrit cet article.

» Je connaissais depuis long-tems votre nom et vos rapports avec notre famille ; j'espère faire bientôt une connaissance personnelle avec vous : vous trouverez en moi un excellent composé d'un *Brainless* et d'un *Stanhope*[1]. Je crains que vous ne puissiez déchiffrer cette lettre, car ma main est presque aussi mauvaise que ma réputation ; mais je vais signer, aussi lisiblement qu'il me sera possible, Votre obligé et obéissant serviteur »

BYRON.

Il y a ici évidemment une sorte d'orgueil de la

---

[1] Personnages du roman intitulé : *Percival* (*Perceval*).
(*Note de Moore.*)

part de Byron à s'assimiler au débauché lord Littleton. De peur que ce qu'on connaissait d'irrégulier dans sa vie ne suffît pas pour justifier cette prétention, il fait, avec un air de mystère, suivant sa coutume, allusion à des événemens inconnus qui pourraient lui donner droit à ce paralèlle [1]. M. Dallas qui, à ce qu'il paraît, ne s'attendait pas à voir recevoir ainsi ses complimens, se tira de ce mauvais pas en renvoyant à la *candeur* du jeune Lord les éloges dont celui-ci s'était montré si peu reconnaissant quand ils étaient adressés à ses mœurs, et ajoutait que, d'après l'intention exprimée par Lord Byron dans sa préface, d'abandonner le culte des muses pour suivre une autre carrière, il le croyait en ce moment occupé aux études qui forment le sénateur et l'homme d'état ; qu'il se l'était représenté comme membre de quelque université, s'exerçant à l'art de penser et de parler, et amassant un trésor de connaissances en histoire et en droit. C'est dans la réponse à cette lettre que se trouve l'exposition des opinions du noble poète à laquelle j'ai fait allusion plus haut.

---

[1] Cet appel à l'imagination de son correspondant ne fut pas tout-à-fait sans effet : « Je pensai, dit M. Dallas, que ces lettres, *quoique* » *évidemment fondées sur quelques circonstances de sa vie anté-* » *rieure,* étaient plutôt un jeu d'esprit qu'un portrait ressemblant.

(*Note de Moore.*)

LETTRE XXI.

A M. DALLAS.

Hôtel Dorant, 21 janvier 1808.

MONSIEUR,

« Dans quelque tems que vos loisirs et votre disposition d'esprit vous permettent de me favoriser d'une visite, je serai sensiblement flatté de faire une connaissance personnelle avec quelqu'un dont l'esprit m'était déjà connu depuis long-tems par ses ouvrages.

» Votre conjecture est fondée en ce sens que je suis membre de l'université de Cambridge, où je vais à la fin de ce quartier prendre le grade de *Master artium*[1] ; mais si le raisonnement, l'éloquence, la

---

[1] *Maître-ès-arts* (A. M.), second grade dans les universités anglaises, correspondant exactement à celui de licencié.

Une université anglaise se compose d'étudians non gradués (*under graduates*), de bacheliers, de maîtres-ès-arts et de docteurs. Ces grades ne correspondent pas absolument aux nôtres, en ce sens qu'il n'y a de bachelier que *ès-lettres* (*artium bachelors*, A. B.), bien que pour obtenir ce titre, il faille subir des examens sur les sciences et la théologie.

La licence et le doctorat s'obtiennent par un certain nombre d'années de résidence et le paiement de certains droits qui varient suivant que l'impétrant est noble ou roturier. Il n'y a également que des licenciés-ès-lettres (*artium masters*).

Quant au doctorat, au contraire, il n'y a point de docteurs-ès-lettres, mais seulement des docteurs en théologie (*doctores divinitatis*, D. D.), et des docteurs en droit (*doctores legis*, D. L). Bien que l'on appelle les médecins du nom de docteur, il n'y a point de grades en médecine, non plus que dans les sciences, et leurs diplômes sont plutôt des permissions d'exercer que des titres universitaires.

(*N. du Tr.*)

vertu étaient l'objet que je poursuis, *Granta*[1] n'est point leur métropole; le pays où elle est située n'est point un Eldorado, bien moins encore une Eutopie. L'intelligence de ses enfans est aussi stagnante que les eaux de sa *Cam*[2]; ils ont en vue dans leurs travaux non l'église du Christ, mais l'église la plus prochaine qui leur donnerait un bénéfice.

» Quant à mes connaissances, je puis dire sans hyperbole qu'elles sont passablement étendues en histoire; peu de nations existent ou ont existé dont je ne connaisse plus ou moins les annales, depuis Hérodote jusqu'à Gibbon. Quant aux auteurs grecs et latins, je les connais autant que la plupart des écoliers qui leur ont consacré treize années d'études. Quant aux lois du pays, je les connais juste assez pour ne pas *enfreindre les statuts,* pour me servir de l'expression des braconniers. J'avais étudié *l'Esprit des lois* et *le Droit des gens*; mais quand je vis celui-ci violé chaque mois, je cessai de m'en occuper comme d'une connaissance sans utilité. Quant à la géographie, j'ai vu plus de pays sur la carte, que je ne désirerais en traverser à pied. J'ai vu assez de mathématiques pour me donner mal à la tête sans éclaircir mes idées. De philosophie, d'astronomie et de métaphysique, j'en ai appris plus que je n'en comprends[3]; pour du sens commun, j'en ai acquis si

---

[1] Nom poétique de l'université de Cambridge.

[2] Rivière qui passe à Cambridge et lui donne son nom.

[3] Byron paraît se rappeler ici la manière spirituelle dont Voltaire nous

peu que je me propose de fonder un prix *byronien* dans chacune de nos universités pour le premier qui en découvrira quelques traits en moi ; quoique l'on craigne bien que la découverte de la quadrature du cercle ne doive précéder celle-là.

» Je me suis cru autrefois philosophe. Je débitais avec beaucoup de décorum bon nombre d'absurdités, défiant la douleur et prêchant l'égalité d'humeur. Pendant quelque tems cela réussit fort bien, car personne ne souffrait pour moi que mes amis, et ne perdait patience que mes auditeurs ; à la fin une chute de cheval me convainquit que la douleur physique était un mal, et cet argument, le pire de tous, changea à la fois mon système et mon humeur ; en sorte que je quittai Zénon pour Aristippe, et m'imaginai que c'est le plaisir qui constitue réellement le καλον [1]. En morale, je préfère Confucius aux dix commandemens, et Socrate à Saint-Paul, quoique les deux derniers s'accordent dans leur opinion du mariage. En religion, je suis pour l'émancipation catholique, mais je ne reconnais pas le pape, et j'ai refusé de recevoir le sacrement parce que je ne comprends pas comment manger du pain et boire du vin de la main du vicaire terrestre peut faire de moi l'héritier du royaume des cieux. Je regarde la vertu en général, et chaque vertu en particulier, comme

---

peint l'érudition de Zadig : « Il savait de la métaphysique ce que l'on » en a su dans tous les âges... c'est-à-dire fort peu de chose, etc. »

[1] Το καλον, le beau.

une disposition de l'ame ; chacune d'elles me semble une manière de sentir et non un principe [1]. Je crois que la vérité est le premier attribut de la divinité, et que la mort est un sommeil éternel, au moins pour le corps. Vous avez là un résumé des sentimens de ce *libertin* de George Lord Byron, et, jusqu'à ce que je me pourvoie d'un nouvel habit, vous voyez que je suis passablement mal vêtu.

» Je suis, etc. »

Quoique telle fût sans doute à cette époque la tournure générale de ses opinions, il faut se rappeler, avant d'ajouter trop d'importance à cette profession de ses sentimens, d'abord qu'il ne résista jamais à la tentation de montrer son esprit aux dépens de sa réputation, ensuite qu'il écrivait ici à une personne bien intentionnée, sans doute, mais en même tems à l'un de ces officieux, de ces donneurs d'avis, toujours contens d'eux-mêmes, que Byron s'est fait dans tous les tems un plaisir d'étonner et de mystifier. Les tours qu'il joua étant enfant au charlatan du Nottinghamshire, Lavender, n'étaient que les premiers d'une longue série de mystifications qu'il fit toute sa vie aux nombreux charlatans que sa célébrité et son humeur sociable attiraient autour de lui.

[1] C'est là la doctrine de Hume, qui résout toute vertu en un sentiment. Voyez son ouvrage intitulé : *Recherches sur les principes moraux* (*Enquiry concerning the principles of morals*).

Les termes dans lesquels il parle de l'université, dans cette lettre, sont parfaitement d'accord avec plusieurs passages des *Heures d'oisiveté* et de sa première satire. On voit que s'il se rappelait Harrow avec plus d'affection que de respect peut-être, Cambridge n'avait pu lui inspirer ni l'un ni l'autre de ces deux sentimens. Ce dégoût qu'il avait conservé pour sa *mère nourrice*, il le partageait en commun avec la plupart des noms les plus illustres de la littérature anglaise. « Si grande était la haine de Milton pour Cambridge, dit Warton, qu'il avait même conçu un dégoût pour l'aspect du pays et pour les campagnes d'alentour. » Voici comme le poète Gray parle de la même université : « Certainement c'est de cette ville, aujourd'hui Cambridge, mais autrefois connue sous le nom de Babylone, que le prophète parle, quand il dit : Les animaux sauvages du désert y habiteront, leurs demeures seront pleines de tristes créatures, les hiboux y bâtiront nids et les satyres y danseront. » Gibbon nous a transmis le souvenir amer qu'il conservait de l'université d'Oxford, et le froid mépris avec lequel Locke se vengea de l'hypocrisie qui régnait dans cet asile de la science, est encore plus remarquable [1].

On peut penser que les souvenirs pénibles que

[1] Voyez sa lettre à Anthony Collins, 1703-4, où il parle de ces fortes têtes qui jetaient feu et flamme contre son livre, parce qu'il était de nature à nuire à l'industrie locale, qu'à cette époque on appelait la *tonte de cochon*.

quelques poètes ont conservés de leur vie de collége ont leur origine dans cette antipathie pour les entraves de la discipline, antipathie que l'on observe assez souvent comme un des traits caractéristiques de génie : c'est comme une sorte d'instinct ou de préservatif, s'il est vrai (comme quelques-uns l'ont dit) qu'une éducation classique nuise à la fraîcheur et à l'élasticité de l'imagination. Un écrivain, membre du clergé, et par conséquent peu suspect de vouloir déprécier les études académiques, non-seulement pose cette question : « Les formes ordinaires » de notre système d'éducation ne sont-elles pas plus » nuisibles qu'utiles aux vrais poètes ? » mais encore il paraît fortement pencher pour une solution affirmative. Pour exemple à l'appui de son opinion, il choisit le classique Addisson qui, dans quelques essais originaux d'un genre sévère ou allégorique, paraît n'avoir pas été dépourvu des talens qui révèlent un esprit supérieur, talens qui furent tellement comprimés et énervés par son étude constante et superstitieuse des classiques anciens, que dans le fait il est demeuré un poète très-ordinaire.

C'est sans doute sous l'impression de l'influence maligne de l'atmosphère scholastique sur le génie, que Milton, en parlant de Cambridge, s'écrie : « C'est un lieu où les disciples de Phébus ne sau- » raient vivre, » et que Lord Byron, répétant en vers une pensée déjà exprimée dans la lettre à M. Dallas, que nous venons de citer, dit : « Son Hélicon

» est plus pesant et plus fangeux encore que sa ri-
» vière de Cam. »

Dryden, qui, comme Milton, avait reçu quelque châtiment déshonorant [1] à Cambridge, paraît avoir conservé peu de respect pour son *alma mater*; et les vers dans lesquels il loue l'université d'Oxford aux dépens de la sienne [2], lui ont été probablement dictés moins par une admiration véritable de l'une que par le désir de dénigrer l'autre.

Ce n'est pas seulement le génie qui se rebelle contre la discipline des écoles ; le goût, naturellement moins impérieux, et dont l'objet avoué est de cultiver les études classiques, se montre quelquefois rétif au gouvernement pédantesque qu'on veut lui imposer. Ce ne fut qu'après avoir été déchargé de l'obligation de lire Virgile comme une tâche, que Gray se sentit capable d'apprécier et de goûter les beautés de ce poète. Byron, jusques à la fin, s'efforça de vaincre un préjugé de la même nature contre Horace, dont le nom s'associait toujours dans son esprit au souvenir des ennuis de l'école.

Quoique le tems ait accoutumé mon esprit à méditer sur ce que j'avais appris alors, telle est la force du préjugé né de l'impatience qu'ils m'ont fait éprouver dans mes premiers ans,

---

[1] Milton a reçu le fouet à l'université de Cambridge ; c'est, dit-on, le dernier qui ait été soumis à cette punition dégoûtante, qui, bien que tombée en désuétude, n'en fait pas moins partie des moyens de répression indiqués dans les réglemens.
(*N. du Tr.*)

[2] Voyez *prologue à l'université d'Oxford*.

que, perdant pour moi l'attrait de la nouveauté, les auteurs dont j'aurais peut-être cherché la lecture avec avidité, si j'avais été libre dans mes choix, m'inspirent toujours une sorte de dégoût, et que ce que je détestais alors je l'abhorre encore aujourd'hui. Adieu donc, Horace, que je détestais tant, c'est ma faute et non la tienne. C'est un grand malheur d'entendre les mots dont tu t'es servi pour exprimer tes idées poétiques, sans être en âge d'apprécier ces mêmes idées, et de comprendre tes vers, trop tôt pour pouvoir jamais les aimer. (*Childe Harold*, chant IV.)

Aux grands poètes qui nous ont laissé un témoignage de leur désapprobation du système anglais d'éducation il faut ajouter les noms distingués de Cowley, Addisson et Cowper. Tandis que parmi les exemples qui, comme ceux de Milton et de Dryden, démontrent l'espèce de raison inverse qui peut exister entre les *honneurs* du collège et le génie, il ne faut pas oublier ceux de Swift, Goldsmith et Churchill, qui ne furent jugés que de médiocres écoliers dans les universités dont ils honorent aujourd'hui les annales. A la suite de cette longue série de poètes qui ont quitté les universités, entachés d'une note déshonorante et pleins de sentimens haineux contre elles, nous ajoutons des noms tels que ceux de Shakspeare, de Pope, de Gay, de Thomson, de Burns, Chatterton, etc., qui tous ont atteint leur degré de gloire respective sans avoir passé par aucun collége. Nous verrons que le plus grand nombre de nos poètes n'a rien dû à cette influence puissante que les universités sont censées exercer sur le développement du génie, dans les pays qui en sont pourvus.

Les lettres suivantes, écrites à cette époque, contiennent quelques particularités qui peut-être ne seront pas sans intérêt pour le lecteur.

LETTRE XXII.

A M. HENRY DRURY.

Hôtel Dorant, 13 janvier 1808.

Mon cher Monsieur,

« La stupidité de mes domestiques ou du portier, en ne vous disant pas de monter dans mon appartement, où je vous aurais rejoint à l'instant, m'a privé du plaisir de vous voir hier matin. J'espérais vous rencontrer le soir dans quelque lieu public, mon étoile ne l'a pas permis ; c'est ainsi qu'elle me refuse les faveurs, et généralement les faveurs qui me seraient le plus agréables. Vous eussiez été, je crois, fort étonné en me revoyant ; j'ai perdu 50 liv. depuis notre dernière entrevue ; je pesais alors 181 liv., je n'en pèse plus maintenant que 130. Je me suis débarrassé de mon *superflu*, au moyen de l'exercice violent et de l'abstinence. . . . .
. . . .

» Si vos occupations à Harrow vous permettaient de venir en ville d'ici au premier février, je m'estimerais heureux de vous recevoir dans Albemarle-street. Si je ne puis pas avoir cet avantage, je tâcherai d'aller vous voir une après-midi à Harrow, tout en tremblant que votre cave ne contribue pas beaucoup à ma guérison. Quant à mon digne précepteur, le docteur Butler, notre rencontre chez vous n'empêcherait pas ces *petites douceurs* que nous étions dans l'habitude de nous prodiguer mutuellement. Nous ne nous sommes parlé qu'une fois depuis mon départ de Harrow, 1805, et dans cette occasion il dit poliment à Tatersall que je n'étais pas un compagnon convenable pour ses élèves. C'était avant ma première *échauffourée* poétique ; et, en bonne prose, si j'avais été plus vieux de quelques années, j'aurais gardé le silence sur ses perfections ; mais j'étais couché sur le dos quand j'écrivis ou plutôt quand je dictai ces folies d'écolier. Je ne m'attendais pas à en revenir jamais ; mon médecin avait reçu les honoraires de seizième visite, et moi j'en étais à sa seizième ordonnance ; je ne pouvais quitter la terre sans laisser à Butler un souvenir de constant attachement, en retour de tous ses bons offices. J'avais intention de descendre à Harrow en juillet ; mais pensant que ma visite, immédiatement après la publication, pourrait être interprétée comme une insulte, je dirigeai mes pas ailleurs ; j'avais, de plus, appris que plusieurs des élèves s'étaient procuré mon opuscule ; et cela, bien certainement, contre mes intentions ; car je n'en ai pas donné une seule copie avant le mois d'octobre, époque à laquelle, cédant à des instances réitérées, je ne pus en refuser une à un jeune homme qui depuis a quitté l'école. Vous me pardonnerez de vous entretenir si longuement sur ce sujet ; vous l'aviez abordé, dès-lors une explication devient nécessaire. Je n'essaierai point de me justifier, *hic murus aheneus esto, nil conscire sibi*, etc., comme lord Baltimor lors de son jugement pour un rapt. Je suis demeuré assez longtems au collége de la Trinité pour avoir oublié la fin du vers ; mais si je ne finis pas ma citation, je finirai du moins ma lettre, en vous priant de me croire, avec autant d'affection que de reconnaissance, votre, etc.

» *P. S.* Je n'abuserai pas de vos loisirs en sollicitant la faveur d'une réponse, de peur que vous ne disiez, comme dit Butler à Tatersall, auquel j'avais adressé une lettre assez imprudente, à l'occasion du propos dont j'ai parlé plus haut : « Je voudrais l'entraîner dans une correspondance avec moi. »

LETTRE XXIII.

A. M. HARNESS.

Hôtel Dorant, Albemarle-street, 11 février 1808.

Mon cher Harness,

« Comme je n'ai pas eu occasion de vous les exprimer verbalement, j'espère que vous voudrez bien recevoir mes remercîmens écrits, pour l'opinion flatteuse que vous avez bien voulu exprimer au mois de novembre dernier, sur quelques-unes des productions de ma pauvre muse. Au plaisir que j'éprouve à me voir loué par un ancien camarade d'école se joint le besoin de vous rendre justice, car j'avais entendu l'histoire avec quelques légères variantes. En vérité, quand nous nous rencontrâmes ce matin, Wingfield ne m'avait pas encore détrompé, mais il vous dira que je n'ai témoigné aucun ressentiment en citant le jugement qu'on vous prêtait, quoique je ne sois pas fâché d'avoir découvert la vérité. Peut-être vous vous rappelez à peine qu'il y a quelques années nous avons été liés d'une amitié trop courte, mais bien vive. Pourquoi cette amitié n'a-t-elle pas duré plus long-tems ? je n'en sais rien. J'ai encore en ma possession un souvenir de vous, qui m'empêchera toujours de l'oublier. Je me souviens aussi d'avoir été favorisé de la lecture de plusieurs de vos compositions. Il est plusieurs autres circonstances que je pourrais vous rappeler, si je ne craignais de fatiguer votre mémoire; mais je vous prie de croire à la sincérité de mes regrets quant à la courte durée de mon amitié, et aux espérances que je nourris de la voir se renouveler, etc. »

BYRON.

J'ai déjà parlé de l'amitié qui unit de bonne heure ce *gentleman* et Lord Byron, aussi bien que de la froideur qui lui succéda. L'extrait suivant d'une lettre dont M. Harness voulut bien m'honorer, en mettant à ma disposition celle de son noble correspondant, expliquera les circonstances qui amenèrent à cette époque leur réconciliation. Le tribut d'éloges qu'il paie dans les dernières phrases à la mémoire de Lord Byron, ne paraîtra pas moins honorable pour lui-même que pour son ami.

« Bientôt après, notre liaison se refroidit, comme le dit Byron dans la première des lettres ci-jointes, et nous ne nous parlâmes plus durant la dernière année qu'il passa à Harrow, ni jusqu'après la publication de ses *Heures d'Oisiveté*; il était alors à Cambridge, et moi encore à l'école, mais dans une des *formes* les plus avancées. Il arriva que dans une amplification anglaise je citai quelque chose de son ouvrage, et je le fis avec éloge. On rapporta à Byron que j'avais au contraire parlé en mauvaise part et de l'ouvrage et de l'auteur, pour m'attirer les bonnes grâces de notre maître le docteur Butler, contre lequel un de ses poèmes renfermait une satire. Wingfield, depuis lord Power'scourt, notre ami commun, le désabusa de son erreur, et ce fut là l'occasion de la première lettre de ce recueil. Notre commerce se renouvela, et continua de ce moment jusqu'à celui où il quitta l'Angleterre; quelques torts que Lord Byron puisse avoir eu envers d'autres, sa conduite envers moi a toujours été uniformément affectueuse. J'ai eu à me reprocher bien des négligences, bien des petites choses envers lui; mais je ne puis me rappeler, pendant tout le cours de notre liaison, aucun exemple de caprice, aucun manque d'amitié de sa part. »

Au printems de cette année 1808, parut, dans la *Revue d'Édimbourg*, la fameuse critique sur les *Heures d'Oisiveté*. Qu'il eût d'avance quelque idée de ce qui se préparait contre lui de ce côté, c'est ce que rend évident la lettre suivante à son ami M. Becher.

LETTRE XXIV.

A M. BECHER.

Hôtel Dorant, 26 février 1808.

Mon cher Becher,

« ..... Passons à Apollon : je suis charmé que vous me continuiez votre indulgence, et que le public veuille bien approuver mes essais. Je suis devenu un personnage si important, qu'une violente attaque se prépare contre moi dans le prochain numéro de la *Revue d'Édimbourg*. Je sais cela d'un ami qui a vu la copie et l'épreuve de cette critique. Vous n'ignorez pas que le système de ces messieurs est de tout désapprouver. Ils ne louent personne, et ni le public ni les auteurs ne s'attendent à trouver dans leur feuille rien qui ressemble à des éloges. Il y a ici cependant quelque chose de remarquable, attendu qu'ils font profession de ne donner de jugement que sur des ouvrages dignes de l'attention publique. Vous verrez cet article quand il paraîtra : il est, m'a-t-on dit, de la plus extrême sévérité ; mais pour moi, j'en suis prévenu; et pour vous, j'espère que vous ne vous en offenserez pas.

» Dites à Mrs. Byron de ne pas se chagriner pour cela, et de s'attendre aux plus grandes hostilités de leur part. Cela ne me peut faire aucun tort, ainsi j'espère qu'elle ne s'en tourmentera pas trop. Ces messieurs manquent leur but en injuriant indifféremment tout le monde; ils ne louent jamais que les partisans de Lord Holland et compagnie; ce n'est rien d'être critiqué et insulté, quand Southey, Moore, Lauderdale, Strangford et Payne Knight partagent le même sort.

» J'en suis fâché, mais il faut retrancher les *Souvenirs d'Enfance* dans la première édition. J'ai changé conformément à vos avis, les *allusions* trop *personnelles* dans la sixième stance de ma dernière ode.

» Et maintenant, mon cher Becher, il me reste à vous offrir mes remercîmens pour tout l'intérêt que vous avez bien voulu prendre à moi et à mes mauvaises rimes. Croyez que je ferai toujours grand cas de vous et de vos amis : je suis bien sincèrement, etc., etc. »

Bientôt après cette lettre, parut l'article redouté, article qui, s'il ne renferme pas beaucoup d'esprit en lui-même, eut du moins le mérite incontestable d'exciter l'esprit des autres; jamais en effet article dicté par la plus juste critique n'obtint la célébrité que celui-ci dut à son injustice elle-même. Aussi long-tems qu'on gardera le souvenir de la courte mais glorieuse carrière qu'a parcourue le génie de Byron, on ne saurait oublier l'odieuse critique qui lui donna son premier élan.

Il n'est que juste cependant de remarquer, sans prétendre justifier en rien le ton méprisant qui règne dans cette critique, que les premiers vers de Lord Byron, tout gracieux et tendres qu'ils sont, étaient peu propres à faire attendre ces miracles brillans de poésie dont, par la suite, il enchanta le monde étonné. Si les vers composés dans sa jeunesse ont un charme particulier à nos yeux, c'est que nous les lisons pour ainsi dire à la lueur de la gloire immortelle qu'il acquit dans la suite.

Il est cependant un point de vue sous lequel ces productions offrent un intérêt profond et instructif. Images fidèles de son caractère pendant cette période de sa vie, elles nous permettent de juger ce qu'il était par lui-même avant que des désappointemens eussent jeté de l'amertume dans son esprit ardent, et donné de l'activité aux défauts qui se rencontraient dans son naturel énergique. En le suivant dans toutes ces effusions de son jeune génie, nous le voyons se peindre des mêmes traits dont chaque anecdote de son enfance nous avait déjà fait la confidence : orgueilleux, entreprenant, colère, plein de ressentiment de la moindre injustice, plus encore dans la cause des autres que dans la sienne, et cependant, malgré son impétuosité, doux et facile sous la main de ceux à qui l'affection donnait le droit de le guider. Lui-même n'a que faiblement rendu justice à cette disposition aimante que l'on aperçoit à chaque page de ce volume; sa jeunesse tout entière, dès sa plus tendre enfance, n'est qu'une série d'attachemens les plus passionnés, de ces épanchemens de l'ame dans l'amitié et dans l'amour, que l'on éprouve rarement, et auxquels les autres répondent plus rarement encore, et qui, repoussés et refoulés vers le cœur, ne sauraient manquer de se tourner en amertume.

L'on reconnaît aussi dans quelques-uns de ses poèmes non publiés, même à travers les nuages dont le doute commence à les couvrir, les sentimens de piété auxquels une ame comme la sienne ne pouvait demeurer étrangère, mais qui, détournés de leur canal légitime, trouvent bientôt dans le culte poétique de la nature une sorte de compensation à celui de la religion dont la superstition les éloigne. Quant à tous ces traits de caractère que nous trouvons çà et là répandus dans ses premiers poèmes, nous le voyons jeter dans l'avenir un coup-d'œil tantôt plein d'un noble orgueil, tantôt plein de tristesse, comme s'il sentait déjà en lui les élémens de quelque chose de grand, mais qu'il doutât que la destinée lui permît d'en développer jamais le germe. Il n'est pas étonnant qu'ayant présente à la pensée toute sa noble carrière, nous contemplions ses premiers essais sous l'influence d'une gloire qui ne leur est pas propre, mais qui est comme le reflet de celle qu'il acquit dans la suite ; et alors, dans notre indignation contre l'aveuglement stupide du critique, nous oublions qu'il n'a point écrit sous le charme dont se revêt aujourd'hui pour nous tout ce qui se rattache de loin ou de près au poète.

Pour bien comprendre l'effet que cette critique produisit sur lui, il faut d'abord se faire une juste idée de ce que la plupart des poètes éprouveraient en se voyant en butte à une telle attaque, et puis avouer que Byron avec son caractère et sa sensibilité devait en ressentir l'amertume dix fois plus qu'aucun autre. Nous avons vu avec quelle anxiété fiévreuse il attendait le jugement des revues inférieures ; et la joie qu'il montra de se voir louer par des journalistes moins connus, peut nous faire juger combien son cœur a dû saigner sous les coups dédaigneux de ceux qui, à cette époque, tenaient le sceptre de la critique. Un ami qu'il trouva dans le premier moment d'émotion, après la lecture de l'article, s'empressa de lui demander s'il venait de recevoir un cartel, ne sachant comment expliquer autrement la colère et l'indignation qui se peignaient dans ses yeux. Il serait en effet difficile pour le sculpteur ou pour le peintre d'imaginer un sujet d'une beauté plus effrayante que la belle figure du jeune poète au moment de cette crise, où toute son énergie se déployait : son orgueil avait été piqué au vif et son ambition humiliée ; mais ce sentiment terrible ne dura qu'un moment : la réaction de son esprit, le besoin de repousser l'attaque, lui révélèrent à lui-même tout son génie ; et la douleur et la honte de l'injure se turent dans son cœur devant la noble certitude de la vengeance.

Entre autres effets moins poétiques de l'article de la *Revue* sur son esprit, il disait souvent que le jour qu'il le lut, il but pour sa part après dîner trois bouteilles de vin de Bordeaux, et que rien ne le soulagea jusqu'à ce qu'il eût donné en vers carrière à son imagination ; mais qu'après les vingt premiers, il se trouva beaucoup mieux ; en effet, son premier soin, après que la satire eut paru, fut, comme avant qu'elle ne vît le jour, d'alléger autant qu'il le pourrait l'effet qu'elle devait produire sur sa mère, qui, n'ayant pas le même génie, le même sentiment d'une prompte et juste vengeance, devait souffrir cruellement de cette attaque contre sa réputation, et s'en indigna, en effet, beaucoup plus que bientôt il ne le fit lui-même. Mais on verra mieux dans la lettre suivante l'état de son esprit dans ce moment critique.

LETTRE XXV.

A M. BECHER.

Hôtel Dorant, 28 mars 1808.

« J'ai reçu dernièrement de Ridge un exemplaire de la nouvelle édition, et il est bien tems que je vous remercie de la peine que vous avez prise de la surveiller : je le fais bien sincèrement, et je regrette seulement que Ridge ne vous ait pas secondé autant que je l'aurais désiré, au moins quant au papier, à la reliure, etc., etc., de mon exemplaire ; peut-être ceux destinés au public sont-ils plus satisfaisans sous tous ces rapports.

» Vous avez nécessairement vu *la Revue d'Édimbourg*. Je regrette que Mrs. Byron ait pris la chose si fort à cœur. Pour ma part, *ces petites boulettes de papier* m'ont appris à voir le feu en face ; et comme, somme toute, j'ai eu assez de bonheur, mon repos ni mon appétit n'en ont point été altérés. Pratt *le glaneur*, l'auteur, le poète, etc., etc., m'a adressé une longue épître en vers sur ce sujet, en forme de consolation ; mais comme elle est assez mal faite, je ne vous l'enverrai pas, quoique son nom eût pu lui mériter cet honneur. Ces messieurs de la *Revue d'Édimbourg* n'ont pas bien rempli leur tâche, c'est du moins l'avis de plusieurs hommes de lettres ; je pense que je pourrais écrire sur moi-même une critique plus mordante que toutes celles qui ont été publiées jusqu'ici. Ainsi, au lieu de la remarque assez méchante, mais sans esprit, sur Macpherson, j'aurais dit si j'avais été à leur place : « Hélas ! cette pièce ne fait que prouver la vérité de l'assertion du docteur Johnson, que beaucoup d'hommes, de femmes et *d'enfans* pourraient écrire des poésies comme celles d'Ossian. »

» Je suis maigre, et prends beaucoup d'exercice. J'espère vous voir ce printems ou cet été. On dit que lord Ruthen quitte Newstead en avril..... Aussitôt qu'il l'aura quitté pour toujours, je vous serais infiniment obligé d'y faire un tour à cheval, d'examiner la propriété et de me donner franchement votre opinion sur le meilleur parti à prendre quant à la maison. Entre nous, je suis diablement enfoncé; mes dettes, tout compris, s'élèveront à neuf ou dix mille livres sterling avant l'époque de ma majorité. Mais j'ai des raisons de penser que je me trouverai cependant plus riche que l'on ne le croit généralement. Je n'ai que peu d'espoir de conserver Newstead; mais Hanson, mon agent, me dit que ma propriété dans le Lancashire vaut trois fois plus. Je crois que nous la recouvrerons, et que la partie adverse ne refuse de la rendre, que dans l'espoir de prolonger l'affaire jusqu'à ma majorité; ils veulent sans doute alors proposer quelques arrangemens, supposant que je préférerai alors une somme d'argent comptant à une réversion. Pour Newstead, je puis le vendre, peut-être ne le ferai-je pas; nous aurons le tems d'en parler plus tard. Je viendrai en mai ou en juin......

» Votre bien affectionné. »

Le genre de vie qu'il menait à cette époque, partagé entre les dissipations de Londres et celles de Cambridge, sans maison à lui, sans un seul parent qu'il pût visiter, n'était pas propre à le rendre content de lui-même ou des autres. N'ayant en tout de volonté à consulter que la sienne [1], les plaisirs même auxquels il était le plus naturellement porté, perdirent de bonne heure tout leur charme pour lui, parce qu'ils manquaient de ce qui fait l'assaisonnement de toutes nos jouissances, la rareté et la difficulté. J'ai déjà extrait d'un de ses *souvenirs*, un passage où il décrit ce qu'il éprouva en se rendant à Cambridge pour la première fois, et dit : « Qu'une des sensations les plus pénibles de sa vie fut de voir qu'il n'était plus un enfant ! Depuis ce moment, ajoute-t-il, je commençai à m'estimer vieux, et dans mon estime l'âge n'est pas estimable. Je pris mes *degrés* dans le vice avec beaucoup de promptitude ; mais le vice n'était pas de mon goût, car mes premières passions, quoique extrêmement violentes, étaient concentrées, et n'aimaient point à se répandre au-dehors ni à se partager. J'aurais pu quitter ou perdre le monde entier avec ou pour ce que j'aimais ; mais bien que mon tempérament fût de feu, je ne pouvais prendre part au libertinage commun de cette ville à cette époque ; et cependant ce dégoût lui-même, qui laissait mon cœur inoccupé, me jeta dans des excès peut-être plus fatals que ceux dont je m'éloignais, en fixant sur une seule personne (à la

---

[1] Notre vie entière dépend singulièrement des trois ou quatre premières années pendant lesquelles nous n'avons pas eu d'autres maîtres que nous-mêmes.

(Cowper.)

fois) les passions qui, répandues sur plusieurs, n'eussent fait de mal qu'à moi-même.

D'après les raisons que nous venons d'en donner, les écarts auxquels il se livrait à cette époque étaient bien moins nombreux et bien moins grossiers que ceux de la plupart de ses condisciples ; cependant, soit à cause de la véhémence que leur donnait leur concentration sur un seul objet, ou plutôt de cet étrange orgueil qui l'a toujours porté à afficher ses erreurs, il arrivait qu'une seule de ses folies faisait plus de bruit que mille de celles des autres ; nous en avons un exemple à peu près à l'époque dont nous parlons, et à laquelle je serais porté à croire que se rapportent les allusions mystérieuses que nous venons de citer. Un amour, si l'on peut honorer de ce nom une intrigue passagère que d'autres eussent bientôt oubliée ou auraient eu la prudence de cacher, fut changé par lui en une liaison publique et d'une certaine durée. Il fit loger avec lui à Brompton la personne qui le lui avait inspiré, et l'emmena ensuite à Brighton déguisée en homme. Elle se promenait ordinairement à cheval avec lui, et il la présentait comme son jeune frère. Feu P.... qui se trouvait à Brighton à cette époque, et qui soupçonnait la vraie nature de leurs rapports, dit un jour au prétendu cavalier : « Quel joli cheval vous montez ! — Oui, répondit celui-ci, en faisant une faute grossière de langue, c'est mon frère qui me l'a donna (*it was gave me by my brother*). »

Beattie nous dit de son poète idéal : « Il ne trouvait ni plaisir ni orgueil dans les exercices de force ou d'agilité. » Bien différens étaient les goûts de notre poète réel ; et parmi les exercices auxquels il se livrait, il faut compter d'abord les moins romantiques de tous peut-être, celui de boxer et de prendre part au combat du coq. Ce goût lui fit rechercher de bonne heure la connaissance du plus célèbre professeur de cet art, M. Jackson, pour lequel il conserva, toute sa vie, la plus grande considération. Un de ses derniers ouvrages contient un tribut affectueux d'éloges, non-seulement pour les talens de cet ornement, de cette gloire du pugilat, mais encore de ses qualités sociales. Pendant le séjour que Byron fit cette année à Brighton, Jackson fut un de ses visiteurs les plus assidus, les frais de la voiture du professeur, pour l'*allée* et le *retour*, étant toujours à la charge de son noble élève. Il honora aussi de sa familiarité d'Egville le maître de ballet et Gimaldi ; il envoya, dit-on, à ce dernier, le jour de son bénéfice, un présent de cent guinées. M. Jackson ayant eu l'obligeance de me donner copie du petit nombre de lettres qu'il a conservées parmi un bien plus grand nombre que Lord Byron lui avait adressées, j'en insérerai ici une ou deux qui portent la date de cette année. Quoique les sujets dont elles traitent soient de peu d'importance en eux-mêmes, elles donneront peut-être des habitudes et de la vie actuelle du jeune poète une idée plus complète qu'on ne pourrait tirer de correspondances d'un genre plus relevé. Elles montreront au moins combien les premiers goûts et les premiers passe-tems de l'auteur de Childe-Harold étaient peu romanesques. Si nous les rapprochons des occupations et des amusemens moins romantiques encore de la jeunesse de Shakspeare, nous verrons combien le principe vital du génie peut, sans s'affaiblir, traverser l'atmosphère, même, en apparence, la plus hétérogène et la plus contraire à sa nature.

LETTRE XXVI.
A M. JACKSON.

Newstead-Abbey, 18 septembre 1808.

Mon cher Jack,

« Je voudrais que vous me fissiez savoir ce que Jekyll a fait à Snoane-Square, n° 40, concernant le *pony* que j'ai renvoyé comme vicieux.

» Je désire aussi que vous passiez chez Louch, à Brompton, pour lui demander quelle diable d'idée il a eue de m'envoyer une lettre si insolente à Brighton. Dites-lui bien en même tems que je ne prétends pas du tout accepter le compte ridicule qu'il me présente pour de prétendues détériorations.

» Ambroise a agi de la manière la plus scandaleuse dans l'affaire du *pony*. Vous pouvez dire à Jekyll que s'il ne me rend pas l'argent, je mettrai l'affaire entre les mains de mon homme de loi. Vingt-cinq guinées sont un fort bon prix pour un *pony*; et parbleu! dût-il m'en coûter 500 liv. st., je ferai un exemple de M. Jekyll, et cela immédiatement, à moins qu'il ne rende l'argent.

Croyez-moi, mon cher Jack, etc.

LETTRE XXVII.

A M. JACKSON.

Newstead-Abbey, 4 octobre 1808.

Mon cher Jack,

« Si ce M. Jekyll n'est pas un gentleman, vous ferez avec lui le marché le plus avantageux qu'il vous sera possible ; mais si c'est un gentleman, informez-m'en, car alors j'en agirai d'une tout autre manière. S'il ne l'est pas, tirez de lui le plus d'argent que vous pourrez, car j'ai trop d'affaires sur les bras pour commencer un procès. En outre, cet Ambroise devrait rendre l'argent ; mais j'en ai fini avec lui. Vous pouvez payer L.... avec la balance, et vous disposerez des bidets, etc., pour le mieux.

» J'aurais grand plaisir à vous voir ici ; mais la maison est en réparation et pleine d'ouvriers. J'espère toutefois avoir cet avantage avant peu de mois. Si vous voyez Baldwabster, rappelez-moi, je vous prie, à son souvenir, et dites-lui que j'ai regretté la perte de Sydney, qui a péri, je le crains, dans ma garenne, car nous ne l'avons pas vu depuis quinze jours.

» Adieu, etc. »

LETTRE XXVIII.

A M. JACKSON.

Newstead-Abbey, 12 décembre 1808.

Mon cher Jack,

« Achetez le lévrier à quelque prix que ce soit, et autant d'autres de la même race que vous pourrez vous en procurer, mâles ou femelles.

» Dites à d'Egville que je lui renverrai son costume, et que je lui suis fort obligé du patron. Je suis fâché de vous donner tant de peines; mais je n'avais pas idée qu'il fût si difficile de se procurer les animaux en question; mon manoir sera terminé dans quelques semaines; et si vous pouvez me faire une visite à Noël, je serai charmé de vous voir.

» Croyez-moi votre, etc. »

Le costume dont il s'agit ici était sans doute nécessaire pour un théâtre de société qu'il montait à cette époque à Newstead, et sur lequel nous trouverons d'autres détails dans la lettre suivante, adressée à M. Becher.

LETTRE XXIX.

A M. BECHER.

Newstead-Abbey, 14 septembre 1808.

Mon cher Becher,

« Je vous suis fort obligé des informations que vous me donnez, et j'en ferai mon profit. Je vais monter ici une comédie, le vestibule nous fera une salle admirable. J'ai déjà distribué les rôles, et puis me passer de dames, ayant quelques jeunes amis qui feront d'assez bons substituts, à défaut de femmes. Nous n'avons besoin que de trois hommes, outre M. Hobhouse et moi-même, pour la pièce dont nous avons fait choix. Ce sera la Vengeance (*the Revenge*). Dites, je vous prie, au charpentier Michalson de venir me parler immédiatement, et faites-moi savoir quel jour vous pourrez venir dîner et passer la soirée avec moi.

» Croyez-moi, etc., etc. »

Ce fut dans l'automne de cette année, comme l'indiquent les lettres précédentes, qu'il fixa pour la première fois sa résidence à l'abbaye de Newstead. La maison, quand il la reçut des mains de lord Grey de Ruthen, était dans le dernier état de dégradation; il se mit aussitôt à réparer et à meubler quelques appartemens pour en rendre l'habitation plus commode, non à lui-même, mais à sa mère. Dans une de ses lettres à Mrs. Byron, publiée par M. Dallas, voici comme il explique ses vues et ses intentions à ce sujet.

LETTRE XXX.

A L'HONORABLE ¹ MISTRESS BYRON.

Newstead-Abbey, 7 octobre 1808.

Chère Madame,

« Je n'ai point de lits à présent pour les H.... ni pour aucun autre ; ils couchent maintenant à Mansfield. Je ne sache point que je ressemble à J.-J. Rousseau. Je n'ai nulle ambition de ressembler à si illustre fou ; mais ce que je sais, c'est que je vivrai à ma manière, et le plus solitairement qu'il me sera possible. Dès que mes appartemens seront prêts, je serai charmé de vous voir ; jusque-là cela serait inconvenant et incommode pour tous deux ; vous ne sauriez vous opposer raisonnablement à ce que je rende mon manoir habitable, malgré mon départ pour la Perse en mars ou au plus tard en mai. Vous serez propriétaire jusqu'à mon retour ; et en cas d'accident, car j'ai déjà préparé mon testament pour le moment où j'aurai vingt-un ans, j'ai eu soin que la maison et le manoir vous restassent votre vie durant, outre une pension suffisante. Ainsi vous voyez que ce n'est pas l'égoïsme qui me porte à faire des réparations et des embellissemens. Comme j'ai un ami ici, nous irons au bal de l'Hôpital. Le 12, nous prendrons le thé avec Mrs. Byron à huit heures, et

---

¹ Lord Byron donne toujours le titre d'*honorable* à sa mère, quoiqu'elle n'y eût aucun droit.

nous espérons vous voir au bal. Si cette dame a la bonté de nous réserver deux chambres pour nous habiller, elle nous obligera infiniment. Que nous soyons au bal à dix ou onze heures, c'est tout ce qu'il faut, et nous retournerons à Newstead entre trois et quatre.

» Adieu. Je suis bien sincèrement votre, etc. »

L'idée entretenue par Mrs. Byron d'une ressemblance entre son fils et Rousseau était surtout fondée sur ses habitudes solitaires, dans lesquelles il montrait de si bonne heure du penchant à suivre ce philosophe, penchant qui prit de la force à mesure qu'il avança en âge. Dans un de ses *souvenirs*, auquel j'ai déjà beaucoup emprunté [1], il met en question la justesse de cette comparaison entre Rousseau et lui, et nous donne comme à l'ordinaire, en style très-animé, quelques idées de son caractère et de ses habitudes.

« Avant que je n'eusse vingt ans, ma mère voulait absolument que je ressemblasse à Rousseau, madame de Staël en disait autant en 1813, et il y a quelque chose de cela dans la *Revue d'Édimbourg*, dans l'article critique sur le quatrième chant de Childe-Harold. Pour ma part, je ne puis voir aucun point de ressemblance : il écrivait en prose et moi en vers; c'était un homme du peuple, et moi de l'aristocratie;

---

[1] Ce journal est intitulé par lui-même : *Pensées détachées*.

il était philosophe, et je ne le suis point ; il publia son premier ouvrage à quarante ans, et moi à seize : son premier essai lui attira les applaudissemens universels, le mien m'attira tout le contraire : il épousa sa gouvernante, je n'ai pas pu vivre avec ma femme [1] : il pensait que tout le monde conspirait contre sa personne, moi c'est mon petit monde qui croit que je conspire contre lui, si j'en peux juger par les injures que me prodiguent la presse et les coteries. Il aimait la botanique, j'aime les fleurs, les herbes et les arbres, mais je ne sais rien de leur histoire. Il a composé de la musique, je n'en connais que ce que l'oreille me permet de saisir. Je n'ai jamais pu rien apprendre par l'étude, pas même une langue : tout ce que je sais, je le dois à la routine, à l'oreille et à la mémoire, qu'il avait mauvaise, et que j'ai ou plutôt j'avais excellente, demandez plutôt au poète Hodgson, bon juge en cette matière, car il en a lui-même une étonnante. Il écrivait avec hésitation et travail, moi j'écris rapidement et presque toujours sans efforts. Il ne sut jamais monter à cheval, nager ni faire des armes, moi je suis un excellent nageur, un décent, si ce n'est un brillant cavalier, m'étant enfoncé une côte au manége à l'âge de dix-huit ans. Je maniais assez bien les armes, particulièrement l'espadon des montagnards ; je n'é-

---

[1] *He married his house-keeper ; I could not keep house with my wife.*

tais pas non plus un mauvais boxeur, quand je pouvais conserver mon sang-froid, ce qui était difficile, mais ce que je me suis toujours efforcé de faire depuis que (avec les gants) je renversai M. Purling, et lui démis la rotule, en 1806, dans la salle d'Angelo et Jackson. J'étais aussi assez fort à la balle crossée et l'un des onze champions de Harrow, qui soutinrent un défi, en 1805, contre Éton. En outre, le genre de vie de Rousseau, son pays, ses mœurs, l'ensemble de son caractère, offrent avec moi de si grandes différences, que je ne puis comprendre comment une telle comparaison a pu être faite trois fois, et toujours d'une manière si remarquable. J'oubliais encore de dire qu'il avait la vue courte, et que jusqu'ici la mienne a été tout le contraire, au point qu'au plus grand théâtre de Bologne, je distinguai certain buste et lus certaines inscriptions sur le bord de la scène, bien que placé dans la loge la plus éloignée et la plus sombre. Quoiqu'il y eût dans cette même loge plusieurs personnes jeunes et y voyant bien, elles ne pouvaient reconnaître une seule lettre, et crurent d'abord que c'était une plaisanterie, quoique je ne fusse jamais entré dans ce théâtre auparavant. Somme toute, je crois avoir raison de trouver la comparaison mal fondée. Je ne le dis pas par humeur, car Rousseau était un grand homme, et la chose, si elle était vraie, serait assez flatteuse ; mais je ne trouve point de plaisir dans une pure chimère. »

Dans une autre lettre à sa mère, quelques semaines après la précédente, il développe ses plans sur Newstead et ses voyages projetés.

LETTRE XXXI.

A MRS. BYRON.

Newstead-Abbey, 2 novembre 1808.

Ma chère mère,

« Nous oublierons, s'il vous plaît, ce que vous me dîtes dans votre dernière; je ne désire point me le rappeler. Quand nos chambres seront prêtes, je serai charmé de vous recevoir; et surtout je serais fâché de vous voir douter, en ce moment, de ma sincérité. C'est plus pour vous que pour moi que je meuble la maison; je vous y installerai avant mon départ pour les Indes, qui aura lieu, je crois, dans le courant de mars, s'il ne survient quelque obstacle particulier. Je fais arranger en ce moment le salon vert, la chambre à coucher rouge, et à l'étage au-dessus quelques chambres d'amis. Tout cela sera bientôt prêt, ou du moins je l'espère ainsi.

» Je vous prierais de vous informer auprès du major Watson, qui a résidé long-tems dans les Indes, quels sont les objets dont il est le plus nécessaire d'être pourvu. J'ai déjà fait écrire par l'un de mes amis au professeur d'Arabe, à Cambridge, pour quelques renseignemens que je désire vivement me procurer. Il me sera aisé d'obtenir du gouvernement des lettres pour les ambassadeurs, les consuls, etc., et aussi pour les gouverneurs de Calcutta et de Madras. Je placerai mes propriétés et mon testament entre les mains de plusieurs personnes de confiance dont vous serez certainement l'une. Je n'ai reçu aucune nouvelle de H.....; quand j'en aurai, je m'empresserai de vous en faire part.

» Après tout, vous avouerez que mon projet n'est pas mauvais; si je ne voyage pas maintenant, je ne voyagerai jamais, et les hommes le devraient toujours faire un jour ou l'autre. Je n'ai rien qui me retienne maintenant dans mon pays; point de femme, point de sœurs à pourvoir, point de frères, etc. Je prendrai soin de vos intérêts; et, à mon retour, il sera possible que je me décide à suivre la carrière de la politique. Quelques années consacrées à connaître d'autres pays, ne me nuiront pas si j'embrasse ce parti. Tant que nous ne voyons que notre propre nation, nous ne jouons pas franc jeu avec l'espèce humaine. C'est par l'expérience personnelle, et non par des livres, que nous devrions juger les peuples étrangers. Il n'y a rien de tel que de voir par soi-même, et de ne s'en rapporter qu'à ce qu'on a vu.

» Votre, etc. »

Dans le mois de novembre de cette année, il perdit son chien favori Boatswain. Le pauvre animal fut tout à coup saisi d'un accès de rage; au commencement, Lord Byron soupçonnait si peu la nature de la maladie, qu'il lui arriva plusieurs fois d'essuyer avec sa main nue l'écume qui sortait de la bouche du chien au moment de ses attaques. Dans une lettre à son ami, M. Hodgson [1], il annonce ainsi cet événement : « Boatswain est mort ! il a expiré dans un état de rage complète, après avoir beaucoup souffert, mais conservant jusqu'à la fin toute la douceur de son naturel, et sans jamais essayer de faire le moindre mal à ceux qui l'entouraient. J'ai maintenant tout perdu, hors le vieux Murray. »

Le monument qu'il éleva à ce chien, le plus remarquable en son genre, depuis le tombeau du chien de Salamine, forme encore l'un des plus beaux ornemens de Newstead. Les vers pleins de misanthropie qu'il y fit graver se retrouvent dans son recueil de poésies, et sont précédés de l'inscription que voici :

« Près de ce lieu sont déposés les restes d'un être
» qui posséda la beauté sans orgueil, la force sans
» insolence, le courage sans férocité ; en un mot,
» toutes les vertus de l'homme sans ses vices. Cet
» éloge, qui serait une basse flatterie s'il était in-
» scrit sur des cendres humaines, n'est qu'un juste
» tribut à la mémoire de Boatswain, chien qui, né
» à Terre-Neuve, au mois de mai 1803, est mort,
» à Newstead-Abbey, le 18 novembre 1808. »

---

[1] Le révérend Francis Hodgson, auteur d'une excellente traduction de Juvenal et de plusieurs autres ouvrages estimés : il fut long-tems en correspondance avec Lord Byron, et je lui dois plusieurs lettres intéressantes de son noble ami ; je les donnerai dans le cours des pages suivantes.

Le poète Pope, à peu près au même âge que l'auteur de cette inscription, fait de même l'éloge de son chien, aux dépens de l'espèce humaine, et ajoute que l'histoire nous offre plus d'exemples de la fidélité des chiens que de celle des hommes. Lord Byron, parlant de son favori, dit, avec plus de tristesse et d'amertume encore : « Ces pierres ont été élevées » pour couvrir les restes d'un ami; je n'en ai jamais eu qu'un, et c'est ici qu'il repose. » Il semble, en effet, qu'à cette époque sa mélancolie fît de rapides progrès. Dans une autre lettre à M. Hodgson, il dit : « Vous savez que, d'après Smollet, le » rire est le signe caractéristique d'un animal rai- » sonnable; je le crois aussi; malheureusement mes » dispositions naturelles ne s'accordent pas toujours » avec mon opinion à cet égard. »

Murray, le vieux serviteur dont il parle plus haut, comme le seul individu fidèle qui lui reste, avait été long-tems domestique du vieux lord, et était traité par le jeune poète avec une affection que la vieillesse inspire rarement, surtout dans une condition dépendante. « J'ai vu souvent, dit l'un des plus constans visiteurs de Newstead, Lord Byron à la fin du repas, emplir un grand verre de Madère, et le passer par-dessus son épaule à Joe Murray, qui se tenait derrière sa chaise, en lui disant avec un air d'affection qui animait toute sa physionomie : « Tiens, bois, mon vieux camarade! »

Nous retrouvons dans un passage d'une autre de

ses lettres à M. Hodgson un exemple de ce ton d'indifférence avec lequel il parlait quelquefois de la difformité de son pied. Ce *gentleman* ayant dit, en plaisantant, que quelques vers des *Heures d'oisiveté* étaient calculés pour porter les écoliers à la révolte, Lord Byron répondit : « Si mes chants ont produit
» les glorieux effets que vous dites, je serai un Tyr-
» tée complet, quoique, et je suis fâché de le dire,
» je ressemble plutôt à ce poète célèbre, dans ma per-
» sonne que dans mes ouvrages. » Quelquefois aussi il supportait avec la meilleure humeur du monde une allusion faite par d'autres à cette infirmité, quand il supposait qu'on n'avait pas eu l'intention de l'offenser. Un jour, dans une compagnie nombreuse et *mélangée,* une personne sans éducation lui demanda tout haut : « Eh bien, Milord, comment va votre pied ? — Je vous remercie, Monsieur, répondit Byron du ton le plus poli, comme à l'ordinaire, et absolument de même. »

L'extrait suivant, relatif à un ecclésiastique des amis de sa Seigneurie, est encore tiré d'une de ses lettres à M. Hodgson, et de la même année :

« J'écrivis, il y a quelques semaines, à N***, le
» priant de recevoir comme élève le fils d'un citoyen
» de Londres, que je connais beaucoup. Les atten-
» tions toutes particulières dont la famille m'avait
» comblé pendant mon séjour parmi eux m'engagè-
» rent à cette démarche. Maintenant, faites attention
» à ce qui va suivre, comme quelqu'un l'a dit d'une

» manière si sublime. Ce même jour arrive une épître
» signée N***, ne contenant pas un seul mot relatif à
» la pension et à l'éducation, mais une pétition en
» faveur de Robert Gregson, le fameux boxeur, ac-
» tuellement en prison pour quelques malheureuses
» livres sterling, et menacé d'avoir pour dernier
» asile le *Banc du Roy*. Si cette lettre m'était venue
» de quelques-unes de mes accointances *laïques*, ou
» enfin de toute autre personne que celle dont parle
» la signature, je ne m'en étonnerais pas. Si N*** est
» sérieux, je félicite le pugilat sur l'acquisition d'un
» tel patron, et me trouverais heureux d'avancer
» quelque somme que ce soit pour la délivrance du
» captif Gregson. Mais avant que d'écrire à N*** sur
» ce sujet, je veux certainement avoir un certificat
» du fait signé de vous ou de quelque respectable
» propriétaire. Quand je dis le *fait*, c'est le fait de
» la lettre en tant qu'écrite par N***; car je n'ai au-
» cun doute de l'exactitude de ce qu'elle contient. La
» lettre est actuellement devant moi, et je la garde
» pour vous la faire lire. »

Il passa cet automne à Newstead s'occupant principalement à revoir et à augmenter sa satire. Pour
s'assurer lui-même de son mérite en la lisant et relisant tout imprimée [1], il avait fait tirer plusieurs
épreuves du manuscrit par son premier éditeur, à

---

[1] On dit que Wieland avait coutume de faire imprimer ses ouvrages pour les corriger, et qu'il tirait de grands avantages de cette méthode, qui paraît n'être pas du tout extraordinaire en Allemagne.

Newark. Il est assez remarquable qu'excité comme il l'était par l'attaque des journalistes, doué comme il l'était de la faculté d'écrire avec tant de rapidité, il ait laissé écouler un si grand laps de tems entre l'agression et la vengeance ; mais il paraît qu'il avait pleinement apprécié toute l'importance du premier pas qu'il ferait dans la littérature après cette attaque. Il sentait que toutes ses chances de grandeur future dépendaient de l'effort qu'il allait faire ; en conséquence, il rassemblait tranquillement toutes ses forces. Parmi ses préparatifs pour la tâche qu'il se proposait, on doit remarquer une étude profonde des écrits de Pope. Je ne doute point qu'on ne doive dater de cette époque l'admiration enthousiaste qu'il conserva toujours pour ce grand poète, admiration qui, après deux ou trois tentatives, éteignit en lui toute espérance de prééminence dans la même carrière, et le força à chercher la gloire par des chemins plus ouverts à la concurrence.

La tournure misanthropique que des affections trompées et des espérances frustrées avaient, à cette époque, donnée à son esprit, lui rendait facile le genre de la satire ; cependant il est évident que cette amertume existait bien plus dans son imagination que dans son cœur ; et l'entraînement qu'il éprouvait à faire la guerre au monde venait moins du plaisir de porter des coups çà et là, que du sentiment de sa puissance qui se révélait alors à lui-même, et qui le plaçait plus haut qu'auparavant dans sa propre estime. La vérité est que la grande facilité avec laquelle, comme on le verra bientôt, il passe de l'éloge à la censure ou de la censure à l'éloge, prouve combien étaient passagères et incohérentes les impressions qui, dans beaucoup de cas, semblent avoir dicté ses jugemens. Quoique cette circonstance ôte à quelques égards, du poids à ses éloges, elle l'absout en même tems du trop d'aigreur qui se trouve dans ses critiques.

Sa majorité (1809) fut célébrée à Newstead par autant de réjouissances que purent le permettre la médiocrité de sa fortune et l'exiguité du nombre de ses amis; outre le *bœuf* rôti de fondation, il y eut un bal donné en cette occasion. La seule particularité dont se souvienne le vieux domestique qui m'en a parlé, c'est que M. Hanson, l'agent du Lord, était au nombre des danseurs. Quant à la manière dont Byron lui-même célébra ce grand jour, je trouve dans une lettre écrite de Gênes, en 1822, les détails suivans qui pourront ne pas paraître sans intérêt. « Vous ai-je jamais dit que le jour de ma majorité,
» je fis mon dîner d'œufs avec du lard et une bou-
» teille d'ale? Pour une fois en passant, c'est ce que
» j'aime le mieux à manger et à boire; mais comme
» ni l'un ni l'autre ne conviennent à mon estomac,
» c'est une petite jouissance que je ne me permets
» que dans les grandes occasions, tous les quatre ou
» cinq ans environ. » On se procura à un intérêt énorme par l'entremise des usuriers, l'argent néces-

saire pour son début dans le monde, et la nécessité de le rembourser fut long-tems un fardeau pour lui.

Ce ne fut qu'au commencement de cette année qu'il apporta à Londres sa satire toute prête, à ce qu'il croyait lui-même, pour l'impression; mais malheureusement avant que l'ouvrage ne fût imprimé, sa bile trouva de nouveaux alimens dans la négligence avec laquelle il se crut traité par son tuteur lord Carlisle. Les relations qui avaient précédemment existé entre ce seigneur et son pupille n'avaient jamais été de nature à faire naître beaucoup d'amitié entre eux, et c'est au caractère et à l'influence de Mrs. Byron qu'appartient surtout le blâme d'avoir augmenté, si ce n'est d'avoir causé leur éloignement. Lord Byron sentit vivement, comme nous le voyons dans une de ses lettres, la froideur avec laquelle lord Carlisle avait reçu la dédicace de son premier volume. Toutefois cédant à des considérations prudentes, non-seulement il avait dissimulé son déplaisir; mais il avait dans sa satire (telle qu'elle devait d'abord paraître) introduit le compliment suivant à son tuteur :

« Il n'en est qu'un seul auquel Apollon daigne en-
» core sourire, et dans Carlisle il couronne un nou-
» veau Roscommon. »

Cet éloge, si généreusement accordé, ne conserva pas sa place dans le poème. Pendant le tems qui s'écoula entre la composition et l'impression, Lord Byron, espérant naturellement que son tuteur s'offrirait de lui-même à l'introduire dans la chambre des pairs le jour où il devait y paraître la première fois, lui écrivit pour lui rappeler qu'il serait majeur au commencement de la session. Au lieu de la politesse à laquelle il s'attendait, il ne reçut pour toute réponse qu'une note cérémonieuse, lui indiquant la manière formelle de procéder dans de telles occasions. Il n'est donc pas étonnant que, disposé comme il l'était par les circonstances précédentes à ne pas supposer à son tuteur des intentions bien favorables pour lui, et se voyant ainsi refusé au moment où l'appui d'un parent si proche lui eût été si utile, son ame, naturellement si *impressionnable*, se soit ouverte au plaisir de la vengeance. Cette indignation, une fois excitée, ne trouva qu'un moyen trop facile de s'exhaler. Les vers louangeurs que je viens de citer furent effacés, et sa satire fût publiée avec ceux que nous y voyons contre lord Carlisle. Si ces vers flattèrent délicieusement d'abord son désir de vengeance, telle était la facilité naturelle de son caractère, qu'il ne tarda pas à se repentir de les avoir écrits [1].

Pendant l'impression de son poème, il l'augmenta de plus de cent vers, et y fit plusieurs changemens,

---

[1] Voyez les vers sur la mort du major Howard, fils de lord Carlisle, tué à Waterloo :

« Des lyres plus harmonieuses que la mienne ont redit leur louange; mais parmi cette troupe de héros, il en est un que je voudrais choisir, soit parce que je suis allié de sa famille, soit parce que j'ai eu quelques torts envers son père. »

(CHILDE HAROLD, chant III.)

dont deux ou trois peuvent être cités comme preuves de la promptitude avec laquelle il recevait les impressions et les influences qui l'ont rendu si variable dans ses manières de sentir et de juger. Dans sa satire, telle qu'il l'avait composée d'abord, se trouvaient les deux vers suivans :

Quoique des imprimeurs condescendent à souiller leurs presses des odes de Smythe et des chants épiques de Hoyle.

Il se repentit, au moment de la publication, de l'injustice de ces deux vers (injustes également pour les deux auteurs qui y sont cités), du moins quant à l'une de ces deux victimes. Il prit dans sa satire imprimée un ton tout-à-fait différent. Le nom du professeur Smythe y est cité avec honneur, comme il le méritait, et accouplé à celui de M. Hodgson, l'un des plus estimables amis du poète :

Oh ! obscur asile d'une race vandale, à la fois honneur et disgrâce des sciences, si plongé dans la routine de l'ennuyeuse inutilité, qu'à peine les noms de Smythe et d'Hodgson seront capables de réhabiliter le tien !

Voici un autre exemple de son extrême mobilité. Le manuscrit original de la satire contenait ce vers :

Je laisse la topographie à ce fat de Gell.

Pendant le tems de l'impression il fit connaissance avec sir Williams Gell. Alors, sans effort, par le changement d'une seule épithète, il convertit sa satire en éloge : il écrivit pour la postérité :

Je laisse la topographie au *classique* Gell [1].

Parmi les passages ajoutés au moment de l'impression, il faut remarquer les vers contre la licence de l'opéra, « qu'ainsi donc l'Ausonie, etc., » que le jeune poète écrivit un soir au sortir du théâtre, et envoya aussitôt à M. Dallas pour les insérer dans sa satire. Une autre de ces additions fut le juste tribut d'éloge payé à MM. Crabbe et Rogers, éloge d'autant plus désintéressé et d'autant plus exact, qu'à cette époque il n'avait vu ni l'une ni l'autre de ces deux personnes distinguées, et qu'il conserva toute sa vie l'opinion qu'il avait exprimée sur leur mérite. Il devint depuis ami intime de l'auteur des *Plaisirs de la mémoire*; mais il n'eut jamais le bonheur de former aucune liaison avec celui qu'il désigna si bien sous le nom de *peintre le plus sombre et le plus vrai de la nature*. Mon respectable ami et voisin, M. Crabbe, m'a dit qu'une fois ils passèrent un jour ou deux dans le même hôtel, sans le savoir, et qu'ils ont dû

---

[1] Dans la cinquième édition de cette satire, supprimée par l'auteur en 1812, il changea de nouveau d'opinion sur ce professeur, et en altéra l'expression ainsi : « Je laisse la topographie au *rapide* Gell. » Expliquons la raison de ce nouveau changement par la note suivante : « *Rapide*; en effet, il a *topographisé* et *typographisé* en trois jours les états du roi Priam. Je l'avais appelé classique avant que je n'eusse vu la *Troade*, et maintenant je me garderai bien de lui accorder une qualification à laquelle il a si peu de droits. »

souvent se rencontrer, soit en entrant dans la maison, soit en sortant.

Presque de deux jours l'un, M. Dallas, qui s'était chargé de surveiller l'impression, recevait de nouveaux matériaux pour l'enrichir; l'esprit de l'auteur une fois excité sur un sujet quelconque ne savait plus maîtriser la surabondance de ses idées. Dans l'un de ses courts billets à M. Dallas, il lui dit : « Dépêchez-vous vite d'imprimer, ou je vous inon- » derai de vers. » Il en fut de même pour ses publications subséquentes, aussi long-tems du moins qu'il fut à portée de son imprimeur, alimentant jusqu'au dernier moment la presse d'idées neuves et fécondes qui lui étaient fournies par la lecture de ce qu'il avait écrit auparavant. Il semblerait, en effet, d'après l'extrême facilité et l'extrême rapidité dont il ajouta à presque tous ses ouvrages leurs plus beaux passages, tandis qu'ils étaient entre les mains de l'imprimeur, que l'action même de se faire imprimer aiguillonnât son imagination, et que le torrent de ses idées prît plus de vie, de fraîcheur, en arrivant, pour ainsi dire, à son embouchure.

Parmi les passages pathétiques dont il orna son poème fut celui que lui suggéra la mort déplorable de lord Falkland. C'était un officier de marine, brave, mais débauché, dont il avait fait connaissance dans le monde, et qui fut, au commencement de mars, tué dans un duel par M. Powell. Les stances touchantes qu'il lui a consacrées dans sa satire prouvent assez combien cet événement l'avait vivement frappé. « Je connaissais beaucoup le feu lord Falkland. Le » mardi soir je l'avais vu faire lui-même les honneurs » de sa table hospitalière; le mercredi matin, je vis » étendu devant moi ce corps qu'animaient naguère » le courage, la sensibilité, et tant de nobles pas- » sions! » Il ne s'en tint pas à des paroles pour prouver sa sympathie dans cette occasion. Ce malheureux jeune homme laissait derrière lui une famille qui avait besoin pour son soulagement d'autre chose qu'une stérile compassion, et Lord Byron, malgré la gêne qu'il éprouvait lui-même à cette époque, trouva moyen de venir généreusement et délicatement au secours de la veuve et des enfans de son ami. Dans la lettre suivante à Mrs. Byron, il en parle entre autres sujets importans avec une sensibilité éloignée de toute ostentation, qui lui fait le plus grand honneur.

LETTRE XXXII.

A MRS. BYRON.

Saint-James-street, n° 8, 4 mars 1809.

Ma chère Mère ;

« Ma dernière lettre fut écrite dans un grand abattement d'esprit causé par la mort de ce pauvre Falkland, qui a laissé sans un schelling sa femme et ses enfans. Je me suis efforcé de venir à leur secours. Dieu sait que je n'ai pas pu le faire comme je l'aurais désiré, gêné comme je le suis, et accablé de tant de dettes.

» Vous avez parfaitement raison; il faut que Newstead et moi nous nous soutenions, ou tombions ensemble. J'y ai vécu, j'y ai attaché mon cœur, et jamais besoin d'argent présent ou à venir ne pourra me porter à vendre la moindre parcelle de notre héritage. J'ai un amour-propre qui me donnera la force de supporter bien des embarras pécuniaires : j'aurai peut-être à endurer bien des privations ; mais quand on m'offrirait en échange de Newstead la première fortune de l'Angleterre, je rejetterais la proposition. N'ayez pas d'inquiétude à ce sujet ; M. H*** en parle comme un homme d'affaires ; mais je sens comme un homme d'honneur, et je ne vendrai pas Newstead.

» J'entrerai à la chambre des pairs dès que l'on aura reçu certains certificats pour lesquels on a écrit à Carhais, dans le Cornouaille, et je ferai parler de moi : il faut que je brille dès le commencement, ou tout est perdu. Il faut me garder le secret sur ma satire pendant un mois, après cela vous serez libre d'en parler absolument comme vous le voudrez. Lord Carlisle en a usé avec moi d'une manière infâme, en refusant de donner au chancelier aucun détail sur ma famille. Je l'ai *sanglé* comme il faut dans mes vers, et peut-être sa Seigneurie se repentira-t-elle de n'avoir pas montré une humeur plus conciliante. On dit que cela se vendra ; je l'espère, car le libraire s'est bien conduit jusqu'ici, c'est-à-dire que l'édition a été bien soignée. Croyez-moi, etc.

» *P. S.* Vous aurez hypothèque sur une des fermes. »

Le certificat dont il est ici question comme attendu de la principauté de Cornouaille était les preuves du mariage entre l'amiral Byron et miss Trevanion, mariage célébré, à ce qu'il paraît, dans une chapelle particulière, à Carhais, et dont, en conséquence, il était difficile de se procurer une attestation légale. Le délai nécessaire pour obtenir ces papiers, et le refus peu gracieux de lord Carlisle de donner aucune explication sur sa famille, furent les obstacles qui l'empêchèrent long-tems de prendre sa place à la chambre. Les preuves nécessaires ayant été à la fin fournies, il se présenta, le 13 mars, dans un état d'isolement auquel aucun jeune homme d'un rang aussi élevé ne s'était jamais vu réduit en pareille occasion. N'ayant pas un seul individu de sa classe pour l'introduire comme un ami, ou l'accueillir comme une connaissance, ce fut au hasard seul qu'il dut d'être accompagné jusqu'à la barre de la chambre par un parent très-éloigné, et qui lui était complètement inconnu un peu plus d'un an auparavant. Ce parent fut M. Dallas, et les détails qu'il nous a donnés de cette scène entière sont trop frappans pour que nous y changions un seul mot.

« La satire fut publiée vers le milieu de mars,

« quelques jours après qu'il eut pris sa place à la
» chambre des Pairs, ce qu'il fit le 13 du même
» mois. Je descendais ce jour-là de James's-Street,
» sans intention de lui faire visite ; mais voyant son
» cabriolet à la porte, j'entrai. Sa figure plus pâle
» qu'à l'ordinaire montrait que son esprit était agité
» et qu'il pensait au noble seigneur sous les aus-
» pices duquel il avait toujours cru faire son entrée
» à la Chambre. Je suis bien aise, me dit-il, de vous
» voir ; je vais prendre ma place à la Chambre, peut-
» être voudrez-vous bien m'accompagner. Je me
» hâtai de lui exprimer combien j'étais disposé à le
» faire, lui cachant en même tems le chagrin que
» j'éprouvais en voyant un jeune homme qui, par sa
» naissance, sa fortune et ses talens, appartenait à
» la première classe de la société, assez négligé,
» assez isolé dans le monde, pour qu'il n'y eût pas
» un seul membre du sénat dont il allait faire par-
» tie, auquel il pût s'adresser pour y être introduit
» d'une manière convenable. Je vis qu'il sentait vive-
» ment sa situation, et je partageais son indignation.

» Après avoir parlé quelque tems de la satire dont
» les dernières feuilles étaient alors sous presse,
» j'accompagnai Lord Byron à la Chambre. Il fut
» reçu dans l'une des antichambres par quelques
» officiers de service, avec lesquels il s'entendit sur
» les frais qu'il avait à payer. L'un d'eux alla aver-
» tir le lord chancelier, et revint bientôt avec ordre
» d'introduire le récipiendaire. Il y avait peu de

» membres présens, et lord Eldon s'occupait d'af-
» faires ordinaires ou peu importantes. Quand Lord
» Byron entra, il me parut encore plus pâle qu'avant;
» on lisait sur sa figure l'indignation jointe à la morti-
» fication ; mais parvenu à la dominer, il passa de-
» vant la *balle de laine* [1] sans regarder autour de lui,
» et s'avança vers la table où l'officier chargé de
» cette fonction lui fit entendre le serment d'usage.
» Cette formalité remplie, le chancelier, quittant
» son siége, fit quelques pas vers lui en souriant et
» lui présentant la main pour le féliciter de la ma-
» nière la plus amicale. Quoique je n'entendisse pas
» ses paroles, je vis bien qu'il lui adressait quelques
» complimens. Ce fut autant de perdu ; Lord Byron
» fit un salut cérémonieux, et plaça à peine l'extré-
» mité du bout de ses doigts dans les mains du chan-
» celier. Celui-ci ne prolongea pas des félicitations
» aussi mal reçues ; mais il retourna à sa place, tandis
» que Lord Byron alla négligemment s'asseoir quel-
» ques minutes sur l'un des bancs restés vides à la
» gauche du trône, et qu'occupent ordinairement les
» lords de l'opposition. Quand il vint me rejoindre,
» je lui fis part de mes observations ; il me répondit :
» Si j'avais répondu à son serrement de main, il
» m'aurait tout de suite compté comme acquis à son
» parti. Je ne veux rien avoir à faire ni avec les

[1] Nom du fauteuil du chancelier, et qui est pris souvent par métaphore pour la dignité de chancelier. C'est ainsi que l'on dit être assis sur
la balle de laine, comme chez nous être assis sur les *fleurs de lis*.

» uns ni avec les autres ; j'ai pris mon rang ; je veux
» maintenant quitter l'Angleterre. Nous retournâmes
» à Saint-James's-Street, mais il ne recouvra pas sa
» bonne humeur. »

Au récit d'une cérémonie si désagréable pour un esprit fier comme le sien, et si peu de nature à diminuer les idées misanthropiques qui déjà prenaient sur lui tant d'empire, j'ajouterai d'après l'un de ses propres *souvenirs*, les détails qu'il nous a lui-même laissés sur sa courte conversation avec le lord chancelier :

« Quand j'eus atteint mes vingt-un ans, la néces-
» sité de me procurer certains certificats de nais-
» sance et de mariage m'empêcha pendant plusieurs
» semaines de prendre rang dans la Chambre. Après
» que ces difficultés eurent été levées, et que j'eus
» prêté serment, le lord chancelier s'excusa auprès
» de moi de ce délai, observant que le maintien de
» ces formes voulues était une partie de son devoir.
» Je lui répondis qu'il ne me devait point d'excuse,
» et comme il n'avait pas, en effet, montré beaucoup
» d'empressement, j'ajoutai : Votre seigneurie est
» exactement comme le *Petit Poucet* (on donnait à
» cette époque la pièce de ce nom), vous avez fait
» votre *devoir*, mais vous n'avez fait rien de plus. »

Quelques jours après parut la satire, et l'un des premiers exemplaires fut adressé à M. Harness, son ami, avec la lettre suivante :

LETTRE XXXIII.

A M. HARNESS.

Saint-James's-Street, 18 mars 1809.

« Vous ne me deviez pas d'excuses; si vous avez le tems d'écrire, et si vous y êtes disposé, tant mieux; Le Seigneur nous rend reconnaissans pour les faveurs que nous recevons. Quand, au contraire, je n'entends pas parler de vous, je me console en pensant que vous êtes plus agréablement occupé.

» Je vous envoie par le même courrier une certaine satire nouvellement publiée; et en retour de trois shillings et six pences qu'il m'en coûte, je vous prie, si vous venez à en deviner l'auteur, de tenir son nom secret, du moins quant à présent. Londres est plein de l'affaire du duc [1]. La Chambre des communes s'en est occupée pendant les trois dernières soirées, et n'a cependant encore rien décidé. Je ne sais pas si la chose sera portée devant notre Chambre, à moins que ce ne soit sous forme d'accusation. Si elle y paraît d'une manière qui permette la discussion, je serai peut-être tenté de dire quelque chose à ce sujet. Je suis bien aise d'apprendre que vous aimez Cambridge, premièrement parce que vous savoir heureux ne peut qu'être infiniment agréable à quelqu'un qui vous désire toutes les joies possibles

---

[1] Probablement l'affaire du duc d'York, accusé d'avoir vendu ou laissé vendre des commissions dans l'armée d'une manière illégale.

de ce monde sublunaire, et secondement parce que j'admire la moralité de ce sentiment. L'*alma mater* a été pour moi une *injusta noverca,* et cette vieille folle ne m'a donné mon degré de *master artium* que parce qu'elle n'a pu l'éviter. Vous savez quelle farce un noble candidat est obligé de jouer.

» Je compte partir pour mes voyages, si je puis, au printems, et avant cette époque je fais une collection des portraits de ceux de mes camarades d'école avec lesquels j'étais le plus lié. J'en ai déjà quelques-uns, et j'ai besoin du vôtre, sans lequel la galerie ne serait pas complète. J'ai employé l'un des premiers peintres de miniature de l'époque, et ce à mes dépens bien entendu, car je n'ai jamais souffert que mes connaissances fussent induites à la moindre dépense pour satisfaire quelqu'une de mes fantaisies. Cette observation pourra paraître indélicate; mais quand je vous dirai qu'un de nos amis avait d'abord refusé de poser dans la persuasion qu'il lui faudrait délier les cordons de sa bourse; vous conviendrez qu'il est nécessaire de bien établir d'abord ces préliminaires; pour éviter le retour d'une semblable méprise, je viendrai vous voir quand il en sera tems, et je vous ménerai chez le peintre. Ce sera une espèce de taxe que je léverai pendant une semaine sur votre patience; mais excusez-moi, je vous prie, et songez que cette ressemblance sera peut-être le seul souvenir qui me restera un jour de notre ancienne amitié et de notre liaison actuelle. Cette idée paraît assez folle maintenant; mais dans quelques années, quand quelques-uns d'entre nous seront morts, que d'autres seront séparés par des circonstances inévitables, ce sera une sorte de satisfaction de conserver, dans les portraits de ceux qui survivront, l'image de ce que nous étions naguère, et de contempler dans les portraits de ceux qui seront morts tout ce qui nous restera du jugement, de la sensibilité et de l'ensemble de tant de nobles qualités. Mais tout ceci doit être assez ennuyeux pour vous; ainsi bon soir, et pour finir mon chapitre ou plutôt mon homélie, croyez-moi, mon cher Harness, votre très-affectionné, etc., etc. »

Dans cette idée romanesque de rassembler et de conserver les portraits de ses anciens amis de classe, on voit le travail naturel d'un cœur ardent et désappointé qui, à mesure que l'avenir commence à s'obscurcir autour de lui, se rattache avec empressement au souvenir du passé, et qui, désespérant de trouver de nouveaux et de fidèles amis, ne songe plus qu'à conserver tout ce qu'il pourra des anciens. Mais, en ce moment même, sa sensibilité eut à soutenir un de ces terribles échecs auxquels des âmes comme la sienne, fort au-dessus de la trempe ordinaire, ne sont que trop fréquemment exposées. Ce fut de la part d'un des amis qu'il estimait le plus qu'il reçut, au moment où il quittait l'Angleterre, cette preuve d'indifférence dont il se plaint et s'indigne dans une note du second chant de *Childe-Harold*, la mettant en contraste avec la fidélité et l'affection que venait de lui montrer son domestique turc Derwish. M. Dallas décrit ainsi l'émotion où il le vit à l'occasion de ce même manque d'affection :

« Je le trouvai étouffant d'indignation. Le croirez-
» vous ? me dit-il ; je viens à l'instant de rencon-
» trer N***, je l'ai prié de venir passer une heure
» avec moi ; il m'a refusé ; et quelle raison pensez-
» vous qu'il m'ait donnée? Il était engagé à aller
» courir les boutiques avec sa mère et quelques au-
» tres dames, et il sait que je pars demain pour être
» absent pendant plusieurs années, et peut-être
» pour ne revenir jamais! Amitié! je ne pense pas
» qu'excepté vous, votre famille et peut-être ma
» mère, je laisse derrière moi un seul être qui se
» soucie de ce que je pourrai devenir. »

D'après cette phrase déjà citée d'une lettre à Mrs. Byron, « il faut que je fasse quelque chose » bientôt dans la Chambre, » et d'après une autre expression plus explicite encore, contenue dans une lettre à M. Harness, il paraîtrait qu'il songeait sérieusement, à cette époque, à entrer de suite dans la carrière des affaires politiques que sa qualité de pair héréditaire semblait ouvrir naturellement devant lui. Mais quelles qu'aient été d'abord les impulsions de son ambition vers ce point, il y renonça bientôt. S'il eût été allié de quelques familles qui eussent tenu un rang distingué dans le monde politique, son envie de dominer, secondée par de tels exemples et de telles sympathies, l'eût porté sans doute à chercher la gloire au milieu des guerres de parti ; peut-être c'eût été alors son lot de donner un exemple remarquable de ce changement par lequel un homme cesse d'être un grand poète pour devenir un grand politique. Heureusement, toutefois pour le monde, car c'est une question si ce fut un bonheur pour lui-même, il était décidé que ce serait dans l'empire plus brillant de la poésie qu'il devait dominer. En effet, l'isolement de toute société dans lequel il se trouvait à cette époque, étant privé de ces affections et de ces protections dont un jeune homme est ordinairement entouré lors de ses débuts, cet isolement, dis-je, devait le décourager de suivre une carrière où les chances de succès dépendent surtout des avantages qui ne sont pas en nous-mêmes. Loin donc de prendre une part active aux travaux de ses nobles collègues, il paraît qu'il regardait comme ennuyeux et mortifiant d'y assister comme spectateur. Quelques jours après son admission, il se retira dans sa retraite de Newstead-Abbey, pour y savourer l'amertume d'une expérience prématurée, ou pour y méditer d'avance sur les scènes et les aventures auxquelles son esprit ardent devait trouver à l'étranger un champ plus libre que dans sa patrie.

Peu de tems s'écoula cependant avant qu'il ne fût rappelé à Londres par le succès de sa satire, dont le prompt débit rendait une seconde édition nécessaire. Son agent zélé, M. Dallas, avait pris soin de lui transmettre, dans sa solitude, tout ce qu'il avait pu recueillir d'opinions favorables à son ouvrage. Il n'est pas sans intérêt de voir par quels degrés on arrive d'abord à la réputation, et de trouver dans l'approbation d'autorités telles que Pratt et les écrivains des Revues, la première récompense et les premiers encouragemens d'un Byron.

« Vous êtes déjà, lui écrivait-il, assez généralement connu pour l'auteur. Cawthorn m'en a parlé dans ce sens, et j'en ai eu par moi-même une preuve chez Hatchard, libraire de la reine. J'entrai pour lui demander la satire ; il me répondit qu'il en avait vendu un grand nombre d'exemplaires, qu'il ne lui en restait pas un, qu'il allait en redemander davantage, ce que je vis depuis qu'il avait fait. Je lui demandai quel était l'auteur. Il me répondit qu'on la croyait de Lord Byron. J'insistai pour savoir si c'était son opinion, à lui-même. Il me répondit que oui, et que ce qui le lui faisait croire, c'est qu'une dame de distinction était venue, sans hésitation, lui demander la satire de Lord Byron. Il m'apprit aussi qu'il avait demandé à M. Giffard, qui vient souvent dans sa boutique, si la satire était de vous ; celui-ci nia absolument qu'il en connût l'auteur ; mais il parla avec grand éloge de l'ouvrage, et dit qu'on lui en avait envoyé un exemplaire. Hatchard m'a assuré que tous ceux qui fréquentent son cabinet de lecture l'admirent beaucoup. Cawthorn m'a dit qu'on en faisait généralement un très-grand cas, non-seulement parmi ses propres pratiques, mais encore parmi toutes celles de ses confrères. Je suis allé plusieurs fois exprès chez mon éditeur, et je l'ai toujours entendu beaucoup vanter. Pratt l'a lue dernièrement à haute voix dans les salons, Phillip à un cercle d'hommes de lettres : tous l'ont unanimement louée. L'*Anti-Jacobin* et le *Gentleman's Magazine* ont déjà embouché pour vous la trompette de la renommée. Vous verrez votre satire dans les autres revues le mois prochain, et probablement elle sera maltraitée dans quelques-unes, suivant les rapports que les propriétaires ou les éditeurs peuvent avoir avec ceux que vous y avez flagellés. »

A son arrivée à Londres, vers la fin d'avril, il trouva la première édition de sa satire presque épuisée ; il se mit aussitôt en devoir d'en préparer une seconde, à laquelle il résolut de mettre son nom. Les additions qu'il fit alors à son ouvrage sont considérables, il ajouta entre autres près de cent vers qui devinrent les premiers [1], et ce ne fut guère qu'au milieu du mois suivant que la nouvelle édition fut prête à imprimer. Pendant son dernier séjour à la campagne, il était convenu avec son ami Hobhouse qu'ils quitteraient l'Angleterre au commencement de

---

[1] La première édition commençait au vers :
« Il fut un tems, avant que de nos jours dégénérés. »

juin, et il désirait voir les épreuves de son volume avant que de partir.

Cette seconde édition est suivie d'un post-scriptum en prose que M. Dallas, et c'est une preuve de jugement et de goût, supplia en vain le poète de retrancher. Il est fort à regretter que Byron ne se soit point rendu à ses sages avis ; car il règne, dans cette malheureuse page, un ton de bravache, que l'on est toujours peiné de voir adopté par un homme vraiment brave. En voici un échantillon : « On dira peut-
» être que je quitte l'Angleterre, parce que j'y ai
» insulté des personnes d'esprit et d'honneur; mais
» je reviendrai, et elles pourront entretenir jusque-
» là leurs ressentimens. Ceux qui me connaissent
» peuvent affirmer que les motifs qui me font voya-
» ger, sont loin d'être des craintes littéraires ou
» personnelles, et ceux qui ne me connaissent pas
» pourront en être convaincus un jour. Depuis la
» publication de cet opuscule, mon nom n'a pas été
» au secret, j'ai presque constamment habité Lon-
» dres, prêt à rendre raison de ce que j'ai écrit,
» et m'attendant chaque jour à recevoir quelque
» petit cartel; mais, hélas! les tems de la cheva-
» lerie sont passés, ou, pour parler comme le vul-
» gaire, il n'y a plus de courage aujourd'hui. »

Quelques torts que l'auteur ait pu avoir dans cette satire, peu de personnes la jugeraient plus sévèrement aujourd'hui, qu'il ne la jugea lui-même neuf ans après l'avoir composée, au moment où il venait de quitter l'Angleterre pour n'y jamais revenir. M. Murray possède l'exemplaire que Byron lut alors; et les notes qu'il griffonna en marge, et au bas des pages, méritent d'être traduites ici ; sur la première on lit :

« La reliure de ce volume est beaucop trop belle
» pour ce qu'il contient.

» C'est la propriété d'un autre, voilà la seule rai-
» son qui me retient de jeter au feu ce misérable mo-
» nument de colère déplacée et de critique aveugle. »

En marge de ce passage : « De se laisser égarer
» par le cœur de Jeffrey, ou la tête béotienne de
» Lamb, » est écrit : « Cela n'est pas juste ; la tête et
» le cœur de ces messieurs, ne sont pas du tout tels
» qu'ils ont été ici représentés. » En travers de tout le sévère passage contre MM. Wordsworth et Coleridge, il a griffonné *injuste*. Pour l'attaque terrible contre M. Bowles, le commentaire est : « Tout ce
» morceau sur Bowles est trop sauvage. » A la marge des vers qui commencent par « salut à l'immortel
» Jeffrey, » est écrit, « trop féroce..... C'est de la
» folie toute pure ; » et plus bas, à propos des vers :
« Quelqu'un se rappelle-t-il ce jour désastreux, etc., »
il ajoute, « tout cela est mauvais, parce que c'est trop personnel. »

Quelquefois cependant, loin de casser ses premiers jugemens, il semble disposé à les confirmer et rendre plus sévères. Ainsi, en marge du passage relatif à certain auteur de certaines épopées obscures (Cottle),

il dit : « C'est bien, » ajoutant au bas de la page :
« J'ai vu quelques lettres de ce drôle à une pauvre
» dame poète, » dont il attaque les productions (productions dont cette brave femme n'était nullement
enflée), d'un ton si grossier et si tranchant, que je
ne regretterais pas les coups de fouet que je lui ai
donnés, quand même ils eussent été injustes, ce qui
n'est pas, car en vérité *c'est un grand âne*. En marge
des vers si forts contre Clarke, collaborateur du
Magazine appelé le *satiriste*, se trouve cette remarque : « Assez bien ; il la méritait, et cela n'est pas
trop mal exprimé. »

Tout le paragraphe commençant par *Illustre Lord
Holland*, a pour note « mauvais, et, en outre,
manquant de vérité. » Les vers contre Lord Carlisle lui paraissent mauvais aussi, la provocation
n'était pas suffisante pour justifier tant d'acrimonie.
Dans une autre note concernant le même seigneur, il
dit : « Beaucoup trop sauvage, quel qu'en ait pu
» être le fondement. » Il dit de Rosa Maltida (la fille
du célèbre juif K.....), « elle a depuis épousé le
» Morning-Post, mariage extrêmement bien assorti. »
Aux vers commençant par « Quand quelque jeune
» homme d'espérance, habitant une échoppe, etc., »
il a joint un note qui n'est pas sans intérêt : « Tout
» ceci était dirigé contre le pauvre Blackett, il était
» alors *patronisé* par A. I. B. [1]. Je l'ignorais, sans

---

[1] Lady Byron, alors miss Milbank.

» quoi je n'eusse pas écrit tout ceci, ou du moins,
» je ne le crois pas. »

En regard de l'éloge de M. Crabbe, il a écrit :
« Je considère Crabbe et Coleridge comme les deux
» plus remarquables poètes de notre tems, sous le
» rapport de l'invention et du pathétique. » Sur l'un
de ses propres vers :

Et la gloire comme le Phénix au milieu des flammes, etc.

il s'écrie : « Le diable emporte le Phénix ! comment
a-t-il fait pour venir se fourrer là ? » Et il conclut ses
remarques de détails par l'observation suivante, sur
l'ensemble de la pièce :

« Je désirerais bien sincèrement que la majeure
» partie de cette satire n'eût jamais été écrite, non
» seulement à cause de l'injustice des jugemens qui
» y sont portés sur quelques ouvrages et quelques
» personnes, mais parce que je ne saurais approu-
» ver le ton qui y règne en général, et l'esprit qui
» l'a dictée.

» BYRON. — Diodati-Genève, 14 juillet 1816. »

En même tems qu'il préparait sa nouvelle édition,
il faisait gaîment les honneurs de Newstead à une
troupe de jeunes amis de collége, qu'à la veille de
quitter l'Angleterre pour si long-tems il avait réunis
autour de lui, comme pour une fête d'adieux. La
lettre suivante, de l'un des convives, Charles Skinner Matthews, quoiqu'elle ne parle pas autant de
son hôte illustre que nous eussions pu le désirer,

plaira sans doute au lecteur comme une peinture prise au moment même, et qui réfléchit bien le caractère de Byron à cette époque.

LETTRE DE C. S. MATTHEWS, ÉCUYER,

A MISS. ***.

Londres, 22 mai 1809.

Ma chère miss. *** ;

« Il faut d'abord que je vous donne quelques détails sur le lieu singulier que je viens de quitter.

» Newstead-Abbey est située à 136 milles de Londres, et à 4 de Mansfield. C'est un si beau morceau d'architecture que je ne serais pas étonné qu'on en trouvât la description, et peut-être la gravure, dans les *monumens* gothiques de Grose. Elle est en la possession des ancêtres du propriétaire actuel depuis l'époque de la dissolution des monastères, mais le bâtiment lui-même est d'une date bien plus reculée. Quoique tombant en ruines, c'est encore une abbaye complète, et la plus grande partie de l'édifice est encore debout et dans le même état que le jour où il fut construit. Il y a deux rangées de cloîtres, avec un grand nombre de chambres et de cellules, qui, bien qu'inhabitées et inhabitables, pourraient facilement être remises en état ; beaucoup des anciennes chambres servent encore, entre autres une grande salle dallée. Il ne reste plus qu'un côté de léglise de l'abbaye ; l'ancienne cuisine et une longue file de bâtimens attenans n'offrent plus qu'un amas de décombres. Une salle magnifique de 70 pieds de long sur 23 de large, unit les anciennes constructions aux bâtimens modernes; mais toutes les parties de la maison sont dans un grand état de délabrement et d'abandon, excepté celles que le seigneur actuel vient de faire arranger.

» La maison et les jardins sont entièrement entourés d'une muraille crénelée. Devant l'entrée principale se trouve un grand lac, flanqué çà et là de bâtimens fortifiés, dominés par une tour placée à l'autre extrémité. Imaginez-vous, tout autour, des collines nues et arides, la vue ne découvrant qu'à peine deux ou trois méchans arbres rabougris, à plusieurs milles de distance, et vous aurez une idée de Newstead. Le dernier lord étant brouillé avec son fils, auquel le domaine était assuré par substitution, voulut au moins, par esprit de vengeance, qu'il ne lui arrivât que dans le plus mauvais état possible. En conséquence il négligea les constructions, et fit un tel abattage de tous les arbres, qu'il réduisit bientôt une propriété naguère *boisée* à l'état de désolation et de nudité que je viens de décrire. Toutefois, son fils mourut avant lui, et tout cet étalage de colère manqua ainsi son effet.

» En voilà assez sur le domaine; j'ai multiplié les détails sans ordre et sans liaison, pour qu'ils ressemblassent mieux au sujet. Mais si ce lieu vous paraît étrange, la manière dont on y vit ne l'est pas moins, je vous assure. Montez avec moi les degrés qui mènent au vestibule, que je vous présente à Milord et à ses hôtes. Prenez garde, souvenez-vous de n'y venir qu'en plein jour, et de bien ouvrir vos yeux, car si vous alliez vous tromper, si vous tourniez trop à droite en montant les degrés, vous vous feriez empoigner par un ours, et si vous alliez trop à gauche, ce serait encore pire, vous vous trouveriez nez à nez avec un loup. Parvenu à la porte, vous n'êtes pas hors de danger, car le vestibule étant en mauvais état, et ayant grand besoin de réparation, il y a probablement à l'autre extrémité une foule de visiteurs qui s'exercent à tirer au blanc, de manière que si vous entrez sans donner, de loin et à haute voix, avis de votre approche, vous n'aurez échappé à l'ours et au loup que pour tomber sous les balles des joyeux moines de Newstead.

» Nous étions quatre, sans compter Lord Byron, et notre compagnie s'augmentait de tems en tems d'un curé du voisinage. Quant à notre manière de vivre, voici quel était généralement l'ordre du jour : pour le déjeuner, point d'heure fixe, chacun le prenait à sa convenance, et la table demeurait servie jusqu'à ce que chacun de nous eût fini ; il est vrai de dire que si quelqu'un de nous eût désiré déjeuner d'aussi *bonne heure* que dix heures, il lui eût fallu une grande chance pour trouver aucun des domestiques debout. Nous nous levions, terme moyen, à une heure. Moi, qui me levais généralement entre onze heures et midi, j'étais toujours, même malade, le premier levé, et je passais pour un miracle de diligence et d'activité. Souvent deux heures sonnaient avant que nous n'eussions fini de déjeuner. Alors, pour amuser notre journée, nous avions la lecture, l'escrime, le bâton de volée, ou le jeu de volant dans le grand salon, le tir au pistolet dans le vestibule; la promenade à pied, à cheval, en bateau sur le lac, la partie de paume, ou quelque partie avec l'ours et le loup que nous nous plaisions à tourmenter. Entre sept et huit heures, nous nous mettions à table pour dîner, et nous y restions jusqu'à une, deux et trois heures du matin. Je laisse à deviner quel était notre plaisir pendant cette longue séance.

» Je ne dois pas passer sous silence l'usage de faire passer à la ronde, au moment du dessert, un crâne humain, rempli de vin de Bourgogne. Après nous être rassasiés de viandes choisies et des meilleurs vins de France, nous nous rendions dans le salon pour prendre le thé; là, suivant son goût, chacun se livrait à la lecture ou à quelque conversation instructive; et, après les *Sandwiches*, etc., chacun se retirait dans sa chambre à coucher. Une collection de robes de moines, avec tout ce qui s'en suit, crosses, rosaires, tonsures, etc., donnait plus de variété à nos physionomies et à nos plaisirs.

» Vous pouvez juger combien je fus contrarié de me trouver malade presque pendant la première moitié du tems que je passai à Newstead. Mais je fus conduit à des réflexions bien différentes de celles du docteur Swift, qui quitta sans cérémonie aucune la maison de Pope, et lui écrivit ensuite qu'il était impossible à deux amis malades de vivre ensemble; mon pauvre corps tremblant et affaibli se trouvait si mal de la robuste et bruyante santé de mes compagnons, que je désirais de tout mon cœur voir chacun dans la maison, aussi malade que moi.

» Je revins à pied avec un autre des convives; nous faisions à peu près vingt-cinq milles par jour, mais nous restâmes environ une semaine en route, parce que nous fûmes retenus par les pluies. . . .

» Je terminerai ici le récit d'une excursion qui m'a fait mieux connaître le pays. Où croyez-vous que j'aille maintenant? A Constantinople! Du moins on m'a proposé ce petit voyage. Lord Byron et un autre de mes amis partent le mois prochain, et m'ont demandé de les accompagner; mais c'est un projet un peu important, et qui vaut bien la peine d'y réfléchir à deux fois. . . . . Adieu, etc. »

C. S. MATTHEWS.

Après avoir ainsi mis la dernière main à sa nouvelle édition, sans attendre les nouveaux honneurs qui se préparaient pour lui, Lord Byron quitta Londres le 11 juin, et, quinze jours après, mit à la voile pour Lisbonne.

Quelque grands que fussent les progrès que son talent eût faits sous l'influence de la colère qu'il avait prise pour muse, il est, dans la satire dont nous venons de parler, bien loin de la hauteur qu'il atteignit dans la suite. Il est remarquable en effet que, lié comme son génie paraît l'avoir été avec son caractère, le développement de ce dernier ait précédé de si long-tems toute la maturité des ressources de l'autre. La nature, en développant de bonne heure en lui une faculté de sentir si forte et si multiple, semblait lui avoir désigné ce qu'elle attendait de lui, avant qu'il pût la comprendre. Ce ne fut que lentement et après de longues méditations, qu'il découvrit en lui-même tous ces matériaux de poésie, que son caractère de feu enfantait, pour ainsi dire, à son insu. Toute vigoureuse que soit sa satire, on y voit peu de choses qui puissent donner un avant-goût des merveilles qui l'ont suivie. Son esprit avait reçu l'éveil, mais il n'en avait pas encore sondé la profondeur; et le fiel qu'il y répand, ne part pas encore du fond de son cœur comme celui qu'il jeta dans la suite à la face du genre humain. Ses innombrables facultés, ses passions que son ame avait nourries si long-tems, n'avaient pas encore trouvé d'organe digne d'elles. Le sombre, le grandiose, le tendre de sa nature, n'avaient pas encore de voix, jusqu'à ce qu'enfin son puissant génie se réveilla avec le sentiment de toute sa force.

En s'arrêtant, dans sa satire aussi bien que dans ses premières poésies, à écrire d'après des modèles reçus, il montra combien peu il avait encore exploré ses propres ressources, et découvert les marques distinctives qui devaient à jamais illustrer son nom. Quelque hardi et quelque énergique que fût en général son caractère, il avait bien peu de confiance dans ses forces intellectuelles. Ce ne fut que par degrés insensibles qu'il acquit la conscience de ce qu'il pouvait faire; et il ne fut pas moins étonné que le public de découvrir dans son ame une aussi riche mine de génie. C'est par suite de la même lenteur à s'apprécier, que, dans la suite, arrivé à l'apogée de sa gloire, il douta long-tems qu'il pût réussir dans aucun ouvrage qui ne demandât que de l'esprit et de la gaîté, jusqu'à ce que l'heureux essai qu'il en fit dans Beppo, dissipa sa méfiance, et ouvrit une nouvelle carrière de triomphes à son génie immense et versatile.

A quelque distance que ses premières productions soient de celles qui les ont suivies, il y a dans sa satire une vivacité de pensées, une vigueur et un courage qui, joints à la justice de sa cause, ne pouvaient manquer de lui valoir la sympathie publique, et d'attacher immédiatement beaucoup de célébrité à son nom. Malgré le ton général de hardiesse et d'indifférence qui règne dans sa satire, on y voit de tems en tems quelques allusions à son sort et à son caractère, dont le pathétique semble assurer la vérité, et qui étaient de nature à piquer vivement la curiosité et l'intérêt. Je vais citer deux ou trois de ces passages, comme montrant bien l'état de son ame à cette époque. Voici comme il peint sa jeunesse exposée

sans protection aux tentations d'un monde corrompu et corrupteur : « Moi-même, le plus insouciant d'une
» troupe insouciante, qui ai juste assez de bon sens
» pour connaître ce qui est juste, et faire ce qui ne
» l'est pas, abandonné à moi-même à l'âge où le bou-
» clier de la raison est encore mal assuré, pour cher-
» cher mon chemin au travers de la foule innom-
» brable des passions; moi que tous les genres de
» plaisir ont attiré et repoussé tour à tour, moi-
» même je me sens forcé d'élever la voix; je suis
» forcé de sentir que de telles scènes, que de tels
» hommes sont contraires au bien public. Quand
» même quelqu'ami me dirait d'un ton de censeur :
» En quoi vaux-tu mieux que les autres, fou que tu
» es? Quand même chacun de mes anciens camarades
» de débauche sourirait et crierait au miracle, de me
» voir devenu moraliste.... »

Mais le passage suivant, quoique écrit à la hâte, montre bien plus encore ce cœur ulcéré que l'on retrouve dans toutes ses compositions subséquentes :

« Il fut un tems qu'un mot désagréable ne serait
» jamais tombé de mes lèvres qui semblent aujour-
» d'hui pleines de fiel; ni fous ni folies n'auraient
» pu me forcer à mépriser le plus vil des insectes que
» je voyais ramper devant mes yeux. Mais aujour-
» d'hui je suis bien endurci, je suis bien changé de
» ce que j'étais dans ma jeunesse. J'ai appris à penser
» et à dire sévèrement la vérité; j'ai appris à me
» moquer des décrets emphatiques de nos critiques.

» et à les briser eux-mêmes sur la roue qu'ils m'a-
» vaient préparée. J'ai appris à repousser du pied la
» verge que l'on voulait me faire baiser. . . . . . »

Nous avons indiqué dans les pages précédentes quelques-unes des causes qui amenèrent ce changement de son caractère. Outre son propre témoignage, il en est plusieurs autres qui prouvent qu'il n'avait naturellement pas de fiel. Dans son enfance, bien qu'il se montrât quelquefois colère et entêté, chacun reconnaissait sa douceur et sa bonté envers ceux qui se montraient eux-mêmes bons et doux à son égard ; et ceux qui l'ont connu alors s'accordent à le représenter comme d'un caractère affectueux et gai.

De toutes ces qualités naturelles la plus saillante, en effet, semble avoir été un profond besoin d'aimer. Une disposition à former des attachemens durables et un désir ardent d'être payé de retour, ont été le songe et le tourment de sa vie. Nous avons vu avec quel enthousiasme passionné il se livra à ses amitiés de collége. L'amour délirant et malheureux qui suivit fut, si je puis m'exprimer ainsi, l'agonie, sans être la mort, de ce désir insatiable qui dura toute sa vie, remplit sa poésie de tout ce que l'ame a de plus tendre, prêta l'éclat de ses couleurs, même à ces nœuds indignes que la vanité et la passion lui firent former dans la suite, et lui dicta encore ces stances qu'il écrivait quelques mois avant sa mort :

Il est tems que ce cœur cesse d'être ému, puisqu'il a cessé

d'émouvoir les autres, et cependant, quoique je ne puisse plus être aimé, j'ai besoin d'aimer encore!

En supposant même les circonstances les plus favorables, ce serait encore une question de savoir si, avec des dispositions telles que celles que nous venons de décrire, il eût pu éviter d'être à la fin désappointé, ou s'il eût jamais pu trouver où reposer son imagination et ses désirs ; mais Lord Byron rencontra les désappointemens dès les premiers pas qu'il fit dans le sentier de la vie. Sa mère, vers laquelle il tourna naturellement et avec ardeur ses premières affections, ou le repoussa rudement, ou s'en joua par caprice. Parlant de ses premières années avec un de ses amis, à Gênes, peu de tems avant son départ pour la Grèce, il datait la première sensation de peine ou d'humiliation qu'il eût jamais connue, de la froideur avec laquelle sa mère recevait ses caresses dans son enfance et de ses fréquentes et malicieuses allusions à son infirmité.

Sa jeunesse fut aussi privée de l'affection sympathique d'une sœur ; il n'eut d'abord avec la sienne que des rapports extrêmement rares. Si son besoin d'aimer avait trouvé où s'épancher dans sa famille, peut-être le torrent de ses sensations se serait-il trouvé plus au niveau de ce monde qu'il avait à traverser. Ainsi il eût évité ces chutes rapides et tumultueuses auxquelles il fut bientôt exposé pour s'être trop tôt élevé à toute sa crue. Le manque d'objets sur lesquels son attachement pût se porter dans la maison paternelle ne laissa à son cœur d'autres ressources que ces affections enfantines qu'il forma à l'école; quand celles-ci furent interrompues par son passage à Cambridge, il se retrouva de nouveau isolé et abandonné au vague de ses désirs. Bientôt survint son malheureux attachement pour miss Chaworth, auquel, plus qu'à toute autre cause, il attribuait lui-même le funeste changement qui s'opéra dans son caractère.

« Je doute quelquefois, dit-il dans ses *Pensées dé-*
» *tachées,* si, après tout, un genre de vie tranquille
» et sans agitation eût pu me convenir, et pourtant
» je regrette quelquefois de n'en avoir pas un tel.
» Mes premiers rêves, comme presque tous ceux des
» enfans, furent des rêves guerriers; peu après ils
» furent tous d'amour et de solitude, jusqu'à ce que
» mon malheureux attachement pour Maria Cha-
» worth commença lorsque j'avais à peine quinze
» ans, et continua long-tems quoique soigneusement
» caché. Ce fut ce qui me rejeta de nouveau seul
» sur une vaste.... vaste mer. Je me rappelle qu'en
» 1804, je rencontrai ma sœur chez le général
» Harcourt dans Portland-Place. J'étais moi-même
» alors, tel qu'elle m'avait toujours vu jusque-là.
» Quand nous nous rencontrâmes ensuite en 1805
» (elle me l'a dit depuis), mon caractère et mes ma-
» nières étaient tellement changés que l'on me re-
» connaissait à peine. Je ne m'apercevais pas alors

» de cette altération; mais j'y crois, et je pourrais
» en rendre raison. » J'ai déjà raconté la manière
dont il prit congé de miss Chaworth avant son mariage. Une fois après cet événement, il la revit, et ce
fut pour la dernière, lorsqu'il fut invité par M. Chaworth à dîner à Annesley, peu de tems avant son départ d'Angleterre. Le peu d'années qui s'étaient
écoulées depuis leur dernière entrevue avaient ap-
porté un changement considérable dans les manières
et l'extérieur du jeune poète. L'informe et gros écolier était devenu un jeune homme grâcieux et bien
pris dans sa taille. Ces émotions et ces passions qui
rehaussent d'abord et détruisent ensuite la beauté,
n'avaient encore produit sur ses traits que leur effet
favorable; et quoiqu'il eût eu peu d'occasions de fréquenter la bonne société, ses manières avaient acquis cette douceur et cet aplomb qui caractérisent
l'homme bien élevé. Son empire sur lui-même fut
bientôt mis à l'épreuve quand on apporta dans l'appartement la petite fille de sa belle hôtesse. La vue de
cet enfant lui fit éprouver un saisissement dont il ne
fut pas maître, ce ne fut qu'avec effort qu'il parvint
à dissimuler sa profonde émotion, et c'est à ce qu'il
éprouva dans ce moment que nous devons ces stances
touchantes : « Eh bien ! tu es heureuse, etc.[1], » qui
ont paru dans un recueil de *Mélanges*, publié par l'un
de ses amis, et que l'on retrouve maintenant dans la

---

[1] Datées sur le manuscrit original, 2 novembre 1808.

collection générale de ses œuvres. Sous l'influence du même sentiment il composa deux autres pièces à cette même époque ; mais comme elles ne se trouvent que dans les *Mélanges* que je viens de citer, et que ce recueil n'est plus dans le commerce, je crois qu'on ne me saura pas mauvais gré d'en citer ici quelques stances :

ADIEUX A UNE DAME [1].

Quand, chassé des bosquets d'Éden, l'homme s'arrêta quelques instans sur le seuil, chaque scène lui rappelait les heures écoulées, et lui faisait maudire son avenir.

Mais errant à travers de lointains climats, il apprit à porter le poids de son chagrin ; il ne fit plus que donner un soupir au souvenir du tems passé, et trouva du soulagement au milieu de scènes plus agitées.

Ainsi, Marie, doit-il en être de moi ; je ne dois plus revoir tes charmes, car quand je m'arrête près de toi, mon cœur soupire pour tout ce bonheur qu'il a connu autrefois, etc.

L'autre poème respire tout entier la tendresse ; mais je n'en donnerai que les stances qui me paraissent les plus saillantes :

STANCES A ***, EN QUITTANT L'ANGLETERRE.

C'en est fait ! la barque abandonne au souffle du vent ses voiles blanches, qui soufflent autour du mât et s'entr'ouvrent aux efforts de la brise bruyante ! Et il faut que je quitte ce pays, parce que je n'en puis aimer qu'une.................

---

[1] Intitulés dans le manuscrit original : A Mrs. ***, qui me demandait mes raisons pour quitter l'Angleterre au printems, et datés du 2 décembre 1808.

Comme un oiseau privé de sa compagne, mon cœur déchiré se livre à la douleur; en vain je cherche autour de moi, je ne puis rencontrer un sourire ami, une figure qui me plaise, et même au milieu des troupes les plus nombreuses, je suis toujours seul, parce que je n'en puis aimer qu'une.

Je franchirai les flots blanchissans, j'irai chercher une patrie à l'étranger; je ne saurais trouver de repos nulle part, jusqu'à ce que j'aie oublié les traits de cette belle infidèle; je ne puis me soustraire à mes sombres pensées, mais je puis aimer toujours, et toujours je n'en puis aimer qu'une..........

Je pars... mais en quelque lieu que j'aille, aucun œil ne se mouillera pour moi de larmes, aucun cœur ne sympathisera à mes peines; toi-même, qui as détruit toutes mes espérances, tu ne m'accorderas pas un soupir, quoique je n'en aime qu'une.

Le souvenir de chacune de ces scènes passées, la pensée de ce que nous sommes, de ce que nous avons été, abîmerait de douleurs des cœurs plus faibles! Mais, hélas! le mien a supporté le choc, il bat encore comme il avait commencé, et n'en aime jamais réellement qu'une.

Quelle peut être cette belle, si tendrement aimée? c'est ce que le vulgaire ne doit pas savoir; pourquoi ce jeune amour fut-il malheureux? tu le sais, et moi j'en gémis; et bien peu de ceux qui vivent sur cette terre n'ont aimé si long-tems, et n'en ont aimé qu'une.

J'ai essayé les fers d'une autre, tout aussi belle peut-être; j'aurais donné beaucoup pour l'aimer autant que toi, mais un charme insurmontable empêchait mon cœur déchiré de rien sentir que pour une.

Il me serait doux de te revoir au moment du départ, de te bénir en te disant adieu; cependant je ne voudrais pas demander à tes beaux yeux des larmes pour celui qui va errer sur les vastes mers. Il a perdu sa patrie, ses espérances, sa jeunesse, et toutefois il aime encore, et n'en aime qu'une.

Tandis que son cœur aimant était ainsi trompé dans ses espérances de retour, il était au moins autant mortifié et désappointé dans un autre instinct de sa nature, le désir d'acquérir des distinctions et de dominer. Le peu de rapports entre sa fortune et son rang fut de bonne heure pour lui une source d'embarras et d'humiliations; et la haute opinion qu'il avait des avantages d'une naissance illustre ne faisait qu'ajouter à l'amertume de cette inégalité. Cependant l'ambition lui suggéra bientôt qu'il y avait d'autres et de plus nobles voies pour arriver aux distinctions. Il sentit avec orgueil qu'il pourrait un jour obtenir celles que le talent ne doit qu'à lui-même. Il n'était pas extraordinaire non plus que, comptant sur l'indulgence que l'on accorde ordinairement à la jeunesse, il espérât faire impunément le premier pas dans le sentier de la gloire. Mais là, comme dans tous les autres objets que son cœur s'était proposés, il ne rencontra que le désappointement et la mortification. Au lieu d'éprouver ces égards, si ce n'est cette indulgence avec laquelle les critiques accueillent ordinairement de jeunes débutans, il se trouva tout à coup victime d'une sévérité sans borne, sévérité que l'on ne déploie que rarement contre les plus vieux pécheurs dans le monde littéraire. Ainsi, son cœur, qui venait d'éprouver toute la douleur d'un amour malheureux, se vit encore frustré de ces ressources et de ces consolations qu'il avait cherchées dans l'exercice de ses facultés intellectuelles.

Tandis qu'il éprouvait ainsi de bonne heure des peines de plus d'un genre, son imagination reçut encore l'influence funeste de plaisirs trop prématurés. Bientôt se dissipa ce charme dont la jeunesse aime à embellir un monde qu'elle ne connaît pas. Ses passions avaient dès le commencement anticipé l'avenir, et le vide qu'elles laissèrent bientôt dans son ame fut, de son propre aveu, l'une des principales causes de cette mélancolie qui forma depuis l'une des marques distinctives de son caractère.

« Mes passions, dit-il dans ses *Pensés détachées*,
» se développèrent de très-bonne heure, de si bonne
» heure que bien peu voudraient me croire, si j'en
» citais la date et les circonstances : peut-être l'une
» des causes de cette mélancolie anticipée de mes
» pensées fut que j'avais anticipé la vie. Mes pre-
» miers poèmes sont pleins de pensées qui semblent
» appartenir à un âge dix ans plus vieux que celui
» auquel ils furent écrits; je ne veux point parler
» de leur mérite, mais de l'expérience qu'on y re-
» marque. Les deux premiers chants de *Childe Ha-*
» *rold* furent terminés quand je n'avais que vingt-
» deux ans, et on les croirait écrits par un homme
» plus âgé que je ne le serai probablement jamais. »

Quoique la première phrase de cet extrait se rapporte à une époque de beaucoup antérieure, elle nous donnera occasion de remarquer que, quelque irrégulière qu'ait été sa vie durant les deux ou trois années qui précédèrent le moment de ses voyages, l'idée que plusieurs ont eue qu'il faisait dans *Childe Harold* allusion aux débauches et aux orgies de Newstead, est, comme beaucoup d'autres accusations contre lui, fondée sur son propre témoignage, étrangement exagéré. Il représente, il est vrai, la maison de son représentant poétique comme un *dôme monastique condamné à de vils usages*, et ajoute : « Où » la superstition tenait jadis son antre les filles de » Paphos venaient chanter et sourire. » M. Dallas se livrant au même esprit d'exagération, dit, en parlant des préparatifs du jeune poète : « Déjà rassasié » de plaisirs et dégoûté de la compagnie de ceux qui » n'avaient point d'autres ressources, il avait résolu » de maîtriser ses passions, et avait congédié ses » harems. » La vérité est que l'exiguïté des moyens pécuniaires de Lord Byron eût suffi seule pour le détourner de ce luxe oriental. Son genre de vie à Newstead était simple et peu coûteux. Ses compagnons, quoique amis du plaisir, avaient des goûts et des caractères trop réfléchis pour s'accommoder d'une débauche vulgaire. Quant à ses prétendus *harems*, il paraît qu'une ou deux *subintroductæ,* comme les moines les auraient appelées, et encore prises parmi les domestiques de la maison, sont tout ce que la médisance a jamais pu citer à l'appui de cette calomnie.

Il nous dit lui-même, dans le journal que je viens de citer, que le jeu était au nombre de ses folies à cette époque.

« J'ai, dit-il, idée que les joueurs sont aussi heu-
» reux que bien d'autres gens, parce qu'ils sont tou-
» jours *excités*. Les femmes, le vin, la gloire, la table
» rassasient quelquefois ; mais chaque coup de carte
» ou de dé tient le joueur éveillé, outre que l'on
» peut jouer dix fois plus long-tems qu'on ne peut
» faire toute autre chose. Étant jeune, j'étais pas-
» sionné pour le jeu, c'est-à-dire pour le hasard ;
» car je déteste tous les jeux de cartes, même le pha-
» raon. Quand le maccao fut inventé, je ne voulus
» pas l'adopter; car je regrettais le bruit du cornet
» et des dés et cette glorieuse incertitude, non-seu-
» lement d'une chance bonne ou mauvaise, mais
» même d'une chance quelconque ; car il faut sou-
» vent jeter les dés plusieurs fois avant d'obtenir
» un résultat. J'ai gagné jusqu'à quatorze coups
» de suite, et enlevé tout l'argent qui se trouvait sur
» la table ; mais je n'avais ni sang-froid, ni juge-
» ment, ni calcul : c'était l'émotion qui faisait tout
» mon plaisir. Après tout, j'ai cessé à tems, sans
» avoir ni beaucoup gagné ni beaucoup perdu. De-
» puis l'âge de vingt-un ans j'ai très peu joué, et ja-
» mais au-delà de cent, deux cents ou trois cents
» guinées. »

Il fait allusion à cette folie et à quelques autres dans le billet suivant.

A M. WILLIAMS BANKES.

Vendredi, minuit.

Mon cher Bankes,

« Je reçois à l'instant votre petit mot ; croyez que je suis désespéré de n'en avoir pas eu plus tôt connaissance ; une demi-heure de conversation avec vous m'eût été plus agréable que le vin, le jeu et toutes les autres manières à la mode de passer une soirée chez soi ou en ville. Je suis réellement très-fâché d'être sorti avant l'arrivée de votre missive ; à l'avenir écrivez-moi avant six heures, et soyez sûr que, quels que soient mes engagemens, je les mettrai de côté. Croyez-moi avec cette déférence que j'ai eue dès mon enfance pour vos talens, et une meilleure opinion de votre cœur,

» Votre, etc. »

BYRON.

Parmi les causes, si ce n'est plutôt parmi les résultats de cette disposition à la mélancolie qui tenait à son caractère, il ne faut pas oublier ce scepticisme en fait de matières religieuses, qui, comme nous l'avons vu, jetait déjà quelque chose de sombre sur les pensées de son enfance, et qui se rembrunit de plus en plus à l'époque dont je parle en ce moment. En général, nous voyons les jeunes gens trop ardemment occupés des plaisirs que ce monde donne ou promet, pour s'occuper bien sérieusement des mystères du monde à venir. Mais avec lui le cas était malheureusement tout contraire : comme philosophe et comme ami du plaisir, il avait acquis trop tôt la plus déplorable expérience. Être, comme il le supposait, parvenu à la dernière limite des plaisirs de ce monde, et ne voir au-delà que nuages et obscurité, tel était le sort funeste auquel un caractère et des passions prématurées semblaient condamner Lord Byron.

Quand, à l'âge de vingt-cinq ans, Pope se plaignait d'être fatigué du monde, Swift lui répondit qu'il n'avait point encore assez agi, assez souffert dans le monde pour en être fatigué. Mais quelle différence entre la jeunesse de Pope et celle de Byron! Ce que le premier n'avait qu'anticipé par la pensée, le second le connut dans la plus triste réalité. A l'âge où l'un commençait à peine à jeter un coup d'œil sur l'océan de la vie, l'autre y avait plongé, et en avait sondé toutes les profondeurs. Swift lui-même dut aux désappointemens et aux injustices qu'il éprouva de bonne heure cette amertume qui ne le quitta jamais, et présente bien plus d'analogie avec le sort de notre poète, non-seulement pour les attaques cruelles auxquelles il se trouva jeune en butte, que pour l'effet qu'elles produisirent sur son caractère [1].

[1] Il y a du moins un grand point de rapprochement dans la disposition d'esprit que Johnson attribue à Swift : « Le soupçon d'irréligion, dit-» il, qui plana sur la tête de Swift, vint en grande partie de son horreur » pour l'hypocrisie: *au lieu de chercher à paraître meilleur, il prenait* » *plaisir à paraître pire qu'il n'était en effet.* »

(*Note de Moore.*)

La jeunesse est naturellement portée à se donner des airs d'une mélancolie romantique, à imiter un air triste et sombre que les années n'ont pas encore pu amener. Je ne veux pas nier que quelque chose de ce genre ne soit venu augmenter et nourrir les dispositions peu riantes de notre jeune poète. Il avait dans son cabinet d'étude un certain nombre de crânes humains bien polis et rangés avec une symétrie qui semblerait indiquer plutôt l'envie de s'entourer d'idées sombres que de les éviter. Peut-être est-ce aussi une imitation de l'usage que Young fit, dit-on, d'un crâne, circonstance qui nous ferait douter de la sincérité de sa mélancolie à cette époque, si nous n'en retrouvions les traces évidentes dans le reste de ses écrits et dans sa vie tout entière.

Telle est, d'après son propre témoignage et celui des autres, la disposition d'esprit et de cœur dans laquelle Byron partit pour son voyage indéfini, à la suite du changement le plus grand qu'un homme ait jamais peut-être éprouvé dans sa manière de voir et de sentir. Le refus de lord Carlisle d'agir comme son patron, et la position humiliante dans laquelle ce refus le plaça, complétèrent les mortifications que déjà bien d'autres causes lui avaient fait éprouver. Trompé dans ses espérances en amour et en amitié, il trouva une sorte de vengeance et de consolation à douter qu'il existât en effet de tels sentimens. Les échecs qu'il avait essuyés étaient assez capables d'irriter et de blesser qui que ce soit; il ajouta encore à ce qu'ils avaient de pénible par le caractère irritable et impatient dont il les reçut. Ce que d'autres auraient reçu avec résignation comme autant de malheurs le révolta comme autant d'affronts et d'injustices, et la véhémence de cette réaction produisit un changement complet dans tout son caractère. Alors, comme dans les révolutions, tout ce qu'il y avait de mauvais et d'irrégulier dans son naturel surgit à la surface, et domina en même tems que tout ce qu'il y avait de plus énergique et de plus grand. Ses vertus et ses qualités naturelles ajoutèrent elles-mêmes à la violence de ce changement. Cette même ardeur qu'il avait mise dans ses amitiés et dans ses amours fournit de nouveaux alimens à son indignation et à son mépris. La vivacité et la tournure originale de son esprit ouvrirent un autre canal au fiel dont il était rempli; et cette haine de l'hypocrisie, qu'il avait déjà montrée en exagérant les erreurs de sa jeunesse, le porta, par horreur de toute fausse prétention à la vertu, à une autre prétention encore plus dangereuse, celle d'afficher des vices et de s'en faire gloire.

La lettre suivante, qu'il écrivit à sa mère peu de jours avant que de mettre à la voile, donne quelques détails sur les personnes qui composaient sa suite. Robert Rushton, dont il y parle avec tant d'intérêt, est le jeune enfant qu'il introduisit dans le premier chant de *Childe Harold*, en qualité de son page.

LETTRE XXXIV.

A MRS. BYRON.

Falmouth, 22 juin 1809.

Ma chère mère,

« Nous aurons mis à la voile, probablement avant que cette lettre ne vous soit parvenue. Fletcher m'a tant tourmenté, que je l'ai gardé à mon service; mais s'il ne se conduit pas bien à l'étranger, je le renverrai par un transport. J'ai un domestique allemand, qui a déjà été en Perse avec M. Wilbraham, et qui m'a été fortement recommandé par le docteur Butler de Harrow; si vous l'ajoutez à Robert et William, vous aurez tout le personnel dont se compose ma suite. J'ai des lettres de recommandation en abondance; je vous écrirai de tous les ports où nous toucherons; mais si mes lettres viennent à s'égarer, il ne faut pas vous en alarmer. Le continent marche bien; une insurrection a éclaté dans Paris; les Autrichiens sont en train de battre Bonaparte, et les Tyroliens se sont soulevés.

» Voici mon portrait à l'huile pour être renvoyé le plus tôt possible à Newstead. Je voudrais bien que les demoiselles P.... eussent quelque chose de mieux à faire que d'emporter mes miniatures à Nottingham pour les copier. Puisque c'est fait maintenant, vous pourriez leur offrir de copier aussi les autres portraits, auxquels je tiens beaucoup plus qu'au mien. Quant aux finances, je suis ruiné, du moins jusqu'à ce que Rochdale soit vendu ; si cela ne tourne pas bien, j'entrerai au service de l'Autriche ou de la Russie, peut-être même à celui de la Turquie, si leurs manières me conviennent. Le monde est devant moi ; je quitte l'Angleterre sans regret et sans aucun désir de rien revoir de ce qu'elle contient, excepté *vous-même* et votre résidence actuelle.

» *P. S.* Dites, je vous prie, à M. Rushton que son fils se porte bien et va bien ; il en est de même de Murray ; en vérité, je ne l'ai jamais vu mieux : il sera de retour dans un mois. Au nombre de mes regrets je devrais compter celui de me séparer de ce fidèle serviteur ; son grand âge me privera peut-être du plaisir de le revoir jamais. Pour Robert, je l'emmène ; je l'aime, parce que, comme moi, il paraît être un animal sans amis en ce monde. »

Ceux qui se rappellent la description poétique qu'il fait de l'état de son ame au moment de quitter l'Angleterre, pourront trouver étranges et choquantes la gaîté et la légèreté qui règnent dans les lettres que je vais transcrire ici. Mais dans un caractère comme celui de Lord Byron, ces éclats de vivacité extérieure ne sont pas du tout incompatibles avec un cœur intimement et profondément ulcéré [1], et le ton de gaîté et de bonne humeur qu'il y affecte

---

[1] On sait que le poète Cowper composa son chef-d'œuvre de gaîté, *John Gilpin*, pendant une de ses crises d'abattement mortel, et il dit lui-même : « Tout étrange que cela puisse paraître, les ouvrages les plus

ne rend que plus frappant le sentiment d'abandon et d'isolement qu'il y laisse quelquefois percer.

LETTRE XXXV.

A M. HENRY DRURY.

Falmouth, 25 juin 1809.

Mon cher Drury,

« Nous partons demain par le paquebot de Lisbonne; nous avons été retenus jusqu'ici par le manque de vent et d'autres circonstances. Tout étant maintenant pour le mieux, demain soir à cette heure-ci nous serons embarqués sur ce vaste monde des eaux. Le paquebot de Malte ne devant pas partir pendant quelques semaines, nous avons résolu d'aller par Lisbonne, afin de voir le Portugal; de là par Cadix et Gibraltar, et puis nous reprenons notre première route, Malte et Constantinople, si tant est que le capitaine Kidd, notre brave commandant, entende bien la navigation, et nous conduise suivant la carte.

» Voulez-vous avoir la bonté de dire au docteur Butler [1], qu'à sa recommandation j'ai pris à mon

---

» bouffons que j'aie écrits, le furent dans un moment de tristesse affreuse, » et peut-être ne les eussé-je jamais écrits sans cette même tristesse. »

(*Note de Moore.*)

[1] En se réconciliant avec le docteur Butler, au moment de son départ, Byron donna une nouvelle preuve de la bonté de son caractère, irritable sans doute, mais étranger à toute idée de haine ou de rancune. Il avait préparé des corrections pour une nouvelle édition de ses *Heures d'oisi-*

service un Prussien, Friese, la perle des domestiques ? Il s'est trouvé parmi les adorateurs du feu en Perse, a vu Persépolis et tout ce qui s'en suit.

» Hobhouse a fait de formidables préparatifs pour publier ses voyages au retour ; un cent de plumes, deux gallons d'encre [1], plusieurs livres blancs, etc., tout cela pour le plus grand avantage d'un public éclairé. J'ai renoncé à rien écrire pour mon propre compte, mais j'ai promis de lui fournir un ou deux chapitres de mœurs, etc., etc.

Le coq chante, il faut partir ; je ne saurais vous en dire davantage.

(*Ghost of Gaffer Thumb.*)

» Adieu, croyez-moi, etc., etc. »

LETTRE XXXVI.

A M. HODGSON.

Falmouth, 25 juin 1809.

Mon cher Hodgson,

« Avant que la présente ne vous parvienne, Hobhouse, deux femmes d'officiers, trois enfans, deux filles de chambre, deux subalternes pour la troupe, trois seigneurs portugais et leurs domestiques, enfin moi-même, en tout dix-neuf ames, nous aurons mis

---

veté, où il remplaçait les épigrammes contre ce professeur, par son éloge et l'aveu des torts qu'il se reprochait envers lui.

(*Note de Moore.*)

[1] Un peu moins de dix pintes de Paris.

(*N. du Tr.*)

à la voile pour Lisbonne, sous la conduite du noble capitaine Kidd, aussi brave marin qu'aucun qui ait jamais passé en contrebande un quartaut de spiritueux.

» Nous allons à Lisbonne d'abord, parce que le paquebot de Malte est déjà parti, voyez-vous ? De Lisbonne à Gibraltar, Malte, Constantinople *et cætera*, comme dit éloquemment l'orateur Henley, quand il mit en danger l'église *et cætera*.

» Cette ville de Falmouth, comme vous le devinez presque déjà, n'est pas située fort loin de la mer. Elle est défendue de ce côté par deux châteaux, Saint-Maws et Pendennis, extrêmement bien calculés pour tourmenter tout le monde, excepté l'ennemi. Saint-Maws a pour garnison un individu très-valide, âgé seulement de quatre-vingts ans; c'est du reste un homme veuf. C'est à lui qu'est dévolu le commandement absolu et la direction de six pièces de siége, les moins dirigeables possible, admirablement adaptées pour la destruction de Pendennis qui est une autre tour de même force sur l'autre côté du canal. Nous avons visité Saint-Maws; pour Pendennis, on ne nous l'a laissé voir qu'à distance, parce qu'on nous soupçonnait, Hobhouse et moi, d'avoir déjà pris Saint-Maws par un coup de main.

» La ville contient beaucoup de quakers et de poisson salé; les huîtres y ont un goût de cuivre, parce que le pays est plein de mines; les femmes (bénie soit pour cela la corporation!) sont fouettées derrière une charrette quand elles se permettent de voler en petit ou en grand; et c'est ce qui est arrivé hier vers midi à une personne du beau sexe. Elle était entêtée et a envoyé le maire à tous les diables. . . . .

» Hodgson! rappelez-moi au souvenir de Drury, et rappelez-moi à votre propre souvenir.... quand vous serez ivre; je ne suis pas digne d'occuper les pensers d'un homme à jeun. Ayez l'œil à ma satire chez Cawthorn, dans Cockspur-Street. . . . .

» J'ignore quand je pourrai vous écrire de nouveau, car cela dépend de notre expérimenté capitaine, le brave Kidd, et « des vents orageux qui *ne* » soufflent *pas* dans cette saison. » Je quitte l'Angleterre sans regret; j'y retournerai sans plaisir. Je suis comme Adam, le premier pêcheur condamné à la déportation; mais je n'ai pas d'Ève, et je n'ai pas mangé de pomme, si ce n'est des pommes sures et sauvages. Ainsi finit mon premier chapitre.

» Adieu. Tout à vous, etc. »

Dans cette lettre étaient renfermées les strophes suivantes, dont nous regrettons de ne pouvoir rendre toute la gaîté et le naturel :

En rade de Falmouth, 30 juin 1809.

1. Hourra! Hodgson, nous voilà partis; l'embargo est à la fin levé : une brise favorable agite les voiles, et les frappe contre le mât, au-dessus duquel le pavillon de partance déploie ses orbes onduleux. Attention! le coup de canon est tiré. Les

cris des femmes effrayées et les juremens des matelots nous avertissent que le moment est venu. Voici monter à bord un coquin de douanier; il faut tout ouvrir, tout montrer, malles, caisses, etc. Malgré tant de bruit et de fracas, il faut que le plus petit trou à rats soit visité, avant qu'on ne nous permette de partir à bord du paquebot de Lisbonne.

2. Nos matelots détachent les amarres; tout le monde aux rames. Le bagage descend de dessus le quai; nous sommes impatiens. En avant, poussez loin du rivage. « Prenez garde! cette caisse renferme des liquides. Arrêtez le bateau, je me sens malade : oh! mon Dieu! » — « Malade! madame; le diable m'emporte, vous le serez bien davantage quand vous aurez été seulement une heure à bord. » Hommes, femmes, maîtres et valets, maîtresses et servantes, pressés les uns contre les autres comme des bâtons de cire, crient, se démènent et s'agitent. Que de bruit, que de fracas avant que nous n'atteignions le paquebot de Lisbonne!

3. Enfin nous l'avons atteint! Voilà le capitaine, le brave Kidd, qui commande son équipage. Les passagers sont parqués dans leur logement, les uns pour y grogner, les autres pour y vomir tout à leur aise. « Holà hé! appelez-vous cela une chambre? Cela n'a pas trois pieds carrés; il n'y aurait pas de quoi contenir la reine Mab[1]. Qui diable peut loger là-dedans? » — « Qui, monsieur? beaucoup de monde. Vingt seigneurs à la fois ont rempli mon navire. » — « Vraiment! Jésus mon Dieu, comme vous nous pressez! Plût à Dieu que vos vingt seigneurs y fussent encore! j'aurais échappé à la chaleur et au bruit qui règnent à bord de ce beau navire, le paquebot de Lisbonne.

4. « Fletcher! Murray! Rob[2]! où êtes-vous? étendus sur

---

[1] *Queen mab*; voyez, dans Shakspeare, la charmante description de cette petite reine des fées et de son petit équipage.

[2] Abréviation pour Robert.

le pont comme des bûches! Un coup de main, vous, joli matelot; voilà un bout de corde pour fouetter ces chiens-là. » Hobhouse murmure des juremens affreux en roulant le long de l'écoutille; il vomit alternativement des vers et son déjeuner, et nous envoie tous à tous les diables. « Voilà une stance sur la maison de Bragance... Au secours! » — « Un couplet? » — « Non, une tasse d'eau chaude. » — « Qu'est-ce qu'il y a? » — « Diable! mon foie me vient sur le bord des lèvres! Je ne survivrai jamais au bruit et au fracas de ce navire brutal, le paquebot de Lisbonne. »

5. Enfin, nous voilà en route pour la Turquie; Dieu sait quand nous en reviendrons! Les vents violens et les sombres tempêtes peuvent en un moment briser notre vaisseau. Mais puisque, de l'avis des philosophes, la vie n'est qu'une plaisanterie, le mieux est encore de rire. Rions donc, comme je fais maintenant; rions de tout, des grandes et des petites choses. Bien portans ou malades, à la mer ou sur terre, tant que nous avons de quoi boire abondamment, rions. Que diable! peut-on se soucier d'autre chose? Holà hé! de bon vin! qui voudrait s'en laisser manquer, même à bord du paquebot de Lisbonne?

BYRON.

Le 2 juillet, le navire mit à la voile de Falmouth; et après une heureuse traversée de quatre jours et demi, nos voyageurs arrivèrent à Lisbonne, et se logèrent dans cette ville.

Lord Byron citait souvent une étrange anecdote que le capitaine Kidd, commandant du paquebot, lui avait racontée pendant la traversée. Cet officier lui dit qu'une nuit, étant endormi, il fut réveillé par le poids de quelque chose de lourd sur son estomac, et qu'à l'aide d'une petite clarté qui régnait dans sa chambre, il reconnut distinctement le corps de son frère qui, à cette époque, servait aux grandes Indes dans la marine royale, revêtu de son uniforme et couché en travers sur son lit. Pensant que c'était une illusion de ses sens, il ferma les yeux, et essaya de dormir. Mais la même pression se fit encore sentir, et chaque fois qu'il se hasarda à ouvrir les yeux, il vit la même figure couchée en travers sur lui dans la même position. Pour ajouter encore à ce que cet événement avait de merveilleux, en étendant la main pour toucher ce fantôme, il sentit que l'uniforme dont il paraissait couvert était tout dégouttant d'eau. A l'arrivée d'un de ses camarades qu'il appela au secours, l'apparition s'évanouit; mais quelques mois après, il reçut l'accablante nouvelle que son frère était mort cette nuit-là même, noyé dans les mers des Indes. Le capitaine Kidd n'avait pas le plus léger doute sur la réalité de cette apparition surnaturelle.

Les lettres suivantes de Lord Byron à son ami Hodgson, quoique écrites avec une gaîté et une légèreté d'écolier, donneront quelque idée de l'impression que lui fit son séjour à Lisbonne. De telles lettres, qui contrastent si fortement avec les nobles stances sur le Portugal, qui se trouvent dans le *Childe Harold,* montreront combien son imagination était versatile, et sous combien d'aspects différens il pouvait envisager les mêmes choses suivant les différentes dispositions d'esprit où il était.

LETTRE XXXVII.

A M. HODGSON.

Lisbonne, 16 juillet 1809.

Mon cher Hodgson,

« Jusqu'ici nous avons poursuivi notre route ; nous avons vu des choses magnifiques, des palais, des couvens ; mais comme tout cela se trouvera écrit au large dans le premier volume de voyages de mon ami Hobhouse, je ne veux point anticiper, ni le voler, en fraudant le plus petit détail, et vous le communiquant ainsi d'une manière clandestine dans une lettre. Tout ce que je puis me permettre de vous dire, c'est que le village de Cintra, dans l'Estramadoure, est peut-être le plus beau village du monde. . . . .

« Je suis très-heureux ici, parce que j'aime les oranges, et que je parle mauvais latin aux moines, qui le comprennent d'autant mieux, qu'il est plus semblable au leur. Et puis je vais en société (avec mes pistolets de poche). Et puis je nage dans le Tage, que j'ai traversé d'un seul coup. Et puis je monte à cheval sur un âne ou sur une mule. Et puis j'ai attrapé la diarrhée, et j'ai été piqué par les mosquites : mais qu'est-ce que cela fait ? on ne doit point chercher ses aises quand on fait une partie de plaisir.

» Quand les Portugais font les méchans, je dis *caracho!* le grand juron des fashionables de ce pays-ci, et qui remplace parfaitement notre *damnation*.

Quand je suis mécontent de mon voisin, je l'appelle *combro de merda*; avec ces deux phrases et une troisième, *cobra burro*, qui signifie : procurez-moi un âne, je suis universellement reconnu pour un homme de distinction, et qui parle fort bien toutes les langues. Quelle joyeuse vie nous menons, nous autres voyageurs!.... si nous avions la nourriture et le vêtement. Mais sérieusement, et par malheur trop sérieusement parlant, tout au monde est préférable à l'Angleterre; et jusqu'ici je m'amuse beaucoup de mon voyage.

» Demain, nous partons pour faire à cheval plus de quatre cents milles en poste, jusqu'à Gibraltar, où nous nous embarquerons pour Mélite et Byzance. Une lettre me parviendrait à Malte, ou me serait envoyée si j'étais absent. Embrassez, je vous prie, les Drury, les Dwyer, et tous les Éphésiens que vous rencontrerez. J'écris en ce moment avec le crayon qui m'a été donné par Butler, ce qui rend ma mauvaise main pire encore. Excusez mon *illisibilité*.....

» Hodgson! envoyez-moi les nouvelles, les morts et les défaites, les crimes capitaux et les malheurs de mes amis. Donnez-moi quelques détails sur les sujets littéraires, les controverses et les critiques; tout cela me sera agréable : *Suave mari magno*, etc. En parlant de cela, j'ai été malade à la mer et de la mer. Adieu....

» Votre affectionné, etc. »

LETTRE XXXVIII.

A M. HODGSON.

Gibraltar, 6 août 1809.

« Je viens d'arriver dans cette ville après un voyage de près de cinq cents milles, à travers le Portugal et une partie de l'Espagne. Nous allâmes à cheval de Lisbonne à Séville et à Cadix, et de là nous montâmes à bord de la frégate *l'Hypérion* pour nous rendre ici. Les chevaux sont excellens, nous faisions soixante-dix milles par jour. Des œufs, du vin, des lits bien durs, sont toutes les commodités qu'offre la route ; mais sous un climat aussi brûlant, c'est bien assez. Ma santé est meilleure qu'en Angleterre.

» Séville est une belle ville ; et la Sierra Moréna est une montagne bien digne de ce nom ; mais le diable emporte les descriptions ! elles sont toujours ennuyeuses. Cadix ! délicieuse Cadix ! c'est le plus beau point de la terre......, et la beauté de ses rues et de ses bâtimens ne le cède qu'à l'amabilité de ses habitans. Car, préjugé national à part, je dois avouer que les femmes de Cadix sont aussi supérieures en beauté aux femmes anglaises, que les Espagnols sont inférieurs aux Anglais pour toutes les qualités qui donnent de la dignité au nom d'homme..... Au moment où je commençais à faire quelques connaissances dans la ville, je fus obligé d'en partir.

» Vous n'attendez pas de moi une longue lettre

après une telle course à cheval, « sur ces rosses » d'Asie à l'embonpoint hypocrite. » En parlant d'Asie, cela me fait penser à l'Afrique, qui n'est qu'à cinq milles de ma demeure actuelle ; j'y veux aller me promener avant de partir pour Constantinople.....

» Cadix est une vraie Cythère ; beaucoup de grands d'Espagne s'y sont réfugiés, après avoir quitté Madrid à la suite des troubles : c'est, je crois, la plus jolie ville et la plus propre de l'Europe. Londres est sale en comparaison.... Les Espagnoles se ressemblent toutes ; leur éducation est la même. La femme d'un duc est comme la femme d'un paysan sous le rapport de l'instruction ; et pour les manières, la femme d'un paysan a les mêmes que la duchesse. Certainement elles sont séduisantes ; mais elles n'ont qu'une idée dans la tête, et l'unique affaire de toute leur vie est l'intrigue....

» J'ai vu sir John Carr à Séville et à Cadix ; et comme le barbier de Swift, je l'ai supplié de ne me point faire figurer dans son journal. Rappelez-moi, je vous prie, au souvenir des Drury et des Davies et de tous ceux de ce genre-là qui sont encore en vie[1].

---

[1] Des recommandations de ce genre, dit M. Hodgson, dans une note au bas de la copie de cette lettre, se trouvent à chaque pas dans sa correspondance. Il ne se contentait pas de s'informer de la santé de ses amis et de leur donner cette marque de souvenir. Si l'on pouvait savoir tout ce qu'il a fait pour ses nombreux amis, certes il paraîtrait bien digne d'en avoir eu. Pour moi, je me fais un plaisir de reconnaître avec les sentimens de la plus vive gratitude, qu'il est venu généreusement et bien à

Envoyez-moi une lettre et des nouvelles à Malte. Ma première sera datée du Caucase ou de la montagne de Sion. Je repasserai en Espagne avant de me rendre en Angleterre, car je suis amoureux de ce pays. Adieu, etc. »

Dans une lettre à Mrs. Byron, datée de Gibraltar, quelques jours après, il répète les mêmes détails sur son voyage, mais un peu plus étendus. « Pour faire compensation, dit-il, à la saleté de Lisbonne et de ses habitans, le village de Cintra, situé à quinze milles environ de cette capitale, est peut-être, sous tous les rapports, le plus délicieux de l'Europe; il renferme des beautés de toute espèce, naturelles et artificielles. Des palais et des jardins s'élevant au milieu des rochers, des cataractes et des précipices; des couvens sur des hauteurs prodigieuses. Dans le lointain la vue de la mer et du Tage, et, en outre, quoique ce ne soit qu'une circonstance bien secondaire, ce village est remarquable comme étant le lieu où fut signée la fameuse *convention* de sir H*** D**[1]. Il

---

propos à mon secours; et si mon pauvre ami Bland vivait encore, il rendrait aussi de grand cœur le même hommage à la mémoire de Byron, quoique, après tout, je sois de tous les hommes celui qui lui doit le plus de reconnaissance.

(*Note de Moore.*)

[1] Le colonel Napier, dans une note à son excellente *Histoire de la guerre de la Péninsule*, relève l'erreur dans laquelle Byron est tombé avec plusieurs autres; la convention dont il s'agit ayant été signée à trente milles de Cintra. — Voy. *Childe Harold*, chant Ier.

(*Note de Moore.*)

réunit l'apparence sauvage et pittoresque des montagnes de l'Écosse avec la verdure et la fécondité du midi de la France. Près de là est le palais de Mafra, l'orgueil des Portugais, et qui serait admiré dans tous les pays du monde sous le rapport de la magnificence, mais non sous celui de l'élégance. Un couvent y est annexé; les moines sont assez polis, et entendent le latin, de sorte que nous eûmes ensemble une longue conversation. Ils ont une belle bibliothèque, et me demandèrent si *les Anglais* avaient *des livres* dans leur pays. »

Il raconte ensuite dans la même lettre une aventure qui lui arriva à Séville, et qui peut donner une juste idée de lui-même et du pays où il se trouvait :

« Nous logeâmes dans la maison de deux dames espagnoles non mariées, qui possèdent six maisons à Séville, et me donnèrent un curieux modèle des manières espagnoles. Ce sont des dames de qualité : l'aînée est une fort belle femme; la seconde est agréable, mais elle n'est pas d'un port aussi avantageux que dona Josepha. La liberté de manières qui est générale ici m'étonna d'abord beaucoup; dans la suite de mes observations j'eus lieu de remarquer que la réserve n'est pas le caractère dominant des Espagnoles, qui, en général, sont très-bien, avec de grands yeux noirs et de fort belles formes. L'aînée honora votre fils indigne d'une attention toute particulière, elle m'embrassa au moment de mon départ (je n'y avais demeuré que trois jours). Elle coupa une boucle de mes cheveux, et me fit cadeau d'une tresse des siens de trois pieds de long, que je vous envoie, et que je vous prie de vouloir bien me garder jusqu'à mon retour. Ses mots d'adieu furent : *Adios, tu hermoso! me gustas mucho.* « Adieu ! beau cavalier, tu me plais beaucoup. » Elle m'offrit une partie de son propre appartement, que ma vertu ne me permit pas d'accepter ; elle rit beaucoup, me dit que j'avais quelque amante en Angleterre, et ajouta qu'elle allait se marier à un officier de l'armée espagnole. »

Parmi les beautés espagnoles, qui avaient excité en masse son imagination, il paraît qu'une dame était au moment de fixer plus particulièrement son attention :

« Cadix, la délicieuse Cadix, est la plus agréable ville que j'aie encore vue ; elle est bien différente de nos villes anglaises, excepté sous le rapport de la propreté ; elle est aussi propre que Londres, mais pleine des plus belles femmes de l'Espagne ; les belles de Cadix sont pour l'Espagne ce que sont les belles du Lancashire pour l'Angleterre. Précisément au moment où je venais d'être présenté à la grandesse, et que je commençais à l'aimer, je me suis vu obligé de quitter Cadix pour cet affreux Gibraltar ; mais avant de rentrer en Angleterre, j'y veux faire une autre visite.

» La veille de mon départ, j'étais à l'opéra dans la loge de l'amiral *** avec sa femme et sa fille. Elle est très-jolie dans le genre espagnol, qui, à mon avis, n'est pas inférieur au genre anglais pour la beauté proprement dite, et qui est bien plus séduisant. De longs cheveux noirs, des yeux noirs et languissans, un teint olive-claire et des formes plus gracieuses, quand elles sont animées par le mouvement, que n'en peut concevoir un Anglais, habitué à l'air nonchalant et apathique de ses belles compatriotes; ajoutez à cela la mise à la fois la plus décente et du meilleur goût, qui rend une beauté espagnole tout-à-fait irrésistible.

» Mademoiselle *** et son jeune frère comprenaient un peu le français, et, après avoir témoigné ses regrets que je ne susse pas l'espagnol, elle me proposa de m'enseigner cette langue. Je ne pus répondre que par un profond salut, regrettant de quitter Cadix trop promptement pour faire tous les progrès qui eussent naturellement suivi mes études sous une si charmante directrice. Je me tenais debout, sur le derrière de la loge, qui ressemble assez à nos loges d'opéra (le théâtre est vaste, bien décoré, et la musique admirable), comme le font généralement les Anglais pour ne pas incommoder les dames qui sont devant, quand la belle espagnole déplaça une vieille femme, tante ou duègne, et m'ordonna de venir m'asseoir à côté d'elle, à une distance honnête de la maman. Le spectacle terminé, je m'étais éclipsé, et je traversais le passage avec plusieurs hommes, quand la dame, tournant la tête par hasard, m'appela, et j'eus l'honneur de la conduire jusqu'à la maison de l'amiral. J'ai reçu une invitation pour l'époque de mon retour à Cadix, et j'en profiterai certainement si je repasse par l'Espagne, en revenant d'Asie. »

C'est à ces aventures, ou plutôt à ces commencemens d'aventures, qu'il fait allusion dans la première partie de ses *Souvenirs*; et c'est de la plus jeune de ses belles hôtesses de Séville qu'il dit qu'il devint amoureux, à l'aide d'un dictionnaire.

« Pendant quelque tems, dit-il, je réussis très-bien
» dans mes études de langue et dans mon amour[1], jus-
» qu'à ce que la dame prit une fantaisie pour une
» bague que je portais, et s'opiniâtra à ce que je la
» lui donnasse comme un gage de ma sincérité. Cela
» était impossible, et je lui déclarai que tout ce que
» je possédais était à son service, excepté cette ba-
» gue dont j'avais fait vœu de ne pas me séparer. La
» jeune Espagnole se fâcha, son amant ne tarda pas
» à se fâcher aussi, et l'affaire se termina par une
» froide séparation. Bientôt après je mis à la voile
» pour Malte, où je perdis à la fois et mon cœur et
» ma bague. »

Dans une lettre sur Gibraltar que nous venons de citer, il ajoute : « Je vais demain en Afrique, qui

[1] Nous trouvons une allusion à cet incident dans *Don Juan* :

« Il est agréable d'apprendre une langue étrangère des yeux et des lèvres d'une femme..... c'est-à-dire quand la maîtresse et l'écolier sont jeunes tous les deux, comme il m'arriva à moi, etc. »

n'est qu'à six milles de cette forteresse. Mon premier séjour après sera Cagliari, en Sardaigne, où je serai présenté à sa majesté. J'ai un superbe uniforme pour habit de cour, indispensable à un voyageur. » Toutefois il ne mit pas à exécution son projet de visiter l'Afrique. Après un court séjour à Gibraltar, où il dîna une fois avec lady Westmoreland, et une autre avec le général Castaños, il partit de Malte, par le paquebot, le 19 août. Il avait renvoyé en Angleterre Joe Murray et le jeune Rushton, la santé de ce dernier ne lui permettant pas de l'accompagner plus long-tems.

« Je vous prie, dit-il à sa mère, ayez toutes sortes de bontés pour cet enfant; car c'est mon grand favori[1]. »

Il écrivit aussi une lettre au père de cet enfant, qui donne une si bonne idée de la bonté et de la sensibilité de son ame, que j'ai grand plaisir à l'insérer ici.

LETTRE XXXIX.
A M. RUSHTON.

Gibraltar, 15 août 1809.

M. Rushton,

« J'ai envoyé Robert en Angleterre avec M. Mur-

---

[1] Voici le *post-scriptum* de cette lettre :

« Ainsi lord G..... est marié à une paysanne ! c'est fort bien ! Si je me marie, je vous amènerai une sultane, avec une demi-douzaine de villes pour dot; et pour vous réconcilier avec une belle-fille ottomane, elle vous donnera un boisseau de perles, pas plus grosses que des œufs d'autruche et pas plus petites que des noix. »

ray, parce que le pays que je vais traverser est dans une condition peu sûre, particulièrement pour un enfant aussi jeune. Je vous permets de garder vingt-cinq livres sterling par an pour son éducation, si je ne reviens pas avant cette époque, et je désire qu'il soit toujours considéré comme étant à mon service. Prenez-en le plus grand soin; qu'il soit envoyé à l'école. Dans le cas où je viendrais à mourir, j'ai eu soin dans mon testament de lui assurer une existence indépendante. Il s'est conduit extrêmement bien, et a beaucoup voyagé, eu égard au peu de tems qu'a duré son absence. Vous déduirez les frais de son éducation de votre fermage. »

BYRON.

Ce fut le sort de Byron, pendant toute sa vie, de trouver partout où il alla des personnes qui, par leur caractère extraordinaire, ou les circonstances dans lesquelles elles s'étaient trouvées, étaient toutes disposées à sympathiser avec lui. C'est à cette attraction qui se trouvait en lui pour tout ce qui était étrange et *excentrique*, qu'il dut, à la fois, les plus agréables, comme aussi les plus pénibles liaisons qu'il ait formées dans sa vie. C'est dans la première classe que nous devrons ranger le commerce qu'il entretint avec une dame, pendant le court séjour qu'il fit à Malte. C'est cette même dame qu'il a désignée, dans le *Childe Harold*, sous le nom de Florence, et dont il parle ainsi à sa mère dans une lettre datée de Malte :

« Cette lettre est confiée aux soins d'une femme bien extraordinaire dont vous avez déjà sans doute entendu parler, Mrs. Spenser Smith, sur la délivrance de laquelle le marquis de Salvo a publié une brochure, il y a quelques années. Elle a depuis éprouvé un naufrage, et sa vie a été, dès le commencement, fertile en incidens si extraordinaires, que, dans un roman, ils paraîtraient improbables. Elle est née à Constantinople, où son père, le baron H.***, était consul d'Autriche. Elle fut mariée malheureusement, et cependant jamais sa réputation n'a souffert la plus légère atteinte. Elle a excité la vengeance de Bonaparte en prenant part à quelque conspiration, a vu plusieurs fois sa vie en danger; et n'a pas encore vingt-cinq ans. Elle est ici, se disposant à rejoindre son mari en Angleterre. L'approche des Français l'a forcée à s'embarquer sur un vaisseau de guerre, et à quitter précipitamment Trieste, où elle était allée faire une visite à sa mère. Depuis son arrivée je n'ai presque pas eu d'autre compagnie. Je l'ai trouvée très-agréable, très-bien élevée et extrêmement originale. Bonaparte est encore en ce moment si fort irrité contre elle, que sa vie serait peut-être en danger si on la faisait prisonnière une seconde fois. »

Le ton dont notre poète lui parle dans *Childe Harold*, parfaitement d'accord avec ce qu'il vient d'en dire plus haut, respire l'admiration et l'intérêt, mais sans indiquer un sentiment plus vif.

Aimable Florence! si ce cœur insouciant et flétri pouvait jamais être à une autre, il serait à toi; mais entraîné par toutes les vagues qui se succèdent, je n'ose pas brûler sur ton autel un indigne parfum, ou demander à ton âme chérie une seule pensée pour moi.

C'est ainsi que raisonna Harold quand il jeta les yeux sur ceux de Florence; il y puisa une admiration profonde, mais nul autre sentiment, etc., etc.

Dans un homme comme Byron, qui, en même tems qu'il a fait passer dans ses poésies bien des événemens de sa vie, a mis aussi tant de poésie dans son existence, il n'est pas toujours facile, en cherchant à analyser ses sentimens, de distinguer ceux qui furent réels d'avec ceux qui n'étaient qu'imaginaires. Par exemple la description qu'il nous donne ici de la froideur et de l'insensibilité avec lesquelles il contemplait même les charmes de cette séduisante personne est bien peu d'accord avec l'anecdote que je viens de citer d'après ses Mémoires, avec beaucoup de passages de ses lettres postérieures, mais surtout avec l'un de ses petits poèmes les plus gracieux, qu'il désigne comme adressé à cette même dame, pendant un orage, lorsque notre poète se rendait à Zitza.

Malgré ces témoignages qui semblent se contredire, je serais assez porté à croire que la peinture qu'il nous fait de l'état de son cœur au commencement de *Childe Harold* est la seule vraie. L'idée qu'il était amoureux ne lui sera venue qu'après, quand l'image de la belle Florence se sera, pour ainsi dire, idéalisée dans son imagination, et qu'elle aura embelli d'un reflet d'amour le souvenir des heures agréables qu'ils avaient passées ensemble dans les îles de Calypso. On se rappellera qu'il attribue lui-même aux cœurs qui se sont livrés de bonne heure aux passions, et qui de bonne heure aussi en ont été désabusés, la froideur et le calme avec lesquels il contempla des appas même aussi séduisans que ceux de l'aimable Florence. Il y a toute raison de croire que telle était alors l'espèce de dégoût avec lequel il voyait tous les objets réels d'amour et de passion; et quoique son imagination pût toujours se créer des idoles, il continua, à son retour en Angleterre, de professer la même indifférence pour les plaisirs qu'il avait autrefois recherchés avec tant d'ardeur. Nul anachorète ne saurait en effet se vanter de plus d'apathie qu'il n'en montra à cette époque pour toutes les séductions de ce genre. Mais à vingt-trois ans, il est triste de ne devoir qu'à la satiété et au dégoût ce calme contre toutes les tentations : ce sont là de tristes auxiliaires de la vertu, et c'est une tranquillité achetée bien cher.

Pendant son séjour à Malte, il fut, à la suite de quelque malentendu de peu d'importance, au moment de se battre en duel avec un officier de l'état-major du général Oakes. Il fait de fréquentes allusions à cet incident dans les lettres que nous lirons bientôt, et j'ai souvent entendu la personne qui lui servait de second, parler avec grand éloge du courage et du mâle sang-froid qu'il déploya dans toute cette affaire. Elle devait se vider de très-bonne heure; son ami fut obligé de l'arracher à un sommeil profond. Arrivés au lieu du rendez-vous, sur le bord de la mer, ils ne virent pas venir leurs adversaires, par suite de quelque erreur involontaire. Quoique ses bagages fussent déjà à bord du brick qui devait le transporter en Albanie, Lord Byron résolut d'attendre au moins encore une heure; et pendant à peu près tout ce tems, son ami et lui se promenèrent le long du rivage. A la fin ils virent venir à eux un officier envoyé par son adversaire, qui non-seulement l'excusa de ce retard, mais encore leur donna toutes les explications qu'ils pouvaient désirer sur ce qui avait fait le sujet même de la querelle.

Le brick de guerre à bord duquel ils s'étaient embarqués, ayant ordre d'escorter une flotte de petits vaisseaux marchands à Patras et à Prévésa, ils restèrent deux ou trois jours à l'ancre en rade de cette première ville. Enfin ils arrivèrent à leur destination, et, après avoir vu en passant un coucher du soleil à Missolonghi, ils débarquèrent, le 27 septembre, à Prévésa.

Ceux qui pourraient désirer des détails sur le voyage de Lord Byron en Albanie, et ceux qu'il fit ensuite dans différentes parties de l'empire ottoman, en compagnie avec M. Hobhouse, les trouveront dans la relation qu'en a publiée ce dernier. Cet ouvrage, très-intéressant par lui-même, sous tous les rapports, le devient bien davantage par cette considération que nous y voyons Lord Byron comme présent à chaque page, et que nous y accompagnons, pour ainsi dire, ses premiers pas dans un pays au nom duquel il a pour jamais rattaché le sien. Comme j'ai entre les mains des lettres du noble poète à sa mère et quelques-unes plus curieuses encore qui, publiées pour la première fois, me mettent en état de donner ses propres descriptions et ses propres esquisses, je me contenterai, après avoir ainsi indiqué d'une manière générale le voyage de M. Hobhouse, d'en extraire quelques notes pour jeter plus de clarté sur la correspondance de son ami.

LETTRE XL.

A MRS. BYRON.

Prévésa, 12 novembre 1809.

Ma chère mère,

« Voici quelque tems que je suis en Turquie; la ville que j'habite est sur la côte; mais j'ai déjà traversé l'intérieur de la province d'Albanie, en allant faire visite au pacha. J'ai quitté Malte, le 21 septembre, à bord du brick de mer *le Spider* (l'Araignée), et je suis arrivé en huit jours à Prévésa. Déjà je suis allé environ cent cinquante milles plus loin, à Tebelen, maison de campagne de Sa Hautesse, où je suis resté trois jours. Le pacha se nomme Ali; on le regarde comme un homme de grands talens; il gouverne toute l'Albanie (l'ancienne Illyrie), l'Épire et une partie de la Macédoine. Son fils Vely-Pacha, pour lequel il m'a donné des lettres, gouverne la Morée, et a beaucoup d'influence en Égypte; en un mot, c'est un des plus puissans personnages de l'empire Ottoman. Quand, après un voyage de trois jours dans un pays montagneux et plein des beautés les plus pittoresques, j'arrivai à Janina, on me dit qu'Ali-Pacha avait quitté cette capitale, et qu'il était en Illyrie avec son armée, assiégeant Ibrahim-Pacha dans la forteresse de Bérat. Il avait appris qu'un Anglais de distinction était arrivé dans ses états, et avait laissé au commandant de Janina l'ordre de me fournir une maison, et de me procurer *gratis* tout ce qui me serait nécessaire. En conséquence, encore que l'on m'ait permis de faire quelques présens aux esclaves, etc., on n'a pas voulu me laisser payer la moindre chose de ce qui était entré dans la maison pour notre usage.

» Je fis un tour dans la campagne sur les chevaux du vizir, et visitai ses palais, ainsi que ceux de ses petits-fils; ils sont magnifiques, mais trop chargés d'ornemens d'or et de soie. J'allai ensuite à travers les montagnes jusqu'à Zitza, village qui renferme un monastère grec où je couchai au retour. C'est la plus belle situation que j'aie jamais vue, en exceptant toujours Cintra en Portugal. Notre voyage fut beaucoup alongé par les torrens tombés des montagnes, et qui interceptaient les routes. Je n'oublierai jamais la scène singulière qui s'offrit à mes regards, quand j'entrai à Tebelen vers les cinq heures du soir, au moment du coucher du soleil. Elle me rappela, avec quelque changement de costume, bien entendu, la description que donne Scott, dans son *Lay*, du château de Branksome et du système féodal. Les Albanais avec leur habillement, le plus magnifique du monde, leur long jupon blanc, leur manteau broché d'or, leur veste et leur gilet de velours cramoisi lacé en or, leurs pistolets et leurs poignards montés en argent ; les Tartares avec leurs hauts bonnets, les Turcs dans leurs turbans et leurs vastes pelisses, les soldats et les esclaves noirs avec leurs chevaux ; les premiers groupés dans une grande galerie ouverte, qui fait partie de la façade, les autres placés dans une sorte de cloître au-dessous ; deux cents chevaux harnachés et prêts à être montés au moindre signal, des courriers allant et venant avec des dépêches, le bruit des timbales, des enfans qui crient l'heure, du haut du minaret, joint à la singularité du bâtiment lui-même, forment un coup-d'œil nouveau et délicieux pour l'étranger. Je fus conduit dans un fort bel appartement et le secrétaire du vizir vint s'informer de l'état de ma santé à la mode turque.

» Le lendemain je fus présenté à Ali-Pacha. J'étais vêtu d'un uniforme d'officier d'état-major en grande tenue, avec un sabre magnifique, etc. Le vizir me reçut dans une grande pièce, pavée en marbre ; une fontaine lançait de l'eau au milieu, et tout autour de la chambre étaient rangées des ottomanes couvertes d'une étoffe écarlate. Il me reçut debout, politesse extraordinaire pour un musulman, et me fit asseoir à sa droite. J'ai un Grec pour interprète; mais dans cette occasion ce fut un médecin d'Ali qui entend le latin, qui m'en servit. Sa première question fut, pourquoi j'avais quitté mon pays si jeune? Les Turcs n'ont pas l'idée qu'on puisse voyager pour son amusement. Il me dit ensuite que le ministre anglais, le capitaine Leake, l'avait prévenu que j'étais d'une grande famille, et me chargea de présenter ses respects à sa mère, commission dont je m'acquitte en ce moment. Il dit encore qu'il était sûr que j'étais noble, parce que j'avais les oreilles petites, les cheveux bouclés, les mains petites et blanches [1], et témoigna qu'il était content de ma figure et de mon costume. Il me dit de le regarder comme un père tant que je serais en Turquie, et qu'il veillerait sur moi comme sur son fils. Il me pria de le venir voir souvent, et surtout le soir quand il serait de loisir; on servit du café et des pipes; après quoi je terminai ma première visite, que je renouvelai trois fois. Il est singulier que les Turcs, qui n'ont pas de dignités héréditaires et peu de grandes familles, excepté les sultans, aient tant d'égards

---

[1] Lord Byron avait autant que le pacha l'opinion que la forme de la main peut indiquer la naissance; voyez dans *Don Juan*, sa note sur le vers:

Though on more thorough-bred *or fairer fingers.*

pour la naissance, car j'observai que ma généalogie m'en valait plus que mon titre de pair d'Angleterre [1]. . . . .

» J'ai vu aujourd'hui les restes de la ville d'Actium, près de laquelle Antoine perdit le monde dans une petite baie, où deux frégates manœuvreraient à peine aujourd'hui ; un mur démi-renversé est l'unique vestige qui marque ce lieu célèbre. De l'autre côté du golfe se voient les ruines de Nicopolis, bâtie par Auguste en l'honneur de sa victoire. Hier soir, j'ai assisté à une noce grecque, mais je n'ai ni assez de tems, ni assez de place pour en donner la description, non plus que de mille autres choses.

» Je vais demain, avec une escorte de cinquante hommes, à Patras dans la Morée, et de là à Athènes où je passerai l'hiver. Il y a deux jours, j'ai failli périr avec un vaisseau de guerre turc, par l'ignorance du capitaine et de l'équipage, quoique la tempête ne fût pas violente. Fletcher appelait sa femme, les Grecs appelaient leurs saints, les Musulmans appelaient Alla; le capitaine descendit dans la chambre, et nous dit tout en pleurs de nous recommander à Dieu. Les voiles étaient déchirées, la grande vergue rompue, le vent *fraîchissait*, la nuit arrivait;

---

[1] Lors du voyage du docteur Holland en Albanie, Ali-Pacha se rappelait parfaitement Lord Byron; il en parla avec intérêt, et apprit avec plaisir qu'il avait donné, dans un de ses ouvrages (*Childe Harold*), une description poétique de l'Albanie, qui avait été fort goûtée en Angleterre, et que son ami Hobhouse se disposait à publier son voyage dans le même pays.

nous n'avions plus que deux chances devant nous,
d'arriver à Corfou, qui est au pouvoir des Français,
ou de descendre dans le liquide tombeau, comme
Fletcher le disait pathétiquement. Je fis ce que je
pus pour consoler celui-ci ; mais le trouvant incor-
rigible, je m'enveloppai dans ma capote albanaise
(immense manteau), et je me couchai tout de mon
long sur le pont pour y attendre tout ce qui pourrait arriver de pire [1]. J'ai appris dans mes voyages
à avoir de la philosophie ; et quand je n'en aurais
pas eu, de quoi m'eût-il servi ici de me lamenter et
de me plaindre ? Heureusement le vent mollit, et ne
nous porta qu'à Souli sur le continent, où nous dé-
barquâmes, et avec l'aide des naturels nous retournâmes à Prevesa. Je ne me confierai plus dorénavant
à des matelots turcs, quoique le pacha ait mis à mes
ordres une de ses propres galiotes pour me porter à
Patras. En conséquence, je vais jusqu'à Missolonghi
par terre, et de là je n'aurai qu'un petit golfe à traverser pour arriver à Patras. La première lettre de
Fletcher sera pleine de merveilles ; nous avons, une
nuit, été perdus pendant neuf heures dans les mon-

[1] J'ai entendu les compagnons de voyage de Byron parler du sang-
froid et du courage qu'il montra dans cette occasion, d'une manière plus
remarquable encore. Voyant qu'à cause de son infirmité il ne pouvait être
d'aucune utilité pour l'exécution des manœuvres que leur position demandait, non-seulement il est vrai qu'il s'enveloppa dans son manteau et se coucha tranquillement, comme il le dit, mais ce qu'il n'ajoute pas, c'est que,
quand le danger fut passé, on s'aperçut qu'il était profondément endormi.

(*Note de Moore.*)

tagnes, et depuis nous avons manqué de nous noyer. Dans les deux cas, Fletcher avait entièrement perdu la tête; la première fois par la peur, la famine et les bandits; la seconde par la peur seule. Ses yeux ont été un peu malades, je ne sais si c'est un effet des éclairs ou des pleurs qu'il a versés. Quand vous m'écrirez, adressez-moi vos lettres chez M. Strane, consul d'Angleterre, à Patras en Morée.

» J'aurais beaucoup d'incidens à vous raconter, qui, je crois, vous amuseraient; mais ils font confusion dans ma tête, comme ils en feraient, je crois, sur le papier, et je ne saurais du tout les mettre en ordre. J'aime beaucoup les Albanais; ils ne sont pas tous turcs, quelques-uns sont chrétiens; mais la différence de leur religion n'en met aucune dans leurs mœurs et dans leur conduite; on les regarde comme les meilleures troupes au service de la Turquie. Pendant ma route, j'ai passé deux jours en allant, et trois en revenant, dans une caserne à Salone; et jamais je n'ai trouvé de soldats plus supportables; quoique j'aie été dans les garnisons de Gibraltar et de Malte, et que j'aie vu bon nombre de troupes espagnoles, françaises, siciliennes et anglaises. On ne m'a rien volé, et j'ai toujours été le bienvenu à partager leurs vivres et leur lait. Il n'y a pas une semaine, qu'un chef albanais (chaque village a son chef qui est appelé primat), après nous avoir aidé à sortir de la galère turque, lors de notre malheur, nous nourrit et nous logea, moi et ma suite, composée de Fletcher, un Grec, deux Athéniens, un prêtre grec, et mon compagnon, M. Hobhouse, et refusa de recevoir autre chose qu'un certificat de la bonne réception qu'il nous avait faite. Comme je le pressais de prendre au moins quelques sequins, « non, répondit-il, je veux que vous m'aimiez, et non pas que vous me payiez. » Ce sont là ses propres paroles.

» Vous ne sauriez croire quelle est la valeur de l'argent dans ce pays-ci. Je n'avais rien à payer d'après les ordres du visir, mais depuis j'ai toujours eu seize chevaux, et généralement six ou sept hommes à mon service; et je n'ai pas dépensé la moitié de ce qu'il m'en a coûté pour passer trois semaines à Malte, quoique le gouverneur, sir A. Ball, m'ait donné une maison gratis, et que je n'eusse qu'un seul domestique. Je serais bien aise que H..... fît des remises régulières, car je n'ai pas intention de rester à perpétuité dans cette province; qu'il m'écrive chez M. Strane, consul d'Angleterre à Patras. Le fait est que la fertilité des plaines est extraordinaire, les espèces fort rares, ce qui explique que tout y soit à bon marché. Je vais à Athènes pour y apprendre le grec moderne, qui diffère beaucoup du grec ancien, quoique les racines en soient les mêmes. Je n'ai pas envie de retourner en Angleterre; et je ne le ferai que si j'y suis forcé, comme, par exemple, si H.... me négligeait. Je n'entrerai pas cependant en Asie avant un an ou deux, car j'ai bien des choses à voir en Grèce, et peut-être passerai-je en Afrique, ou du moins dans la partie Égyptienne.

» Fletcher, comme tous les Anglais, est fort mécontent, cependant il est un peu réconcilié avec la Turquie, depuis que le pacha lui a fait présent de quatre-vingts piastres, qui, eu égard à la valeur de l'argent ici, équivalent presque à dix guinées anglaises. Il n'a rien eu à souffrir, si ce n'est du chaud, du froid et de la vermine, fléaux de tous ceux qui couchent dans les chaumières, dans des gorges de montagnes, dans les pays froids, et dont j'ai eu ma part comme lui; mais il n'est pas brave et a peur des voleurs et des tempêtes. Il n'y a personne en Angleterre au souvenir de qui je désire me recommander, et dont je veuille avoir des nouvelles. Je voudrais seulement recevoir une lettre de vous, et une ou deux de H..... sur l'état de mes affaires; dites-lui de m'écrire. Pour moi, je vous écrirai quand je pourrai, et vous prie de me croire votre affectionné fils, »

BYRON.

Vers le milieu de novembre, notre jeune voyageur quitta Prévésa et se dirigea vers la Morée, à travers l'Acarnanie et l'Étolie, accompagné de son escorte de cinquante Albanais.

En conséquence il prit une bande d'hommes sûrs pour traverser les vastes forêts de l'Acarnanie, hommes nés pour la guerre, et dont les rudes travaux ont rembruni le teint, jusqu'à ce qu'il aperçut les flots blanchissans de l'Achéloüs, et qu'il vit de l'autre côté les plaines fertiles de l'Étolie.

(Childe Harold, ch. II.)

Sa description d'une scène de nuit à Utraikey, petite place située dans l'une des baies du golfe d'Arta, est sans doute restée gravée dans la mémoire de nos lecteurs. Le plaisir que leur a causé la sauvage beauté de cette peinture ne sera point diminué quand nous leur aurons fait connaître, d'après le récit de M. Hobhouse, les circonstances réelles sur lesquelles elle est fondée :

« Le soir, les portes étaient fermées, et l'on fai-
» sait les préparatifs nécessaires pour nourrir nos
» Albanais. On tuait un bouc, on le faisait rôtir tout
» entier; quatre feux étaient allumés dans la cour,
» autour desquels les soldats s'asseyaient en quatre
» troupes différentes. Après avoir bu et mangé, la
» plupart d'entre eux, tandis que nous et les chefs
» étions assis sur le gazon, s'assemblèrent autour du
» plus grand feu, et là se mirent à danser en rond
» sans autre musique que leurs propres chansons,
» mais en déployant une énergie étonnante. Toutes
» ces chansons se rapportaient à quelques exploits
» de voleurs fameux. L'une d'elles, qui les occupa
» plus d'une heure, commençait ainsi : « Quand

» nous partîmes de Parga, nous étions soixante :
» puis venait le refrain :

>> Tous voleurs à Parga,
>> Tous voleurs à Parga.

>> Κλεφτεις ποτε Παργα,
>> Κλεφτεις ποτε Παργα.

» Quand ils mugissaient cette strophe, ils tour-
» naient en rond autour du feu, tombaient sur leurs
» genoux, rebondissaient, et puis tournaient de nou-
» veau en répétant le même refrain. Le bruissement
» des vagues sur la rive caillouteuse où nous étions
» assis remplissait les intervalles du chant d'une mu-
» sique peut-être moins monotone et certainement
» plus douce. La nuit était très-sombre; mais au re-
» flet des feux nous apercevions un peu les bois, les
» rochers et le lac, qui, avec l'apparence sauvage
» des danseurs, offraient une scène qui n'eût pas
» été perdue entre les mains d'un artiste organisé
» comme l'auteur des *Mystères d'Udolphe.* »

Après avoir traversé l'Acarnanie, nos voyageurs passèrent l'Acheloüs, et arrivèrent, le 21 novembre, à Missolonghi. Ici il est impossible de ne pas nous arrêter, et de ne pas songer d'avance à cette triste visite qu'il y fit quinze ans après, quand, au milieu de sa carrière, et dans toute la plénitude de sa réputation, il vint donner sa vie pour la cause de ce pays qu'il traversait alors comme un simple et jeune étranger. Si quelque esprit lui eût alors révélé ce qui devait arriver dans cet intervalle; s'il lui avait montré, d'un côté, les triomphes qui l'attendaient, le pouvoir que son génie varié obtiendrait sur les cœurs pour les élever ou les abaisser, pour les éclairer ou les rendre plus sombres; et s'il eût placé d'un autre côté les inconvéniens attachés à ce don funeste : la fatigue et le dégoût que l'imagination donne à l'ame; les ravages de ce feu intérieur qui dévore celui qui le possède, tandis qu'il éblouit les autres; l'envie que tant de grandeur excite parmi les autres hommes; la vengeance qu'ils tirent de celui qui les force à regarder si haut pour l'admirer; on peut se le demander, eût-il accepté la gloire à de telles conditions? N'aurait-il pas senti, au contraire, que c'était l'acheter à trop haut prix, et que cet état de guerre continuel contre le monde entier pendant sa vie ne serait que faiblement récompensé par une immortalité que ce même monde serait obligé de lui accorder après son trépas?

A Missolonghi, il renvoya tous ses Albanais, à l'exception d'un seul, nommé Dervish, qu'il prit à son service, et qui demeura avec lui pendant tout le tems qu'il fut en Orient, avec Basile, le domestique que lui avait donné Ali-Pacha. Après avoir habité près de quinze jours à Patras, il se dirigea sur Vostitza. En approchant de cette ville, le sommet neigeux du Parnasse, s'élevant comme une tour de l'autre côté du golfe, s'offrit pour la première fois à ses yeux. Deux jours après, dans les bosquets sacrés de Delphes, il écrivit les stances que cette vue lui avait inspirées, et qui commencent ainsi :

O toi, Parnasse ! que je vois maintenant, non comme l'imagination te présente souvent dans les songes du poète endormi, etc.

C'est vers cette époque que, se promenant à cheval, au pied du Parnasse, il vit dans les airs voler une troupe considérable d'aigles, phénomène qui semble avoir frappé son imagination d'une sorte de superstition poétique; car il y fait plus d'une fois allusion dans son journal. « Me rendant à la fontaine » de Delphes (Castri), en 1809, je vis une troupe » de douze aigles, et j'acceptai le présage, bien » que Hobhouse soutînt, probablement par plaisan- » terie, que c'étaient des vautours. J'avais la veille » composé les vers sur le Parnasse, dans *Childe Ha-* » *rold*; en voyant ces oiseaux, j'espérai qu'Apollon » avait agréé mon hommage. Du moins, j'ai eu le » nom et la réputation de poète dans l'âge réelle- » ment poétique de la vie, de vingt à trente. Si cela » continuera, c'est une autre question. »

Dans son journal, en racontant son départ de Patras, il cite une anecdote qui fera honneur à son humanité aux yeux de tous ceux qui ne seront point chasseurs. « Le dernier oiseau sur lequel j'ai tiré » fut un aiglon, sur le bord du golfe de Lépante, » près Vostitza. Il n'était que blessé, et je voulus le » sauver; son œil était si brillant ! Mais il languit et

» mourut en peu de jours. Je n'ai jamais essayé de-
» puis et jamais je n'essaierai de tuer un autre oi-
» seau. »

Peu de choses étonnent autant les voyageurs en Grèce que l'extrême petitesse de ces pays qui ont occupé si long-tems les cent bouches de la renommée. « On pourrait, dit M. Hobhouse, sans trop presser son cheval, aller de Livadie à Thèbes et revenir entre le déjeuner et le dîner, et, sans bagage, faire facilement, en deux jours, le tour de la Béotie. » Après avoir visité en très-peu de tems les fontaines de Mémoire et d'Oubli, à Livadie, et les retraites d'Apollon Isménien, à Thèbes, nos voyageurs tournèrent enfin leurs pas vers Athènes, l'objet de leurs rêves poétiques, traversèrent le mont Cythéron, et arrivèrent en vue des ruines de Philé, la veille de Noël 1809.

Quoique le poète nous ait laissé dans ses vers le témoignage immortel de l'enthousiasme avec lequel il contempla les scènes qui s'offrirent alors à ses regards, il n'est pas difficile de concevoir que, pour des observateurs superficiels, il put paraître spectateur insensible de mille choses qui jettent le voyageur ordinaire en extase, du moins en paroles. Il professa toute sa vie le plus souverain mépris pour tout ce qui est affecté, soit en matière de goût, soit en matière de morale; souvent il déguisa le sentiment vrai de son admiration sous un dehors d'indifférence et de moquerie par haine pour le charlatanisme de ceux qu'il voyait s'extasier à froid et sans rien ressentir réellement. Il faut avouer aussi qu'il étendait à des sentimens vrais, mais pour lesquels il n'éprouvait pas de sympathie, le dégoût que lui inspiraient ceux qui n'étaient qu'affectés ; ainsi il ne comprit jamais le mérite et les jouissances d'un antiquaire ou d'un amateur d'objets d'art. « Je ne fais point de collections, dit-il dans une note de *Childe Harold*, et je ne les admire pas du tout. » Il ne faisait aucun cas des antiquités, à moins qu'elles ne se rattachassent à quelques grands noms ou à quelques grands événemens. Pour les objets d'art, il se contentait d'admirer leur effet général, sans se piquer d'aucune connaissance des détails. C'était à la nature, dans ses scènes solitaires de grandeur et de beauté, ou, comme à Athènes, brillante d'un éclat toujours le même au milieu des ruines de la gloire et des arts, qu'il payait sans restriction l'hommage de son ame ardente. Dans le petit nombre de notes sur les voyages qu'il a jointes à *Childe Harold*, l'on voit qu'il aime beaucoup mieux s'occuper des sites et du pittoresque qu'offrent les lieux qu'il a visités que des souvenirs classiques ou historiques qui peuvent s'y rattacher. En prose ou en vers, il revient à la vallée de Zitza avec plus de plaisir qu'à Delphes ou aux rives de la Troade ; et ce qui le frappe le plus vivement dans la plaine d'Athènes, c'est que « la vue y est plus belle encore qu'à Cintra ou à Istamboul. » Où la nature pouvait-elle en effet avoir plus de droit à son adoration que dans ces contrées où il la voyait briller d'une beauté toujours jeune, toujours la même au milieu des ruines de ce que l'homme avait jugé le plus digne de durée? « Les institutions humaines périssent, dit Harris; mais la nature ne change pas. » Lord Byron a paraphrasé cette pensée [1], en l'embellissant :

> Cependant ton ciel est aussi bleu, tes rochers aussi sauvages, tes bosquets aussi agréables; tes prairies aussi verdoyantes, ton olive aussi mûre, que quand tu florissais sous la protection de Minerve! L'Hymète offre encore aux hommes les trésors de son miel divin ; libre voyageuse errante dans les plaines de l'air, l'abeille construit toujours gaîment sur tes montagnes sa forteresse parfumée. Apollon dore toujours de ses feux tes longs étés, et sous ses rayons brillent toujours les marbres de Mendeli! Les arts, la gloire, la liberté, tout passe, tout périt, excepté la nature, elle est toujours belle.
>
> (*Childe Harold*, ch. ii.)

Cette première visite à Athènes dura deux ou trois mois, pendant lesquels il ne laissa pas passer un seul jour sans consacrer quelques heures à parcourir les grands monumens du génie ancien, et sans évoquer, pour ainsi dire, du milieu de leurs ruines l'es-

---

[1] Le passage renferme la substance de toute la strophe :

« Malgré les diverses fortunes d'Athènes, considérée comme cité, l'Attique est encore fameuse pour ses oliviers, et l'Hymète pour son miel. Les institutions humaines périssent, mais la nature ne change pas. »

(*Recherches philologiques.*)

Je me rappelle que je fis un jour remarquer à Lord Byron cette coïncidence, mais il m'assura qu'il n'avait jamais lu cet ouvrage d'Harris.

prit des siècles écoulés. Il faisait aussi des excursions fréquentes dans différentes parties de l'Attique. Un jour qu'il visitait le cap Colonne, il fut au moment d'être enlevé par un parti de Maniotes cachés sous le rocher de Minerve Sunias. Ces pirates, à ce que lui raconta depuis un Grec qui alors était leur prisonnier, n'osèrent l'attaquer, persuadés que les deux Albanais qu'ils voyaient à ses côtés, n'étaient qu'une partie d'une escorte plus respectable laissée à portée de venir promptement à son secours.

Outre le pouvoir magique de ses souvenirs et de son paysage, la ville de Minerve possédait un attrait d'une autre sorte pour notre poète, auquel, en quelque lieu qu'il portât ses pas, son cœur ou plutôt son imagination n'était que trop sensible. On dit que sa jolie romance : « Jeune vierge d'Athènes, avant que » nous nous séparions, » fut adressée à la fille aînée de la dame grecque chez laquelle il était logé, et il est assez probable que la belle Athénienne ait été maîtresse de son imagination au moment où il composa ces vers. Théodora Macri, son hôtesse, était la veuve d'un vice-consul d'Angleterre ; son principal revenu provenait de la location aux étrangers, et surtout aux voyageurs anglais, des appartemens qu'occupèrent alors Lord Byron et son ami ; ce dernier nous en donne la description suivante : « Notre logement consistait en un salon et deux chambres à coucher, donnant sur une cour où se trouvaient cinq ou six citronniers, d'où l'on tira le fruit qui assaisonna notre pilau et les autres mets nationaux servis sur notre table frugale. »

La renommée d'un poète illustre ne s'attache pas seulement à sa personne et à ses écrits, une partie se reflète sur tout ce qui a eu avec lui un rapport même éloigné. Non-seulement elle ennoblit les objets de ses amitiés, de ses amours et de ses goûts ; mais les lieux même où il a vécu, où il a séjourné, acquièrent une célébrité qui ne s'efface pas aisément. La jeune fille d'Athènes, quand elle prêtait innocemment l'oreille aux complimens du jeune Anglais, ne se doutait guère qu'il dût rendre son nom et sa maison si célèbres, qu'à leur retour de Grèce, les voyageurs ne trouveraient rien de plus intéressant à donner à leurs lecteurs que les détails suivans sur elle et sa famille :

« Nous rencontrâmes, dit M. Hobhouse, à la porte notre valet qui était allé devant pour nous chercher des logemens, et nous conduisit chez Théodora Macri, la veuve du vice-consul, où nous sommes actuellement. Cette dame a trois filles fort jolies ; l'aînée est vraiment une beauté ; c'est elle, dit-on, qui inspira à Lord Byron cette fameuse romance :

Jeune vierge d'Athènes, avant que nous nous séparions, rends-moi, rends-moi mon cœur, etc., etc.

» A Orchomènes, où était le temple des Grâces, je fus près de m'écrier : Où les grâces se sont-elles enfuies ? Je ne m'attendais pas à les retrouver ici. Et cependant voici venir l'une avec des coupes dorées et du café, et l'autre avec un livre. Ce livre est un registre de noms, et il en est quelques-uns que la renommée est habituée à prononcer. Parmi eux se trouve celui de Lord Byron, lié aux vers que je vais transcrire :

La noble Albion voit en souriant partir son fils pour aller visiter le berceau des arts ; son but est noble ; belle est l'entreprise ; il vient à Athènes, et..... écrit son nom.

» En forme de contrepoids, Lord Byron écrivit au-dessous :

Ce poète modeste, comme beaucoup de poètes inconnus, rimaille sur nos noms et cache le sien; mais quel qu'il soit, pour ne rien dire de pis, son nom lui ferait plus d'honneur que ses vers.

» En écrivant ces mots, *les trois Grâces athéniennes*, j'ai, je n'en doute pas, fait naître votre curiosité et enflammé votre imagination, et je ne dois pas compter sur votre attention que je ne vous en aie donné quelque portrait. Leur appartement est justement en face du nôtre; et si vous pouviez les voir comme nous les voyons en ce moment à travers les plantes aromatiques qui se balancent doucement sur notre fenêtre, vous laisseriez votre cœur à Athènes.

» Thérésa, la vierge d'Athènes, Katinka et Mariana sont de taille moyenne. Chacune d'elles porte sur le sommet de la tête une petite calotte albanaise de couleur rouge, surmontée d'une tassette bleue, qui s'étend et se rattache par le bas comme une étoile. Au bord de cette calotte est un mouchoir de couleurs variées roulé autour des tempes. La plus jeune porte ses cheveux détachés tombant sur les épaules presque jusqu'à la ceinture, et mêlés suivant l'usage avec des tresses de soie. Les cheveux des deux aînées sont le plus souvent attachés et retenus sous le mouchoir. Leur vêtement de dessus est une pelisse bordée de fourrures, tombant lâche jusqu'à la cheville; dessous est un mouchoir de mousseline qui couvre le sein et se termine à la taille qui est courte. En dessous est une robe de soie ou de mousseline rayée, s'élargissant un peu au-dessus de la ceinture, et retombant sur le devant d'une manière gracieuse et négligée; des bas blancs et des pantoufles jaunes complètent le costume. Les deux aînées ont les yeux et les cheveux noirs, le visage ovale, le teint un peu pâle et les dents d'une blancheur éblouissante. Leurs joues sont arrondies, leur nez droit avec quelque chose d'aquilin. La plus jeune, Mariana, est très-blonde; sa figure n'est pas aussi joliment arrondie, mais a une expression plus gaie que celle de ses sœurs, qui ont l'air assez pensif, excepté quand la conversation prend une tournure animée. Leur taille est élégante, leurs manières distinguées et susceptibles de plaire dans tous les pays possibles. Leur conversation est fort agréable, et leur esprit paraît plus cultivé que ne l'est généralement celui des dames grecques. Avec de tels avantages, il serait bien étonnant qu'elles n'attirassent pas l'attention des voyageurs qui visitent occasionnellement Athènes. Elles s'asseoient à la manière orientale, le corps légèrement incliné, les jambes ramassées sous elles sur le divan et sans souliers. Elles s'occupent à coudre, à jouer du tambour de basque et à lire.

» J'ai dit que j'avais vu ces beautés grecques à travers les balancemens des plantes aromatiques qui décorent leurs fenêtres ; peut-être cela pourrait-il vous donner une trop haute idée de leur position. Votre imagination vous représente peut-être déjà leurs maisons pleines de tous les attributs du luxe oriental. Les coupes d'or ont pu aussi opérer quelque enchantement sur vos idées. Avouez-le ; ne vous représentez-vous pas —

Les portes demi-ouvertes donnant sur de longues galeries où l'on ne saurait décrire tout ce que l'œil rencontre d'élégance et de grandeur; l'orgueil de la Turquie et de la Perse : des coussins jetés sur des coussins, des tapis sur des tapis, d'immenses ottomanes, des oreillers innombrables pour relever la tête, de manière que chaque appartement paraît un lit grand et moëlleux ?

» Vous verrez bientôt pourquoi j'ai différé jusqu'à ce moment ; apprenez que les plantes aromatiques dont je viens de vous parler ne sont ni plus ni moins que quelques pauvres géraniums et quelques baumes grecs, et que la chambre dans laquelle se tiennent ces dames est presque dégarnie de meubles, que les murs n'en ont été ni peints ni décorés par une main habile. Que serait-il advenu de mes grâces, si je vous avais dit plus tôt qu'une seule chambre est tout le logement qu'elles possèdent, à l'exception d'un petit cabinet et d'une petite cuisine? Vous voyez combien j'ai pris soin que la première impression leur fût avantageuse; non qu'elles ne méritent toute espèce d'éloges, mais parce qu'il est dans la nature auguste et fière de l'homme de faire peu de cas du mérite et même de la beauté, si ces avantages ne sont pas relevés d'un peu de pompe mondaine. Maintenant je vais vous communiquer un secret, mais confidentiellement et à voix basse.

» Ces dames, depuis la mort du vice-consul leur père, n'ont pas d'autres ressources pour exister que de louer à des étrangers la chambre et le cabinet que nous occupons dans ce moment; mais quoiqu'elles soient si pauvres, leur vertu n'est pas moins remarquable que leur beauté.

» Et toutes les richesses de l'Orient ou tous les vers flatteurs du premier poète de l'Angleterre ne pourraient les rendre aussi réellement dignes d'amour et d'admiration [1]. »

Dix semaines s'étaient rapidement passées, quand l'offre inattendue d'un passage à bord d'une corvette anglaise détermina nos voyageurs à se préparer immédiatement au départ; et le 5 mars, ils quittèrent Athènes, quoique avec beaucoup de regret. « Après

---

[1] *Voyages en Italie, en Grèce,* etc., par H. W. Williams.

avoir passé, dit encore M. Hobhouse, par la porte qui conduit au Pyrée, nous lançâmes nos chevaux au galop dans le bois d'oliviers sur la route de Salamine, espérant par notre précipitation étourdir un peu la douleur du départ. Nous ne pouvions nous empêcher de regarder derrière nous en nous rendant au rivage, et nous continuâmes de fixer les yeux sur le point où à travers la clairière du bois, nous avions entrevu pour la dernière fois le temple de Thésée et les ruines du Parthénon ; nous continuâmes ainsi plusieurs minutes après que la ville et l'Acropolis eurent entièrement disparu à notre vue. »

A Smyrne, Lord Byron se logea dans la maison du consul général, et y demeura jusqu'au 11 avril, excepté deux ou trois jours qu'il employa à visiter les ruines d'Éphèse. Ce fut à cette époque qu'il termina les deux premiers chants de *Childe Harold*, comme on le voit par une note écrite de sa main sur le manuscrit original de ce poème : « Commencé le 31 octobre 1809, à Janina en Albanie ; fini le second » chant, à Smyrne, le 28 mars 1810. — Byron. »

La seule lettre un peu intéressante, datée de Smyrne, que je puisse offrir au lecteur, est la suivante :

LETTRE XLI.

A MRS. BYRON.

Smyrne, 19 mars 1810.

Ma chère Mère,

« Je ne puis pas vous écrire une longue lettre ;

mais comme je crois que vous ne serez pas fâchée de savoir où j'en suis de mes voyages, je vous prie d'accepter le peu de détails que je puis vous donner. J'ai traversé la plus grande partie de la Grèce, outre l'Épire, etc.; j'ai résidé dix semaines à Athènes, et je me rends maintenant à Constantinople par la route d'Asie. Je viens de visiter les ruines d'Éphèse, à une journée de Smyrne. J'espère que vous avez reçu une longue lettre que je vous ai écrite d'Albanie, où je vous donnais quelques détails sur la réception que m'a faite le pacha de cette province.

» C'est en arrivant à Constantinople que je déciderai si je dois aller jusqu'en Perse, ou revenir sur mes pas. Je ne prendrai ce dernier parti que si je ne puis l'éviter. Mais je n'entends pas parler de M. H..., et je n'ai reçu de vous qu'une seule lettre. J'aurai besoin de fonds, soit que j'avance ou que je revienne. Je lui ai écrit plusieurs fois, pour qu'il ne prétende pas, pour s'excuser, qu'il ne connaissait pas ma situation. Je ne puis encore vous rien dire sur quoi que ce soit; le tems et l'occasion me manquent, car la frégate repart immédiatement. Il est vrai que plus je vais, plus ma paresse augmente; et mon aversion pour tout commerce épistolaire s'accroît de jour en jour. Je n'ai écrit à personne qu'à vous et à M. H..., et c'est moins par inclination que par devoir et par nécessité.

» F*** est fort dégoûté par les fatigues, quoiqu'il n'en ait point enduré que je n'aie partagées.

C'est une pauvre créature. Les domestiques anglais sont en vérité de détestables voyageurs. J'ai avec lui deux soldats albanais et un interprète grec, tous parfaits dans leur genre. La Grèce est délicieuse, surtout dans les environs d'Athènes. Partout des cieux sans nuages et des paysages charmans. Mais je dois remettre à notre première entrevue tout récit de mes aventures. Je ne tiens pas de journal, mais mon ami H... ne cesse d'écrire. Prenez soin, je vous prie, de Murray et de Robert, et dites à ce dernier qu'il est fort heureux pour lui qu'il ne m'ait pas accompagné en Turquie. N'attribuez cette lettre qu'au désir de vous assurer que je suis sain et sauf, et croyez-moi, etc. »

BYRON.

Le 11 avril, il partit de Smyrne sur la frégate *la Salsette*, qui avait reçu l'ordre de se rendre à Constantinople, pour ramener l'ambassadeur, M. Adair, en Angleterre; et après avoir exploré les ruines de la Troade, il arriva aux Dardanelles au commencement du mois suivant. Il écrivit les lettres qu'on va lire, à ses amis, MM. Drury et Hodgson, pendant que la frégate était à l'ancre dans ce détroit.

LETTRE XLII.
A M. DRURY.

A bord de la *Salsette*, 3 mai 1810.

Mon cher Drury,

« Lorsque je quittai l'Angleterre, il y a bientôt

un an, vous me priâtes de vous écrire. C'est ce que je me propose de faire. J'ai traversé le Portugal et le midi de l'Espagne, visité la Sardaigne, la Sicile, Malte, et de là j'ai poussé jusqu'en Turquie, où je suis encore à rôder. Débarqué d'abord en Albanie, l'Épire d'autrefois, j'ai pénétré jusqu'au mont Tomarit, parfaitement accueilli par le gouverneur, Ali-Pacha; et, après avoir parcouru l'Illyrie, la Chaonie, etc., j'ai traversé le golfe d'Actium avec une garde de cinquante Albanais, et passé l'Achéloüs pour me rendre en Étolie par l'Acarnanie.

» Après un court séjour en Morée, nous avons traversé le golfe de Lépante, pris terre au pied du Parnasse, vu tout ce qui reste de Delphes, et continué ainsi jusqu'à Thèbes et Athènes, dans la dernière desquelles nous avons passé deux mois et demi.

» Le vaisseau de S. M. *le Pylade* nous a transportés à Smyrne; mais nous avions auparavant étudié la topographie de l'Attique, sans oublier Marathon et le promontoire de Sunium. Après Smyrne, notre second relai fut la Troade, que nous visitâmes tandis que le navire était à l'ancre, où il resta pendant quinze jours, vis-à-vis la tombe d'Antiloque. Maintenant nous voilà dans les Dardanelles, en attendant le vent pour nous rendre à Constantinople.

» Ce matin, j'ai parcouru à la nage le trajet de Sestos à Abydos. La distance directe n'est pas de plus d'un mille; mais, en raison du courant, la traversée n'est pas sans danger; il y en a même assez pour que je doute que l'affection conjugale de Léandre n'ait pas été un peu refroidie par le passage.

» Je l'essayai il y a huit jours, mais je n'y pus réussir, à cause du vent du Nord et de l'étonnante rapidité du courant, quoique j'aie toujours été, depuis mon enfance, un rude nageur. Mais ce matin, par un tems plus calme, j'y suis parvenu, et j'ai traversé le *large Hellespont* en une heure dix minutes.

» Eh bien, mon cher monsieur, j'ai quitté mon foyer, et visité quelques parties de l'Afrique et de l'Asie, outre une raisonnable portion de l'Europe. J'ai vécu avec des généraux et des amiraux, des princes et des pachas, des gouverneurs et des *ingouvernables*; mais je n'ai ni tems ni papier pour m'étendre. Je suis bien aise de vous dire que je conserve pour vous des souvenirs d'amitié, et que je vis dans l'espérance de vous revoir un jour ; et si je vous écris aussi brièvement que possible, attribuez-le à toute autre cause qu'à l'oubli.

» Vous connaissez trop bien la Grèce ancienne et moderne pour qu'il soit besoin de vous la décrire. J'ai, il est vrai, mieux vu l'Albanie qu'aucun autre Anglais, que je sache, excepté un M. Leake; car c'est un pays que l'on visite rarement, à cause du caractère farouche des *natifs*; il offre cependant plus de beautés pittoresques que les contrées classiques de la Grèce, malgré toutes les merveilleuses beautés de ces dernières, surtout vers Delphes et le cap Colonne en Attique. Elles sont loin néanmoins d'égaler certaines parties de l'Illyrie et de l'Épire, où des lieux sans nom et des rivières oubliées sur la carte et un jour peut-être mieux appréciées, obtiendront des peintres et des poëtes la préférence sur les rigoles desséchées de l'Ilyssus, et les fondrières de la Béotie.

» La Troade offre un champ vaste aux faiseurs de conjectures et aux tireurs de bécassines ; un bon chasseur et un savant ingénieux peuvent sur ce terrain exercer avec grand avantage leurs jambes et leur entendement ; ou, s'ils préfèrent aller à cheval, ils peuvent s'y tromper de route, comme cela m'est arrivé, et s'embourber dans un maudit marécage formé par le Scamandre, qui serpente deçà et delà comme si les vierges troyennes allaient encore lui apporter leur tribut accoutumé. Il n'existe aujourd'hui d'autres vestiges de Troie, ou de ses destructeurs, que les tertres qui renferment, à ce que l'on suppose, les squelettes d'Achille, d'Antiloque, d'Ajax, etc. Mais le mont Ida lève encore son front superbe ; quoique les bergers de nos jours ne ressemblent guère à Ganymède. Mais à quoi bon vous parler plus long-tems de choses qui sont décrites tout au long dans le *book of Gell* ? Et H*** n'a-t-il pas écrit un journal? Quant à moi, je n'en tiens pas ; car j'ai renoncé à tout griffonnage. Je ne vois pas grande différence entre les Turcs et nous, si ce n'est qu'ils n'ont pas de *culottes*, et que nous en avons; qu'ils portent des habits longs, et nous des habits courts; qu'ils parlent peu, et nous beaucoup. Ce sont des gens fort raisonnables. Ali-Pacha m'a dit qu'il était sûr que j'étais né dans un rang élevé, par ce que j'ai les oreilles et les mains petites et des cheveux bouclés. Je vous dirai, en passant, que je parle passablement le romaïque ou grec moderne : il ne diffère pas des anciens dialectes autant que vous pourriez le penser; mais la prononciation en est diamétralement opposée. Quant à la poésie, si elle n'est rimée, ils n'en ont pas la moindre idée.

» J'aime les Grecs. Ce sont des fripons adroits qui ont tous les vices des Turcs, sans avoir leur courage. Quelques-uns cependant sont braves : tous sont beaux, et ressemblent beaucoup au buste d'Alcibiade. Les femmes sont un peu moins belles. Je sais jurer en turc; mais, excepté un effroyable jurement et les mots qui signifient entremetteur, pain et eau, je connais peu le vocabulaire de cette langue. Ils sont extrêmement polis envers les étrangers de tout rang, pourvu qu'ils soient convenablement protégés; et comme j'ai deux domestiques et deux soldats, nous faisons grand fracas. Nous avons parfois couru risque d'être dévalisés, et une fois de faire naufrage; mais nous nous en sommes tirés le mieux du monde.

» A Malte, j'ai été fort épris d'une femme mariée, et j'ai provoqué un aide-de-camp du général ***, grossier personnage, qui s'était offensé de quelque chose, je n'ai jamais bien su de quoi ; mais il donna des explications, fit des excuses, la dame s'embarqua pour Cadix, et j'échappai ainsi à l'accusation de meurtre et d'adultère. J'ai envoyé quelques détails sur l'Espagne à notre ami Hodgson; mais depuis ce tems-là je n'ai écrit à personne, excepté quelques billets à des parens et à des gens de loi, pour m'en débarrasser. Je me propose de rompre tout commerce, à mon retour, avec plusieurs de mes meilleurs amis, que je regarde au moins comme tels, et de gronder toute ma vie. Mais j'espère, avant de me faire tout-à-fait cynique, rire encore de bon cœur avec vous, embrasser Dwyer, et trinquer avec Hodgson.

» Dites au docteur Butler que je me sers en ce moment de la plume d'or qu'il me donna avant mon départ : c'est pour cela que ma pancarte est moins lisible qu'à l'ordinaire. J'ai été à Athènes, et j'ai vu des gerbes de ces roseaux à écrire dont il refusa de me donner quelques-uns, parce que le topographe Gell les avait apportés de l'Attique. Mais vous n'aurez pas de descriptions, non; vous voudrez bien vous contenter de quelques détails jusqu'à mon retour. Mais alors nous ouvrirons toutes les écluses de la conversation. Je suis sur une frégate de trente-six, qui va chercher Rob Adair à Constantinople : c'est lui qui aura l'honneur de vous porter cette lettre.

» Ainsi donc le livre de H***[1] a pris son essor avec quelques sentimentales chansonnettes de ma façon, pour remplir le volume. Quel succès a-t-il, eh? et

---

[1] Les mélanges auxquels j'ai renvoyé plusieurs fois.

où diable en est la seconde édition de ma satire avec les additions, et mon nom au bas du titre, et les vers nouveaux cloués à la fin, et un nouvel exorde, et je ne sais quoi encore, le tout sorti tout chaud de mon atelier avant que j'eusse franchi la Manche? La Méditerranée et l'Atlantique étendent leurs flots entre la critique et moi; et les mugissemens de l'Hellespont couvrent le bruit des foudres de la *Revue hyperboréenne*.

» Rappelez-moi au souvenir de Claridge, s'il n'est pas rentré au collége, et présentez à Hodgson les assurances de ma haute considération. Vous allez me demander ce que je me propose de faire; et je vais vous répondre que je n'en sais rien. Il est possible que je m'en retourne dans quelques mois; mais j'ai des desseins et des projets pour le tems qui suivra mon séjour à Constantinople. Cependant Hobhouse sera probablement de retour en septembre.

» Le 2 juillet, il y aura un an que nous sommes partis d'Albion, *oblitusque meorum obliviscendus et illis*. J'étais las de mon pays, et fort peu prévenu en faveur de tout autre; mais *je traîne ma chaîne sans l'alonger, en changeant de lieu*. Je suis comme le joyeux meunier qui ne se souciait de personne, et dont personne ne se souciait. A mes yeux tout pays en vaut à peu près un autre. Je fume, j'ouvre de grands yeux pour mieux voir les montagnes, et je relève ma moustache avec une fière indépendance. Nulle privation ne m'afflige, et les moustiques qui martyrisent le corps maladif de H*** ne font, par bonheur, aucun effet sur le mien, parce que je vis avec plus de tempérance.

» Dans mon catalogue j'ai oublié Éphèse, que j'ai visitée pendant mon séjour à Smyrne; mais le temple est presque entièrement détruit, et il serait bien superflu que saint Paul se donnât la peine d'adresser de nouvelles épîtres à la race actuelle des Éphésiens, qui ont converti en mosquée une vaste église construite entièrement en marbre; et je ne me suis pas aperçu que l'édifice en fît plus mauvaise figure.

» Mon papier est rempli, mon encre est épuisée; bon soir! Si vous m'adressez une lettre à Malte, on me la fera parvenir quelque part que je sois. H*** vous fait ses complimens. Il soupire pour sa poésie, au moins pour en avoir quelques nouvelles. J'oubliais presque de vous dire que je meurs d'amour pour trois jeunes Athéniennes qui sont sœurs. Je logeais dans la même maison qu'elles. Ces divinités se nomment Thérésa, Mariana et Katinka [1] : aucune des trois n'a encore quinze ans.

» Votre $\tau\alpha\pi\epsilon\iota\nu\sigma\tau\alpha\tau\sigma\varsigma\ \delta\sigma\nu\lambda\sigma\varsigma$ [2]. »

BYRON.

[1] Il a adopté ce nom dans la description du sérail, ch. vi, de *Don Juan*. Ce fut, si j'ai bonne mémoire, en faisant la cour à une de ces jeunes filles qu'il lui donna une marque d'amour fort en usage dans le levant, en se faisant, avec son poignard, une blessure à la poitrine. La jeune Athénienne, à ce qu'il m'a raconté, conserva tout son sang-froid durant cette opération, qu'elle regardait comme un juste tribut offert à sa beauté; mais elle n'en fut pas plus disposée à lui être favorable.

[2] Très-humble serviteur.

LETTRE XLIII.

A M. HOGDSON.

A bord de la *Salsette*, détroit des Dardanelles, à la hauteur d'Abydos, le 5 mai 1810.

« Je suis en route pour Constantinople, après avoir parcouru la Grèce, l'Épire, etc., et une partie de l'Asie Mineure, voyage dont je viens de communiquer quelques particularités à H. Drury, notre ami et notre hôte. Je m'abstiendrai donc de vous les répéter; mais comme vous serez peut-être bien aise d'apprendre que je me porte bien, etc., je saisis l'occasion du retour de notre ambassadeur pour vous adresser le peu de lignes que j'ai le tems d'écrire à la hâte. Nous avons éprouvé quelques inconvéniens et couru quelques périls, mais il ne nous est rien arrivé d'assez intéressant pour vous en entretenir, à moins que vous ne jugiez digne de votre attention le trajet de Sestos à Abydos, que j'ai fait à la nage, il y a deux jours. Si vous y joignez quelques alertes données par les voleurs, la crainte d'un naufrage sur une galère turque, il y a six mois, ma visite à un pacha, ma passion pour une femme mariée, à Malte, un défi à un officier, mes amours avec trois jeunes Athéniennes, avec une profusion de bouffonneries, et de beaux points de vue, vous connaîtrez tous les événemens qui, depuis mon départ d'Espagne, ont marqué ce voyage.

» H*** fait des vers et écrit son journal; moi, je

regarde et ne fais rien ; à moins qu'on ne considère la distraction de fumer comme un amusement actif. Les Turcs surveillent trop leurs femmes pour qu'il soit possible de les observer beaucoup. Mais j'ai vécu avec bon nombre de Grecs, dont je connais le dialecte tout autant qu'il m'est nécessaire pour converser un peu. J'ai fait aussi parmi les Turcs quelques connaissances, en hommes. Quant à la société des femmes, il n'y faut pas penser. J'ai été fort bien reçu par les gouverneurs et les pachas, et je n'ai pas la moindre raison de me plaindre. Hobhouse quelque jour vous racontera toutes nos aventures. Si j'en essayais le récit, ni mon papier ni votre patience ne pourraient y suffire.

» Personne, si ce n'est vous, ne m'a écrit depuis que j'ai quitté l'Angleterre ; il est vrai que je ne l'avais pas demandé. J'excepte mes parens, qui m'écrivent tout aussi souvent que je le désire. Je ne sais rien de l'ouvrage d'Hobhouse, sinon qu'il a paru. C'est plus que je n'en sais de ma seconde édition ; et certainement, à une pareille distance, je ne m'en inquiète que médiocrement. . . . . J'espère que vos publications et celles de Bland s'écoulent avec rapidité.

» Je ne puis vous parler d'une manière certaine de l'époque de mon retour ; mais je regarde comme probable que Hobhouse me précédera. Nous sommes absens depuis près d'un an. Je désirerais en employer au moins un autre à mes observations dans ces climats toujours verts; cependant je crains que des affaires, et des affaires litigieuses, qui sont bien ce qu'il y a de pire au monde, ne me rappellent avant ce tems, si ce n'est même beaucoup plus tôt. S'il en est ainsi, je vous en préviendrai.

» J'espère que vous remarquerez en moi quelques changemens, je ne veux pas dire au physique, mais au moral; car je commence à m'apercevoir que sans la vertu ce monde maudit n'est pas tenable. Je suis passablement dégoûté du vice, que j'ai étudié dans ses plus agréables variétés, et je me propose, à mon retour, de rompre avec tous mes débauchés d'amis, de renoncer au vin, aux inclinations charnelles, et de me livrer à la politique et au décorum. Je suis sérieux, cynique et assez bien disposé à faire de la morale; mais heureusement pour vous, l'homélie dont vous étiez menacé est coupée court par le mauvais état de ma plume et le manque de papier.

» Bonjour. Si vous m'écrivez, adressez vos lettres à Malte, d'où l'on me les fera parvenir. Ne me rappelez au souvenir de personne; mais croyez-moi bien sincèrement votre, etc. »

BYRON.

Arrivé à Constantinople le 14 mai, il adressa à Mrs. Byron quatre ou cinq lettres, et dans presque toutes il parle du succès avec lequel il a traversé l'Hellespont à la nage. L'excessive vanité qu'il tirait de cette prouesse classique (dont il a fort au long lui-même détaillé les particularités), peut être mise au nombre des preuves de cet enfantillage de caractère qui l'accompagna jusque dans un âge plus mûr, et qui, tout en embarrassant ceux qui jugeaient de loin sa conduite, n'était pas, pour ceux qui vivaient dans son intimité, une de ses singularités les moins intéressantes. Onze ans encore après cette époque, si quelque sceptique voyageur se hasardait à mettre en doute la possibilité de l'exploit de Léandre, Lord Byron, avec cette susceptibilité sur son courage personnel, qu'il conservait depuis son enfance, se lançait dans la discussion avec une nouvelle chaleur, et citait deux ou trois autres exemples de ce qu'il avait fait comme nageur, pour confirmer ses premières assertions [1].

Dans une de ses lettres à sa mère, datée de Constantinople, le 24 mai, il revient sur ce notable

[1] Il citait entre autres son passage du Tage en 1809, que M. Hobhouse a décrit de la manière suivante :

« Mon compagnon de voyage avait déjà précédemment exécuté une traversée plus périlleuse, quoique moins célèbre; car je me rappelle qu'à l'époque où nous étions en Portugal, il nagea depuis le vieux Lisbonne jusqu'au château de Belem ; et comme il avait à lutter contre la marée et le courant opposé du fleuve, le vent étant fort vif, il lui fallut près de deux heures pour aller d'un bord à l'autre. Il ne resta dans l'eau qu'une heure et dix minutes, en nageant de Sestos à Abydos. En 1808, il faillit se noyer à Brighton, en se baignant avec M. L. Stanhope, son ami. M. Hobhouse et d'autres spectateurs envoyèrent à eux des bateliers, qui s'attachèrent des cordes autour du corps, et qui réussirent enfin à retirer Lord Byron et M. Stanhope de la lame, et leur sauvèrent ainsi la vie. »

exploit, et se représente comme l'humble imitateur de Léandre ; et pourtant, ajoute-t-il, je n'avais pas de Héro pour m'accueillir sur l'autre rive. Puis il continue ainsi :

« Lorsque notre ambassadeur obtiendra son audience de congé, je l'accompagnerai pour voir le sultan, après quoi je retournerai probablement en Grèce. Je n'ai rien reçu de M. Hanson, si ce n'est une traite, mais sans aucune lettre de ce juridique gentleman. Si vous avez besoin de fonds, servez-vous, je vous prie, des miens, tant qu'il y en aura, sans aucune réserve ; et dans la crainte que cela ne suffise pas, j'inviterai M. Hanson, dans ma prochaine lettre, à vous avancer toutes les sommes qui pourraient vous être nécessaires. Je m'en remets à votre discrétion pour juger de ce que vous pouvez convenablement demander d'après l'état actuel de mes affaires. J'ai déjà visité les lieux les plus intéressans de la Turquie d'Europe et de l'Asie Mineure ; mais je n'irai pas plus loin avant d'avoir reçu des nouvelles d'Angleterre. En attendant je compte sur des rentrées toutes les fois que les occasions de m'en faire parvenir se présenteront ; et je passerai l'été au milieu de mes amis, les Grecs de la Morée. »

Alors il ajoute avec cette bienveillante sollicitude dont il ne s'écartait jamais envers les domestiques qu'il préférait : « Prenez soin, je vous prie, de mon jeune Robert et du vieux Murray. Il est heureux qu'ils s'en soient retournés ; ni la jeunesse de l'un ni les années de l'autre n'auraient pu s'accommoder aux changemens de climat et à la fatigue du voyage. »

LETTRE XLIV.

A M. HENRY DRURY.

Constantinople, 17 juin 1810.

« Quoique ma dernière lettre soit d'une date bien récente, je reviens à la charge pour vous féliciter de la naissance de votre enfant ; une lettre d'Hodgson m'a informé de cet événement dont je me réjouis avec vous.

» Je suis à peine de retour d'une expédition, par le Bosphore, à la mer Noire et aux Symplegades Cyanéennes. J'ai gravi jusqu'à la cime de ces dernières en m'exposant à autant de dangers qu'en aient jamais bravé les Argonautes dans leur lougre. Vous rappelez-vous le commencement des lamentations de la nourrice dans Médée ? je vous en adresse la traduction que j'ai faite au sommet de ces montagnes :

Oh ! plût au ciel qu'un bon embargo eût retenu le navire *Argo* dans le port, et qu'en restant toujours dans les chantiers de Grèce il n'eût jamais dépassé les roches d'Azur ! mais, hélas ! je crains que son voyage ne soit la cause de quelque méchef pour ma chère miss Médée [1].

» Peu s'en est fallu qu'il n'en fût ainsi pour moi.

[1] Oh ! how I wish that an embargo
Had kept in port the good ship *Argo*
Who, still unlaunch'd from Grecian docks
Had never pass'd the Azure rocks !
But now I fear her trip will be a
Damn'd business for my miss Medea, etc.

Car si je n'avais pas eu ce sublime passage dans la tête, je n'aurais jamais songé à grimper sur les susdites roches, où j'ai failli me rompre les os pour le plus grand honneur de l'antiquité.

» Ainsi donc je me suis assis sur les Cyanées, j'ai nagé de Sestos à Abydos (comme je vous l'ai pompeusement annoncé dans ma dernière), et après avoir de nouveau traversé la Morée, je m'embarquerai pour Sainte-Maure, et j'irai faire le saut de Leucade. Si je survis à cette épreuve, je vous rejoindrai probablement en Angleterre. H..., qui vous remettra cette lettre, s'y rend en droite ligne; et comme ses voyages lui sortent par tous les pores, je n'anticiperai pas sur ses récits : seulement je vous prie de ne pas croire un mot de tout ce qu'il vous dira, mais de me réserver votre attention si vous avez quelque désir d'apprendre la vérité.

» Je vais retourner à Athènes, et de là passer en Morée; mais la durée de mon séjour dépend tellement de mon caprice que je n'ai rien de probable à vous en dire. Mon absence date déjà d'un an; elle peut se prolonger d'un autre, mais je suis comme du vif-argent, et je ne peux rien affirmer. Nous sommes tous en ce moment fort occupés à ne rien faire. Nous avons tout vu, excepté les mosquées que nous devons visiter mardi prochain au moyen d'un firman. H... pourra vous les décrire ainsi que divers autres objets curieux, à condition que c'est à *moi* qu'on s'adressera pour constater sa véracité, et je me réserve de contredire tous les détails auxquels il attache le plus d'importance. Mais s'il se lance parfois dans le bel esprit, je vous permets de l'applaudir, parce qu'il en aura nécessairement dérobé les traits les plus brillans à son compagnon de pélerinage. Dites à Davies que ses meilleures plaisanteries ont été fort heureusement reproduites par H... sur plus d'un vaisseau de Sa Majesté; mais ajoutez aussi que j'ai toujours soin de les rétablir au nom du légitime possesseur; d'où il suit que lui, Davies, n'est pas moins célèbre sur mer que sur terre, et règne sans rivaux aussi bien dans la cabine qu'à la taverne du *cocotier*.

» Ainsi donc Hodgson a publié de nouvelles poésies. Je désirerais qu'il pût m'envoyer son *Sir Edgar* et l'*Anthologie de Bland*, à Malte, d'où on me les ferait parvenir. Dans ma dernière, que vous avez reçue, j'espère, je traçais l'esquisse du terrain que nous avons parcouru. Si cette dépêche ne vous est pas parvenue, la langue d'H... est bien à votre service. Rappelez-moi au souvenir de Dwyer, qui me doit onze guinées. Dites-lui de les faire remettre à mon banquier à Gibraltar ou à Constantinople. Il me les a, je crois, déjà payées une fois; mais cela ne fait rien à l'affaire, attendu que c'était une rente annuelle.

» Tâchez, je vous prie, de m'écrire. J'ai fréquemment reçu des nouvelles d'Hodgson. Malte est mon bureau de poste. Je compte vous revoir vers la prochaine réunion de Montem [1]; vous vous souvenez sûrement de celle de l'an dernier; j'espère qu'il en sera de même cette année; mais après avoir traversé *le vaste Hellespont,* je fais *fi* de Datchett [2]. Bon soir. Je suis bien sincèrement, etc. »

BYRON.

Environ dix jours après la date de cette lettre, nous en trouvons une autre adressée à Mrs. Byron, laquelle, au milieu de plusieurs répétitions de faits déjà détaillés dans sa correspondance précédente, contient aussi un bon nombre de passages qui méritent d'en être extraits.

LETTRE XLV.

A MRS. BYRON.

Chère mère,

« M. Hobhouse, qui vous fera parvenir ou vous remettra cette lettre, et qui part pour retourner en Angleterre, pourra vous mettre au courant de nos divers changemens de résidence; quant à moi, je suis fort incertain sur l'époque de mon retour. Il ira

---

[1] Réunion annuelle des élèves du collège d'Eton-Montem, suivie d'une collecte dont le produit est destiné à placer à l'université de Cambridge ou d'Oxford le sujet le plus distingué d'entre eux.

[2] Allusion à une circonstance où il traversa la Tamise à la nage, avec M. Drury, après le Montem, afin de savoir combien de fois ils pourraient la traverser et la retraverser sans toucher terre. Dans cette lutte, qui eut lieu le soir, après souper, et lorsque tous deux étaient échauffés par le vin, Lord Byron eut l'avantage.

probablement dans le Nottingham un jour ou l'autre;
mais Fletcher, que je renvoie parce qu'il m'embarrasse (les domestiques anglais sont de tristes voyageurs), Fletcher le remplacera par *interim*, et vous raconterra nos voyages qui ont embrassé passablement d'espace. . . . .

» Je me rappelle que Mahmoud-Pacha, petit-fils d'Ali, pacha de Yanina (petit gaillard de dix ans, qui avait de grands yeux noirs, que nos dames paieraient bien cher, et ces traits réguliers qui distinguent la race turque), me demanda comment il se faisait que je me fusse mis à voyager si jeune, et sans avoir personne pour prendre soin de moi. Le petit bonhomme m'adressa cette question avec toute la gravité d'un homme de soixante ans.

» Je ne peux pas aujourd'hui vous écrire bien longuement ; je n'ai que le tems de vous dire que j'ai éprouvé bien des fatigues, mais jamais un moment d'ennui. La seule chose que je redoute, c'est de contracter le goût d'une vie errante, à la bohémienne, qui me rendra mon foyer insupportable. C'est, me dit-on, ce qui arrive fort souvent aux gens qui ont pris l'habitude des voyages ; et, dans le fait, je commence à m'en apercevoir. Le 3 mai, j'ai passé à la nage de Sestos à Abydos. Vous connaissez l'histoire de Léandre ; mais moi, je n'avais pas de Héro pour me recevoir sur la rive. . . . .

» J'ai visité, en vertu d'un firman, toutes les principales mosquées. Il est rare qu'on accorde cette faveur à des infidèles ; mais le départ de l'ambassadeur nous l'a fait obtenir. J'ai remonté par le Bosphore jusque dans la mer Noire, en faisant le tour des murs de la ville; et en vérité, j'en connais mieux l'aspect que celui de Londres. J'espère que, par quelque soirée d'hiver, je vous amuserai en vous en faisant la description ; pour le moment, je vous prie de m'excuser si je m'en dispense. Je ne puis écrire de longues lettres en juin. Je retourne passer l'été en Grèce. . . . . ,

» C'est une pauvre créature que Fletcher; il lui faudrait mille commodités dont je sais fort bien me passer. Il est furieusement las de ses voyages, et vous ferez bien de ne pas trop croire ce qu'il vous racontera de ce pays-ci. Il soupire après la bière, et l'oisiveté, et sa femme, et le diable sait quoi en outre. Pour mon compte, je n'ai éprouvé ni *désappointement* ni dégoût. J'ai vécu avec des hommes du plus haut comme du plus bas rang; j'ai passé des journées dans le palais d'un pacha, et plus d'une nuit dans une étable ; partout j'ai trouvé un peuple inoffensif et bienveillant. J'ai passé aussi quelque tems avec les Grecs les plus distingués de la Morée et de la Livadie; et quoiqu'ils ne vaillent pas les Turcs, j'en fais plus de cas que des Espagnols, qui, à leur tour, l'emportent sur les Portugais.

» Vous trouverez dans les voyageurs mainte description de Constantinople ; mais lady Wortley-Montague est tombée dans une étrange erreur, quand elle a dit que Saint-Paul ferait une singulière figure à côté de Sainte-Sophie. J'ai vu ces deux édifices, et j'en ai examiné avec beaucoup d'attention l'intérieur et l'extérieur. Sainte-Sophie, sans aucun doute, est le plus intéressant des deux, et par son immense antiquité, et parce que tous les empereurs grecs depuis Justinien y ont été couronnés, que plusieurs y ont été assassinés sur les marches mêmes de l'autel, et aussi parce que les sultans turcs s'y rendent régulièrement. Mais elle n'est ni aussi belle ni aussi grande que quelques autres mosquées, telles que celle de Soleyman, etc.; et on ne peut la mettre en parallèle avec Saint Paul (j'en parle peut-être comme un cockney [1]). Néanmoins je préfère la cathédrale gothique de Séville, à Saint-Paul, à Sainte-Sophie et à tous les édifices religieux que j'aie jamais vus.

» Les murs du sérail ressemblent à ceux des jardins de Newstead, un peu plus élevés cependant; et à peu près dans le même état de conservation. Mais la promenade en longeant les murs de la ville du côté de la terre, est d'une beauté remarquable. Figurez-vous quatre milles d'un triple rang d'immenses créneaux tapissés de lierre, surmontés de deux cent dix-huit tours, et de l'autre côté de la route, les sépultures turques (qui sont les lieux les plus charmans de la terre) ombragées par d'énormes cyprès.

---

[1] Sorte de sobriquet par lequel on désigne, en Angleterre, les natifs de Londres.

J'ai contemplé les ruines d'Athènes, d'Éphèse et de Delphes; j'ai traversé une grande partie de la Turquie, plusieurs autres contrées de l'Europe et quelques-unes de l'Asie; mais nul ouvrage de la nature ou de l'art ne produisit jamais sur moi autant d'impression que le point de vue qui se développe de chaque côté des Sept Tours jusqu'à l'extrémité de la Corne d'Or.

» Parlons maintenant de l'Angleterre. J'apprends avec plaisir le succès des *Bardes anglais*, etc. Vous n'avez pu manquer d'observer les nombreuses additions que j'ai faites à l'édition nouvelle.

» Avez-vous reçu mon portrait par Sanders, peintre à Londres, Vigo-Lane? Il était terminé et payé long-tems avant mon départ. Il me semble que vous aimez prodigieusement la lecture des *Magazines*; où déterrez-vous tant de nouvelles, de citations, etc.? Quoique je me trouve heureux d'avoir pu prendre mon rang à la Chambre sans le secours de lord Carlisle, je n'avais pas de ménagemens à garder envers un homme qui a refusé, dans cette circonstance, d'intervenir comme mon parent; et j'ai rompu sans retour avec lui, quoique je regrette d'affliger Mrs. Leigh. Pauvre femme! j'espère qu'elle est heureuse.

» Mon avis est que M. B... doit épouser miss R... Notre premier devoir est de ne pas faire le mal; mais, hélas! cela n'est pas possible: le second est de le réparer, si nous en avons le pouvoir. Cette jeune fille est son égale; si elle ne l'était pas, une somme d'argent et l'entretien assuré à l'enfant feraient une sorte de compensation, quoique bien insuffisante; mais dans l'état des choses, son devoir est de l'épouser. Je ne veux pas de galans séducteurs sur mes domaines, et je n'accorderai pas à mes fermiers un privilége dont je m'abstiens moi-même, celui de débaucher les filles des uns et des autres. J'ai, Dieu le sait, bien des excès à me reprocher; mais comme j'ai pris la résolution de me réformer, et que je ne m'en suis pas écarté depuis quelque tems, je compte que ce Lothario suivra mon exemple, et commencera par rendre la jeune personne à la société; sinon, par la barbe de mon père! je jure qu'il s'en repentira.

» Je vous prie de vous intéresser à Robert, à qui mon absence sera bien pénible. Le pauvre garçon! c'est bien malgré lui qu'il s'en est retourné.

» J'espère que vous êtes bien portante et heureuse. J'aurai grand plaisir à recevoir de vos nouvelles.

» Croyez-moi bien sincèrement, etc.

BYRON.

» *P. S.* Comment se porte Joe Murray? Je rouvre ma lettre pour vous dire que Fletcher m'ayant demandé de m'accompagner en Morée, je l'emmène avec moi, quoique je vous aie annoncé le contraire. »

Le lecteur n'aura pas manqué, je l'espère, de remarquer la fin de cette lettre. L'énergie des sentimens moraux qui y sont exprimés si naturellement, semble le sûr garant d'un cœur dont le fond était pur, quoique les passions en eussent terni la surface. Quelques années plus tard, quand il eut contracté l'habitude de cette raillerie amère, dont, par malheur, il se plaisait à diriger les traits contre sa sensibilité et contre celle des autres, je ne sais, quoiqu'il fût encore animé des mêmes sentimens louables, si la fausse honte de passer pour vouloir se faire une réputation de vertu, n'en aurait pas arrêté la franche et honnête manifestation.

L'extrait suivant, tiré d'une communication adressée à un recueil mensuel très-estimé, par un voyageur qui, à cette époque, rencontra Lord Byron à Constantinople, me paraît être assez authentique pour que je le présente, sans hésiter, à mes lecteurs.

« Nous fûmes interrompus dans notre discussion par l'entrée d'un étranger, qu'au premier coup-d'œil je crus reconnaître pour un Anglais, mais qui devait n'être arrivé que depuis peu à Constantinople. Il était vêtu d'un habit écarlate, richement brodé en or, dans le genre de l'uniforme des aides-de-camp en Angleterre, avec deux grosses épaulettes. Sa figure annonçait environ vingt-deux ans. Ses traits, d'une délicatesse remarquable, lui auraient donné une apparence féminine, sans l'expression toute virile de ses beaux yeux bleus. En entrant dans la boutique intérieure, il ôta son chapeau militaire orné d'un panache, et découvrit une forêt de cheveux bruns bouclés qui relevaient encore la beauté peu commune de son visage. L'ensemble de son extérieur me fit une telle impression, qu'elle est toujours depuis restée profondément gravée dans ma mémoire; et quoique ce soit un souvenir de quinze ans, ce laps de tems n'en a pas altéré la vivacité. Il était accompagné d'un janissaire attaché à l'ambassade anglaise et d'un homme qui, par état, servait de *Cicerone* aux étrangers. Ces circonstances, jointes à ce qu'il boitait très-visiblement, me convainquirent à l'instant que c'était Lord Byron. J'avais déjà entendu parler de Sa Seigneurie et de son arrivée récente sur la frégate *la Salsette*, qui s'était détachée de la station de Smyrne pour venir prendre et emmener M. Adair, notre ambassadeur près de la Porte. Lord Byron avait auparavant voyagé en Épire et dans l'Asie Mineure avec son ami M. Hobhouse, et était devenu grand fumeur de tabac. Il s'était fait conduire à cette boutique dans le dessein d'y acheter quelques pipes. L'italien assez mauvais dont il se servait en parlant à son cicerone, et le turc encore plus imparfait de celui-ci, ne permettaient guère au marchand de comprendre facilement ce qu'ils désiraient; et comme l'étranger en paraissait contrarié, je lui adressai la parole en anglais, et m'offris à lui servir d'interprète. Quand il m'eut ainsi reconnu pour un Anglais, Lord Byron me serra cordialement la main, et m'assura, avec quelque chaleur, du grand plaisir qu'il éprouvait toujours lorsqu'il rencontrait un compatriote en pays étranger. Ses emplettes et les miennes étant terminées, nous sortîmes ensemble, et parcourûmes les rues, dans plusieurs desquelles j'eus le plaisir de diriger son attention vers quelques-unes des curiosités les plus remarquables de Constantinople. Les circonstances particulières qui nous avaient amenés à faire connaissance, firent naître entre nous, dès le premier jour, un certain degré d'intimité que très-probablement deux ou trois années de fréquentation n'auraient pas produit en Angleterre. Je prononçai souvent son nom en lui parlant, mais il ne lui vint pas à l'esprit de me demander comment j'avais pu l'apprendre, ni de s'informer du mien. Il n'avait pas encore jeté les fondemens de cette célébrité littéraire qu'il a acquise dans la suite; on ne le connaissait, au contraire, que comme auteur des *Heures d'oisiveté*; et la sévérité avec laquelle les rédacteurs de *la Revue d'Édimbourg* avaient critiqué cette production, était encore présente au souvenir de tout lecteur anglais. On ne pouvait donc pas supposer qu'en recherchant sa connaissance je fusse poussé par aucun de ces motifs de vanité auxquels tant d'autres ont cédé depuis. Mais il était tout naturel qu'après notre rencontre fortuite et tout ce qui s'était passé entre nous à cette occasion, je priasse l'un des secrétaires de l'ambassade de me présenter à lui dans les formes, un jour de la même semaine, que nous dînions ensemble chez l'ambassadeur. Sa Seigneurie assura qu'elle se souvenait parfaitement de moi ; mais ce fut avec une extrême froideur, et immédiatement après elle me tourna le dos. Ce procédé sans cérémonie qui contrastait d'une manière si prononcée avec les circonstances précédentes, me parut si étrange qu'il me fut impossible de me l'expliquer, et que je me sentis en même tems fort disposé à beaucoup rabattre de l'opinion favorable que son apparente franchise m'avait fait concevoir à notre première entrevue. Ce ne fut donc pas sans surprise que, quelques jours après, je le vis dans la rue s'avancer vers moi avec un sourire plein de bienveillance. Il m'aborda familièrement, et me dit en me tendant la main : « Je suis ennemi » déclaré de l'étiquette anglaise, surtout hors d'An- » gleterre; et quand je fais une nouvelle connais- » sance, c'est sans attendre les formalités d'une pré- » sentation. Si vous n'avez rien à faire, et que vous » soyez disposé à une autre promenade, votre so- » ciété me fera beaucoup de plaisir. » Il mit dans sa manière d'agir cette irrésistible attraction dont ceux qui ont eu le bonheur d'être admis dans son intimité ont pu seuls éprouver la puissance dans ses momens de bonne humeur, et j'acceptai avec empressement sa proposition. Nous visitâmes de nouveau les curiosités les plus remarquables de la capitale, que je ne décrirai point ici pour ne pas répéter les détails pleins d'exactitude et de précision que des centaines de voyageurs en ont déjà donnés ; mais Sa Seigneurie

se trouva fort *désappointée* par le peu d'intérêt qu'elles présentaient. Il loua les beautés pittoresques de la ville et des paysages qui l'environnent, et me parut d'avis que, cela excepté, rien n'était digne d'attirer l'attention d'un observateur. Il parla des Turcs de manière à faire supposer qu'il avait fait un long séjour parmi eux, et termina ses réflexions par ces mots : « Les Grecs, tôt ou tard, s'insurgeront con-
» tre eux; mais s'ils ne se hâtent pas, j'espère que
» Bonaparte viendra chasser cette inutile canaille[1]. »

Pendant sa résidence à Constantinople, le ministre d'Angleterre, M. Adair, se trouvant presque toujours indisposé, ne le vit que très-rarement. Il le pressa, cependant avec instance de venir loger au palais de l'ambassade; mais Lord Byron, qui préférait la liberté dont il jouissait dans une simple hôtellerie, refusa ses offres hospitalières.

Lors de l'audience de congé accordée à l'ambassadeur par le sultan, le noble poète, pour y assister, se mêla au cortége de M. Adair, non sans avoir témoigné, relativement à la place qu'il occuperait dans la marche, une anxiété bien caractéristique de sa jalouse susceptibilité toutes les fois qu'il s'agissait de son rang. En vain l'ambassadeur l'assura-t-il qu'on ne pouvait pas lui assigner une place particulière; que les Turcs, dans leurs dispositions relatives au cérémonial, ne tenaient compte que des personnes

[1] *New Monthly Magazine.*

attachées à l'ambassade, et qu'ils négligeaient ou ignoraient les distinctions de préséance accordées chez nous à la noblesse. Enfin voyant que le jeune pair ne se laissait pas convaincre par ces raisons, M. Adair fut obligé d'en appeler à une autorité qui passait pour infaillible en matière d'étiquette; c'était le vieux internonce d'Autriche. Lord Byron l'ayant consulté sur ce point, et le trouvant entièrement d'accord avec le ministre d'Angleterre, déclara qu'il était parfaitement satisfait.

Le 14 juillet, son compagnon de voyage et lui partirent de Constantinople, à bord de la frégate *la Salsette*; M. Hobhouse dans le dessein d'accompagner l'ambassadeur en Angleterre, et Lord Byron pour visiter de nouveau sa chère Grèce. M. Adair crut remarquer à cette époque qu'il était plongé dans un profond abattement d'esprit, et je trouve que M. Bruce, qui le rencontra plus tard à Athènes, en porta le même jugement. On m'a raconté, comme ayant eu lieu pendant cette traversée, une circonstance fort remarquable. En se promenant sur le pont, il aperçut un petit yataghan ou poignard turc, qu'on avait laissé sur un banc. Il le prit, le tira du fourreau, et après en avoir quelques instans examiné la lame, on l'entendit qui disait à demi-voix : « J'aimerais à savoir ce que ressent un homme après avoir commis un meurtre ! » On peut, je crois, dans ce surprenant propos, découvrir le germe de ses poèmes futurs du *Giaour* et de *Lara*. C'est cet ardent désir de soumettre à l'examen les opérations mystérieuses des passions, qui, secondé par son imagination, lui en donna enfin le pouvoir; et peut-être trouverait-on que les émotions qui produisirent ces paroles n'étaient que la première manifestation de cette faculté qui lui valut plus tard, à juste titre, le surnom de *Scrutateur des abymes du cœur* [1].

En approchant de l'île de Zéa, il demanda à être mis à terre. En conséquence, après qu'il eut fait ses adieux à son ami, on le débarqua sur cette petite île avec ses deux Albanais, un Tartare et un domestique anglais. Il a décrit lui-même dans un de ses manuscrits, les sentimens de fierté solitaire avec lesquels, debout sur le rivage, il regarda le vaisseau s'éloigner à pleines voiles, le laissant seul sur une terre étrangère.

Quelques jours après, il adressa d'Athènes la lettre suivante à Mrs. Byron :

LETTRE XLVI.

A MRS. BYRON.

Athènes, 15 juillet 1810.

Chère Mère,

« Je suis arrivé de Constantinople ici en quatre jours, ce que l'on considère comme une traversée extrêmement rapide, surtout dans cette saison de l'année. Vous autres habitans du nord, vous ne pouvez pas vous faire une idée de ce que c'est que

---

[1] *Searcher of dark bosoms.*

l'été en Grèce; et pourtant un vrai tems de gelée en comparaison des étés de Malte et de Gibraltar, sous les ombrages desquels je me suis reposé l'année dernière, après un petit mouvement de galop de quatre cents milles, sans interruption, à travers l'Espagne et le Portugal. La date de ma lettre vous apprend que je suis de nouveau à Athènes, ville que je préfère, tout bien considéré, à toutes celles que je connais....

» Pour première excursion, je pars demain pour la Morée, où je compte passer un mois ou deux, puis revenir prendre ici mes quartiers d'hiver, à moins que je ne change mes plans, à la vérité, fort variables, comme vous pouvez bien le supposer, mais dont aucun ne me dirige vers l'Angleterre.

» Le marquis de Sligo, mon ancien camarade de collége, est ici, et désire m'accompagner en Morée. Ainsi nous partirons ensemble. Lord Sligo continuera ensuite sa route vers la capitale, et Lord Byron, après avoir examiné toutes les curiosités de ce canton, vous instruira de ce qu'il se propose de faire, car c'est un point sur lequel ses idées ne sont pas, pour le moment, parfaitement arrêtées. Malte est mon bureau de poste perpétuel; c'est de là que mes lettres sont dirigées vers tous les points de la terre habitable : remarquez en passant que j'ai déjà vu l'Asie, l'Afrique, le levant de l'Europe, et tiré le meilleur parti de mon tems, sans avoir pour cela examiné trop à la hâte les lieux les plus intéressans de l'ancien monde. F....., après avoir été grillé, rôti, cuit dans son jus; après avoir servi de pâture à toutes sortes d'insectes rampans, commence à philosopher ; il se réforme et se résigne, et promet d'être à son retour un des ornemens de sa paroisse et un personnage fort saillant dans la généalogie des Fl... qui tiennent, à mon avis, des Goths par leurs talens, des Grecs par leur pénétration, et des anciens Saxons par leur énorme appétit. Il me demande la permission d'envoyer une demi-douzaine de soupirs à Sally, son épousée, et s'émerveille, mais non pas moi, de ce que ses lettres, d'une écriture et d'une orthographe détestables, ne sont jamais parvenues en Angleterre. Au demeurant, ce n'est pas une grande perte que celle de ses lettres ou des miennes qui n'ont guère d'autre mérite que de vous apprendre, comme celle-ci, que nous nous portons bien, et chaudement, Dieu sait! Ne comptez pas, en cette saison, sur de longues lettres ; car elles sont, je vous assure, écrites à la sueur de mon front. Il est passablement singulier que M. H... ne m'ait pas adressé une syllabe depuis mon départ. Comme toutes vos lettres me sont parvenues ainsi que beaucoup d'autres, je conjecture que l'homme de loi est fâché ou qu'il a trop d'affaires.

» J'espère que vous vous plaisez à Newstead, et que vous vivez en bonne intelligence avec vos voisins, quoique vous soyez un vrai dragon, comme vous savez ; ne voilà-t-il pas une épithète bien respectueuse? Je vous prie d'avoir grand soin de mes livres, ainsi que de plusieurs boîtes remplies de papiers qui sont entre les mains de Joseph; et, s'il vous plaît, laissez-moi quelques bouteilles de champagne à boire, car je suis terriblement altéré. Je n'insiste pourtant sur ce dernier point qu'autant qu'il vous arrangera. Je suppose que vous avez une pleine maison de commères bien bavardes et bien médisantes. Avez-vous reçu mon portrait à l'huile par Sanders, de Londres? Il est payé depuis seize mois, pourquoi ne vous le faites-vous pas remettre? Ma suite, composée de deux Turcs, deux Grecs, un Luthérien et de l'équivoque Fletcher, fait un tel vacarme que je suis bien aise de finir en vous assurant que je suis, etc. »

BYRON.

Un jour ou deux après la date de cette lettre, il partit d'Athènes avec le marquis de Sligo. Après avoir voyagé de compagnie jusqu'à Corinthe, ils prirent chacun une direction différente; lord Sligo pour visiter la capitale de la Morée, et Lord Byron pour se rendre à Patras, où il avait, comme on le verra dans la lettre suivante, quelques affaires à régler avec le consul anglais, M. Strané.

LETTRE XLVII.

A MRS. BYRON.

Patras, 30 juillet 1810.

Chère Madame,

« En quatre jours, avec un vent favorable, la frégate m'a transporté de Constantinople à l'île de Céos, où j'ai pris un bateau pour me rendre à Athènes. J'ai rencontré dans cette ville mon ami le marquis de Sligo qui m'a témoigné le désir de voyager avec moi jusqu'à Corinthe. Là, nous nous sommes séparés, lui pour aller à Tripolitza, et moi pour me rendre à Patras, où j'avais quelques affaires à régler avec le consul M. Strané, de la maison duquel je vous écris. Il m'a rendu tous les services possibles depuis que j'ai quitté Malte pour me rendre à Constantinople, d'où je vous ai écrit deux ou trois fois. J'irai dans quelques jours faire une visite au pacha de Tripolitza, puis je ferai le tour de la Morée, et je retournerai à Athènes, où j'ai fixé mon quartier-général. Nous éprouvons ici de violentes chaleurs. En Angleterre, quand le thermomètre s'élève à 98 degrés[1], vous êtes tout en feu; l'autre jour, tandis que j'allais d'Athènes à Mégare, il marquait 125 degrés : cependant je n'en suis pas incommodé. J'ai, comme cela doit être, le teint fort bruni; mais je vis avec une grande tempérance, et je ne me suis jamais mieux porté.

» Avant de quitter Constantinople, j'ai vu le sultan (avec M. Adair) et l'intérieur des mosquées, ce qui n'arrive que bien rarement aux voyageurs. M. Hobhouse est parti pour l'Angleterre; quant à moi, je ne me sens pas pressé d'en faire autant. Je n'ai rien

---

[1] De Fahrenheit.

de particulier à faire savoir dans votre pays, si ce n'est l'extrême surprise que me cause le silence de M. H..... Je désire aussi qu'il m'adresse régulièrement des fonds. Je suppose qu'on a pris des arrangemens en ce qui regarde Wymondham et Rochdale. Adressez vos lettres à Malte ou à M. Strané, consul-général, à Patras, Morée. Vous vous plaignez de mon silence; mais je vous ai écrit vingt ou trente fois dans le courant de l'année dernière : jamais moins de deux fois par mois, et souvent davantage. Si mes lettres ne vous parviennent pas, il ne faut pas conclure qu'on nous a dévorés, ou que ce pays-ci est désolé par la guerre, la peste ou la famine : ne croyez pas non plus tous les bruits absurdes qui ne manquent sûrement pas de circuler dans le Nottinghamshire comme c'est l'usage. Je suis fort bien ici, ni plus ni moins heureux qu'à mon ordinaire; si ce n'est que je suis fort aise de me retrouver seul, car je commençais à me lasser de mon compagnon de voyage; non pas que j'eusse à m'en plaindre, mais parce que je suis naturellement porté vers la solitude, et que cette disposition prend de jour en jour plus de force. Si je le désirais, je ne manquerais pas de compagnons de voyage, il s'en présente tous les jours. L'un veut m'emmener en Égypte, l'autre en Asie, dont j'ai vu tout ce que j'en veux voir. Je connais déjà la plus grande partie de la Grèce, de sorte que je me contenterai de retourner aux lieux que j'ai déjà parcourus, de contempler mes mers et mes montagnes, seules connaissances dont j'aie jamais tiré quelque utilité.

» J'ai une suite fort présentable; elle se compose d'un Tartare, de deux Albanais, d'un interprète et de Fletcher; mais dans ce pays-ci on en est quitte à peu de frais. Adair m'a fait un accueil merveilleux, et dans le fait je n'ai à me plaindre de personne. L'hospitalité ici est nécessaire, car on n'y voit point d'hôtelleries. J'ai logé chez des Grecs, des Turcs, des Italiens, des Anglais; aujourd'hui dans un palais, demain dans une étable; un jour avec le pacha, le suivant avec le berger. Je continuerai à vous écrire brièvement, mais fréquemment, et je suis toujours heureux d'apprendre de vos nouvelles; mais vous remplissez votre papier d'extraits de journaux, comme si ceux d'Angleterre ne se trouvaient pas dans tous les lieux du monde. J'en ai une douzaine, en ce moment, devant moi. Je vous prie de veiller à ce qu'on ait soin de mes livres, et de me croire, chère mère, etc. »

Il paraît qu'il passa la plus grande partie des deux mois suivans à parcourir la Morée [1]; et dans plusieurs lettres il parle avec beaucoup de satisfaction

---

[1] Dans une note de l'avertissement qui précède son *Siége de Corinthe*, il dit : « Je visitai ces trois villes (Tripolitza, Napoli et Argos) en 1810-11; et durant mes diverses excursions dans le pays, depuis mon arrivée en 1809, je traversai l'Isthme huit fois en passant de l'Attique en Morée, par les montagnes, ou dans l'autre direction, lorsque j'allais du golfe d'Athènes à celui de Lépante. »

de la réception très-distinguée que lui fit Véli-Pacha, fils d'Ali.

A son retour à Patras, il fut saisi d'une maladie, dont il raconte les particularités dans la lettre suivante adressée à M. Hodgson ; elles sont, à beaucoup d'égards, si conformes à celles de la maladie fatale qui l'enleva, quatorze ans plus tard, presque aux mêmes lieux, que, malgré la gaîté du récit, il est difficile de le lire sans être douloureusement affecté.

LETTRE XLVIII.

A M. HODGSON.

Patras (Morée), 3 octobre 1810.

« Comme je suis à peine délivré du médecin et de la fièvre, qui m'ont retenu cinq jours au lit, je vous prie de ne pas compter sur beaucoup d'*allegrezza* dans cette lettre. Il règne ici une maladie endémique qui, lorsque le vent vient du golfe de Corinthe (comme il arrive cinq mois sur six), attaque grands et petits, et fait de terribles ravages parmi les voyageurs étrangers. Il y a, de plus, deux médecins, dont l'un est plein de confiance dans son génie naturel, car il n'a jamais étudié, et dont l'autre a pour tous titres une campagne de dix-huit mois contre les malades d'Otrante, qu'il a faite dans sa jeunesse avec de grands résultats.

» Lorsque je tombai malade, je protestai contre les tentatives de *ces* deux assassins ; mais que peut faire pour sa défense un pauvre diable affaibli, dévoré par la fièvre, et inondé de potions. Malgré moi et mes dents, je vis le consul anglais, mon Tartare, mes Albanais, mon interprète se réunir pour me livrer au médecin, à l'aide duquel ils m'ont, trois jours durant, émétisé et clystérisé jusqu'à ne me laisser que le souffle. C'est dans cet état que j'ai fait mon épitaphe. Tenez, la voici :

« La jeunesse, la nature et la pitié des dieux combattirent
» long-tems pour tenir ma lampe allumée ; mais le redouta-
» ble Romanelli triompha de leurs efforts, et son souffle en
» éteignit la flamme tremblante[1]. »

» Cependant la nature et les dieux, piqués de mon peu de foi dans leur pouvoir, ont à la fin triomphé tout de bon de Romanelli, et je vis encore, bien à votre service, quoique ma faiblesse soit extrême.

» Depuis que j'ai quitté Constantinople, j'ai parcouru la Morée et visité Véli-Pacha, qui m'a rendu de grands honneurs, et donné un fort joli étalon. H*** est sûrement en Angleterre à l'heure où je vous écris ; je l'ai chargé d'une dépêche pour votre poétique individu. Il m'écrit de Malte, et me demande mon journal, en cas que j'en tienne un. Si j'en faisais un, il l'aurait. Je lui ai adressé en réponse

---

[1] Youth, nature, and relenting jove,
To keep my lamp *in* strongly strove ;
But Romanelli was so stout,
He beat all three, and blew it *out*.

une épître de consolations et d'exhortations, où je le prie de réduire de trois schl. et six pences le prix de sa prochaine publication, vu qu'une demi-guinée est un trop haut prix pour toute autre chose qu'un billet d'Opéra.

» Quant à l'Angleterre, je n'en ai pas eu de nouvelles depuis bien long-tems. Toutes les personnes qui prennent quelque intérêt à ce qui me regarde sont, je crois, endormies, et vous êtes mon seul correspondant, à l'exception des gens d'affaires. Je n'ai réellement pas d'amis au monde, quoique ce monde soit peuplé de mes anciens condisciples, qui s'y promènent revêtus de curieux déguisemens, en officiers des gardes, en hommes de loi, en ecclésiastiques, en hommes à la mode, et autres habits de caractères ; aussi fais-je mes adieux à tous ces messieurs si affairés, dont pas un ne daigne m'écrire. Au fait, je ne les en ai pas priés ; et me voilà ici, pauvre voyageur et philosophe un peu païen, qui, après avoir parcouru la plus grande partie du Levant et vu force terres et mers, dont on pourrait tirer fort bon parti, ne vaux, après tout, guère mieux qu'avant de me mettre en route. Que Dieu me soit en aide !

» Il y a aujourd'hui même quinze mois que je suis parti, et je pense que mes intérêts me rappelleront bientôt en Angleterre ; mais je vous en donnerai régulièrement avis de Malte. Hobhouse vous donnera tous les renseignemens possibles, si vous êtes curieux de connaître nos aventures. J'ai lu quelques vieilles gazettes anglaises qui vont jusqu'au 15 mai. J'y vois l'annonce de la *Dame du Lac*. Il va sans dire que l'auteur ne s'est pas départi de sa manière, qui rappelle l'ancienne ballade, et que le poème est bon. Tout balancé, Scott n'a pas de rivaux; le but de tout griffonnage est d'amuser, et certainement il y réussit. Je brûle de lire son nouvel ouvrage.

» Et que deviennent *sir Edgard* et votre ami Bland? Je suppose que vous êtes engagé dans quelque chicane littéraire. Le seul parti à prendre, c'est de regarder du haut en bas tous les confrères de l'écritoire. Je suppose bien que vous ne m'accorderez pas le titre d'auteur; mais je vous dédaigne tous, coquins que vous êtes! comptez là-dessus.

» Vous ne connaissez pas D...s, n'est-ce pas? Il avait une farce prête à être jouée quand je partis d'Angleterre, et me pria d'en faire le prologue : ce que je lui promis; mais mon départ fut si précipité que je n'en écrivis pas le premier couplet. Je n'ose m'informer de sa pièce, de peur d'apprendre qu'elle est tombée. Que Dieu me pardonne d'employer un tel mot! mais le parterre, mon cher monsieur, le parterre, vous le savez, se permet de ces tours-là, en dépit du mérite. C'est une circonstance fort curieuse qui me rappelle cette farce. Quand Drury-Lane fut brûlé de fond en comble, accident qui fit perdre à Shéridan et à son fils le peu de schellings qui leur restassent, que fait mon ami D...s? Avant que l'incendie soit éteint, il écrit à Tom Shéridan, directeur du combustible établissement, pour lui demander si cette farce n'a pas servi d'aliment aux flammes, avec environ deux mille autres manuscrits non jouables qui naturellement furent en grand péril, sinon entièrement consumés. Eh bien! n'est-ce pas là un trait caractéristique? Les passions de Pope ne sont rien en comparaison. Tandis que le pauvre directeur, tout bouleversé, déplorait la perte d'un édifice qui ne valait pas moins de trois cent mille livres sterling, avec quelque vingt mille autres que pouvaient avoir coûté les chiffons et le clinquant des costumes, les éléphans de *Barbe bleue* et le reste, voici venir un billet d'un endiablé d'auteur qui le rend responsable de deux actes et quelques scènes de sa farce!

» Mon cher H..., rappelez à Drury que je lui souhaite mille prospérités, et priez Scrope Davies de me conserver son amitié. J'appelle de mes vœux le jour où je vous reverrai à Newstead, et où le champagne égaiera encore nos soirées : cet espoir me réjouit l'ame. Je n'ai laissé passer aucune occasion sans vous écrire ; j'attends donc des réponses aussi régulières que celles de la Liturgie, et quelque peu plus longues. Comme il est impossible à un homme dans son bon sens de compter sur d'heureux jours, espérons au moins que nous en verrons de joyeux, ce qui y ressemble le plus en apparence, quoiqu'il n'en soit rien en réalité.

» C'est dans cette attente que je suis, etc. »

Faible et fort amaigri par suite de sa maladie à Patras, un jour, après son retour à Athènes, debout devant une glace, il dit à lord Sligo : « Comme je suis
» pâle ! j'aimerais, je crois, à mourir de consomp-
» tion. — Pourquoi de consomption ? demanda son
» ami. — Parce qu'alors, répondit-il, toutes les
» femmes diraient : Voyez ce pauvre Byron, comme
» il a l'air intéressant en mourant ! »

Dans cette anecdote que, toute frivole qu'elle est, le narrateur citait comme une preuve du sentiment que le poète avait de sa propre beauté, on peut aussi trouver la trace de son habitude de tout rapporter à ce sexe qu'il affectait de mépriser, et qui cependant exerçait une puissante influence sur le cours et la teinte de toutes ses pensées.

Il parlait souvent de sa mère à lord Sligo avec des sentimens qui s'éloignaient bien peu de l'aversion : « Quelque jour, lui dit-il, je vous expliquerai la
» cause de cette disposition de mon cœur. » Peu de tems après, un jour qu'ils se baignaient ensemble dans le golfe de Lépante, il rappela cette promesse, et montrant sa jambe et son pied nus. « Voyez, s'é-
» cria-t-il, c'est à ses absurdes faiblesses à l'épo-
» que de ma naissance que je dois cette difformité,
» et pourtant, d'aussi loin que je puisse me souvenir,
» elle n'a jamais cessé de me la reprocher. Même en-
» core peu de jours avant notre dernière séparation,
» au moment où j'allais quitter l'Angleterre, elle
» prononça contre moi une imprécation dans un de

» ses accès de colère, et souhaita que je pusse de-
» venir aussi difforme d'esprit que de corps! »

L'expression de sa physionomie et de ses gestes ne peuvent être bien conçus que par ceux qui l'ont vu quelquefois dans un pareil état d'excitation.

Habitué à manifester sans réserve ses sentimens et ses pensées, il ne déguisait pas davantage le peu de prix qu'il attachait à ces débris des arts antiques, qu'il voyait si ardemment recherchés par tous ses classiques compagnons de voyage. Lord Sligo se proposait d'employer quelque argent à faire faire des fouilles pour chercher des antiquités. Lord Byron, en lui offrant de surveiller ces travaux, et de tenir la main à ce que cet argent reçût une destination légitime, lui dit: « Vous pouvez être bien tranquille » en vous en rapportant à moi, je ne suis pas *dilet-* » *tante*. Tous vos connaisseurs sont des voleurs; » mais je fais trop peu de cas de ces sortes de choses » pour en dérober jamais. »

Il observa plus sévèrement encore, pendant ses voyages, le régime qu'il avait adopté pour se faire maigrir, et qu'il avait commencé à suivre avant de quitter l'Angleterre. A Athènes, il prenait, dans ce dessein, des bains chauds trois fois la semaine; sa boisson habituelle était un mélange d'eau et de vinaigre, et il mangeait rarement autre chose qu'un peu de riz.

Au nombre des personnes qu'il vit le plus à cette époque, outre lord Sligo, se trouvaient lady Herter

Stanhope et M. Bruce; et même l'un des premiers objets qui s'offrirent aux yeux de ces voyageurs distingués, au moment où ils approchaient des côtes de l'Attique, fut Lord Byron se jouant dans son élément favori au pied des rochers du cap Colonne. Ils furent ensuite présentés les uns aux autres par lord Sligo; et ce fut, je crois, à sa table que, dans le cours de leur première entrevue, lady Hester, avec cette vive éloquence qui la rend si remarquable, fit chaudement la guerre au poète à propos de l'opinion peu favorable à l'intelligence des femmes, qu'elle lui supposait. Peu disposé, quand même il en eût été capable, à défendre une pareille hérésie contre une personne qui, par elle-même, en était la plus irrésistible réfutation, Lord Byron n'eut d'autre ressource contre les argumens de sa belle antagoniste, que le silence de l'assentiment. Lady Hester sut naturellement gré d'une pareille retenue de la part d'un homme de sa condition, et ils se lièrent, dès ce moment, de l'amitié la plus sincère. En rappelant dans ses *Memoranda* quelques souvenirs de cette époque, après avoir raconté qu'il fut, à Sunium, surpris au bain par une société anglaise; il ajoute : « Ce fut le » commencement de la plus agréable connaissance » que j'aie faite en Grèce.... » Puis il continue en protestant à M. Bruce; si jamais ces pages tombent sous ses yeux, qu'il se souvenait encore avec plaisir des jours qu'ils avaient passés ensemble à Athènes.

Pendant son séjour en Grèce à cette époque, nous

le voyons former une de ces amitiés singulières (si l'on peut prononcer ce beau nom en pareille circonstance), dont j'ai cité déjà deux ou trois exemples en traçant l'histoire de sa jeunesse, et dont le charme principal à ses yeux semble avoir consisté dans le plaisir d'être protecteur, et celui de faire naître des sentimens de reconnaissance. Un jeune Grec, nommé Nicolo Giraud, fils d'une dame veuve, chez laquelle logeait l'artiste Lusieri, fut celui qu'il adopta de cette manière, sans doute par suite d'idées semblables à celles qui avaient inspiré ses premiers attachemens pour le jeune paysan de Newstead, et pour le jeune chantre de Cambridge. Il paraît avoir porté à ce jeune homme un intérêt très-vif, et l'on peut dire fraternel ; c'est au point que, non-seulement il lui fit accepter, en le quittant à Malte, une somme considérable ; mais encore il lui donna dans la suite, comme le lecteur le verra, une preuve plus durable de sa générosité.

Quoiqu'il fît de tems à autre des excursions en Attique et en Morée, il avait fixé son quartier-général à Athènes, où il logeait dans un couvent de franciscains ; et dans les intervalles d'une tournée à l'autre, il s'occupait à recueillir des matériaux pour ces notes sur la situation de la Grèce moderne, dont il a fait suivre le second chant de *Childe Harold*. Ce fut aussi dans cette retraite qu'il composa, comme pour braver le *Genius loci*, ses imitations d'Horace. Cette satire, qui retrace d'un bout à l'autre des scènes de la

vie de Londres, porte pour date : « Athènes, couvent
» des Capucines, 12 mars 1811. »

Dans le petit nombre de lettres qu'il écrivit encore à sa mère, je ne choisirai que les deux suivantes.

LETTRE XLIX.

A MRS. BYRON.

Athènes, 14 janvier 1811.

Chère Madame,

« Je saisis, suivant mon usage, une occasion d'écrire brièvement, mais fréquemment; l'arrivée des lettres, à défaut de communications régulières, étant fort incertaine..... J'ai dernièrement fait plusieurs tournées de quelque cent ou deux cents milles en Morée et dans l'Attique, etc. J'ai terminé aussi ma grande excursion par la Troade et Constantinople, etc., et suis maintenant revenu encore une fois à Athènes. Je crois vous avoir écrit plusieurs fois qu'à l'imitation de Léandre (quoique sans sa dame), j'avais traversé l'Hellespont de Sestos à Abydos. Fletcher, que j'ai renvoyé en Angleterre avec des papiers, vous instruira de cette circonstance et de quelques autres. Je n'aurai pas, je crois, à me plaindre beaucoup de son absence, connaissant passablement l'italien et le grec moderne; j'étudie cette dernière langue avec un maître, et j'en sais tout ce qu'un homme raisonnable peut désirer pour converser et donner des ordres. En outre, les lamentations perpétuelles de Fletcher sur la privation de bœuf et de bière, son mépris stupide pour tout ce qui est étranger, son incapacité insurmontable pour apprendre le moindre mot d'aucune langue, le rendaient une charge, suivant l'usage de tous les autres domestiques anglais. Je vous assure que l'ennui de parler pour lui, les consolations dont il avait besoin (beaucoup plus que moi-même), les pilaus (mets turc composé de riz et de viande) qu'il ne pouvait manger, les vins qu'il ne pouvait boire, les lits dans lesquels il ne pouvait dormir, et la longue liste des calamités, telles que les faux pas des chevaux, le manque de thé!!! qui l'assaillaient sans cesse, l'auraient rendu un objet continuel de plaisanteries pour les spectateurs et d'embarras pour son maître. Après tout, l'homme est assez honnête et assez capable dans un pays chrétien; mais en Turquie, Dieu me pardonne! mes soldats albanais, mes Tartares et mes janissaires travaillaient pour lui et pour nous aussi, ainsi que mon ami Hobhouse peut le certifier.

» Il est probable que je reviendrai en Angleterre au printems; mais pour l'exécution de ce projet, il me faut des remises. Mes propres fonds m'auraient très-bien suffi; mais j'ai été obligé d'aider un ami qui me paiera, j'en suis certain; et en attendant je n'ai pas le sou. Maintenant je ne me soucie pas d'entreprendre un voyage d'hiver, même quand je serais fatigué de voyager; et je suis tellement convaincu des avantages que l'on recueille à observer l'espèce humaine au lieu de lire ce que l'on en écrit, et des fâcheux effets de rester chez soi, en proie aux préjugés étroits d'un insulaire, que je pense qu'il devrait exister parmi nous une loi qui envoyât pour un tems les jeunes gens à l'étranger, chez le petit nombre d'alliés que nos guerres nous ont laissés.

» Ici je vis et je converse avec des Français, des Italiens, des Allemands, des Danois, des Grecs, des Turcs, des Américains, etc., etc., etc.; et sans perdre de vue mon pays, je puis juger des manières des autres. Quand je reconnais la supériorité de l'Angleterre (sur le compte de laquelle, soit dit en passant, nous nous abusons en bien des choses), j'en suis satisfait; et lorsque je la trouve inférieure, je m'éclaire au moins sous ce rapport. J'aurais pu continuer un siècle à être enfumé dans vos villes, ou à humer le brouillard dans vos campagnes, sans apprendre cette vérité, et sans rien acquérir chez moi de plus utile ou de plus agréable. Je ne tiens point de journal, et n'ai point l'intention de griffonner mes voyages. J'ai fini avec le métier d'auteur; et si, dans ma dernière production, j'ai prouvé aux critiques ou au monde que j'étais quelque chose de plus que ce qu'ils supposaient, je suis satisfait, et ne hasarderai point *cette réputation* par un futur effort. Il est vrai que j'ai quelques autres productions en portefeuille; mais je les laisse pour ceux qui me survivront. Si on les juge dignes de la publication, elles serviront à éterniser ma mémoire, lorsque moi-même j'aurai cessé d'avoir un souvenir. J'ai pris ici un artiste bavarois qui prend pour moi quelques vues d'Athènes, etc. Cela vaudra mieux que du griffonnage, maladie dont j'espère être guéri. A mon retour, j'espère mener une vie tranquille et retirée ; mais Dieu sait mieux que nous ce qu'il nous faut, et agit en conséquence, au moins à ce que l'on dit. Je n'ai point d'objection à faire à cela, après tout, n'ayant pas raison de me plaindre de mon lot. Je suis cependant convaincu que les hommes se font eux-mêmes plus de mal que le diable ne pourrait jamais leur en faire. J'espère que cette lettre vous trouvera en bonne santé, et autant heureuse que nous pouvons l'être. Vous apprendrez au moins avec plaisir qu'il en est ainsi pour moi, et que je suis à jamais votre... »

LETTRE L.

A MRS. BYRON.

Athènes, 28 février 1811.

Chère Madame,

« Comme j'ai reçu un firman pour l'Égypte, etc., je partirai pour ce pays dans le courant du printems, et je vous prie de mander à M. H... qu'il est nécessaire de me faire parvenir des fonds. Au sujet de Newstead, je réponds, comme auparavant, non. S'il faut vendre, vendez Rochdale. Fletcher sera arrivé à cette époque avec mes lettres relatives à cet objet. Je vous dirai d'abord franchement que je n'aime pas les placemens de fonds. Si, par quelque circonstance particulière, j'étais amené à adopter une telle résolution, j'irais, à tout événement, passer ma vie à l'étranger : le seul lien qui m'attache à l'Angleterre est Newstead ; et ce lien une fois rompu, ni mon intérêt ni mes inclinations ne m'appelleraient dans le Nord. La médiocrité dans votre pays est l'opulence en Orient, tant est grande la différence qui existe dans la valeur monétaire et l'abondance des objets nécessaires à la vie. Je me sens tellement un citoyen du monde, que le pays où je pourrai jouir d'un climat délicieux et de toutes les recherches du luxe, à un prix moindre que celui de la vie ordinaire de collége en Angleterre, sera toujours une patrie pour moi. Telles sont en effet les côtes de l'Archipel. Voici donc l'alternative : — Si je garde Newstead, je reviens ; si je le vends, je reste à l'étranger. Je n'ai reçu d'autres lettres de vous que celles de juin, mais j'ai écrit plusieurs fois ; et, comme à l'ordinaire, je continuerai d'après le même plan.

» Croyez-moi à jamais votre, etc.

BYRON.

» *P. S.* Je vous verrai probablement dans le cours de l'automne ; mais je ne puis réellement, à une telle distance, vous désigner aucun mois en particulier. »

LETTRE LI.

A M. HODGSON.

A bord de la frégate *la Volage*[1], 29 juin 1811.

« Dans huit jours, avec un bon vent, nous serons à Portsmouth; et, le 2 de juillet, se termineront (jour pour jour) deux années d'un voyage duquel je reviens avec aussi peu d'émotion qu'à mon départ. Je pense pourtant que j'ai eu plus de peine à quitter la Grèce que l'Angleterre, pays que je suis impatient de revoir par la seule raison que je suis las d'un si long voyage.

» En vérité, mon avenir n'offre rien de très-agréable. Embarrassé dans mes affaires particulières, indifférent au public, solitaire sans avoir le désir de la société, le corps affaibli par des fièvres successives, mais l'esprit, je l'espère, non encore abattu, je retourne *au logis* sans une espérance, et presque sans un désir. La première chose qu'il me faudra braver, sera un homme de loi; la seconde un créancier, puis des charbonniers, des fermiers, des arpenteurs, et toutes les agréables conséquences d'un domaine en désordre et de mines de charbon con-

---

[1] Le voyage d'Égypte, que, par la lettre précédente, il semble avoir projeté, fut abandonné, probablement à défaut des fonds qu'il attendait; et, le 3 de juin, il mit à la voile de Malte pour l'Angleterre, sur la frégate *la Volage*, ayant, pendant son court séjour à Malte, éprouvé une violente attaque de fièvre tierce. D'après les lettres mélancoliques qui suivent, on peut se faire une idée des sentimens avec lesquels il revenait dans sa patrie.

testées. En un mot, je suis malade et chagrin; et, lorsque j'aurai un peu réparé mes irréparables affaires, je décamperai ou vers l'Espagne pour y guerroyer, ou encore une fois vers l'Orient, où je puis au moins avoir des cieux sans nuages et un refuge contre les impertinens.

» Je compte vous rencontrer ou vous voir à la ville ou à Newstead, toutes les fois que vous pourrez y venir sans vous déranger. Je suppose que, comme d'habitude, vous faites de l'amour et de la poésie. Ce mari de H... Drury ne m'a jamais écrit, quoique je lui aie adressé plus d'une lettre; mais je jurerais que le pauvre homme a de la famille, et que par conséquent tous ses soins sont concentrés dans son cercle.

Car des enfans causent de nouvelles dépenses, et Dicky est maintenant en âge d'aller à l'école.

(WARTON.)

» Si vous le voyez, dites-lui que je lui apporte une lettre de Tucker, un de ses amis, chirurgien de l'armée, qui m'a soigné et est un très-digne homme, quoiqu'il aime trop les mots de son métier. J'arriverais trop tard pour le jour des exercices oratoires, ou je serais probablement descendu à Harrow...

» J'ai beaucoup regretté en Grèce d'avoir omis d'emporter l'*Anthologie*. — Je veux dire celle de Bland et de Mirivale.........

» Qu'est devenu sir Edgar? Et les imitations et les traductions, où en sont-elles? Je suppose que vous n'avez pas l'intention d'abandonner si aisément le public, mais que vous l'attaquerez avec un in-quarto. Quant à moi, je suis excédé des fats de la poésie et des bavardages, « et je laisserai tout le domaine Cas- » talien » à Bufo ou à tout autre. Mais vous êtes un homme sentimental et sensible, et vous rimerez jusqu'à la fin du chapitre. Quoi qu'il en soit, j'ai écrit quelque quatre mille vers d'un genre ou d'un autre, sur mes voyages.

» Je n'ai pas besoin de vous répéter que je serais heureux de vous voir. J'arriverai à Londres vers le 8, à l'hôtel de Dorant, rue d'Albemarle, et mes affaires m'appelleront quelques jours après dans le Nottingham supérieur, et de là à Rochdale.

» Je suis, ici et là, votre, etc. »

LETTRE LII.

A MRS. BYRON.

A bord de la frégate *la Volage*, 25 juin 1811.

Chère Mère,

« Cette lettre, qui vous sera envoyée à notre arrivée à Portsmouth, probablement vers le 4 de juillet, a été commencée à peu près vingt-trois jours après notre départ de Malte. Le 2 de juillet, jour pour jour, j'aurai été deux ans absent de l'Angleterre, et j'y reviens en grande partie avec les mêmes sentimens qui me dominaient à mon départ; savoir, l'indifférence. Mais cette apathie ne s'étend certainement pas jusqu'à vous ; ainsi que je vous le prouverai par tous les moyens en mon pouvoir. Vous serez assez bonne pour faire préparer mon appartement à Newstead ; mais que rien ne vous dérange, et surtout que ce ne soit pas moi. Ne me considérez que comme une visite ordinaire. Je dois seulement vous informer que, depuis long-tems, je me suis astreint à une diète végétale complète, et que le poisson ni la viande n'entrent dans mon régime. Je compte donc sur une provision considérable de pommes de terre, d'herbes et de biscuit. Je ne bois point de vin. J'ai avec moi deux domestiques, hommes de moyen âge, et tous deux Grecs. Mon intention est de me rendre d'abord à Londres pour voir M. H..., et de passer de là à Newstead, en allant à Rochdale. Je n'ai d'autre prière à vous faire que celle de ne point oublier mon régime, qu'il m'est très-nécessaire d'observer. Je suis en bonne santé, comme je l'ai généralement été, à l'exception de deux accès de fièvre dont je fus promptement débarrassé.

» Mes projets dépendront tellement des circonstances, que je ne me hasarderai point à énoncer une opinion à ce sujet. Mon avenir n'est pas flatteur ; mais je suppose que nous lutterons toute notre vie, comme nos voisins. En vérité, d'après les dernières informations de H..., j'ai quelque crainte de trouver Newstead démantelé par MM. Brothers, etc. : H... semble déterminé à me forcer à le vendre ; mais il sera trompé dans son espoir. Je pense que je ne serai pas obsédé de visiteurs; mais s'il en était autrement, vous devrez les recevoir, car je suis résolu à ne laisser violer ma retraite par personne. Vous savez que je n'ai jamais beaucoup aimé la société; je l'aime encore moins qu'auparavant. Je vous apporte un schall et une quantité d'essence de roses. Il faudra que j'entre tout cela par contrebande, s'il est possible. J'espère trouver ma bibliothèque en assez bon ordre.

» Fletcher est sans doute arrivé. Je distrairai le moulin, de la ferme de M. B***; son fils est un trop brillant séducteur pour hériter des deux objets, et j'y placerai Fletcher, qui m'a servi fidèlement, et dont l'épouse est une bonne femme. Il est, en outre, nécessaire de tempérer l'ardeur du jeune M. B***, ou il peuplera la paroisse de bâtards. En un mot, s'il avait séduit une laitière, il aurait pu trouver quelque excuse; mais la fille est son égale, et, dans la haute comme dans la basse classe, en circonstance semblable, la réparation est de droit; mais je n'interviendrai qu'en démembrant (comme Bonaparte) le royaume de M. B***, afin d'en ériger une partie en principauté pour le feld-maréchal Fletcher. J'espère que vous gouvernez d'une main prudente mon petit empire et sa triste charge de dette nationale. Pour rompre la métaphore, permettez-moi de me dire votre, etc.

» *P. S.* Cette lettre était écrite pour être envoyée

de Portsmouth; mais, à notre arrivée, l'escadre a reçu l'ordre de se rendre à Nore. C'est de là que partira ma lettre. Je n'ai point fait cet envoi plus tôt, parce que j'ai supposé que vous pourriez éprouver des inquiétudes, l'intervalle mentionné dans la lettre étant plus long que celui qui devait exister entre notre arrivée au port et ma venue à Newstead. »

LETTRE LIII.

A M. HENRY DRURY.

A bord de la frégate *la Volage*, à la hauteur d'Ouessant,
17 juillet 1811.

Mon cher Drury,

« Après deux ans et quelques jours d'absence (le 2), j'approche de votre patrie. L'extérieur de ma lettre vous indiquera le jour de mon arrivée. Maintenant nous sommes agréablement retenus, par un calme plat, près du port de Brest. Je n'en ai jamais été si près depuis que j'ai quitté Duck-Puddle.

. . . .

» Nous sommes partis de Malte depuis trente-quatre jours, et nous avons eu une traversée fort ennuyeuse. Vous me verrez ou entendrez parler de moi bientôt après la réception de cette lettre, puisque je dois passer par Londres, afin de réparer mes irréparables affaires. De là il me faut aller dans le Nottinghamshire, y lever des rentes; ensuite dans le Lancashire, y vendre des mines de charbon; et revenir à Londres payer des dettes; car il semble que je n'aurai jamais ni charbon ni repos que je n'aille à Rochdale en personne.

» Je rapporte quelques marbres pour Hobhouse, pour moi quatre anciens crânes athéniens[1], tirés de sarcophages, une fiole de ciguë attique[2], quatre tortues vivantes, un lièvre (mort dans la traversée), deux domestiques grecs, vivans, l'un Athénien, l'autre Yaniote, lesquels ne peuvent parler que le romaïque ou l'italien, et *moi-même,* comme le dit finement Moses dans le *Vicaire de Wakefield,* et je puis le dire à son exemple, car j'ai aussi peu de raison de me vanter de mon expédition que lui de la sienne à la foire.

» Je vous écrivis des rochers Cyanéens, pour vous dire que j'avais traversé la mer à la nage de Sestos à Abydos. Avez-vous reçu ma lettre?.... Je suppose qu'Hodgson est, à l'heure qu'il est, enfoncé dans l'étude. Que n'aurait-il pas donné pour avoir vu, comme moi, le véritable Parnasse, où je fis tort à l'évêque de Chrissa d'un livre de géographie? Mais je n'appelle cela qu'un plagiat, en ce que cette action fut commise à une heure de chemin de Delphes. »

Maintenant que nous avons ramené le jeune voyageur en Angleterre, il peut être intéressant, avant de le suivre dans les scènes qui l'attendaient chez lui, de considérer à quel point le caractère général

---

[1] Donnés par la suite à sir Walter Scott.
[2] Possédée aujourd'hui par M. Murray.

de son esprit et de son humeur avait été modifié par la série de voyages et d'aventures dans lesquels il avait été engagé pendant les deux années qui venaient de s'écouler. Il serait difficile d'imaginer une vie moins poétique et moins romanesque que celle qu'il avait menée avant son départ pour ses voyages. Dans sa jeunesse, il est vrai, il avait vécu et erré parmi des scènes bien capables, selon les idées ordinaires, de former les premiers germes du sentiment poétique. Mais bien que le poète ait pu se nourrir plus tard de ces brillans souvenirs, il est plus que douteux, comme on l'a déjà fait observer, qu'il ait été formé par eux. S'il était vrai qu'une jeunesse passée au milieu des scènes de montagnes fût si favorable au développement des talens d'imagination, les Gallois parmi nous, et les Suisses à l'étranger, devraient briller plus qu'ils ne le font de nos jours par leurs conceptions poétiques. Mais, en accordant même que la mémoire des premières excursions de Byron ait eu quelque part dans la direction de ses idées, l'effet réel de cette influence, quelle qu'elle fût, cessa avec son enfance, et la vie qu'il mena ensuite, durant son séjour au collége d'Harrow, fut ce que naturellement la vie d'un écolier si rêveur et si entreprenant devait être, tout autre chose que poétique. Pour un soldat ou un aventurier, l'éducation qu'il reçut alors eût été parfaite. Ses exercices athlétiques, ses combats, son amour pour les entreprises hasardeuses, donnèrent les indices d'un esprit fait pour la carrière la plus orageuse; mais ces dispositions paraissaient, de toutes, les moins favorables aux études méditatives de la poésie; et bien qu'elles promissent de le rendre plus tard un sujet d'inspiration pour les poètes, elles ne donnaient assurément que très-peu d'espérance de le voir jamais lui-même briller au premier rang parmi eux.

Ses habitudes à l'université étaient encore moins intellectuelles et moins littéraires. Dès son enfance, il avait lu beaucoup et avec ardeur, quoique sans méthode; mais cette application même de son esprit, irrégulière et sans direction comme elle était, il l'avait en grande partie abandonnée après son départ d'Harrow; et au nombre des occupations qui se partageaient son tems à l'académie, les jeux de hasard, l'escrime, les soins à donner à son ours et à ses bould-dogues furent au moins les plus innocentes, si elles ne furent pas les plus favorites. Pendant son séjour à Londres, on ne le voit pas davantage cultiver son intelligence, ou rechercher des amusemens plus délicats. N'ayant aucune ressource de société privée par le manque absolu d'amis et de parens, il était réduit dans cette ville à fréquenter les oisifs de café; et pour ceux qui se rappellent ce qu'étaient à cette époque les cafés de Limmer et Stevens, les deux maisons qu'il visitait de préférence, il est inutile de dire que, quel que fût d'ailleurs le mérite de ces établissemens, ils n'étaient rien moins que des écoles convenables au développement d'un caractère poétique..

Mais quelque incompatible qu'une telle vie pût être avec les habitudes de contemplation qui seules pouvaient éveiller et fortifier les hautes facultés qu'il avait déjà montrées, cependant, sous un autre point de vue, le tems qu'il perdit alors en apparence fut, dans la suite, mis à profit d'une manière incontestable. En l'initiant ainsi peu à peu à la connaissance des variétés de l'esprit humain, en lui donnant l'aperçu exact des détails de la société dans leurs formes les moins artificielles; enfin, en le mêlant si jeune avec le monde, ses affaires et ses plaisirs, la vie qu'il menait à Londres contribua certainement à former cette combinaison extraordinaire, qu'on admira plus tard en lui, de l'imagination et de la connaissance du monde, de l'héroïque et du plaisant, des aperçus les plus fins et les plus minutieux de la vie réelle avec les conceptions les plus élevées et les plus sublimes de la grandeur idéale.

Une autre disposition dominante de son esprit plus mûr et de ses écrits dut peut-être sa naissance aux mêmes causes. Dans cette expérience anticipée du monde que lui donnait son contact précoce avec la foule, il n'est guère probable qu'un grand nombre des caractères les plus dignes de l'espèce humaine aient frappé ses regards. Il n'est que trop probable, au contraire, que les individus les plus légers et les moins estimables des deux sexes durent être au nombre de ses modèles, et que c'est d'après eux, à un âge où les impressions se gravent le plus fortement, que ses premiers jugemens sur la nature humaine furent formés. De là probablement ces aperçus méprisans et dégradans pour l'humanité, qu'il était dans l'usage d'allier au tribut plus noble qu'il payait à la beauté et à la majesté de la nature en général. De là le contraste qui apparaît entre les productions de son imagination et celles de son expérience ; entre ces rêves pleins de beauté et de douceur que l'une créait à sa volonté, et l'amertume sombre et désolante qui débordait de tous côtés lorsqu'il ne consultait plus que l'autre.

Malgré le peu d'espérance que donnait sa jeunesse de la haute destinée qui l'attendait, elle présentait déjà un caractère singulier de la puissance de son imagination ; je veux parler de cet amour de la solitude qui, de bonne heure, indique ces goûts d'étude et d'observation de soi-même par lesquelles seules « les carrières de diamans » du génie sont exploitées et mises au grand jour. Dans son enfance à Harrow, il avait fortement montré cette disposition ; on le connaissait au collège comme je l'ai déjà dit, pour aimer à s'éloigner de ses camarades, et à s'asseoir seul sur une tombe dans le cimetière, s'abandonnant ainsi à la rêverie pendant des heures entières. A mesure que son esprit révéla ses ressources, ce sentiment domina en lui ; et quand ses voyages à l'étranger n'auraient servi qu'à le détacher des distractions de la société pour le mettre en état, solitaire célèbre, de communiquer avec son propre esprit, cela eût été un grand pas de fait vers l'expansion complète de ses facultés. Ce fut réellement alors qu'il commença à se sentir capable de se livrer au détachement que l'étude de soi-même exige, et qu'il put jouir de cette liberté, indépendante du mélange des pensées d'autrui, et qui seule laisse l'esprit contemplatif maître de ses propres idées. Dans la solitude de ses nuits sur mer, dans ses excursions isolées à travers la Grèce, il jouit d'assez de loisir et de solitude pour s'observer lui-même, et là s'apercevoir des premiers « éclairs de » son glorieux génie. » Un de ses principaux plaisirs, ainsi qu'il en fait mention dans ses *Memoranda*, était, lorsqu'il se baignait dans quelque lieu retiré, de s'asseoir, au-dessus de la mer, sur des rochers élevés, et là de rester des heures entières à contempler les cieux et les eaux[1] et à se perdre dans cette sorte de vague rêverie qui, quoique sans forme

---

[1] Il fait allusion à cette passion dans ces belles stances :

« S'asseoir sur les rochers, contempler la mer, etc. »

Alfieri, avant que son génie ne se fût complètement développé, ainsi qu'il nous le dit, avait l'habitude de passer des heures dans une sorte d'état de rêverie, à contempler l'Océan : « Après le spectacle, un de mes » amusemens à Marseille était de me baigner presque tous les soirs dans » la mer. J'avais trouvé un petit endroit fort agréable, sur une langue » de terre placée à droite hors du port ; où, en m'asseyant sur le sable, » le dos appuyé contre un petit rocher qui empêchait qu'on ne pût me » voir du côté de la terre, je n'avais plus devant moi que le ciel et la » mer. Entre ces deux immensités, qu'embellissaient les rayons d'un so- » leil couchant, je passai, en rêvant, des heures délicieuses ; et là, je » serais devenu poète, si j'avais su écrire dans une langue quelconque. »

arrêtée, et sans but pour le moment, se répandait ensuite, dans ses écrits, en peintures énergiques et brillantes qui vivront à jamais.

S'il n'eût pas été livré à ces doutes et à cette défiance qui entourent les premiers pas du génie, les sentimens qu'il devait éprouver et ses découvertes dans un nouveau domaine d'intelligence, auraient dû convertir les heures solitaires du jeune voyageur en un rêve de bonheur. Mais on verra que dans ces momens même, il se défiait de sa propre force, et qu'il ne se doutait nullement de la hauteur à laquelle s'éleverait l'esprit qu'il évoquait alors. Il devint tellement épris de ces rêveries solitaires, que la société même de son compagnon de voyage, malgré la sympathie de ses goûts avec les siens, devint pour lui une chaîne et un fardeau; et ce ne fut que lorsqu'il se trouva seul, sur le rivage d'une petite île de la mer Égée, que son génie respira librement. Si l'on voulait une preuve plus forte de sa passion profonde pour l'isolement, nous la trouverions, quelques années après, dans ses propres écrits, lorsqu'il avoue que, dans la compagnie de la femme qu'il aima le plus, il se surprit souvent soupirant après la solitude.

Ce ne fut pas seulement en lui procurant la retraite dont il avait besoin pour faire éclore dans le silence ses facultés admirables, que les voyages contribuèrent puissamment à la formation de son caractère poétique; dès son enfance même, il avait contemplé l'Orient avec des yeux romanesques. La lecture qu'il fit, avant l'âge de dix ans, de l'histoire des Turcs, par Rycaut, avait pris un fort ascendant sur son esprit, et il avait lu avec avidité tous les livres sur l'Orient qu'il avait pu rencontrer [1].

Il s'ensuit qu'en visitant ces contrées il ne fit que réaliser les rêves de sa jeunesse, et ce retour de ses pensées vers ce tems d'innocence donna à leur cours une fraîcheur et une pureté dont elles avaient manqué depuis long-tems. Sans le charme de ces souvenirs, l'attrait de la nouveauté était la moindre

---

[1] Quelques mois avant sa mort, dans une conversation avec Mavrocordato, à Missolonghi, Lord Byron dit : « L'histoire turque fut un des » premiers livres qui procura du plaisir à ma jeunesse ; et je pense que » cette lecture eut beaucoup d'influence sur les désirs que j'eus ensuite » de visiter le Levant, et donna peut-être à ma poésie cette teinte orien- » tale que l'on y remarque. »

(*Récit du comte Gamba.*)

Dans la dernière édition de l'ouvrage du docteur Israeli, sur le *caractère littéraire*, on trouve quelques notes marginales assez curieuses, écrites par Lord Byron dans un exemplaire de cet ouvrage qui lui appartenait. Parmi ces notes est l'énumération suivante des écrivains qui, outre Rycaut, avaient attiré son attention sur l'Orient de si bonne heure.

« Knolles, Cantemir, de Tott, lady M. W. Montague, la traduction » d'Hawkin de l'*Histoire des Turcs* par Mignot, les *Mille et Une* » *Nuits*, tous les voyages, toutes les histoires, tous les livres sur l'Orient » que je pouvais trouver, je les avais lus, ainsi que Rycaut, avant l'âge » de dix ans. Je pense que je lus les *Mille et Une Nuits* en premier » lieu ; après cela je préférai le récit des combats de mer, le roman de » *Don Quichotte* et ceux de Smollett, particulièrement *Roderic Ran-* » *dom*, et j'étais passionné pour l'histoire romaine. Lorsque j'étais en- » fant, je ne pus jamais lire sans dégoût un livre de poésie. »

chose que lui présentaient les scènes nouvelles à travers lesquelles il passait. De doux souvenirs du passé, et peu d'hommes les ont retenus aussi vivement, se mêlaient aux impressions des objets présens à ses yeux; et comme, dans les montagnes d'Écosse, il avait souvent traversé, en imagination, les pays musulmans, ainsi la même faculté le transportait des montagnes sauvages de l'Albanie à celles de Monroy.

Tandis qu'il trouvait à chaque pas des inspirations poétiques, il y avait aussi dans ce prompt changement de place et de scène, dans cette diversité d'hommes et d'usages qui l'entouraient, dans l'espérance continuelle d'aventures nouvelles, et d'entreprises extraordinaires, une succession et une variété d'*excitation* toujours renouvelée, qui mettaient non-seulement en action, mais rendaient plus vigoureuse toute l'énergie de son caractère. Ainsi qu'il décrit lui-même sa manière de vivre, c'était aujourd'hui dans un palais, demain dans une étable; un jour avec le pacha, l'autre avec le berger. C'est ainsi qu'il trouva toujours à exercer son esprit observateur, et que les impressions se multiplièrent sur son imagination. Déjà initié à quelques-unes des privations et des peines de la vie, pouvant juger par-là des rigueurs de l'adversité, il apprit à agrandir le cercle de ses sympathies, plus qu'il n'est ordinaire dans le rang élevé auquel il appartenait, et il s'habitua à cette trempe vigoureuse et mâle de pensée qui est si profondément gravée dans tous ses écrits. Nous ne devons pas oublier, au nombre de ces salutaires effets de ses voyages, les nobles inspirations du danger qu'il éprouva plus d'une fois, ayant été placé, tant sur terre que sur mer, dans des situations bien calculées pour éveiller ces sentimens d'énergie que des périls envisagés de sang-froid ne manquent jamais de faire naître.

Le vif intérêt qu'en dépit de sa philosophie apparente à cet égard, dans *Childe Harold*, il prenait à tout ce qui se rattache à la vie militaire, trouva des occasions fréquentes de satisfaction, non-seulement à bord des vaisseaux de guerre anglais sur lesquels il s'embarqua, mais aussi dans ses divers rapports avec les soldats du pays. A Salora, place isolée sur le golfe d'Arta, il passa une fois deux ou trois jours logé dans une misérable baraque. Pendant tout ce tems il vécut familièrement avec les soldats. Ces guerriers farouches, que l'on pourrait presque appeler des brigands, assis autour du jeune poète, et examinant avec une sauvage admiration son fusil de Manton [1] et son épée anglaise, présentaient chaque soir une scène curieuse dont le tableau pourrait offrir un contraste, malheureusement trop affligeant,

---

[1] « Il plut beaucoup le jour suivant, et nous passâmes encore cette soirée avec nos soldats. Leur capitaine, Elmas, essaya un beau fusil de Manton *, appartenant à mon ami ; et comme il touchait le but à chaque coup, il y prit grand plaisir : *Hobhouse's Journey*, etc. »

* Nom d'un arquebusier.

avec ce qui se passa quand le poète, devenu l'un de leurs capitaines, mourut sur cette même terre avec des Souliotes pour gardes et la Grèce entière pour cortége de deuil.

Il est vrai qu'au milieu des émotions réveillées par cette variété d'objets, son esprit était toujours plongé dans cette mélancolie qu'il avait apportée de son pays natal. Il fit sur M. Adair et sur M. Bruce, comme je l'ai déjà dit, l'effet d'un homme en proie à un profond abattement; et ce fut aussi l'opinion du colonel Leake, qui, à cette époque, était notre résident à Joannina [1]. Mais cette mélancolie même, malgré son opiniâtreté, dut certainement parvenir, sous l'influence énergique et salutaire de sa vie errante, à un degré d'élévation qu'elle n'aurait jamais pu atteindre au milieu des contrariétés qui l'obli-

[1] Il faut se rappeler que ces deux personnes le virent le plus souvent dans des circonstances où l'étiquette des présentations devait, par suite de sa froide réserve, porter au plus haut degré la tristesse de ses pensées. Son compagnon de voyage parle de lui bien différemment. Dans le récit d'une courte excursion à Négrepont, M. Hobhouse, qui ne put l'y accompagner, exprime avec force le vide que lui fait éprouver l'absence d'un ami qui joignait à la vivacité d'observation et à des remarques piquantes, cette bonne humeur communicative, qui réveille l'attention au milieu des fatigues et rend les dangers moins terribles. Lord Byron, dans quelques vers des imitations d'Horace, adressés évidemment à M. Hobhouse, se rend la même justice, en ce qui regarde sa sociabilité, mais il donne une idée plus nette de la tournure d'esprit qui en était la source :

« Cher Moschus, avec toi j'espère encore passer de longues heures, riant de la folie des hommes, si nous ne pouvons sourire à leurs traits d'esprit. Oui, je veux, ami, quitter pour toi ma cellule de cynique, et adopter la devise de Swift : Vivent les badinages ! etc. »

geaient à se replier sur elle-même. S'il n'eût pas voyagé, peut-être serait-il devenu un satirique grondeur ; mais à mesure que ses yeux embrassaient un plus vaste horizon, tous les sentimens de son cœur se développèrent dans la même proportion ; et cette tristesse innée, en se combinant avec les effusions de son génie, devint une des principales causes de leur énergie et de leur grandeur. Quelle pensée sublime, en effet, s'éleva jamais dans l'ame, sans que la mélancolie, quoique ignorée peut-être, y ait eu quelque part ?

Les lettres qu'il écrivit pendant la traversée, à son retour en Angleterre, nous ont appris combien alors les dispositions de son ame étaient loin d'être gaies et ses espérances d'être flatteuses ; sans contredit, eût-il été doué de la plus grande confiance, les contrariétés qui l'attendaient dans sa patrie étaient bien suffisantes pour attrister ses prévisions et comprimer son élasticité d'esprit. « Être heureux chez soi, dit » Johnson, c'est là en définitive, le but de toute am- » tion, la fin où tendent nos travaux et nos entre- » prises. » Mais Lord Byron n'avait pas de *chez soi*, rien du moins qui méritât ce nom si séduisant. Ce bonheur de faire partie d'une famille bien unie dont les prières l'auraient suivi dans ses voyages, dont l'attention aurait avidement écouté ses récits à son retour, il ne le connut jamais, quoique la nature lui eût donné un cœur digne de l'apprécier. Privé de tout ce qui soutient et encourage, il eut à lutter contre tout ce qui désole et humilie. A l'horreur d'un intérieur sans affections vint se joindre le fardeau d'une position sociale sans ressources suffisantes, et il éprouva ainsi tous les embarras de la vie domestique, sans jouir des charmes qui les compensent. Pendant son absence, on avait laissé tomber ses affaires dans une confusion plus grande encore, que leur tendance naturelle ne donnait lieu de le craindre. On avait, l'année précédente, exécuté une saisie à Newstead, pour une somme de quinze cents liv. st., due à MM. Brothers, tapissiers, et nous croyons devoir rapporter un trait du vieux Joë Murray dans cette circonstance. C'était un terrible crève-cœur pour ce vieux et fidèle serviteur, jaloux de l'antique honneur des Byron, de voir l'annonce de la vente placardée sur la porte de l'abbaye. Mais redoutant assez la loi pour ne pas arracher l'affiche, il se décida, pour s'en dédommager, à la couvrir d'une large feuille de papier brun qu'il colla par-dessus.

Malgré la résolution, si récemment exprimée par Lord Byron, d'abandonner pour jamais le métier d'auteur, et de laisser à d'autres *tout l'empire Castalien*, nous le trouvons, à peine débarqué en Angleterre, très-activement occupé de préparer la publication de quelques-uns des poèmes qu'il avait composés dans ses voyages. Il y mettait même tant d'empressement qu'il avait déjà, dans une lettre écrite en mer, annoncé à M. Dallas, qu'on pourrait de suite les mettre sous presse. Je vais placer ici sous les yeux du lecteur les parties les plus essentielles de cette lettre qui, d'après sa date, aurait dû précéder quelques-unes de celles que nous avons déjà données.

LETTRE LIV.

A M. DALLAS.

A bord de la frégate *la Volage*, 28 juin 1811.

« Après une absence de deux ans (jour pour jour, le 2 de juillet, avant lequel nous n'arriverons pas à Portsmouth), me voilà revenant en Angleterre.....

» J'y reviens avec peu d'espoir de bonheur domestique, et une constitution un peu ébranlée par une ou deux atteintes fort vives de fièvre ; mais avec une ame qui n'est point abattue. Mes affaires, à ce qu'il paraît, sont terriblement embrouillées; et je vais avoir d'interminables difficultés à régler avec les gens de loi, les charbonniers, les fermiers et les créanciers. Or, pour un homme qui redoute les embarras autant qu'il redoute un évêque, c'est un sérieux sujet d'inquiétude...

» Ma satire, à ce que je crois, est à sa quatrième édition; ce n'est pas un succès tout-à-fait médiocre; il n'a cependant rien d'exagéré pour une production qui, en raison du sujet qu'elle traite, ne peut intéresser long-tems, et doit, par conséquent, avoir un succès immédiat, où n'en avoir aucun. Aujourd'hui que je pense et agis avec plus de modération, je regrette de l'avoir écrite, quoiqu'il soit probable que je la trouverai oubliée par tout le monde, moins ceux qu'elle a offensés.

» Votre protégé et celui de Pratt, le cordonnier Blackett est donc mort, malgré ses vers! Cette mort est probablement une de celles qui sauvent un homme de la damnation. C'est parmi vous que le pauvre diable s'est perdu. Sans ses patrons, il serait peut-être aujourd'hui en fort bonne posture, faisant des souliers, non des vers; mais vous avez voulu en faire un immortel, coûte que coûte. Je dis cela dans la supposition que ce sont la poésie, le patronage et les liqueurs fortes qui l'ont tué. Si vous êtes à Londres au commencement ou vers le commencement de juillet, vous me trouverez à l'hôtel Dorant, Albemarle-Street, où je serai charmé de vous voir. J'ai une imitation de l'art poétique d'Horace, que Cawthorn pourra imprimer de suite; mais que cela ne vous effraie pas, je n'ai pas l'intention de vous en fatiguer. Vous savez bien que je ne lis jamais mes vers aux personnes qui me viennent voir. Je partirai de Londres après un séjour fort court, pour me rendre dans le Nottinghamshire et de là à Rochdale.

» Votre, etc. »

Dès que Lord Byron fut arrivé à Londres, M. Dallas se rendit près de lui. « Le 15 juillet, dit ce gentleman, j'eus le plaisir de lui serrer la main, à l'hôtel Reddish, Saint-James's-Street : je trouvai que son aspect démentait ce qu'il m'avait dit de sa santé, et son air n'annonçait ni mélancolie, ni mécontentement d'être de retour. Il m'entretint, avec beaucoup de feu, de ses voyages; mais il m'assura qu'il n'avait jamais eu l'idée de les écrire. Il me dit qu'à son avis la satire était son fort; qu'il s'en tenait à ce genre, et qu'il avait composé pendant ses divers séjours une paraphrase de l'art poétique d'Horace, qui serait un excellent supplément aux *Bardes anglais et critiques écossais*. Il semblait espérer que sa réputation s'en accroîtrait, et j'entrepris d'en surveiller la publication, comme je l'avais fait pour la satire. J'avais mal choisi l'instant de ma visite, et nous eûmes à peine le tems de nous entretenir sans être interrompus. Il m'engagea donc à venir le lendemain déjeûner avec lui. »

Dans l'intervalle, M. Dallas parcourut cette paraphrase que Lord Byron lui avait permis d'emporter dans ce dessein, et son *désappointement,* comme il le dit lui-même, fut cruel, en découvrant qu'un voyage de deux ans dans les contrées inspiratrices de l'Orient, n'avait pas produit plus de richesses poétiques. A leur rendez-vous du lendemain, quoiqu'il s'abstînt de déprécier cet ouvrage, il ne put s'empêcher, comme il nous l'apprend lui-même, d'exprimer à son noble ami quelque surprise de ce qu'il n'avait composé rien de plus pendant son absence. « Alors, continue-t-il, Lord Byron me dit qu'il avait en diverses occasions écrit de courts poèmes, outre une grande quantité de stances, du rhythme de Spencer,

relatives aux pays qu'il avait parcourus. « Mais,
» dit-il, elles ne sont pas dignes de votre attention ;
» vous pouvez cependant les emporter toutes, si cela
» vous fait plaisir. » C'est ainsi que j'obtins le pélerinage de *Childe Harold :* il le tira d'un coffret avec
beaucoup d'autres poésies. Il me dit qu'elles n'a-
vaient été lues que par une seule personne qui y avait
trouvé peu de choses à louer et beaucoup à critiquer ;
que c'était son avis, et qu'il était sûr que ce serait
aussi le mien ; que néanmoins, quoi qu'il en fût, elles
étaient bien à mon service ; mais qu'il était urgent
de presser la publication des *Imitations d'Horace ;* ce
dont je l'assurai que je m'occupais. »

M. Dallas ne tarda pas à découvrir tout le prix du
trésor qui lui était ainsi confié. Dès le même soir,
il écrivit à son noble ami : « Vous avez composé l'un
des plus délicieux poèmes que j'aie jamais lus. Si je
vous disais cela pour vous flatter, je mériterais moins
votre amitié que votre mépris. *Childe Harold* m'a
tellement captivé, que je n'ai pu en quitter la lecture. Je répondrais sur ma tête qu'il ajoutera beaucoup à votre réputation comme poète, et qu'il vous
fera un honneur infini, si vous daignez accorder
quelque attention à mes avis, etc. »

Malgré ces justes éloges, et l'écho secret qu'ils
durent trouver dans un cœur si sensible au moindre
murmure de la renommée, il se passa quelque tems
avant que la répugnance opiniâtre de Lord Byron à
la publication de *Childe Harold* pût être surmontée.

« Quoique jusqu'alors, dit M. Dallas, il eût écouté mes avis et mes conseils, et qu'il fût naturel de croire qu'il céderait à des éloges si prononcés, je fus surpris de voir qu'il se défiait encore de mon jugement sur le mérite de *Childe Harold*. « C'était, disait-il,
» tout ce qu'on voudrait, excepté de la poésie; un
» critique fort capable l'avait blâmé; n'avais-je pas
» vu moi-même les annotations en marge du manu-
» scrit ? » Enfin il revenait toujours de préférence aux paraphrases de l'art poétique, et le manuscrit en fut remis à Cawthorn, éditeur de la satire, pour qu'il le publiât sans aucun retard. Je ne quittai pourtant pas encore la partie. Avant de sortir de chez lui, je revins à la charge, et je lui dis que j'étais si convaincu du mérite de *Childe Harold*, que s'il me l'avait donné, je l'aurais certainement publié, pourvu qu'il voulût consentir à un petit nombre de changemens et de corrections. »

Parmi les nombreux exemples cités en littérature du jugement erroné que quelques auteurs ont porté sur leurs propres ouvrages, on peut regarder comme l'un des plus inexplicables cette préférence que Lord Byron accordait à une production si peu digne de son génie, sur un poème qui offre autant de beautés originales que les premiers chants de *Childe Harold*[1]. « Il en est, dit Swift, des hommes comme

---

[1] On doit moins s'étonner de ce que quelques auteurs se méprennent sur le mérite de leurs ouvrages, quand on voit que des générations entières sont quelquefois tombées dans la même erreur. Les sonnets de Pé-

des terrains, qui recèlent quelquefois une mine d'or, dont le propriétaire ignore l'existence. » Mais cette mine, Lord Byron l'avait découverte, sans se douter, à ce qu'on pourrait croire, de toute sa valeur. J'ai déjà eu occasion de remarquer que, dans le tems même où il composait *Childe Harold*, il est douteux qu'il connût pleinement la puissance nouvelle et de sentimens et de pensées qui venait de s'élever dans son âme, et cette observation est confirmée par l'étrange appréciation de son ouvrage que nous lui voyons adopter.

On pourrait croire en effet que malgré l'impulsion qui avait fait faire des pas si rapides à son imagination, son jugement, plus lent à se développer, était bien loin de la maturité, et que le jugement de soi-même, le plus difficile de tous, lui était encore refusé.

D'un autre côté, si l'on considère la déférence que, surtout à cette époque, il était porté à accorder aux opinions de ceux avec lesquels il vivait, il serait peut-être plus juste d'attribuer cette fausse appréciation à sa défiance de son propre jugement, qu'à aucune insuffisance. On ne peut expliquer que par

---

trarque furent considérés par les savans de son tems comme dignes tout au plus des chanteurs de ballades qui les faisaient entendre dans les rues; tandis que son poëme épique de l'Afrique, dont l'existence est à peine connue de nos jours, était recherché de toutes parts, et que le moindre fragment en était vivement sollicité près de l'auteur, pour être placé dans les bibliothèques des savans.

l'ignorance de son énergie intellectuelle ses égards et sa complaisante admiration pour ses anciens condisciples, qui presque tous l'avaient dépassé durant ses études, et dont quelques-uns, dans ce tems-là même, étaient ses rivaux en poésie. L'exemple qu'il recevait de ces jeunes écrivains étant, comme leur goût, principalement fondé sur l'imitation des modèles consacrés, leur autorité, aussi long-tems qu'il s'y soumit, dut jusqu'à un certain point le détourner de s'engager franchement dans une route nouvelle et originale. Il est assez probable que quelques souvenirs de cette première direction, joints à un léger penchant pour les réminiscences classiques [1], contribuèrent à déterminer sa préférence pour la paraphrase d'Horace. On peut croire au moins qu'ils furent suffisans pour le décider à se contenter, pour le présent, de la gloire qu'il avait acquise en suivant les routes tracées, au lieu de se lancer dans une carrière qu'il n'avait pas encore explorée. Nous avons vu que le noble auteur avant de confier à M. Dallas les deux premiers chants de *Childe Harold,* en avait soumis le manuscrit à l'examen d'un ami, le premier et le seul, à ce qu'il paraît, qui en eût pris connais-

[1] Gray, dominé par une semblable prédilection, préféra long-tems ses poèmes latins à ceux qui lui ont assigné un rang si élevé dans la littérature anglaise. « Devons-nous, dit Mason, attribuer cette méprise à ce » qu'il avait été élevé à Eton, ou à quelque autre cause? Il est certain » que lorsque je fis sa connaissance, il semblait attacher à ses poésies » latines beaucoup plus de prix qu'à celles qu'il avait composées dans sa » langue natale. »

sance à cette époque. M. Dallas n'a pas nommé ce critique si scrupuleux ; mais le ton tranchant de censure, dont sont empreintes ses remarques, aurait été capable, à quelque époque que ce fût, de dénaturer le jugement d'un auteur qui, plusieurs années après, dans tout l'éclat de sa gloire, avouait que le blâme du dernier des hommes lui causait plus de chagrin qu'il n'éprouvait de plaisir à recevoir les applaudissemens des plus hauts personnages.

Quoiqu'il soit facile de reconnaître dans toutes les productions de son âge mûr, des traces de sa supériorité, nous croyons cependant qu'on ajouterait peu à sa célébrité en publiant dans son entier cette paraphrase d'Horace, qui se compose de près de huit cents vers. Mais j'en choisirai quelques passages capables de donner une idée de ses beautés, comme de ses défauts, afin de mettre le lecteur à même de se former une opinion sur une composition que l'auteur, par une erreur ou un caprice de jugement, sans exemple peut-être dans les annales de la littérature, préféra long-tems aux sublimes méditations de *Childe Harold*.

Le début du poème, si on le compare à l'original, est assez ingénieux :

Qui ne rirait si Lawrence, s'engageant à couvrir sa précieuse toile du portrait flatté du premier venu, abusait assez de son art pour que la nature effarouchée vît nos bons bourgeois prendre sous son pinceau la forme des centaures? Ou si quelque barbouilleur, par amour de l'extraordinaire, ou pour hâter la vente, s'avisait de joindre à une fille d'honneur la queue d'une sirène? Ou si le trivial Dubost (comme on l'a vu naguère), possédé de la fureur de peindre, dégradait les créatures, images de la divinité? Toute la politesse qui défend de se moquer des sots en leur présence, ne pourrait réprimer les éclats de rire de leurs amis. Crois-moi, Moschus, rien ne ressemble plus à ces tableaux que le livre qui, plus décousu que les rêves d'un malade, présente à nos regards une foule de figures incomplètes, poétiques cauchemars; qui n'ont ni pieds ni tête.

Ce qui suit est un des meilleurs morceaux écrits dans un genre plus grave :

De nos jours, les mots nouveaux sont en honneur, si on les ente adroitement sur quelque gallicisme : pourrions-nous refuser à la muse plus habile de Dryden et de Pope, ce que Chaucer et Spencer tentèrent avec succès? Si vous pouvez créer, que ne le faites-vous, à l'exemple de William Pitt et de Walter-Scott, qui par le secours, l'un de ses vers, l'autre de ses poumons, ont enrichi les dialectes mal joints de notre île? Il est et il sera toujours légitime de proposer des réformes en littérature, comme au parlement.

De même que les forêts couvrent par degrés la terre de leurs feuilles, ainsi se fanent des expressions qui ont plu dans leur nouveauté. Le même destin est réservé à l'homme, et à tout ce qui se rattache à lui. Ses ouvrages, ses mots s'effacent et ne servent plus qu'à fixer une date. Quoique, à un signe des monarques, et à la voix du commerce, des fleuves impétueux deviennent de tranquilles canaux; quoique des marais desséchés et assainis soient sillonnés par la charrue et portent de jaunes moissons; quoique des ports creusés sur nos rivages protégent les vaisseaux contre les tempêtes de l'antique Océan;

tout, tout doit périr. Mais, survivant au naufrage général, l'amour des lettres préserve à demi les souvenirs du passé.

Je ne cite ce qui suit qu'à cause de la note qui y est jointe :

Les premiers vers satiriques naquirent du spleen de quelque égoïste. En doutez-vous? Voyez Dryden, Pope, et le doyen de Saint-Patrick [1].

Les vers blancs, aujourd'hui, par un commun accord, sont presque inséparables de la tragédie. Quoique les fureurs d'Almanzor s'exprimassent en vers rimés, au tems de Dryden, nous ne voyons pas les héros des pièces nouvelles en affubler leurs emportemens ; et la modeste comédie, abandonnant tout-à-fait les vers, nous offre en humble prose ses gentillesses et ses quolibets. Ce n'est pas que nos Beaumont et nos *Ben* aient plus mauvaise grâce, ou perdent rien de leur mérite, pour avoir composé en vers ; mais c'est ainsi que Thalie aime à se montrer. Pauvre fille ! que l'on siffle quelques vingt fois par an..

On trouve dans les vers suivans, sur Milton, plus de poésie que dans aucun autre passage de la paraphrase :

O muse ! s'écrie-t-il, réveille de plus sublimes accords ! Et, s'il vous plait, que pensez-vous voir éclore de son cerveau enflammé ? En un clin d'œil, il tombe aussi bas que Southey

---

[1] *Mac-Flecknoe*, la *Dunciade* et toutes les ballades satiriques de Swift. Quels que soient leurs autres ouvrages, ceux-ci furent le résultat de sentimens personnels et de récriminations violentes contre d'indignes rivaux ; et quoique le mérite littéraire de ces satires fasse honneur aux talens poétiques des auteurs, leur virulence déshonore certainement leur caractère.

dont les montagnes épiques ne manquent jamais d'accoucher d'une souris! Ce n'était pas ainsi que jadis votre puissant devancier tirait de doux accens de sa lyre inimitable : d'une voix mélodieuse comme les soupirs de la harpe éolienne, il nous parle de la première désobéissance de l'homme et du fruit défendu ; mais à mesure que son sujet s'élève, son chant fait retentir les échos de la terre et des cieux.

On pourra remarquer quelques traits piquans dans les esquisses suivantes :

Enfin il touche à l'adolescence! On ne le forcera plus à gémir sur les vers diaboliques [1] de Virgile, et sur ceux qu'on lui donne à faire. Les prières l'ennuient, la lecture est trop sérieuse ; il vole de T....ll à Fordham (malheureux T.....ll, condamné à d'éternels soucis par les apprentis boxeurs et les ours). Que peuvent des tuteurs, des devoirs, des convenances, en présence d'une meute, de chevaux de chasse et de la plaine de Newmarket? Rude avec ses aînés, hautain avec ses égaux, poli envers des escrocs, prodigue de richesses.......... persiflé, pillé, dupé, il passe le tems de ses cours sans rien faire ; évite peut-être l'expulsion, et se retire M. A. (Maître-ès-arts)! Et l'on proclame sa nouvelle dignité dans les clubs et les tripots, dont nul habitué n'arriva jamais plus haut.

Lancé dans le monde, et devenu moins ardent, il singe

---

[1] Harvey, qui fit connaître la circulation du sang, avait coutume, dans ses transports d'admiration, de jeter loin de lui son *Virgile*, en disant que le livre avait un diable familier. Un personnage tel que celui que je décris, jetterait probablement aussi le livre ; mais il désirerait plutôt que le diable s'en emparât, non pas en haine du poète, mais par une horreur bien fondée des hexamètres. Car, vraiment, la fastidieuse étude des *longues* et des *brèves* suffit pour qu'un homme prenne la poésie en aversion pendant sa vie entière ; et peut-être en cela n'est-ce pas un désavantage.

l'égoïste prudence de son père; prend une femme, pour sa dot; choisit ses amis pour leur rang; achète des terres, et se vante d'être trop prudent pour se fier à la banque. Il prend place au sénat; procrée un héritier, et l'envoie à Harrow, car il y fut lui-même. Muet, quoi qu'il vote, à moins qu'il ne joigne sa voix aux acclamations favorables au ministère; s'il parle de son fils : C'est un compère adroit, qu'il espère bien voir un jour arriver à la pairie !

La vieillesse s'avance; l'âge paralyse ses membres; il quitte la scène, ou la scène le quitte; il entasse des richesses; s'afflige à chaque penny qu'il faut dépenser, et l'avarice s'empare de toutes les pensées qui ne sont pas à l'ambition. Il compte les cent pour cent, et sourit; ou vainement s'irrite, en considérant ses trésors entamés pour payer les dettes du jeune Hopeful; il pèse bien et sagement ce qu'il faut acheter ou vendre; habile à tout faire, excepté à mourir ! grondeur, morose, radoteur difficile à contenter, louant tous les tems, excepté le présent; infirme, querelleur, délaissé et presque oublié, il meurt sans qu'on le pleure; on l'enterre ; qu'il pourrisse !

Plus loin, parlant de l'opéra, voilà comment il s'exprime :

Là se rend l'alerte boutiquier, dont l'oreille est mise à la torture par l'orchestre qu'il veut entendre pour son argent. Une fausse honte, et non la sympathie, l'empêche seule de ronfler; ses angoisses redoublent quand il croit du bon ton de crier : Encore ! Écrasé par la foule dans Fop's alley, coudoyé par les élégans, gêné par son chapeau, tremblant pour ses orteils, sa soirée est un combat, et il ne goûte quelque repos que quand enfin le rideau tombe, et lui donne un peu de relâche qui l'enchante. Devinez-vous pourquoi il se résigne à souffrir tout cela et plus encore? C'est qu'il lui en coûte cher, et qu'il est forcé de se parer!

Les derniers vers du passage suivant retracent plaisamment ce mélange de gaîté et d'amertume qui, parfois, animait la conversation de l'auteur. A tel point même, que ceux qui l'ont connu pourraient presque s'imaginer qu'ils l'entendent parler :

Mais rien n'est sans défaut, et chacun sait que les violons et les harpes perdent souvent le ton, et que les meilleurs chanteurs, au moment où ils voudraient réunir tous leurs moyens, ne font entendre que des accens criards ; les chiens perdent la trace du gibier, la pierre refuse l'étincelle, et les fusils à deux coups (que le diable les emporte!) manquent le but [1] !

Un dernier passage, avec la note plaisante qui y est jointe, complètera le nombre des morceaux que je veux citer comme les meilleurs.

Est-ce assez? Non : écrivez donc et imprimez bien vite. Si le dernier arrivé est dévolu à Satan, qui voudrait arriver le dernier? Ils assiégent les presses, ils publient en toute hâte, ils escaladent le comptoir et quittent leurs échoppes : de belles demoiselles de province, des hommes de haut renom, quoi donc! des baronnets même, ont noirci d'encre leur

[1] Comme M. Pope a pris la liberté d'envoyer Homère à tous les diables, malgré tout ce qu'il lui devait, quand il a dit : « Et Homère (que » le diable l'emporte, etc.) » Il est présumable que, par licence poétique, on peut en faire autant, en vers, de tout homme et de toute chose; et en cas d'accident, je désire qu'on me permette de me prévaloir de cet illustre précédent.

main guerrière. La pauvreté ne les arrête pas ; c'est Pollion qui nous joua ce tour ; de son tems Phébus commença à trouver crédit chez les banquiers. Ce ne sont pas seulement les vivans ; les morts même nous débitent leurs sottises aussi couramment que jadis chantait la tête d'Orphée! Sifflés de leur vivant, ils obtiennent un succès posthume ; tirés de la poussière où ils étaient ensévelis quand ils vivaient. Les revues réveillent le souvenir de leurs épidémiques délits, de ces livres témoins muets du martyre auquel les condamne la rage de rimer. Hélas! Que de chagrins va nous causer tel barbouilleur que citèrent souvent le *Morning Post* et le *Monthly Magazine!* dans ces recueils sont ensevelis ses premiers chefs-d'œuvre ; mais bientôt la presse gémit, et il en sort un épais in-quarto! Laissez donc, vous qui êtes sages, laissez les succès mendiés de la lyre aux baronnets ou aux lords possédés du démon des vers, ou à ces crépins de village, ménestrels jumeaux ivres de poétique bière! Prêtez l'oreille à ces accords d'une mélodie narcotique : ce sont les savetiers lauréats qui chantent les louanges de Capel Lofft [1].

---

[1] Ce gentleman bien intentionné a gâté quelques excellens cordonniers, et contribué à la ruine poétique de plus d'un pauvre industrieux. Nathaniel Bloomfield et son frère Bobby ont mis tout le Sommersetshire en train de chanter ; et cette maladie ne s'est pas bornée à envahir un seul comté. Pratt aussi, qui fut jadis plus sage, a été atteint de la contagion du patronage, et a attiré dans le piége de la poésie un pauvre diable nommé Blackett; mais il mourut pendant l'opération, laissant au dépourvu un enfant et deux volumes de fragmens. La petite fille, si elle n'a pas d'inclinations poétiques et ne se transforme pas en Sapho cordonnière, s'en tirera peut-être ; mais les tragédies sont aussi rachitiques que si elles étaient la progéniture d'un comte ou de quelque coureur de prix académiques. Les patrons du pauvre homme sont certainement responsables de sa fin tragique, et ce devrait être un délit punissable par les lois. Mais c'est là ce qu'ils ont fait de moins coupable ; car, par un raffinement de barbarie, ils ont couvert le défunt d'un ridicule posthume,

Ces extraits choisis, qui comprennent un peu plus du huitième du poëme entier, suffiront pour donner au lecteur une idée du reste, dont la plus grande partie est fort inférieure, et descend parfois au niveau de la versification la plus triviale.

Quand on examine la destinée des hommes, il est assez curieux d'observer combien de fois un premier pas a décidé du sort de toute la vie. Si Lord Byron, à cette époque, eût persisté dans son premier projet de publier ce poëme au lieu de *Childe Harold*,

en imprimant ce qu'il aurait eu le bon sens de ne jamais faire imprimer lui-même. Certes, ces remueurs de débris sont punissables par le statut contre *les hommes de la résurrection*. Quelle différence y a-t-il, en effet, entre exposer un pauvre idiot, après sa mort, dans un amphithéâtre de chirurgie, et l'étaler dans une boutique de libraire? Est-il plus mal d'exhumer ses os que ses bévues? Ne vaut-il pas mieux attacher son corps au gibet, sur une bruyère, que d'emprisonner son ame dans un in-octavo? « Nous savons ce que nous sommes, mais nous » ignorons ce que nous pouvons devenir; » et il faut espérer que nous ne saurons jamais si un homme qui a traversé la vie avec une sorte d'éclat, est destiné à n'être qu'un charlatan de l'autre côté du Styx, et à devenir, comme le pauvre Joe Blackett, le plastron des railleries du purgatoire. Le prétexte de cette publication est d'assurer un sort à l'enfant. Mais aucun des amis et des tentateurs de ce *sutor ultrà crepidam* ne pouvait-il donc faire une bonne action sans enferrer Pratt dans une biographie; et lui faire encore diviser sa dédicace en tant de minces portions? A la duchesse une telle; la très-honorable celle-ci, et mistress et miss celle-là; ces volumes sont, etc., etc. Eh mais, c'est distribuer « le doux lait de la dédicace » par petits verres. Il n'y en a qu'une chopine, et il le partage entre douze personnes. Ah! Pratt, n'avais-tu donc pas quelques éloges en réserve? As-tu pu croire que six familles de distinction se contenteraient de si peu? Il y a un enfant, un livre et une dédicace : que n'envoies-tu la petite fille à la duchesse, les volumes à l'épicier, et la dédicace à tous les diables?

il est plus que probable que le monde aurait compté un grand poète de moins [1]. La paraphrase, qui est à tous égards si inférieure à sa première satire, et qui tombe même, en quelques endroits, au-dessous de ce qu'ont écrit les versificateurs du dernier rang, n'aurait pu manquer d'éprouver une chute complète. Ses premiers adversaires auraient repris tous leurs avantages ; et dans l'amertume de sa mortification, il aurait peut-être jeté *Childe Harold* au feu ; ou s'il eût retrouvé assez de courage pour publier ce poème, son succès même, quoique suffisant pour le réhabiliter aux yeux du public et aux siens, n'aurait jamais excité cette explosion d'enthousiasme, cette subite manifestation de l'admiration générale, qui l'accueillirent lorsqu'il apparut au monde avec toute l'illusion de son retour récent de la terre natale de la poésie, et au milieu desquelles il marcha d'un pas ferme et sûr à de nouveaux triomphes, dont le dernier était toujours le plus éclatant.

Le jugement plus sûr de ses amis détourna heureusement ce danger, et il consentit enfin à la publication immédiate de *Childe Harold*; mais il ne cessa pas d'exprimer des doutes sur son mérite, et son inquiétude sur l'accueil qu'on lui ferait dans le monde.

---

[1] Le passage suivant de son journal montrera qu'il attribuait lui-même tout à la fortune : « Comme Sylla, j'ai toujours cru que tout dépendait » de la fortune, et rien de nous-mêmes. Je ne me rappelle ni une pensée » ni une action dignes de mon approbation ou de celle d'autrui, que je » ne doive attribuer à la bonne déesse fortune. »

« Je fis tout mon possible, dit son conseiller, pour
» relever cet ouvrage dans son opinion, et j'y réus-
» sis; mais il variait beaucoup dans ses idées à cet
» égard, et il ne fut satisfait que lorsque le monde
» eut enfin prononcé sur son mérite. Il me répétait
» sans cesse que j'allais le jeter dans de grands em-
» barras avec ses anciens ennemis; que la *Revue*
» *d'Édimbourg* saisirait avec joie l'occasion de l'hu-
» milier; qu'il ne voulait pas que son nom parût.
» Je le priai d'abandonner tout à ma direction, et
» que je répondais que ce poème imposerait silence
» à tous ses ennemis. »

La question de la publication étant alors décidée, il s'éleva quelques doutes et quelques difficultés relativement à l'éditeur. Quoique Lord Byron eût confié à Cawthorn ses *Imitations d'Horace*, qu'il regardait comme son plus beau titre, il paraît qu'il ne le trouva pas assez haut placé dans sa profession pour assurer le succès ou la vogue à l'ouvrage dont les chances lui semblaient plus incertaines. Il n'avait pas oublié que MM. Longman avaient autrefois refusé de publier ses *Bardes anglais*, et il exigea positivement de M. Dallas qu'il n'offrît pas le manuscrit à cette maison. On s'adressa d'abord à M. Miller, d'Albemarle-Street; mais, effrayé de la sévérité avec laquelle lord Elgin était traité dans ce poème, M. Miller, qui était l'éditeur et le libraire de ce seigneur, refusa de s'en charger. Le poète était si soigneux de sa réputation, que cette circonstance, quelque insignifiante qu'elle fût, commença à réveiller ses premières terreurs ; et s'il se fût présenté de nouvelles difficultés, il ne faut pas douter qu'il ne fût revenu à son ancien projet. Mais on ne tarda pas à trouver une personne qui tint à honneur d'entreprendre cette publication. M. Murray, qui demeurait alors dans Fleet-Street, ayant, quelque tems auparavant, exprimé le désir d'être autorisé à faire paraître quelque production de Lord Byron, ce fut à lui que M. Dallas confia le manuscrit de *Childe Harold*. Ainsi commencèrent entre ce gentleman et le poète des relations qui durèrent, à quelques interruptions près, aussi long-tems que la vie de l'un, et devinrent pour l'autre une source abondante d'honneur et de richesse.

Au milieu des occupations que lui donnaient ses projets littéraires et quelques affaires litigieuses à terminer avec ses agens, Lord Byron fut soudain rappelé à Newstead par la nouvelle d'un événement qui semble l'avoir affligé beaucoup plus qu'on ne pouvait s'y attendre d'après l'état des choses. Mrs. Byron, dont l'embonpoint excessif menaçait toujours de rendre les maladies dangereuses, s'était trouvée indisposée depuis quelques jours, mais sans que sa position fût alarmante, et il ne paraît pas que son état fût capable d'inspirer des craintes quand il lui avait écrit le billet suivant :

Hôtel Reddish, Londres, 23 juillet 1811.

Chère Madame,

« M. H... me retient seul encore pour signer quelques baux, et j'aurai soin de vous prévenir de mon départ. C'est bien malgré moi que je reste ici. Je vous ferai une courte visite en me dirigeant vers le Lancashire pour l'affaire de Rochdale. Vous me donnerez votre avis...., etc.

» *P. S.* Je vous prie de considérer Newstead comme votre maison, et non la mienne, et de ne regarder mon passage que comme une simple visite. »

Quand il était parti pour ses voyages, elle avait conçu une sorte d'idée superstitieuse qu'elle ne le reverrait plus; et lorsqu'il revint sain et sauf, et qu'il lui écrivit pour la prévenir qu'il se rendrait bientôt près d'elle, à Newstead, elle dit à sa femme de chambre : « Si j'allais mourir avant l'arrivée de Byron, » comme ce serait étrange! » Et ce fut réellement ce qui arriva. A la fin de juillet sa maladie devint plus menaçante; et sa vie, dit-on, se termina d'une manière tristement caractéristique, s'il est vrai que ce fut un accès de colère excité par la lecture d'un mémoire du tapissier, qui causa sa mort. Lord Byron, comme cela devait être, fut promptement informé de l'attaque. Mais, malgré son départ précipité, il arriva trop tard; elle avait rendu le dernier soupir.

Il écrivit la lettre suivante sur la route :

LETTRE LV.

AU DOCTEUR PIGOT.

Newport-Pagnell, 2 août 1811.

Mon cher docteur,

« Ma pauvre mère est morte hier ! et je suis parti de Londres pour aller accompagner ce qui reste d'elle, à la sépulture de famille. J'ai appris sa maladie un jour, et sa mort le lendemain. Grâce à Dieu, ses derniers momens ont été fort tranquilles. On m'assure qu'elle a peu souffert, et qu'elle ne connaissait pas le danger de sa position. Je reconnais aujourd'hui toute la vérité de l'observation de M. Gray : « Que nous ne pouvons avoir qu'une mère. » Qu'elle repose en paix ! J'ai à vous remercier de vos témoignages d'intérêt ; et comme dans six semaines je dois aller dans le Lancashire pour affaires, je pousserai jusqu'à Liverpool et Chester ; du moins je tâcherai.

» Si cela peut vous être agréable, je vous dirai qu'au mois de novembre prochain l'éditeur du *Fouet* (*the Scourge*) sera jugé pour deux libelles différens sur feu Mrs. Byron et moi-même, la mort de ma mère ne changeant rien à la chose. Comme il est coupable d'une violation de privilége, dans une insertion aussi sotte que mal fondée, il sera poursuivi avec la dernière rigueur.

» Je vous donne ce détail, parce que je sais que vous vous intéressez à l'affaire, laquelle est maintenant entre les mains du procureur-général.

» Je resterai la plus grande partie de ce mois à Newstead, où je serais charmé de recevoir de vos nouvelles, d'autant plus que j'en ai été privé pendant les deux années qu'a duré mon voyage d'Orient.

» Je suis, mon cher Pigot, etc. »

BYRON.

Le lecteur aura sans doute remarqué que le ton général de la correspondance du noble poète avec sa mère est celui d'un fils qui accomplit strictement et consciencieusement ce qu'il regarde comme son devoir, mais sans aucun mélange de cordialité ou d'affection. Le titre même de *madame* qu'il lui donne presque toujours, auquel il ne substitue que rarement le nom plus doux de *mère*, est en lui-même une preuve suffisante de la nature des sentimens qu'il avait pour elle. Qu'ils aient été tels, l'on ne peut ni s'en étonner, ni l'en blâmer; mais que, malgré le malheureux caractère de sa mère, qui lui aliénait son cœur, il ait continué à consulter ses désirs, à s'occuper de son bien-être, comme on le voit non-seulement dans ses lettres, mais encore dans le soin qu'il avait pris de disposer le domaine de Newstead pour son usage presque exclusif, c'est ce qui lui fait singulièrement honneur, et ce qui devient même plus méritoire, car l'affection nous fait un plaisir personnel des soins que nous prodiguons à ceux qui en sont l'objet.

Mais, quoique sa mère fût ainsi devenue, de son vivant, presque étrangère à son cœur, la mort lui rendit la place qu'elle devait naturellement y occuper.

Soit par un retour de sa première tendresse; soit par la puissance du tombeau, qui fait oublier tant de choses! soit par la perspective du vide qu'elle allait laisser dans sa vie, il est certain qu'il sentit amèrement sa mort, si ce n'est profondément. La nuit qui suivit son arrivée à Newstead, la garde de Mrs. Byron, passant devant la porte de la chambre où reposait le cadavre de cette dame, entendit un bruit comme de quelqu'un qui soupirait péniblement, et, en entrant, fut fort étonnée de trouver Lord Byron près du lit, assis dans une obscurité profonde. Comme elle lui représentait la faiblesse qu'il y avait à s'abandonner ainsi à la douleur, il fondit en larmes, et s'écria : « Ho! Mrs. By, je n'avais qu'une amie dans le monde, » et elle est morte! »

Tandis qu'il renfermait ainsi dans le silence et dans l'obscurité ses pensées réelles, il y avait dans d'autres parties de sa conduite plus exposées aux regards un degré de singularité et d'indécorum qui, aux yeux d'observateurs superficiels, devait faire révoquer en doute la sensibilité de son naturel. Le matin des funérailles, après avoir refusé d'accompagner lui-même le corps, il se tint debout à la porte de l'Abbaye jusqu'à ce que tout le cortége fut passé; alors, se tournant vers le jeune Rushton, il lui ordonna d'aller chercher des gants à boxer, et se mit à s'exercer avec cet enfant, comme à son ordinaire. Il fut silencieux et distrait pendant tout le tems; et comme par un effort pour se soustraire aux pensées qui l'agitaient, Rushton crut s'apercevoir qu'il mettait une violence inaccoutumée dans les coups qu'il lui portait. Mais à la fin, l'effort devenant trop grand pour lui, il jeta précipitamment les gants, et se retira dans sa chambre.

Nous avons assez parlé de Mrs. Byron dans cet ouvrage pour mettre pleinement le lecteur en état de se former une opinion tant sur le caractère de cette dame que sur le degré d'influence qu'il dut avoir sur celui de son fils. L'homme le plus extraordinaire de notre tems [1], qui se croyait principalement redevable à l'éducation qu'il reçut de sa mère, de l'élévation sans exemple à laquelle il arriva dans la suite, a dit plusieurs fois que « la bonne ou mauvaise conduite d'un enfant dépend entièrement de sa mère. » Quant à l'influence que peuvent avoir eue les caprices et la violence de sa mère sur les défauts qui se mêlèrent aux belles qualités de Lord Byron, sur ses impulsions incertaines et opiniâtres, sur son aversion pour toute espèce de frein, sur l'amertume qu'il mit quelquefois dans sa haine, et sur la précipitation de ses ressentimens, c'est une question pour la solution de laquelle les matériaux ne manquent pas dans ces pages, et que chacun décidera suivant qu'il accordera plus ou moins de force et de pouvoir à ces causes dans la formation d'un caractère.

Malgré le traitement peu judicieux et presque

---

[1] Napoléon.

grossier qu'elle lui fit subir, il n'est pas douteux qu'elle n'aimât son fils, mais par boutades, et comme il convenait seulement à un naturel tel que le sien; il est moins douteux encore qu'elle n'en fût fière, et ne plaçât en lui de grandes espérances pour l'avenir. On peut juger de son anxiété pour le succès de ses premiers essais littéraires, par les peines que prit Byron pour la tranquilliser lors de l'apparition de l'article de la *Revue d'Édimbourg*, où il était si mal traité. A mesure que sa renommée s'augmenta et devint plus brillante, elle se confirma de plus en plus dans les idées que, par une sorte de superstition, elle avait formées dès son enfance, de sa grandeur et de sa gloire à venir. Elle épiait avec inquiétude toutes les publications où son nom était même simplement mentionné; elle avait réuni en un volume qu'a vu l'un de mes amis tout ce qui avait paru sur sa satire et ses premiers poèmes. Le volume était couvert à la marge d'observations qui lui étaient propres, pleines de plus de sens et d'habileté que nous ne lui en aurions supposé, d'après ce que nous connaissions en général de son caractère et de sa manière d'être.

Parmi les autres traits de sa conduite, où l'on pourrait remarquer le désir d'environner sa mère de respect, on peut remarquer qu'étant enfant il insistait pour être appelé « Georges Byron Gordon, » donnant ainsi la préférence au nom maternel, et qu'il continua toujours à lui écrire : « A l'honorable

Mrs. Byron, » quoiqu'il sût bien qu'elle n'avait aucune espèce de droit à ce titre honorifique. Il ne paraît pas non plus que dans sa conduite générale envers elle il ait jamais manqué d'affection et de déférence, on y remarquait seulement quelquefois plus de familiarité que n'en comportent nos idées de respect filial. Ainsi quand ils étaient bien ensemble, il ne l'appelait jamais autrement que « Kitty Gordon; » et je me rappelle avoir vu un témoin de la scène me décrire l'air dramatique et malin dont un jour, à Southwell, quand ils étaient dans le fort de leur rage théâtrale, il ouvrit brusquement les portes du salon pour la faire entrer, en disant : « Entrez, honorable Kitty Gordon. »

L'orgueil de la naissance était un sentiment commun à la mère et au fils, souvent même c'était un sujet de rivalité entre eux; il leur était difficile d'accorder leurs prétentions anglaises et écossaises au plus haut lignage respectif. Dans une lettre écrite d'Italie, il dit à propos de quelque anecdote qu'il tenait de sa mère : « Ma mère, qui était fière comme
» un diable de descendre des Stuart, en ligne droite
» des *vieux Gordon*, et non des *Sexton Gordon*,
» comme elle appelait dédaigneusement la branche
» ducale, ne manquait pas de me faire remarquer,
» chaque fois qu'elle me racontait cette histoire,
» combien *ses* Gordon l'emportaient sur les Byron
» anglais, malgré notre origine normande, et notre
» nom toujours porté par un héritier mâle, tandis

» que celui des Gordon était tombé à une femme,
» dans la personne de ma mère. »

Si, pour peindre fortement les émotions pénibles, il faut les avoir éprouvées, ou, en d'autres termes, si, pour que le poète soit grand, l'homme doit avoir souffert, Lord Byron, il faut l'avouer, paya son beau talent de bonne heure et bien cher. Quelque peu nombreuses que fussent les affections de Byron, soit en dedans, soit en dehors du cercle de sa parenté, il les vit dans un court espace de tems presque toutes brisées par la mort [1]. Outre la perte de sa mère, il eut à déplorer, dans l'espace de quelques semaines, la mort prématurée de deux ou trois de ses meilleurs amis. « Dans le court espace d'un mois, » dit-il dans une note de *Childe Harold*, « j'ai perdu celle
» qui m'avait donné l'existence, et la plupart de
» ceux qui me rendaient cette existence tolérable. »
Parmi eux nous devons compter le jeune Wingfield, que nous avons vu en tête de la liste de ses favoris, à Harrow, et qui mourut de la fièvre à Coimbre; et Matthews, l'objet de son admiration et de son idolâtrie à l'université, qui se noya en se baignant dans la Cam.

La lettre suivante, écrite immédiatement après ce dernier événement, est tellement pleine d'une

---

[1] Dans une lettre écrite deux ou trois mois après la mort de sa mère, il ne compte pas moins de six personnes de ses parens ou de ses amis que la mort lui avait enlevées depuis le mois de mai jusqu'à la fin d'août.

(*Note de Moore.*)

douloureuse sensibilité, que la lecture en est presque pénible.

LETTRE LVI.

A M. SCROPE DAVIES.

Newstead-Abbey, 7 août 1811.

Mon cher Davies,

« Il y a quelque malédiction sur moi et les miens. Le cadavre de ma mère est encore dans la maison, et voilà qu'un de mes meilleurs amis se noie dans un fossé ! Je ne sais que dire, que penser ou que faire. J'avais reçu une lettre de lui avant-hier. Mon cher Scrope, si vous avez un moment de libre, je vous en conjure, venez me voir, j'ai besoin d'un ami. La dernière lettre de Matthews était datée de vendredi, et samedi il n'était plus ! Qui pouvait-on comparer à Matthews pour les talens ? Comme nous étions tous petits auprès de lui ! Vous ne me rendez que justice en disant que j'aurais volontiers risqué ma chétive existence pour sauver la sienne. J'avais intention de lui écrire ce soir même, pour l'inviter, comme je vous invite, mon bien bon ami, à me venir voir. Que Dieu pardonne à..... son apathie ! Quelle sera la douleur de notre pauvre Hobhouse ! Ses lettres ne parlent que de Matthews. Venez, Scrope, je suis presque dans le désespoir; me voilà presque seul dans le monde ! Je n'avais que vous, Hobhouse et Matthews; laissez-moi jouir de la société des survivans aussi long-tems que je le puis. Pauvre Matthews !

Dans sa lettre de vendredi, il me parlait de son intention de se présenter pour l'élection de Cambridge et d'un voyage qu'il devait faire bientôt à Londres. Écrivez-moi ou venez, mais venez plutôt si vous le pouvez; l'un ou l'autre, ou tous les deux.

» Pour toujours, votre, etc. »

J'ai déjà eu occasion de parler de ce jeune homme remarquable [1]; mais le rang qu'il occupa dans les affections de Byron, justifiera sans doute un hommage à sa mémoire un peu plus détaillé.

Rarement peut-être on a vu réunis à la fois autant de jeunes gens de mérite et d'espérance qu'il s'en trouva à Cambridge dans la société dont Byron faisait partie. Le nom de quelques-uns d'entre eux, MM. Hobhouse et William Bankes, par exemple, est devenu célèbre dans le monde littéraire et savant. Il en est un autre, M. Scrope Davies, dont les talens n'ont encore, au grand regret de ses amis, brillé

---

[1] Charles Skinner Matthews était le troisième fils de feu John Matthews, esq. de Belmont, dans le Herefordshire, représentant de ce comté au parlement de 1802 à 1806. Il avait pour frères l'auteur du *Journal d'un Invalide* (*Diary of an Invalid*), qui mourut aussi fort jeune, et le prébendier actuel d'Hereford, le révérend Arthur Matthews, qui, par ses talens naturels et ses connaissances acquises, soutient dignement la réputation de son nom.

Le père de cette famille accomplie était lui-même un homme de fort grands talens, et auteur de plusieurs poèmes anonymes; l'un d'eux, la *Parodie de l'Héloïse de Pope*, a été faussement attribué à feu M. le professeur Porson, qui le récitait souvent, et qui en a même donné une édition.

que dans sa conversation, d'ailleurs fort remarquable. Parmi tous ces jeunes gens pleins de talens et de connaissances, en y comprenant Byron lui-même, dont le génie était à cette époque *un monde non encore découvert*, la supériorité dans presque tous les genres paraît, du consentement de tous, avoir incontestablement appartenu à Matthews. Cet hommage unanime, si nous considérons le mérite des personnes qui le lui rendaient, doit donner une très-haute idée des dispositions et même des talens qu'il montrait à cette époque. On ne peut songer sans intérêt et sans douleur à ce qu'il serait probablement devenu un jour si la mort ne l'eût pas frappé sitôt. La supériorité intellectuelle, non accompagnée des qualités aimables du cœur, n'eût pas suffi pour obtenir cet éloge unanime ; mais le jeune Matthews, en dépit de quelques légères aspérités de caractère, de quelques originalités qu'il commençait à faire disparaître, paraît avoir été l'un de ces individus rares, qui commandent notre affection en même tems que nos respects, et qui nous soulagent de l'admiration que nous ne saurions leur refuser, par l'amour qu'ils savent nous inspirer.

J'ai déjà parlé de ses opinions religieuses, et de leur malheureuse conformité avec celles de Lord Byron ; ardent, comme son noble ami, à la recherche de la vérité, comme lui il s'égara dans sa poursuite, et tous deux prirent pour elle cette fausse lumière qui lui ressemble. Qu'il soit jamais allé plus loin que Lord Byron dans son scepticisme, que son esprit ingénieux ait jamais admis *la croyance incroyable de l'athéisme*, c'est, malgré le témoignage écrit de notre poète, c'est ce que je vois nier par tous ceux de ses amis qui avouent ses autres erreurs en les déplorant. Je ne me serais même pas permis d'examiner quelles ont été les opinions d'un homme qui, ne les ayant jamais affichées, ne les a pas rendues du domaine public, si l'idée fausse qu'on avait adoptée à ce sujet, d'après l'autorité de Lord Byron, ne m'eût pas fait considérer comme un acte de justice, envers tous deux, de repousser cette imputation.

On se rappellera que, dans ses lettres écrites à sa mère, avant son départ pour ses voyages, Lord Byron parle quelquefois d'un testament qu'il avait intention de laisser entre les mains de ses exécuteurs. Quel qu'ait été le contenu de cette pièce, il paraît que, quinze jours après la mort de sa mère, il crut devoir faire de nouvelles dispositions, et adressa la lettre suivante, avec ses instructions à cet effet, à feu M. Bolton, procureur à Nottingham. J'ai refusé long-tems de croire qu'il eût jamais donné sérieusement et en forme les ordres que l'on va voir, pour son propre enterrement; mais les documens ci-joints mettent hors de doute cette preuve remarquable de la singularité de son caractère.

A. M. BOLTON.

Newstead-Abbey, 12 août 1811.

Monsieur,

« Je vous envoie ci-joint une copie des clauses principales du testament que j'ai dessein de faire, que je vous prie de vouloir bien faire grossoyer le plus tôt possible, de la manière la plus claire et la plus formelle. Les changemens que vous y remarquerez sont principalement par suite de la mort de Mrs. Byron. Je vous serais obligé de le tenir prêt dans peu de tems, et j'ai l'honneur d'être, monsieur,

» Votre très-humble et très-obéissant serviteur, »

BYRON.

NOTES POUR UN TESTAMENT A GROSSOYER IMMÉDIATEMENT.

Newstead-Abbey, 12 août 1811.

« Le domaine de Newstead à substituer, après certaines déductions, à George Anson Byron, héritier légitime du titre, ou à la personne quelconque qui s'en trouvera héritière légitime au décès de Lord Byron. La propriété de Rochdale à vendre en tout ou en partie, suivant le chiffre des dettes et legs du présent Lord Byron.

» A Nicolo Giraud, d'Athènes, sujet français, mais né en Grèce, la somme de 7,000 livres sterl. pour être payée, à l'époque de sa majorité, audit Nicolo Giraud, habitant Athènes et Malte en 1810, et ce sur la vente de telles parties de Rochdale, Newstead et autres propriétés, suivant que besoin sera.

» A William Fletcher, Joseph Murray et Démétrius Zograffo [1], natif de Grèce, domestiques, la somme de 50 livres sterl. pendant leur vie. De plus, audit William Fletcher, le moulin de Newstead, à condition qu'il en paiera la rente, mais sans être soumis au caprice du propriétaire. A Robert Rushton, la somme de 50 livres sterling de rente viagère; plus, une autre somme de 1,000 liv. sterl. le jour qu'il atteindra l'âge de vingt-cinq ans.

» A John Hanson, esq., la somme de 2,000 liv. sterling.

» Ce qui pourra être dû à S. B. Davies, esq., devra lui être payé dès qu'il en aura fourni la note.

» Le corps de Lord Byron sera enseveli dans le caveau du château de Newstead, sans aucune cérémonie ou service funèbre, et sans aucune inscription, si ce n'est celle de son nom et de son âge. Les

---

[1] Si les gazettes ne mentent pas, ce qu'elles font généralement, Démétrius Zograffo, d'Athènes, est à la tête de l'insurrection de ce pays. Il a été mon domestique pendant les années 1809, 1810, 1811 et 1812, avec quelques interruptions, car je le laissai en Grèce quand je passai à Constantinople; il m'accompagna en Angleterre, en 1811, et retourna dans son pays au printems de l'année suivante. C'est un homme habile, quoiqu'il n'eût pas l'air entreprenant; mais ce sont les circonstances qui nous font ce que nous sommes. Ses deux fils, alors au berceau, s'appelaient Miltiade et Alcibiade; puisse le présage être favorable!

(*Journal autographe de Byron.*)

restes de son chien ne seront pas pour cela enlevés du dit caveau.

» Ma bibliothèque et mes meubles de toute espèce sont légués à mes amis et exécuteurs John Carn Hobhouse et S. B. Davies. En cas de décès des susdits, je nomme pour mes exécuteurs le révérend J. Becher, de Southwell, Nottinghamshire, et R. C. Dallas, Esq. de Montake Surrey.

» Le produit de la vente de Wymondham dans le Norfolkshire, et des propriétés de la feue Mrs. Byron en Écosse, sera employé au paiement de mes dettes et de mes legs. »

En envoyant une copie du testament rédigé d'après les instructions de Lord Byron, le procureur avait accompagné quelques-unes des clauses de questions marginales, appelant l'attention de son noble client sur certaines choses qui lui semblaient impropres ou douteuses. Comme les courtes, mais énergiques réponses de Byron, sont parfaitement empreintes de l'originalité de son caractère, nous allons donner ici quelques-unes de ces clauses avec les questions et les réponses qui s'y rapportent.

« Ceci est la dernière volonté et le testament de moi, le très-honorable Georges-Gordon Lord Byron, Baron Byron de Rochdale, dans le comté de Lancaster. Je veux que mon corps soit enterré dans le caveau du jardin de Newstead, sans aucune cérémonie, ni aucun service funèbre quelconque. Qu'on ne place aucune inscription sur mon tombeau, sauf une tablette portant mon nom et mon âge. Je veux de plus qu'on ne retire pas du dit caveau les restes de mon chien fidèle. Je me confie à l'affection de mes exécuteurs pour l'accomplissement de cette volonté, à laquelle je tiens d'une manière toute particulière. »

« — On demande à Lord Byron s'il ne vaudrait
» pas mieux supprimer entièrement cette clause re-
» lative aux funérailles. La substance pourrait en
» être renfermée dans une lettre de Sa Seigneurie à
» ses exécuteurs, et jointe au testament, lequel por-
» terait alors que les funérailles auraient lieu en la
» manière que Sa Seigneurie l'aurait ordonné par
» une lettre *ad hoc*, ou, à défaut d'une telle lettre,
» à la discrétion de ses exécuteurs. »

« — Il faut que cela reste. »

BYRON.

« Je veux, et j'ordonne formellement que toutes les sommes que ledit S. B. Davies pourrait avoir à répéter sur moi, soient payées intégralement, aussitôt que possible, après mon décès, dès qu'il aura prouvé la nature et le montant de la dette (par témoins ou autrement, à la satisfaction de mes exécuteurs ci-dessus nommés)[1]. »

« — Si M. Davies a quelques comptes non réglés
» avec Lord Byron, cette circonstance est une raison
» de ne le point nommer exécuteur ; chaque exécu-

---

[1] Les mots placés ici entre deux traits avaient été biffés à la plume par Lord Byron.

» teur étant en état de se payer par ses propres
» mains sans consulter ses co-exécuteurs. »

« — Tant mieux.... Si la chose est possible, qu'il soit l'un des exécuteurs. »

BYRON.

Les deux lettres suivantes contiennent de nouvelles instructions sur le même sujet.

LETTRE LVIII.

A M. BOLTON.

Newstead-Abbey, 16 août 1811.

Monsieur,

« J'ai répondu en marge à vos questions [1]. Mon intention est que l'on accorde à M. Davies tout ce qu'il croira devoir répéter, et de plus qu'il soit l'un de mes exécuteurs. Je désire que le testament soit, s'il est possible, écrit de manière à prévenir toute espèce de discussion après ma mort, et c'est ce sur quoi je m'en repose sur vous comme homme de loi et homme d'honneur.

» Quant à la manière simple dont je veux qu'on dispose de ma *carcasse*, je veux que l'on s'y conforme absolument ; cela aura, du moins, l'avantage de sauver bien du trouble et de la dépense. En outre, ce qui est de peu de conséquence pour moi, mais qui

---

[1] En énumérant dans cette clause le nom et la demeure des exécuteurs, le procureur avait laissé des blancs pour les noms de baptême des exécuteurs ; Lord Byron les ayant tous remplis, excepté celui ou ceux de M. Dallas, écrivit en marge : « J'ai oublié le nom de baptême de Dal-
» las..... il n'y a qu'à le retrancher. »

pourra calmer la conscience des survivans, le jardin est *terre consacrée*. Cet article est copié mot à mot de mon premier testament, et les changemens opérés dans d'autres sont la suite de la mort de Mrs. Byron.

» J'ai l'honneur d'être votre très-humble et très-obéissant serviteur, »

BYRON.

LETTRE LVIII.

A M. BOLTON.

Newstead-Abbey, 20 août 1811.

Monsieur,

« Les témoins seront pris parmi mes fermiers, et je serai charmé de vous recevoir le premier jour qui vous sera convenable. J'ai oublié de mentionner qu'il faut spécifier par codicille, ou autrement, que mon corps ne devra, sous aucun prétexte, être enlevé de la place où je veux qu'il soit déposé. Que si quelqu'un de mes successeurs au titre, soit par bigoterie, soit autrement, voulait déranger ma carcasse, un tel procédé devra être suivi de la perte du domaine, qui, dans ce cas, serait dévolu à ma sœur l'honorable Augusta Leigh ou à ses ayant-cause, aux mêmes conditions.

» J'ai l'honneur d'être, Monsieur, etc. »

BYRON.

En conséquence de cette dernière lettre, une condition provisionnelle fut insérée dans le testament. Il y fut aussi, le 28 du même mois, ajouté un codicille par lequel il révoque la donation précédemment faite de « ses meubles meublans, bibliothèque, tableaux, sabres, montres, argenterie, linge, bijoux, etc., et autres effets mobiliers, excepté l'argent et les valeurs en portefeuille, qui se trouveraient dans la maison et propriété de Newstead au jour de son décès, et lègue le tout (excepté le vin et les autres spiritueux) à ses amis lesdits J. C. Hobhouse, J. B. Davies et Francis Hodgson, ses exécuteurs, etc. Il lègue le vin et les liqueurs spiritueuses qui se trouveront dans les caves et autres parties de Newstead, à son ami ledit J. Becher, pour son usage particulier. Priant collectivement et individuellement les susnommés de vouloir bien accepter leur dit legs respectif, comme un gage de son amitié. »

On ne saurait se défendre d'un intérêt douloureux à la lecture des lettres suivantes, écrites lorsque ses dernières pertes étaient encore toutes récentes.

LETTRE LIX.

A M. DALLAS.

Newstead-Abbey, 12 août 1811.

« Que la paix soit avec les morts! Le regret ne saurait les réveiller. Après avoir donné un soupir à ceux qui ont quitté cette vie, reprenons-en les ennuyeuses occupations, dans la certitude où nous sommes que nous aussi nous aurons un jour notre repos. Outre celle qui m'avait donné l'existence, j'ai perdu la plus grande partie de ceux qui me la rendaient supportable. Le meilleur ami de mon ami Hobhouse, Matthews, homme d'un rare mérite, l'ornement de notre petit cercle, a péri misérablement dans les eaux fangeuses de la Cam, toujours fatales au génie. Mon pauvre camarade d'école, Wingfield, est mort à Coimbre. En voilà trois dans l'espace d'un mois; j'avais reçu des nouvelles de tous trois, mais je n'en ai pas vu un seul. Matthews m'avait écrit le jour même de sa mort : quoique je regrette vivement sa perte, je suis bien plus tourmenté pour Hobhouse, je crains bien qu'il n'en perde la raison ; depuis cet événement, les lettres qu'il m'a écrites sont pleines d'incohérences. Mais allons...., nous passerons un jour ou un autre comme tout le reste.... Le monde est trop plein de ces sortes de choses, et notre chagrin même est égoïste.

» J'ai reçu une lettre de vous, à laquelle mes dernières occupations m'ont empêché de répondre, ainsi qu'il aurait convenu. J'espère que vos parens et vos amis ne seront pas de sitôt séparés. Je serai charmé de recevoir une lettre de vous : parlez-moi d'affaires, de sujets communs, de quelque chose ou de rien, de tout ce que vous voudrez, excepté de la mort; j'en ai plus que je n'en puis supporter. C'est une chose étonnante : je regarde sans émotion les quatre crânes que j'ai toujours sous les yeux dans mon cabinet d'étude, et je ne puis, même par la pensée, dépouiller de leur enveloppe charnue les traits de ceux que j'ai connus, sans éprouver une horrible sensation; mais les vers n'y font pas tant de cérémonie ! Sûrement les Romains avaient raison de brûler leurs morts.

» Je serai charmé de recevoir de vos nouvelles, et suis votre, etc. »

BYRON.

LETTRE LX.

A M. HODGSON.

Newstead-Abbey, 22 août 1811.

« Vous avez sans doute appris la mort soudaine de ma mère, celle de Matthews, celle de Wingfield que je n'ai sue d'une manière bien positive qu'au moment où je quittais Londres, encore refusais-je d'y croire; tout cela fait un horrible vide dans mes affections. Ces coups se sont succédé si rapidement, que je suis comme stupéfait du choc. Quoique je mange, que je boive, que je parle, que je rie même quelquefois, j'ai peine à me persuader que je sois éveillé; chaque matin j'acquiers la triste conviction que tout cela n'est que trop réel. Mais, brisons là, les morts sont en repos, et seuls ils y sont.

» Vous partagerez la douleur de ce pauvre Hobhouse : Matthews était le dieu de son idolâtrie; et si l'intelligence peut élever un homme au-dessus de ses semblables, nul ne pouvait lui refuser cette prééminence. Je le connaissais très-intimement, et l'estimais en proportion; mais je retombe encore.... Allons, parlons de la vie et des vivans.

» Si vous vous sentiez disposé à venir ici, vous y trouveriez « du bœuf, du feu de charbon de terre » et du vin qui n'est pas sans quelque mérite. Si vous y trouverez les deux autres nécessités d'un Anglais, suivant Otway, je ne saurais en répondre, mais probablement une des deux. Faites-moi savoir quand je pourrai vous attendre, afin que je vous tienne au courant de mes allées et de mes venues.....

» Davies est venu ici; il m'a invité à passer une semaine à Cambridge dans le mois d'octobre, de sorte que nous pourrions d'aventure nous rencontrer le verre à la main. Sa gaîté contre laquelle la mort ne peut rien, m'a rendu bien service; mais après tout, nos éclats de rire n'étaient pas francs.

» Vous m'écrirez? Je suis seul, voilà la première fois que la solitude m'est pénible. Votre anxiété, à propos de la critique sur le livre de ***, est amusante; comme elle est anonyme, elle est de peu de conséquence. Je voudrais qu'elle eût amené un peu plus de confusion, car j'aime les malices littéraires. Ne faites-vous rien? N'écrivez-vous rien? N'imprimez-vous rien? Pourquoi ne continuez-vous pas votre satire sur le méthodisme? Ce sujet, en supposant même que le public fût aveugle sur le mérite littéraire, ferait merveille. Outre que pour un homme qui se destine au diaconat, il n'y aurait pas de mal de prouver son orthodoxie, sérieusement parlé, je désirerais vivement vous voir mieux apprécié. Je dis *sérieusement,* parce qu'étant auteur moi-même, on pourrait soupçonner mon humanité. Croyez-moi, pour toujours, mon cher Hodgson, votre, etc. »

LETTRE LXI.

A M. DALLAS.

Newstead, 21 août 1811.

« Votre lettre me fait honneur de plus de sensibilité que je n'en possède ; quoique je me trouve suffisamment malheureux, je suis cependant sujet à une sorte de joie hystérique, ou plutôt de rire sans gaîté, dont je ne puis me rendre compte, et que je ne saurais surmonter ; et cependant je ne m'en sens pas soulagé : une personne indifférente me croirait dans les meilleures dispositions du monde. « Il faut oublier toutes ces choses, » et avoir recours à toutes nos jouissances d'égoïstes, ou plutôt à notre égoïsme, source de nos jouissances. Je ne crois pas retourner à Londres immédiatement ; j'accepterai donc sans cérémonie ce que vous m'avez obligeamment offert, votre médiation entre Murray et moi. Je ne crois pas qu'il soit convenable d'y mettre mon nom. Observez que ma maudite satire sera cause que les critiques anglais et écossais vont se déchaîner sur le *Pélerinage*. Mais n'importe ; si Murray insiste, et que vous soyez d'accord avec lui, j'en aurai le courage. Que le titre porte donc : « Par l'auteur des *Poètes anglais et des Journalistes écossais*. » Mes remarques sur la langue romaïque, qui devaient accompagner mes *Imitations d'Horace*, se joindront tout naturellement à cet ouvrage, avec lequel elles ont plus de rapport, ainsi que les petits poèmes que j'ai maintenant en portefeuille, et quelques autres déjà publiés dans les *Mélanges*. J'ai trouvé dans les papiers de ma pauvre mère toutes mes lettres de l'Orient, et en particulier une assez longue sur l'Albanie ; j'en pourrai, au besoin, tirer le sujet d'une note ou deux. Comme je n'avais point de journal, ces lettres écrites sur les lieux sont tout ce que je puis désirer de mieux. Nous en reparlerons quand tout le reste sera définitivement arrangé.

» Murray a-t-il montré l'ouvrage à quelqu'un ? Il en est bien le maître ; mais je ne veux pas de suffrages mendiés ou surpris. Il y a naturellement certaines petites choses que je voudrais changer. Peut-être ferait-on aussi bien de retrancher deux stances bouffonnes sur le dimanche à Londres. Je dois singulièrement éviter d'identifier mon caractère avec celui de *Childe Harold*, et c'est en vérité une seconde objection pour l'impression de mon nom sur le titre. Quand vous serez convenu du tems, du format, du caractère, etc., faites-moi l'honneur d'une réponse. Je vous donne une peine infinie, et que tous mes remercîmens ne sauraient jamais reconnaître. J'avais mis en tête du manuscrit une sorte d'apologie en prose de mon scepticisme ; mais comme, toute réflexion faite, je trouve qu'elle a plutôt l'air d'une attaque que d'une défense, je crois qu'il serait peut-être mieux de la retrancher.... Voyez, et jugez. Je crains que Murray ne se fasse quelque mauvaise affaire avec les dévots ; je ne puis qu'y faire ; je souhaite cependant qu'il s'en tire pour le mieux. Quant à moi, « j'ai été abreuvé de critiques, et j'en ai eu tout mon soûl, » et je ne pense pas que « le plus épouvantable traité » puisse mouvoir et faire hérisser sur ma tête « ma toison de cheveux », jusqu'à ce que « la forêt de Birnam vienne au château de Dunsinane [1] ». Je continuerai à vous écrire de tems en tems, et j'espère que vous me rendrez lettre pour lettre. Comment Pratt se tire-t-il des œuvres posthumes de Joe Blackett ? Vous avez tué ce pauvre homme-là entre vous, en dépit de votre ami l'Ionien et de moi qui voulions le sauver des griffes de Pratt. Poésie, pauvreté pendant la vie, oubli après la mort ! Cruel patronage ! de ruiner un homme, en l'arrachant à son état. Mais enfin c'est un merveilleux sujet de souscription et de biographie ; et Pratt, qui tire le meilleur parti de ses dédicaces, a déjà dédié son livre à cinq grandes familles au moins.

» Je suis fâché que vous n'aimiez pas Harry White ; avec beaucoup de jargon religieux qui, par parenthèse, l'a tué, quoique sincère, comme vous avez tué Joe Blackett, certes il y avait en lui de la poésie et du génie. Je ne dis pas cela pour ma com-

---

[1] Imitation burlesque du *Macbeth* de Shakspeare.
(*N. du Tr.*)

paraison et mes rimes ; mais il était incontestablement au-dessus de tous les Bloomfields, les Blacketts, et tous ces autres savetiers que Lofft et Pratt ont enlevés ou enlèveront à leur état pour les faire entrer au service de la presse. Vous excuserez tout le décousu de cette lettre ; j'écris je ne sais quoi pour me dérober à moi-même. Hobhouse est parti pour l'Irlande. M. Davies est passé par ici en se rendant à Harrowgate.

» Vous ne connaissiez pas Matthews ; c'était un homme d'un talent extraordinaire ; il en a fait preuve à Cambridge, en gagnant, sur les plus habiles candidats, plus de prix et de *fellowships* qu'aucun gradué ne l'ait encore fait, de mémoire d'homme. Mais c'était un athée bien décidé et bien connu pour tel ; car il proclamait ses principes dans toutes les sociétés. Je le connaissais beaucoup ; sa mort laisse dans mon cœur un vide qui ne sera pas aisément rempli : pour Hobhouse, il ne s'en consolera jamais. Écrivez-moi, et croyez-moi, etc. »

LETTRE LXII.

A M. MURRAY.

Newstead-Abbey, 23 août 1811.

Monsieur ,

« Un chagrin domestique, la mort d'un parent très-proche, m'a jusqu'ici empêché d'entrer en correspondance avec vous sur ce qui fait le sujet de cette lettre. Mon ami, M. Dallas, a mis entre vos mains le manuscrit d'un poème écrit par moi en Grèce, et me dit que vous n'avez point d'objections contre sa publication ; mais il m'apprend aussi que vous désireriez soumettre l'ouvrage à M. Gifford. Certes, nul ne désirerait plus que moi profiter des observations dont il pourrait peut-être m'honorer ; mais il y a dans une démarche de ce genre une sorte de quête d'éloges qui répugne à mon orgueil, ou de quelque autre nom qu'il vous plaise d'appeler le sentiment qui me force à m'y refuser. Non-seulement M. Gifford est le premier de nos poètes satiriques, mais il est encore l'éditeur de nos principales *Revues*, et, comme tel, l'homme du monde dont je voudrais le moins avoir l'air de prévenir la critique par de petits moyens, quoique en effet je la redoute beaucoup. Vous voudrez donc bien garder le manuscrit entre vos mains, ou s'il faut absolument qu'il soit montré à quelqu'un, envoyez-le à un autre. Quoique je ne sois pas très-patient de la censure, je serais, comme un autre, charmé de recevoir le peu d'éloges que mes vers peuvent mériter ; mais à coup sûr je ne veux pas les extorquer par d'humbles sollicitations, et en faisant passer mon manuscrit à la ronde. Je suis persuadé qu'avec un peu de réflexion vous verrez que je n'ai pas tort.

» Si vous vous déterminez à publier, j'ai aussi quelques petits poèmes inédits, quelques notes, et une courte dissertation sur la littérature grecque moderne, écrite à Athènes, qui pourront être placés à la fin du volume. Si la pièce dont il s'agit ici venait à réussir, j'ai intention de publier plus tard un choix de mon premier recueil, ma satire, une autre de la même longueur, et quelques autres petites choses; le tout joint au manuscrit que vous avez maintenant entre les mains pourrait former deux volumes. Nous aurons le tems d'en reparler. Je vous serais obligé de me faire connaître la détermination que vous aurez prise.

» Je suis, monsieur, votre très-humble et très-obéissant serviteur, »

BYRON.

LETTRE LXIII.

A M. DALLAS.

Newstead-Abbey, 25 août 1811.

« Comme heureusement j'ai mon franc-couvert [1], je ne me fais point scrupule de vous accabler de griffonnage; depuis dix jours je vous ai envoyé de véritables paquets. Je suis ici comme un ermite; je ne crois pas que mon agent puisse m'accompagner à Rochdale avant la seconde semaine de septembre, délai qui me contrarie fort; car je voudrais que cette affaire fût finie, et serais bien aise de me livrer à quelque occupation. Je vous envoie des exordes, des annotations, etc., pour notre futur in-quarto, si

---

[1] Pendant la durée des sessions, les membres des deux chambres ont leur couvert libre, tant pour les lettres qu'ils écrivent que pour celles qu'ils reçoivent.

(N. du Tr.)

tant est qu'in-quarto il doive y avoir. J'ai aussi écrit à M. Murray, lui exposant les raisons qui me font ne pas consentir à ce qu'il envoie mon manuscrit à Juvénal [1], mais lui permettant de le montrer à quelque autre personne du métier qu'il pourra lui être agréable. Hobhouse est sous presse, de manière que, lui en prose, et moi en vers, nous tirons passablement à vue sur la patience et le papier-monnaie du public. Ce n'est pas tout; mes *Imitations d'Horace* attendent leur tour pour s'imprimer chez Cawthorn, mais je suis encore incertain sur le *quand* et le *comment*, le simple ou le double, le présent et le futur. Il faut que vous excusiez tout ce bavardage; car dans ce manoir isolé je n'ai rien à dire, si ce n'est de moi-même, et je serais charmé de pouvoir parler de......, ou penser à quelque autre chose que ce soit.

» Qu'est-ce que vous allez faire? Pensez-vous à percher dans le Cumberland, comme vous en aviez l'idée, quand j'étais dans la métropole! Si vous avez le goût de la retraite, que ne prenez-vous « la chau- » mière de l'amitié » de miss ***, dernière résidence du savetier Joe Blackett, de la mort duquel vous et les autres répondrez un jour? « Sa fille orpheline » (pathétique Pratt!) ne saurait manquer de devenir une Sapho cordonnière. N'avez-vous pas de remords? Je crois que l'élégante épître à miss Dallas devrait

---

[1] M. Gifford.

être gravée sur le cénotaphe que miss *** veut consacrer à sa mémoire.

» Les journaux semblent désappointés de ce que Sa Majesté ne meurt pas et s'occupe à quelque chose de mieux. Je présume que tout est fini maintenant. Si le parlement reprend ses séances en octobre, je me rendrai à Londres pour y assister. Je suis aussi invité à Cambridge pour le commencement de ce mois, mais il faut d'abord que j'aille faire une course à Rochdale. Maintenant que Matthews est mort et que Hobhouse est en Irlande, à l'exception de celui qui m'y appelle, à peine me reste-t-il un ami à Cambridge pour me venir prendre la main à mon arrivée. A vingt-trois ans, me voilà resté presque seul, que sera-ce donc à soixante-dix! Il est vrai que je suis jeune et que je puis commencer de nouvelles liaisons; mais avec qui me rappellerai-je ces scènes joyeuses de la première partie de la vie? C'est une chose étrange, combien peu de mes amis sont morts d'une mort tranquille! je veux dire dans leur lit. Une vie tranquille est de bien plus grande conséquence. Mais on aime mieux se quereller et se heurter que *bâiller*. Ce mot m'avertit qu'il est tems de vous débarrasser de votre bien affectionné, etc. »

LETTRE LXIV.

A M. DALLAS.

Newstead-Abbey, 27 août 1811.

« J'étais si sincère dans ma note sur feu Charles

Matthews, et je me sens si totalement incapable de rendre justice à ses talens, que le passage doit subsister par la raison même que vous alléguez pour me le faire supprimer. Tous les hommes que j'ai connus ne sont que des pygmées auprès de lui. C'était un géant intellectuel. Il est vrai que j'aimais Wingfield plus encore : c'était mon plus ancien camarade et le plus cher, un de ces hommes peu nombreux qu'on ne saurait jamais se repentir d'avoir aimés ; mais sous le rapport de la capacité... Ah ! vous ne connaissiez pas Matthews !

» *Childe Harold* peut attendre, et ce sera tant mieux ; les livres n'en sont jamais plus mauvais pour avoir été retardés dans leur publication. Ainsi, vous avez chez vous notre héritier, Georges Anson Byron, et sa sœur. . . . .

» Dites tout ce que vous voudrez, mais vous êtes l'un des *meurtriers* de Blackett, et cependant vous ne voulez pas avouer le génie d'Harry White. Mettant à part sa bigoterie, il mérite certainement d'être placé près de Chatterton. Il est étonnant combien peu il était connu ! et, à Cambridge, personne ne pensait à lui, ne parlait de lui, jusqu'à ce que la mort l'ait rendu indifférent à sa gloire posthume. Pour ma part, j'eusse été fier d'être lié avec lui ; ses préjugés mêmes étaient respectables. Il y a à Granta un poète épique en herbe, un M. Townsend, protégé du feu duc de Cumberland. Avez-vous jamais entendu parler de son *Armageddon ?* Je crois que son plan (pour l'homme, je ne le connais pas) a quelque chose de sublime ; bien que dans vos idées, à vous autres Nazaréens, il y ait trop de hardiesse à vouloir créer à l'avance *Le Dernier Jour*. Cela a l'air de vouloir dire au Seigneur ce qu'il doit faire, et pourrait rappeler à quelque lecteur malévole ce vers :

Des sots se précipitent où les anges ne marchent qu'en tremblant.

» Je ne veux point lui faire de chicanes, d'autres lui en feront, et il pourrait bien voir après ses talons tous les agneaux de Jacob Behmen. Quoi qu'il en soit, j'espère qu'il s'en tirera à son honneur, encore qu'il doive rencontrer Milton en son chemin.

» Écrivez-moi, je suis fou de bavardages ; saluez pour moi Ju..., et donnez pour moi une poignée de main à Georges ; mais prenez garde, il a une vilaine patte marine.

» *P. S.* J'inviterais volontiers Georges à venir ici, mais je ne sais comment l'amuser ; j'ai vendu tous mes chevaux à mon départ d'Angleterre, et je n'ai pas encore eu le tems de les remplacer. Cependant, s'il veut venir chasser en septembre, il sera le bienvenu, mais il faudra qu'il apporte un fusil ; j'ai donné tous les miens à Ali Pacha, et à d'autres Turcs. J'ai des chiens, un garde, beaucoup de gibier, un grand domaine, un lac, un bateau, un logement et du bon vin à son service. »

LETTRE LXV.

A M. MURRAY.

Newstead-Abbey, 5 septembre 1811.

Monsieur,

« Il paraît que le tems est passé où, comme le disait le docteur Johnson, un homme était sûr d'apprendre la vérité de son libraire; vous m'avez fait tant de complimens qu'à moins d'être le dernier écrivassier du monde, je devrais m'en tenir pour offensé. Mais puisque je les accepte ces complimens tels qu'ils sont, il est bien juste que j'aie aussi beaucoup d'égards pour vos objections, d'autant plus que je les crois fondées. Quant aux parties politique et métaphysique, je crains de n'y pouvoir rien changer; j'ai de grandes autorités pour justifier mes erreurs sur ce point, car l'*Énéide* elle-même était un poème *politique* et écrit dans un but *politique*. Quant à mes malheureuses opinions sur des sujets plus importans, j'ai été trop sincère en les émettant pour songer à chanter la palinodie. J'ai dit ce que j'avais vu pour ce qui touche les affaires d'Espagne, et je crois que l'honnête John Bull commence à revenir de l'ivresse où l'avait plongé la retraite de Masséna, conséquence ordinaire de *succès extraordinaires*. Vous voyez donc que je ne puis altérer les pensées; mais si dans l'expression et la forme des vers, il y a quelque chose que vous désiriez changer, je puis rajuster des rimes, et retourner des stances autant qu'il vous plaira. Quant aux *Orthodoxes*, espérons qu'ils achèteront l'ouvrage pour en dire du mal, alors vous leur pardonnerez l'intention en faveur du résultat immédiat. Vous savez que rien de ce qui sort de ma plume ne saurait être épargné, pour plusieurs bonnes raisons; ainsi donc, encore que cet ouvrage soit d'une nature tout-à-fait différente du premier, nous ne devons pas nous livrer à de trop belles espérances.

» Vous ne m'avez point fait de réponse à ma question; dites-moi franchement, avez-vous montré le manuscrit à quelqu'un de votre corps ? J'ai envoyé une stance d'introduction à M. Dallas pour vous être remise, et sans laquelle le poème commençait d'une manière trop brusque. Il vaut mieux numéroter les stances en chiffres romains. J'ai des *Recherches sur la littérature grecque moderne* et quelques autres petits poèmes qui se placeront à la fin. Je les ai ici, et je vous les enverrai en tems opportun. Si M. Dallas a perdu la stance et la note qui y était annexée, écrivez-le-moi, et je vous les enverrai directement. Vous me dites d'ajouter deux chants, mais je dois visiter mes *charbonniers* du Lancashire, le 15 courant, et c'est une occupation si anti-poétique que je n'ai pas besoin de vous en dire davantage.

» Je suis, Monsieur, votre très-obéissant, etc. »

Les manuscrits de ces deux poèmes ayant été, bien contre sa volonté, montrés à M. Gifford, voici l'opinion de ce gentleman, rapportée par M. Dallas : « Il

» a parlé très-avantageusement de votre satire ; mais
» quant à votre poème (*Childe Harold*), non-seule-
» ment il a dit que c'était ce que vous aviez écrit de
» mieux, mais il le prétend au moins égal à quoi que
» ce soit qu'on ait publié depuis le commencement
» de ce siècle. »

LETTRE LXVI.

A M. DALLAS.

Newstead-Abbey, 7 septembre 1811.

Monsieur,

« Comme Gifford a toujours été pour moi mon *magnus Apollo*, des éloges tels que ceux que vous mentionnez me sont naturellement plus précieux que *tout l'or vanté de Bolcara*, que *toutes les pierres précieuses de Samarkand*. Mais je suis fâché que le manuscrit lui ait été montré, et je l'avais écrit à Murray, croyant qu'il en était tems encore.

» Pour répondre à votre objection sur l'expression de *ligne centrale*, je vous dirai seulement qu'avant que Childe Harold quittât l'Angleterre, son intention arrêtée était de traverser la Perse et de revenir par les Indes, ce qu'il n'aurait pu faire sans passer la ligne équinoxiale.

» Quant aux autres erreurs dont vous parlez, il faudra que je les corrige au fur et à mesure pendant l'impression. Je me sens très-honoré du désir qu'ont bien voulu exprimer des personnes aussi distinguées de me voir continuer mon poème ; mais pour cela, il faut que je retourne en Grèce et en Asie; il me faut un soleil plus chaud et un ciel sans nuages; on ne saurait décrire de telles scènes au coin d'un feu de charbon de terre. J'avais projeté un chant additionnel quand j'étais dans la Troade et à Constantinople, et, si je revoyais ces lieux-là, je pourrais continuer; mais au milieu des circonstances et des sensations actuelles je n'ai ni harpe, ni cœur, ni voix pour aller en avant. Je sens que vous avez tous raison quant à la partie métaphysique; mais je sens aussi que je suis sincère, et que si je ne devais écrire que *ad captandum vulgus,* autant vaudrait publier tout de suite un *Magazine* ou filer langoureusement des chansonnettes pour le Wauxhall. . . . .

» Mon ouvrage réussira comme il pourra. Je sais que j'ai tout contre moi, des poètes irrités et des préjugés; mais si le poème est *un poème,* il surmontera ces obstacles, *sinon* il mérite son sort. J'ai lu l'ode de votre ami; ce ne serait pas lui faire grand compliment de lui dire qu'elle est bien supérieure à celle de S***, sur le même sujet. C'est évidemment l'ouvrage d'un homme de goût et d'un poète, et cependant je ne pourrais dire qu'elle soit tout-à-fait égale à ce qu'on avait droit d'attendre de l'auteur des *Horæ Ionicæ.* Je vous en remercie, et c'est plus que je n'en voudrais dire d'aucune autre des odes qu'on nous donne aujourd'hui. Je suis bien sensible aux vœux que vous formez pour moi, et j'en ai grand besoin. Ma vie entière a été en opposition aux convénances sociales pour ne pas dire à la décence. Mes affaires sont embarrassées, mes amis sont morts ou loin de moi, et mon existence n'est plus qu'un désert aride. Dans Matthews j'ai perdu un guide, un philosophe, un ami; dans Wingfield un ami seulement, mais un ami que j'aurais désiré accompagner dans son long voyage.

» Matthews était, en effet, un homme extraordinaire; jamais un étranger n'aurait pu concevoir un tel génie; le cachet de l'immortalité était empreint sur tout ce qu'il disait, sur tout ce qu'il faisait : et maintenant que reste-t-il de lui? Quand nous voyons de ces hommes disparaître, de ces hommes qui semblaient avoir été créés pour montrer tout ce que le créateur pourrait faire de ses créatures; quand nous les voyons réduits en poussière avant que le tems n'ait mûri leur génie qui eût pu être l'orgueil de la postérité, que devons-nous en conclure? Pour ma part, ma raison s'y perd. Il était beaucoup pour moi, il était tout pour Hobhouse. Mon pauvre Hobhouse idolâtrait Matthews. Moi je l'aimais moitié moins que je ne le respectais; j'étais tellement convaincu de sa supériorité infinie, que quoique je ne lui portasse pas envie, je restais devant lui dans une sorte d'admiration stupéfaite. Lui, Hobhouse, Davis et moi nous formions un petit cercle à Cambridge et ailleurs. Davis est un homme d'esprit et un homme du monde; il ressent la perte que nous avons faite, autant qu'un homme de ce caractère peut la ressentir; mais il n'en est pas aussi affecté qu'Hobhouse. Davis, qui n'est point écrivain, nous a toujours battus dans une guerre de mots ; son talent de conversation nous amusait en même tems qu'il nous imposait. Hobhouse et moi, avions toujours le dessous contre les deux autres, et Matthews lui-même était obligé de céder devant la vivacité toute puissante de Davis. Mais je vous parle là d'hommes et de jeunes gens, comme si tout cela était de nature à vous intéresser.

» J'attends le retour de mon agent vers le 14, pour me rendre avec lui dans le Lancashire, où tout le monde me dit que j'ai une propriété qui n'est pas à dédaigner, consistant en mines de charbon de terre, etc. Mon intention est d'accepter ensuite une invitation, à Cambridge, en octobre, et peut-être irai-je jusqu'à Londres. J'ai quatre invitations pour quatre villes différentes ; mais il faut que je me dévoue tout entier aux affaires. Je suis complètement seul, comme le prouvent assez ces lettres longues et ennuyeuses. En relisant votre lettre, je vois que l'ode est de l'auteur ; faites-lui, je vous prie, accepter mes complimens. Sa muse méritait un sujet plus noble. Vous m'écrirez, je l'espère, comme à l'ordinaire.

» Je vous souhaite le bon soir, et suis, etc. »

LETTRE LXVII.

A M. MURRAY.

Newstead-Abbey, 14 septembre 1811.

Monsieur,

« Depuis votre dernière lettre j'ai appris de M. Dallas que, contre mon intention, ainsi qu'il le savait bien, et que vous le savez vous-même, d'après une lettre que je vous avais écrite tout entière à ce sujet, mon manuscrit avait été soumis à la lecture de M. Gifford. Quelques événemens domestiques récens, dont vous avez sans doute connaissance, m'empêchèrent de vous envoyer ma lettre plus tôt. Je ne pouvais m'imaginer, en effet, que vous seriez si pressé de jeter mes productions entre les mains d'un étranger, qui pouvait n'être pas plus satisfait de les recevoir, que l'auteur de les voir offrir d'une telle manière et à un tel homme.

» Mon adresse, quand j'aurai quitté Newstead, sera à Rochdale, Lancashire; mais je n'ai pas encore fixé le jour de mon départ, j'aurai soin de vous en tenir averti.

» Vous m'avez mis dans une situation bien ridicule; mais enfin cela est passé, nous n'en parlerons pas davantage. Vous paraissez désirer quelques changemens; s'ils n'ont rien à voir avec la politique ou la religion, je m'y prêterai avec le plus grand plaisir du monde.

» Je suis, Monsieur, etc. »

LETTRE LXVIII.

A M. DALLAS.

Newstead-Abbey, 17 septembre 1811.

« Je vous excuse facilement de ne m'avoir point écrit, car j'espère que vous avez quelque chose de mieux à faire. De votre côté, vous devez me pardonner de vous importuner si souvent, car, pour le moment, je n'ai rien à faire qui puisse vous sauver l'ennui de ma correspondance.

» Je ne puis me fixer à rien, et, à l'exception d'un grand exercice physique, mes jours se passent dans une indolence uniforme et une oisiveté insipide. J'ai long-tems attendu, et j'attends encore mon agent; quand il viendra, j'aurai assez de quoi m'occuper d'affaires peu agréables, je vous assure. Avant de partir pour Rochdale, je vous dirai comment vous devez m'écrire, ce sera probablement poste restante. J'ai reçu de Murray une seconde épreuve que je l'ai prié de vous montrer, afin que vous voyiez si quelque chose ne me serait pas échappé avant que l'imprimeur ne jette les fondemens d'une colonne d'*errata*.

» Je suis maintenant presque seul, n'ayant avec moi qu'une vieille connaissance, un vieux camarade d'école, si *vieux*, en effet, que nous n'avons presque plus rien de *nouveau* à nous dire sur aucun sujet, et que nous bâillons l'un devant l'autre dans une sorte de *quiétude inquiète*. Je n'entends pas parler de Cawthorn ou du capitaine Hobhouse et de leur *in-quarto*. Dieu prenne pitié du genre humain! Nous fondons sur lui, comme Cerbère, avec notre triple publication. Pour moi-même, pris isolément, je me contente de me faire comparer à Janus.

» Je ne suis pas du tout satisfait que Murray ait montré le manuscrit; et je suis certain que Gifford doit penser là-dessus, comme moi-même. Ses éloges ne signifient absolument rien; que pouvait-il dire? Il ne pouvait pas cracher à la figure de quelqu'un qui l'avait loué de toutes les manières possibles. Je dois l'avouer, je donnerais tout au monde pour qu'il fût bien convaincu que je ne suis pour rien dans cette misérable affaire. Plus j'y pense, plus cela me tourmente; ainsi le meilleur est de n'en plus parler. C'est déjà assez d'être un écrivassier, sans avoir recours à de si petits moyens pour extorquer des éloges ou prévenir la censure. C'est aller au-devant d'un jugement, c'est mendier, se mettre à genoux devant un homme, c'est l'aduler.... Diable, diable, diable! et tout cela sans mon consentement, et en opposition à ma volonté formelle! Je voudrais que Murray eût été attaché au *cou de Payne*, quand il sauta dans le canal de Padington; dites-lui donc que c'est un réceptacle convenable pour des éditeurs. Puisque vous pensez à vous fixer à la campagne, pourquoi ne pas essayer de Nottingham? Je crois qu'il y a là plusieurs maisons qui vous conviendraient parfaitement, et puis vous seriez plus près de la métropole ; mais nous en reparlerons.

» Je suis, etc. »

LETTRE LXIX.

A M. DALLAS.

Newstead-Abbey, 21 septembre 1811.

« J'ai montré le cas que je fais de vos observations en me conformant à presque toutes ; j'ai aussi fait, par moi-même, plusieurs corrections sur la première épreuve. Écrivez-moi, je vous prie ; quand j'irai à Lancs, je vous le ferai savoir. Vous voilà sur mon dos maintenant, ainsi que mon ami Juvenal Hodgson sur le chapitre de la révélation. Vous ne manquez pas de ferveur, mais lui c'est un brasier ardent ; s'il prend, pour sauver son ame, la moitié de la peine qu'il se donne pour la mienne, grande sera sa récompense un jour à venir. Je vous honore et vous remercie tous deux ; mais ni l'un ni l'autre vous ne m'avez convaincu.

» Maintenant occupons-nous des notes. Outre celles que j'ai déjà envoyées, j'enverrai encore les observations sur les remarques de ces messieurs de la *Revue d'Édimbourg* sur le grec moderne, une chanson albanaise en langue albanaise *et non pas grecque*, quelques échantillons de grec moderne, tirés du Nouveau-Testament, une scène de l'une des comédies de Goldoni, traduite, le prospectus du livre d'un ami, tout cela en romaïque, outre leur *Pater Noster*; vous voyez qu'il y en aura assez pour ne pas dire trop. Avez-vous reçu les *Noctes atticæ?* J'envoie de plus une note sur le Portugal. Hobhouse va bientôt paraître aussi. ».

LETTRE LXX.

A M. DALLAS.

Newstead-Abbey, 23 septembre 1811.

« *Lisboa* est le mot portugais, et conséquemment le meilleur. *Ulyssipont* est pédantesque, et comme j'ai un peu plus haut *Hellas* et *Eros*, cela aurait l'air d'une affectation de termes grecs, que je désire éviter. J'en ai déjà une quantité effrayante dans mes notes, comme échantillons de la langue; ainsi donc il faut conserver *Lisboa*. Vous avez raison quant aux *Imitations d'Horace*, il ne faut pas qu'elles viennent avant le *Romaunt*; je sais bien que Cawthorn sera furieux; mais n'importe, arrêtez toujours les *Imitations*, et puis vous essaierez si vous pouvez le remettre de bonne humeur, si vous pouvez.

» J'ai adopté, je crois, la plupart de vos suggestions; *Lisboa* sera une exception pour prouver la règle. J'ai envoyé quantité de notes, et j'en enverrai encore; mais faites-les recopier, je vous prie, car le diable ne lirait pas mon écriture. A propos, je n'ai point envie de changer le neuvième vers de la pièce intitulée *Good Night* (*Bonne Nuit* ou *Bon Soir*). Je n'ai aucune raison de supposer que mon chien vaille mieux que ses confrères de l'espèce humaine, et nous savons qu'*Argus* est une fable. Le *Cosmopolite* est une acquisition faite sur le continent. Je ne crois pas qu'on le trouve en Angleterre. C'est un petit volume amusant, plein de la gaîté et de la vivacité françaises. Je lis leur langue, quoique je ne la parle pas.

» Je veux être en colère contre Murray. Son procédé est un procédé de libraire, cela sent l'arrière-boutique ; et si le résultat de l'expérience avait été tel qu'il le méritait, il y avait de quoi soulever tout Fleet-Street, et emprunter le bâton du géant de l'église de Saint-Dunstan pour immoler un homme qui abuse ainsi du dépôt qu'on lui avait confié. Je lui ai écrit, je vous jure, comme jamais auteur ne l'avait encore fait ; j'espère que vous exagérerez encore mon ressentiment, jusqu'à ce qu'il s'y montre sensible. Vous me dites toujours que vous avez beaucoup de choses à m'écrire ; écrivez-les ; mais laissez de côté la métaphysique. Nous ne nous entendrons jamais sur ce point-là. Je suis ennuyé et endormi à mon ordinaire. Je ne fais rien, et ce rien même me fatigue. Adieu. »

LETTRE LXXI.

A M. DALLAS.

Newstead-Abbey, 11 octobre 1811.

« Je reviens de Lancs, et je me suis convaincu que

ma propriété pourrait acquérir beaucoup de valeur ; mais diverses circonstances m'empêchent d'y donner tous les soins convenables. Je serai à Londres pour affaires au commencement de novembre, et peut-être à Cambridge avant la fin de ce mois ; dans tous les cas, je vous tiendrai au courant de tous mes mouvemens.

» Voici encore une mort qui vient m'affliger ; j'ai perdu quelqu'un qui m'était bien cher dans de meilleurs tems ; mais j'ai presque oublié le goût amer du chagrin, et j'ai été abreuvé d'horreur jusqu'à ce que je sois devenu complètement endurci. Je n'ai plus une larme aujourd'hui pour un événement qui, il y a cinq ans, m'aurait abîmé de douleur. Il semblerait que je sois destiné à éprouver dès ma jeunesse le plus grand malheur des vieillards. Mes amis tombent autour de moi, et je resterai comme un arbre seul et isolé quoique le tems ne l'ait pas encore desséché : d'autres peuvent toujours trouver un refuge dans leur famille ; mais je n'ai de ressources que dans mes propres réflexions, et elles ne m'offrent aucune consolation dans ce monde ou dans l'autre, si ce n'est le plaisir égoïste de survivre à ceux qui valaient mieux que moi. En vérité je suis bien malheureux ; vous me pardonnerez de m'excuser ainsi ; car vous savez que je ne suis point porté à la sensibilité.

» Au lieu de vous fatiguer de mes affaires, je serais bien aise que vous me parlassiez de vos projets de retraite ; vous ne voulez pas, je suppose, vous isoler entièrement de la société ? Maintenant je connais un grand village, ou une petite ville, à douze milles environ d'ici, où votre famille aurait l'avantage d'une société fort agréable, et n'aurait pas à craindre de se voir ennuyer par une affluence mercantile; où vous trouveriez des hommes de talent et d'opinions indépendantes, où j'ai quelques amis dont je serais fier de vous procurer la connaissance. Il y a en outre un café et d'autres lieux publics où l'on peut se réunir. Ma mère y a demeuré pendant plusieurs années, et je connais très-bien tout Southwell; c'est le nom de cette petite république. Enfin, vous ne serez pas fort loin de moi; et quoique je sois en général le plus mauvais compagnon possible pour des jeunes gens, cette objection ne saurait s'appliquer à vous, que je pourrais voir fréquemment. Vos dépenses aussi seront exactement celles qu'il vous conviendra de faire plus ou moins; mais il vous en coûterait fort peu, pour vous procurer tous les plaisirs d'une vie de province. Vous pourriez être aussi retiré ou aussi répandu que vous le voudriez, et dans un pays certainement aussi beau que les lacs du Cumberland, à moins que vous n'ayez un désir particulier d'entrer dans l'*école pittoresque*[1].

» Cet Ionien de vos amis est-il à Londres ? Vous m'aviez promis de me procurer sa connaissance.

---

[1] Voyez, dans les *Poètes anglais*, tome II des *OEuvres de Byron*, page 378, une note sur les poètes des lacs.
(*N. du Tr.*)

Vous me dites que vous avez montré le manuscrit à plusieurs personnes ; cela n'est-il pas contraire à nos conventions ? Avertissez donc M. Murray de défendre à son garçon de boutique d'appeler mon ouvrage *le Pèlerinage de l'enfant d'Harrow* (*Child of Harrow's Pilgrimage!!!*) comme il l'a fait en parlant à plusieurs de mes amis étonnés, qui, à cette occasion, ont écrit pour s'informer de l'état de mes facultés intellectuelles, et certes il y avait de quoi. Je n'ai pas reçu de nouvelles de Murray, à qui j'avais adressé une vigoureuse semonce. Faut-il que j'écrive encore des notes ? N'y en a-t-il pas assez ? Il faut arrêter Cawthorn dans l'impression des *Imitations d'Horace*; j'espère qu'il avance dans celle de l'*in-quarto* de Hobhouse.

» Bon soir. Tout à vous, etc., etc. »

Les vers suivans sont de la même date que la lettre précédente, et n'ont pas encore été imprimés, c'est une réponse à d'autres vers dans lesquels un ami l'exhortait à bannir les soucis et à se livrer à la joie. On y verra avec quelle triste persévérance, même sous le poids de malheurs récens, il revient sans cesse au désappointement qu'il a éprouvé dans ses premières affections comme à la source principale de tous ses chagrins et de toutes ses erreurs passées et à venir.

Oh ! bannissons les soucis ! que telle soit toujours ta devise à l'heure du plaisir ! Peut-être aussi la mienne, lorsque, dans de nocturnes orgies, je cherche ces délices enivrantes, par lesquelles les fils du désespoir tentent d'assoupir le cœur et de bannir les chagrins.

Mais à l'heure matinale des méditations, quand le présent, le passé, l'avenir nous effraient de leurs sombres images, quand je reconnais que tout ce que j'aimais est changé ou n'est plus, ne viens pas irriter par ces maximes importunes les douleurs d'un homme dont chaque pensée... Mais pourquoi en parler? tu sais que je ne suis plus ce que j'étais naguère; et surtout si tu tiens à conserver une place dans un cœur qui ne fut jamais froid, je t'en conjure par toutes les puissances que les hommes révèrent, par tous les objets qui te sont chers, par ton bonheur ici-bas et tes espérances d'une autre vie, garde-toi, oh! garde-toi de jamais me parler d'amour.

Il serait trop long de raconter, et sans utilité d'entendre la triste histoire d'un homme qui dédaigne les larmes; ce récit ne réveillerait que peu de sympathie dans les cœurs vertueux; mais le mien a souffert plus qu'il ne convient à un philosophe de l'avouer. J'ai vu ma fiancée devenir l'épouse d'un autre, je l'ai vue assise à ses côtés; j'ai vu l'enfant que son sein a porté sourire doucement comme faisait sa mère, lorsque jeunes tous deux nous nous regardions en souriant, innocens et purs comme cet enfant; j'ai vu ses yeux, chargés d'un froid dédain, chercher à découvrir si j'éprouvais quelque douleur secrète; et moi, j'ai bien joué mon rôle : j'ai commandé à mon visage de ne pas trahir les angoisses de mon cœur, je lui ai renvoyé des regards aussi glacés que les siens; et pourtant, cette femme! je me sentais encore son esclave! J'ai baisé d'un air d'indifférence l'enfant qui aurait dû être le mien, et chacune de mes caresses n'a que trop prouvé que le tems n'avait pas affaibli mon amour. Mais laissons ces tristes souvenirs : je ne veux plus gémir; je n'irai plus chercher quelque repos sur la rive orientale : le monde convient bien au tumulte de mes pensées; je reviendrai me jeter dans son tourbillon. Mais si dans un tems à venir, quand les beaux jours d'Albion seront sur le déclin, tu entends parler d'un homme dont les crimes profonds sont dignes des époques les plus noires, d'un homme que ni l'amour ni la pitié ne touchent, aussi insensible à l'espoir de la célébrité qu'aux louanges des hommes vertueux ; d'un homme qui, dans l'orgueil d'une inflexible ambition, ne reculera pas même devant la crainte de verser le sang; d'un homme que l'histoire mettra au rang des anarchistes les plus violens du siècle ; cet homme, tu le connaîtras, mais alors suspends ton jugement, et que l'horreur de ces *effets* ne te fasse pas oublier quelle fut leur *cause*.

Les pronostics qu'il tire dans ces dernières lignes sur sa carrière à venir sont de nature, il faut l'avouer, à exciter plus d'horreur que d'intérêt, si bien d'autres exagérations du même genre ne nous avaient appris à ne nous point étonner à quelque excès que nous le voyions pousser la rage de se calomnier lui-même. On dirait qu'avec le génie nécessaire pour peindre des personnages sauvages et sombres, il eût aussi l'ambition d'être lui-même l'objet noir et sublime qu'il retraçait, et qu'à force de se plaire à dessiner des crimes héroïques, il s'efforçait d'imaginer ce qu'il ne pouvait trouver dans son propre caractère, des sujets propres à exercer ses pinceaux......

C'est vers ce tems, quand son ame était douloureusement occupée de la mort d'un objet *réel* de ses affections, qu'il écrivit ses différens poèmes sur la mort d'un être *imaginaire*, Thyrza. Quand nous réfléchissons aux circonstances particulières sous l'influence desquelles son imagination produisit ces beaux vers, il n'est pas étonnant que de toutes ses pièces pathétiques celles-ci soient à la fois les plus touchantes et les plus pures; elles sont, pour ainsi dire, l'essence, l'esprit concentré de plusieurs douleurs, c'est le point où sont venues aboutir mille tristes pensées venues de sources différentes, raffinées, réchauffées dans leur passage à travers son imagination, et formant comme un réservoir profond d'idées et de sentimens lugubres et solennels. En retraçant les heures heureuses qu'il avait passées avec les amis qu'il venait de perdre, toute la tendresse ardente de sa jeunesse venait réchauffer son imagination et son cœur. Les jeux de l'école avec les favoris de son enfance Wingfield et Tattersatt, les jours d'été passés avec Long et ces soirées romanesques qui s'étaient écoulées dans la société de son frère adoptif Eddlestone; tous les souvenirs de ces hommes, jeunes naguère, et morts maintenant, venaient se mêler dans son esprit à l'image de celle qui, quoique vivante, était pour lui aussi bien perdue qu'eux, et répandaient dans son ame ce sentiment général de tendresse et d'affection qu'il revêtit d'un si brillant coloris dans ses poèmes. Jamais l'amitié, quelque passionnée qu'elle fût, n'aurait inspiré des chagrins aussi profonds; jamais non plus l'amour, quelque pur qu'on le suppose, n'eût pu retenir la passion dans des termes aussi chastes. C'est le mélange de deux affections dans sa mémoire et dans son imagination, qui donna ainsi naissance à un objet idéal, où les plus beaux traits de toutes deux se trouvaient combinés, et lui inspira ces poésies, les plus tristes et les plus tendres que puisse offrir le genre érotique, dans lesquelles nous trouvons toute la profondeur et toute l'intensité d'un sentiment réel peintes avec des couleurs que n'eut jamais la réalité.

La lettre suivante fera connaître encore mieux l'état de ses pensées et ses occupations à cette époque.

LETTRE LXXII.

A M. HOGDSON.

Newstead-Abbey, 13 octobre 1811.

« Vous devez commencer à me trouver un correspondant terriblement libéral; mais comme mes lettres sont franches de port, vous excuserez leur fréquence. J'ai répondu en vers et en prose à vos dernières lettres; et quoique je vous écrive de nouveau, je ne sais pourquoi je le fais, ni ce que je pourrais vous mander que vous ne sachiez déjà. Je deviens *nerveux*, combien vous allez rire! mais cela est vrai, je deviens réellement, malheureusement, ridiculement *nerveux* comme une petite-maîtresse. Votre climat me tue; je ne puis ni lire, ni écrire, ni m'amuser ou amuser qui que ce soit. Mes nuits et mes jours se passent sans repos; je n'ai presque jamais de société, et quand j'en ai je m'empresse de la fuir.

Dans le moment où je vous parle, j'ai ici trois dames, et je me suis sauvé pour vous envoyer ce gribouillage. Je ne sais pas si je ne finirai point par être fou, car je sens le manque de méthode dans l'arrangement de mes idées. Cela me tourmente étrangement; mais cela a plutôt l'air de la sottise que de la folie, comme le dirait facétieusement Scrope Davies, qui a une singulière manière de consoler les gens. Il faut que j'essaie de votre compagnie, comme l'on essaie de la corne de cerf; une session de parlement m'irait assez bien : en un mot, je ne vois rien qui puisse m'empêcher de conjuguer le malheureux verbe, *je m'ennuie*, etc.

» Quand serez-vous à Cambridge? Vous m'avez, je crois, donné à entendre que votre ami Bland est revenu de la Hollande. J'ai toujours eu le plus grand respect pour ses talens et pour tout ce que j'entends dire de son caractère personnel; je crois bien qu'il ne me connaît pas, si ce n'est qu'il se rappelle nos répétitions dans la sixième *forme*, à raison de deux vers chaque matin, et encore bien imparfaits. Je me le suis rappelé en passant sur les caps Matapan, Saint-Angelo et son île de Clériga, et j'ai toujours regretté l'absence de l'Anthologie. Je suppose qu'il va traduire maintenant Vondel, le Shakspeare hollandais, et dans l'état actuel *Gysbert van Amstel* pourra facilement être arrangée pour notre théâtre. Je présume qu'il a vu le poème hollandais où l'amour de Pirame et Thisbé est comparé à... *la Pas-*

sion de Jésus-Christ, ainsi que *l'Amour de Lucifer pour Ève,* et autres variétés de la littérature des Pays-Bas. Sans doute vous me croirez fou de vous entretenir de pareilles bagatelles, mais elles sont en grande réputation sur les bords de tous les canaux, depuis Amsterdam jusqu'à Alkmazar.

» Tout à vous, etc.

BYRON.

» Toutes mes poésies sont entre les mains de leurs divers éditeurs, excepté mes *Imitations d'Horace*, auxquelles j'ai joint quelques vers sauvages sur le Méthodisme et quelques notes féroces sur les trois éditeurs de l'Édin; mes *Imitations*, dis-je, sont en retard, et pourquoi? Je n'ai pas d'amis dans le monde qui puisse traduire suffisamment bien le latin d'*Horace* et mon Anglais pour les ajuster ensemble au sortir de la presse, et corriger les épreuves d'une manière un peu grammaticale. En sorte que si vous n'avez pas d'entrailles quand vous retournerez à Londres, pour moi je suis trop loin pour le faire moi-même ; le monde se trouvera privé de cet ouvrage ineffable pendant je ne sais combien de semaines.

» *Le Pélerinage de Childe Harold* attendra jusqu'à ce que celui de Murray soit fini. Il fait maintenant une tournée dans Middlesex, et à son retour nous devons nous attendre à des merveilles. Il veut en faire un *in-quarto,* c'est un abominable format peu propre à la vente ; mais l'ouvrage est effroyablement long, et il faut bien qu'on obéisse à son libraire.....

» Ainsi vous allez prendre les ordres. Il faut que vous fassiez votre prix avec les *réviseurs ecclésiastiques*; ils vous accusent d'impiété, et je crains que ce ne soit à tort. Démétrius *Poliorcète* est ici avec *Gilpin Horner*. Nous n'avons pas besoin du peintre[1], car les portraits qu'il a faits d'inspiration se trouvent absolument semblables aux animaux. Écrivez-moi, et envoyez-moi votre *Chanson d'amour*; mais j'attends de vous *paulo majora*. Faites un effort pour briller avant d'être diacre ; essayez un peu d'un sec éditeur.

» Tout à vous, etc. »

BYRON.

[1] Qu'il avait mandé pour faire le portrait de son ours et de son loup.

FIN DU TOME NEUVIÈME.